[增订版]

STORIES OF GREAT SCHOLARS

大学者

黄且圆　杨乐　著

九州出版社 JIUZHOUPRESS ｜ 全国百佳图书出版单位

2019 年 11 月，杨乐院士 80 华诞

1959 年 8 月，北京大学数学力学系 56 级一 (2) 班合影

（一排左四黄且圆、左七张学濂、右二吕以辇，二排左五张广厚、右五杨乐、右三殷蔚萍）

大数56一(2)班
1959.8.2.

1978 年，华罗庚（右二）与陈景润（右一）、杨乐（左一）、张广厚在全国科学大会上

1992 年，陈省身（左四）与杨乐（右一）在第三届熊庆来奖学金颁奖仪式上

1967 年 4 月，新婚的杨乐、黄且圆夫妇在颐和园留影

2010 年 5 月，杨乐（左二）、黄且圆（左四）与家人在纽约合影

聪明在于学习

天才在于积累

华罗庚语

庚寅夏 王元敬书

王元书华罗庚语

目　录

上篇

下篇

2019 年，丘成桐（右）和杨乐在第八届世界华人数学家大会上

序一

怀念我的老朋友杨乐、黄且圆伉俪

丘成桐[*]

杨乐院士是我在国内最要好的朋友。他不幸于去年过世了，他的妻子黄且圆则早他十年离去。她生前所写的一些文章，在她去世后以《大学者》为题结集出版。最近，钟秀斌先生计划将这本有关学者的传记，加上杨乐讨论中国数学史和数学教育的重要文章，汇集成书出版。这是十分有意义的事，我非常赞成，深感欣慰。虽然公务繁忙，百事缠身，亦抽空为文，抒发一些个人感受。

1979年暑假，我应华罗庚先生的邀请，初次到北京访问。华先生是我久仰的学者，他刚巧出国，故由他的学生陆启铿先生接待。而众所周知陆先生腿不方便，因此，接待的任务便落在杨

[*] 丘成桐，1949年4月4日出生于广东汕头，祖籍广东梅州蕉岭，世界著名数学家，几何分析学奠基人。美国国家科学院院士、美国艺术与科学院院士、中国科学院外籍院士、"中研院"院士、香港科学院荣誉院士，哈佛大学数学系和物理系荣休教授，香港中文大学博文讲座教授兼数学科学研究所所长，清华大学丘成桐数学科学中心主任，清华大学求真书院院长。研究范畴包括微分几何、微分方程和广义相对论。1982年，获得国际数学最高奖菲尔兹奖；2010年，获得沃尔夫数学奖；2023年，获得邵逸夫数学科学奖。——编者注。本书注释除另有说明外，均为编者注。

乐身上。

此前一年，我到加州大学伯克利分校访问。伍鸿熙作为美国科学院考察中国近代数学进展的考察团成员，了解到杨乐和张广厚在复变函数值分布领域的杰出工作。承他转告，我才知杨、张大名。当时经过传媒的广泛报道，杨、张的名字可以说是家喻户晓。我在北京时，看见小孩子的课本上写着"向杨乐、张广厚叔叔学习"的口号。1987年秋天，我到普林斯顿高等研究院当教授，院里的教授都是大师级的人物。我跟 Borel 教授开玩笑，说在中国知道您名字的人远远不如知道杨乐名字的多，没想到 Borel 教授无法接受这个事实。几年之后，杨乐到高等研究院访问我，我没敢在 Borel 跟前引见他。

杨乐急公好义，相识满天下；兼又心思缜密，处事圆融。根据我个人经验，一切事情经他安排，没有不完满解决的。

1979年我第一次回国，改革开放刚刚开始，人们还不能自由走动。我提出想回家乡蕉岭看看，杨乐花了九牛二虎之力始能成事，又说服了王光寅随行，一路尚算顺利。

1980年，陈省身师在北京召开双微会议，各类人事复杂，端赖杨乐兄居中调停，会议办得十分成功，令人佩服。

杨乐伉俪都具有传统读书人的优点，那就是丹心为国、忠厚待人。我先在北京认识杨夫人黄且圆，但是交谈不多。20世纪80年代她访问康奈尔大学，我刚巧也在。她古道热肠，为一位熟悉的留学生问了我很多问题，那个学生叫励建书。我介绍他去跟我的朋友 Roger Howe 做研究，励建书毕业后，去了香港科技大学当教授。以后他当上院士，杨兄大概投了赞成票吧。

华罗庚先生去世后，中国数学界群龙无首。杨乐的学问与为人得到大家认可，中国科学院数学所和后来的中国科学院数学与系统科学研究院的行政事务逐渐由杨乐处理。我在中国几十年来的工作，都是通过杨乐完成的。

打从1980年起，我每年回国，都由杨乐接待。印象最深刻的一次是我得到菲尔兹奖后，胡耀邦总书记接见我，交谈甚欢，超过预定时间差不多一个钟头。会见后，杨乐赶着送我到机场，时间十分紧迫。到达机场时，飞机还有半个钟头就要起飞了。杨乐将他的证件拿给卫兵看，卫兵得知他是模范英雄，当即立正，举手致敬，并让我直奔机舱；我将行李留在北京，终于赶上了飞机。经过这一次，我才知道杨乐在人民眼中，地位是何等的崇高！

我从1979年到1984年都在普林斯顿高等研究院，来访的内地学者络绎不绝，其中钟家庆是最重要的一位。他和莫毅明跟我做复几何，完成了几项重要的工作。杨乐和钟家庆是老朋友，他在访问普渡大学时，还特意飞到普林斯顿来与我会面。当时我家人在加州，我独自一人住在研究院提供的公寓。三人聚餐，杨乐下厨，烧了一道可口的鲤鱼，真没有想到他的厨艺那么出色。

不久传来噩耗，钟家庆在纽约突发心脏病猝死，中国丧失了一位刚露头角的杰出学者。我对钟的期望甚为殷切，他的去世使我很多要在中国做的事情成为空谈，可谓"出师未捷身先死，长使英雄泪满襟"了。后来杨乐发起成立了一个以钟命名的数学奖，足见他对朋友的赤诚。

我在加州大学圣迭戈分校，尤其到哈佛大学以后，每年接待大量中国学生和访问学者，自然碰到了不少问题，杨乐给了我很多帮助，有时甚至不远千里来帮忙。

1992年中国科学院颁发外籍院士，在杨乐的努力下，陈省身先生和我都成为第一届外籍院士。当时杨乐是中国数学会会长。中国数学会在清华大学开会时，时任中国科学院副院长路甬祥特意到会场颁发证书给我。我在演讲中提到中国数学应该如何现代化，路院长听了之后很激动，请杨乐和我们三个人在数学所筹办新的数学中心。1996年，通过从香港筹得的捐款，终于在中国科学院成立了晨兴数学中心。中心创立前后，我们总是受到误解，包括反对我们召开世界华人数学家大会，杨乐和我成为被攻击的对象，历久不息！我身在海外，冲击较小；杨乐一夫当关，排除万难，大会最终成功召开。晨兴数学中心亦成功运作，以开放的形式培训中国各地研究尖子。中国好几个数学方向的现代化，皆溯源于晨兴中心，今天回顾，杨乐厥功至伟！

从上述的事例中，可以看到一位卓有成就的学者，进退谦让，处事英明，而在紧要关头，却能坚守原则，岿然不动，为国家为民族作育英才，杨乐真可谓国士无双！

1996年中国加入国际数学联盟，杨乐功不可没。我的朋友Lennert Carlson、David Mumford、陈省身先生和我都做了不少工作，但是中国领导人的意见至关紧要，杨乐和路院长代表国家，他们的角色非同小可！

杨乐虽然名满天下，但是他很低调，从来不吹嘘自己的工作，也不大和传媒打交道，因此引起很多误解。但是君子坦荡荡，在院士选举时，对于学术上够水平的人，即使在其他方面给他造成很多麻烦，他都会公允评估投赞成票。

进入 21 世纪，杨乐认为自己年届六十，数学院院长之位理应让贤，我力劝不果。

现在谈谈杨乐夫人黄且圆这本书。黄且圆从 20 世纪 90 年代开始写作，她父亲是一位极有风骨的水利学家。她写父亲的文章，自然是情感洋溢，文采斐然。而她描述陈省身先生和我的文章，却使我欣慰。坦白说，陈先生生前和数学所关系一般，我以为杨乐夫妇对陈先生心里总会有些意见，可是文章丝毫无月旦之意，反而生动自然地写活陈先生爱国爱数学的个性，文章的确好，难怪陈先生生前也很喜爱。

杨乐和我是相知四十五年的老友，心意相通，砥砺扶持，携手共进，很多事情不是三言两语可尽的。以上约略说来，但望读者能一窥亡友的风骨，余愿足矣。

谨以此文献给老友夫妻在天之灵。

丘成桐于清华大学
2024 年 5 月

輓楊樂夫人黃且圓女士

丘成桐敬題

天錫麗則世代書香父乃名世
垂範上庠清泉在山隋珠幽光
夙昔結褵琴瑟在御相夫持家
厚撫二女內和外睦親朋稱譽
方期共永遠赴泉下一朝遠訣
眾皆不捨昊天含愁淚如鉛瀉
嗚呼哀哉魂歸來今人非金石
壽乃有期吾友節哀珍攝克悲

王元敬書

丘成桐撰、王元书黄且圆悼词

序二

回忆黄且圆女士[*]

王元^{**}

一

黄且圆女士出身于名门，她的祖父是黄炎培，父亲是水利学家黄万里。1952年，我来中科院数学所工作，数学所就位于清华园南门内，距她家很近，她们姊妹兄弟常在所门口玩，我想她那时在读初中。

以后，她进入北京大学数学系学习，我们成了同行。再以后，她又到中科院软件所工作，我们就成为同事了。她的专业是数理逻辑，我是搞数论的，我们还是同行。

我们真正的交往是在她不幸得了癌症之后的事。听说她很爱

* 本文系《大学者》首版（科学出版社，2013年）序言，撰于2012年9月。

** 王元（1930—2021），浙江兰溪人，数学家。中国科学院数学研究所原所长，1980年当选为中国科学院院士。曾任第六届至第九届全国政协委员（1986—2002），中国数学会理事长（1988—1992），《数学学报》主编，斯普林格《图论与组合》杂志编委，中国数学奥林匹克委员会主席。主要从事解析数论研究，先后荣获国家自然科学一等奖（1982）、陈嘉庚物质科学奖（1990）、何梁何利奖（1994）、华罗庚数学奖（1999）。

好文艺，这是可以想象的。我曾看过她的祖父与父亲的墨迹（印刷品，非真迹），苍劲有力，又读过她父亲写的小品文与诗词，尤其是《贺新郎·花丛小语》，水准很高。她受到家庭熏陶，自然会对文学艺术特别钟爱。

她曾表示愿意采访我一下，谈谈文艺与书法，这确实使我甚为踌躇了。她重病在身，按理讲，应该尽量休息才对。但另一方面，完全脱离社会活动，过于安静，反倒会使她情绪不安而得不到真正的休息。我想采访不过是聊聊艺术，话题轻松，不至于影响她的休息，所以就同意了。

二

我的办公室很安静，我约她有空来办公室聊聊。

我们先从共同的专业数学谈起。纯数学的评价标准是真与美，着重点应该是美。我们曾一起回忆一些大数学家如庞加莱[1]、希尔伯特[2]、

1　亨利·庞加莱（Henri Poincaré，1854—1912），法国数学家、天体力学家、物理学家、科学哲学家。他的成就不在于他解决了多少问题，而在于他曾经提出过许多具有开创意义、奠基性的大问题。庞加莱猜想即其中之一。

2　戴维·希尔伯特（David Hilbert，1862—1943），德国数学家，哥廷根大学教授。1900 年 8 月 8 日，他在巴黎第二届国际数学家大会上，提出新世纪 23 个数学问题，被认为是 20 世纪数学的制高点，产生了深远的影响。对欧几里得几何公理进行系统的研究，提出 21 个公理，并分析了它们的重要性。领导著名的哥廷根学派，培养了一批对现代数学发展做出重大贡献的杰出数学家。他在几何学方面的影响仅次于欧几里得，在数学和物理的许多领域作出了贡献。

哈代 [1]、外尔 [2]、冯·诺依曼 [3] 等对这个问题的精辟论述，然后又对学术界目前的不良学风进行了充满忧心的讨论。

谈了几次后，我们逐渐地将话题转入诗歌、文学，最后是书法，我才发现她很内行。我们谈起过李白的诗，她说："真正的好诗是不需要作什么解释的，都是用平常话来说的。"她背诵了一些李白的诗句，我也背诵了毛泽东的词《浪淘沙·北戴河》，我们观点是一致的。

最后，我们才将话题转入书法。她说，她也临过帖，可惜我没有要她的字来看看。我说，我最喜欢"狂草"，这种书法形式最能表达一个人的心路。现代书法家中，我最喜欢毛泽东，她说

---

1 高德菲·哈罗德·哈代（Godfrey Harold Hardy，1877—1947），英国著名数学家。曾任英国牛津大学、剑桥大学教授。他和数学家 J. E. 李特尔伍德长期合作，写出了近百篇论文，在丢番图逼近、堆垒数论、黎曼 ξ 函数、三角级数、不等式、级数与积分等领域做出大贡献，是回归数的发现者。在 20 世纪上半叶建立英国分析学派。

2 赫尔曼·外尔（Hermann Weyl，1885—1955），德国数学家、物理学家，20 世纪最伟大的数学家之一。量子论和相对论的先驱，粒子物理学规范场理论的发明者。曾任德国哥廷根数学研究所所长和美国普林斯顿高等研究院教授。代表作有《空间、时间、物质》《黎曼曲面的思想》《群论与量子力学》《典型群》《对称》。促成陈省身 1943 年至 1946 年访问普林斯顿高等研究院。

3 约翰·冯·诺依曼（John von Neumann，1903—1957），匈牙利犹太裔美籍数学家、计算机科学家、物理学家和化学家。早期从事算子理论、共振论、量子理论、集合论等方面的纯数学研究，后期转向应用数学研究。20 世纪最重要的数学家之一，在纯粹数学和应用数学方面都有开创性工作，在现代计算机、博弈论、核武器和生化武器等领域作出杰出贡献。因在发明电子计算机中起到关键性作用，被誉为计算机之父。在经济学方面，被誉为博弈论之父。著有《量子力学的数学基础》《博弈论与经济行为》《电子计算机逻辑设计初探》《计算机与人脑》《连续几何》《冯·诺伊曼全集》（6 卷）等。

她也是。于是我将我收藏的毛泽东书法帖及评论借给她看，还特别指给她看毛泽东在谈到李白的诗《蜀道难》时，认为评价艺术应与政治分开的评论。其实毛泽东的书法，大量都是书写古诗词的，这当然代表一种艺术标准了。

我们没有什么分歧，讨论了很多次之后，她写了一篇长篇访问记——《一个数学家的艺术之路》。她将我们讨论的共同观点都归之于我了。她的访问记发表在《科学时报》上，从2002年11月17日至2003年1月16日，连载了多次。以后，《数学通报》等又转载了此篇文章。

三

我在与陈省身先生的一次交谈中，曾谈起黄且圆的家庭背景及她的文艺修养，还给他看了她写的关于我的访问记。我建议陈先生也能接受她的采访。陈先生欣然同意了，并邀请黄且圆到他在天津南开大学的宁园家中住了几天，作了长谈。但她动手写得较慢。一次，陈先生问我："黄且圆写好了没有呀？怎么没有下文了？"我说我可以问问她。当时，她正好脱稿了。这时，陈先生正在浙江大学访问，而我亦将去浙江大学出差，于是我带了她的稿件到杭州，当面交给了陈先生，并请陈先生修改。陈先生当晚就看了，第二天见面时他告诉我："写得很好呀！一个字都不用改，我要写一封信向她表示感谢。"

以后，我又读到黄且圆写的关于彭桓武与丘成桐的访问记。

四

黄且圆将她写的这些文章整理成册，要我先看一下，我当然乐意先读一下。我这才知道除了关于上面几位科学家的文章外，还有其他几位科学家的文章。

一篇是关于生物学家胡先骕的文章，记述了他在新中国成立初期因不同意苏联李森科的学说，而受到了错误与无理的批判。从此胡先生就埋头学术，不参与社会活动了。这倒使他在以后的政治活动中免掉了麻烦。

另有两篇，一篇是关于黄万里的，另一篇是关于清华大学著名物理学家孟昭英的，他们二人都在"反右"运动中，被错划成了右派。文章如实地记述了他们在"反右"运动及"文革"中所受的屈辱与迫害。"文革"结束后，他们二人都得到了彻底平反，这起案件被认定为错案，他们的名誉得到了恢复。我认为记述一下他们的遭遇是有好处的，至少使我们看到并珍惜改革开放三十多年来我国法治建设的进步。我们还能从黄、孟二人身上看到他们忧国忧民、敢于直言的优良品质，这是值得我们学习的。黄且圆的文章充满了对受迫害者的同情与正义感，这正是她人格的反映。

癌症是无情的，她的病还是加重了。我们失去了一位很好的朋友，我们将永远怀念她。

2012 年 9 月

序三

温润如珠玉　清气满乾坤

席南华[*]

　　杨乐先生和黄且圆教授夫妇的遗著《大学者》即将出版，这是令人欣慰的事情，相信这本书会受到读者的喜爱。该书编辑邀我撰序，我感到义不容辞，脑海里浮现出杨乐先生的形象、他在各种场合的言谈举止，想起他对我国数学科学发展的夙愿，想起他坚定的内心世界以及处理事情的温和方式和智慧。

　　杨乐先生在夫人黄且圆女士去世后相当长的一段时间里，内心极其悲痛，但很少对他人说起，我仅听到他用"方寸大乱"来述说自己的痛苦。此后他便对生死看得很淡然。

　　他是一个时代的代表人物，我在很多场合都能感受到社会各界对杨乐先生的尊重和敬仰。他温和、富有智慧，有罕见的才与德。他的讲话、文章，都很有内涵，他在社会上树立了一

*　席南华，1963 年出生，籍贯湖南祁东，生于广东英德，上海科技大学副校长，中国科学院大学副校长。中国数学会第十四届理事长，中国科学院院士，中国科学院数学与系统科学研究院研究员、博士生导师，曾任中国科学院数学与系统科学研究院院长，第十四届全国政协常委。主要从事代数群与量子群领域的研究。

个光彩夺目的数学家形象。

在我国科学整体水平十分落后的情况下，杨乐及其合作者在复分析上取得的世界级成就，极大激发了我国人民的自尊心和自信心，激发了广大青少年投身数学事业的热情。由于杨乐先生杰出的学术成就，改革开放后他很快成为学界领袖和社会公众人物，在社会各界都有广泛的影响力。

他一直心系中国数学的发展，站在中国数学发展的高度考虑问题，有大局观，能摆脱个人和局部的利益；在中国数学发展历程中出现的重大事情，人们都愿意听取他的意见，而他也总是能给出富有智慧和洞察力的建议。

他视野开阔，对学术有着很高的标准，对整个数学领域有高屋建瓴的认识。他有宽广的胸怀，积极扶持和帮助年轻人，众多优秀的年轻学者都曾受到杨乐先生的帮助和扶持。

他还是卓越的管理者，曾担任中国科学院数学研究所所长、中国数学会理事长、中国科学院数学与系统科学研究院首任院长，在这些岗位上均有突出的建树。

回想起来，我第一次接触杨乐先生是在 1988 年。那年我从华东师范大学博士研究生毕业，在上海找工作未果。我的导师曹锡华先生建议我到中国科学院数学研究所做博士后，其后我为此事写信询问杨乐先生。我至今仍记得他的回信有两页纸，字迹工整遒劲，言辞温和，带着肯定和鼓励，为我解疑释惑。

后来我留在数学所工作。在留所的早期，有一次图书馆需要整理，工作人员忙不过来，时任所长的杨乐先生就去图书馆当临时馆员，负责从书库给借阅人取书。我那天正好去借书，把需要的书单给了杨乐先生，当时他似乎正看着什么材料，于是未抬头就接过书单进去找书了，找到书后认真核对书目，然后递给我。他那埋头接书单、低着头认真核对书目的形象一直印在我的脑海里。

杨乐先生对数学的热爱，他的远见卓识以及为发展我国数学事业的殚精竭虑，他关爱扶持年轻人，尽各种努力营造好的学术风气的努力……这些都让我感动，也激励我努力工作，把时间和精力尽可能都用在数学工作上。

《大学者》一书，是杨乐先生夫妇留给我们后人的一笔宝贵的精神财富，它的出版发行是我们缅怀杨乐先生夫妇的最好方式之一。

是为序。

2024 年 8 月

序四

高山仰止　景行行止

张平[*]

杨乐先生是我国数学界的一位领袖，他对中国数学事业的发展作出了非常重大的贡献。

早在 1978 年，中国科学院数学研究所的前辈数学家陈景润、杨乐、张广厚等人就已是家喻户晓的科学明星，我和很多人都是受了杨先生等老一辈数学家的精神鼓舞和感召，才投身于国家的数学事业中。

我第一次见到杨先生是 1997 年。那时，我刚从南京大学毕业，来到中国科学院数学研究所做博士后，参加了肖玲先生在晨兴数学中心举办的第一期偏微分方程研讨班。当时，我正处于科研的迷茫期，一直未能确定研究目标，所以想去美国再读一个博士学位。我的博士后合作老师张同先生把此事汇报给了时任晨兴

---

[*] 张平，1969 年出生，江苏高淳人，中国科学院数学与系统科学研究院院长、研究员、博士生导师，中国科学院院士。2012 年被评为中国科学院数学与系统科学研究院华罗庚纯粹数学首席研究员，2017—2022 年担任中国科学院数学研究所所长。主要从事非线性偏微分方程方面的研究，包括流体力学方程组的整体解、非线性薛定谔方程组的半经典极限。

数学中心副主任的杨乐先生。杨先生说："张平基础不错，应该立足于国内发展，也能成才！"之后，杨先生亲自帮我联系了美国纽约大学柯朗研究所的林芳华教授，让我做了一学期的访问学者，晨兴数学中心为我提供了路费资助。在柯朗研究所，我见到了仰慕已久、在教科书中经常出现的大师，如拉克斯[1]、尼伦伯格[2]等，令我开阔了视野，找到了兴趣方向，也开启了与林芳华教授长达20年的合作研究。2004年，我收到柯朗研究所年薪10万美元的邀请。我去向杨先生汇报，杨先生给我的建议是："可以去，但是一年后必须回来。"正是在杨先生的引导下，2007年回国后，我便在数学所工作至今。今天回想起来，这是一个正确的选择，我要感谢杨先生！

杨先生是一位战略科学家。1998年他受命担任中国科学院数学和系统研究院首任院长，带领大家克服重重困难，使数学院各项工作走上健康发展的轨道，为数学院今天的卓越发展打下了重要而坚实的基础。在担任中国数学会秘书长期间，他配合理事长

1　彼得・拉克斯（Peter D. Lax，1926— ），生于匈牙利布达佩斯，匈牙利裔美国数学家。纽约大学柯朗数学科学研究所教授，美国国家科学院院士，法国科学院外籍院士，美国艺术与科学院院士，匈牙利科学院院士，莫斯科数学学会会士。阿贝尔奖、沃尔夫数学奖、美国国家科学奖章、斯蒂尔奖得主。主要研究方向为应用数学和纯数学，在偏微分方程的理论与应用及其解的计算方面做出开创性贡献。

2　路易斯・尼伦伯格（Louis Nirenberg，1925—2020），生于加拿大安大略省，纽约大学名誉教授，美国国家科学院院士，美国艺术与科学院院士，法国科学院外籍院士，曾任美国数学会副会长。克拉福德奖、斯蒂尔奖、阿贝尔奖、陈省身奖得主。致力于偏微分方程等领域的研究，获得重大成果。尼伦伯格是世界上论文被引用次数最多、成果最丰富的数学家之一，也是最具合作精神的数学家之一。

吴文俊先生，为中国数学会加入国际数学联盟作出了重要贡献。2002年中国成功举办第24届国际数学家大会，也离不开杨先生的奔走、筹划和组织领导。他对中国数学界的影响和贡献远远超过了他的研究工作本身。

这些年，杨先生非常关心数学院的发展，也一直在思考中国数学的发展。2017年，我就任中国科学院数学所所长，经常去向杨先生请教、汇报。杨先生给我谈过他的设想，他甚至提到了数学所到2030年时应该是什么样子，2035年应该发展成什么样子，谈得非常具体。他的心中早已绘制出了一幅数学院乃至中国数学的发展蓝图。杨先生非常重视人才的引进和培养，关爱年轻人的成长，提携后辈，甘为人梯。2017年起，我在数学所组织举办华罗庚青年论坛，邀请海内外优秀的年轻数学人才作系列演讲，年近80岁的杨先生几乎参加了所有的综合报告活动，他的敬业精神实在令我们感动。

杨先生一直鼓励年轻人要认真做研究。我就任数学所所长后，工作更忙了，担子更重了。每次去见杨先生，他都会关切地问我，最近有多少时间用在科研上？有多少时间用在管理上？"要保证自己的科研时间呀！"杨先生常对我这样说。这些年，他每次约谈年轻人，都会叫我坐在旁边听。教我怎么做管理者，怎样作为领导与同事交谈。我现在很多工作上的做法都是那个时期跟杨先生学习来的。

杨先生平时话不多，生活简单，不愿意麻烦我们。他习惯每天吃一点儿坚果，在新冠疫情期间我买给他，他总是要把钱给我。就连杨先生过生日，我们这些晚辈请他吃饭，他也还是坚持把钱退还给大家。他总是说："你们不要给我任何东西！"杨先生这些言行深深影响着我，也为数学院的后来人树立了良好的榜样。

杨先生是熊庆来先生的研究生，因此杨先生常说，他这辈子最骄傲的事情是两位著名数学家——华罗庚和陈省身——称呼他为师弟。我想杨先生也是时刻用这个标准来提醒自己、要求自己的。他经常告诫我们："要把全部精力放在数学研究上，把目标瞄准到世界重大数学难题上。" 2004 年，世界华人数学家大会在香港举行，杨先生获得陈省身奖。在颁奖典礼上，杨先生说："奖字拆开，就是将大。我今年 65 岁了，到了我这个年纪，除了年纪将大，没什么可将大。"

今天，我想说，杨先生，您留给我们的精神遗产将被发扬光大！我们将继续您未竟的事业，让中国数学事业更进一步！

值此杨先生与夫人黄且圆教授遗著《大学者》出版之际，特撰文缅怀与致敬先贤！

2024 年 8 月

序五

光风霁月　奖掖后学

田野 [*]

2023 年 10 月 22 日下午，杨乐先生走了。他带着对数学的挚爱，对年轻人成长的期望，对中国数学事业的牵挂，离开了我们。

近一年来，我时常感觉先生的身影好似仍在我们身边，在办公室、在晨兴楼的教室、在园区的小路上……我的思绪又回到了与先生初次见面的那个夏天。

1994 年我念研究生一年级，暑假到中国科学院数学研究所听张寿武老师的演讲。数学所有着浓郁的学术氛围、优越的科研环境，胥鸣伟老师建议我来这里访学。彼时，杨先生是数学所所长，他得知情况后给予了极大的支持。多年后我才知道，那时杨先生和王元先生向时任中国科学院院长的周光召先生建议在数学所探索"开放研究所模式"，成为全国科研改革的范例。

---

[*] 田野，1971 年出生，四川内江人，中国科学院数学与系统科学研究院研究员，中国科学院大学教授，中国科学院华罗庚数学重点实验室主任，中国科学院院士。2006 年应杨乐先生之邀回国任中国科学院数学与系统科学研究院研究员。2013 年获得拉马努金奖、第六届晨兴数学金奖。2020 年获得国家自然科学奖二等奖。2021 年获得第十八届陈省身数学奖。

杨先生主要从事复分析研究，虽然和我的研究方向不同，但是他对我研究工作的帮助却是巨大的。他的激励使我在数学研究这条路上义无反顾、心无旁骛地前行。

　　我选择回国工作，源于杨先生对我的激励。2005 年，我还在国外做博士后。数学所邀请剑桥大学的数论大师科茨[1]来北京，并为庆祝科茨的 60 岁生日在北京举办了一场学术会议。我受邀在这次学术会议上作了报告。当时，杨先生作为东道主参加了这次会议，认真听了我的报告。会议结束后不久，我意外接到了杨先生从北京打来的越洋电话。我清楚记得那是在一个冬天，北美时间下午 5 时（许）。杨先生在电话里兴奋地说，时任中国科学院院长的路甬祥院士，希望丘成桐先生把晨兴数学中心建成一个像普林斯顿高等研究院那样的国际一流的数学研究机构。杨先生希望我尽快回国，来晨兴数学中心工作，为国家作贡献。挂掉电话，我的心情久久难以平复。在北京冬日的凌晨，已近古稀之年的杨先生特意早起给我打电话，发出"建设中国人自己的数学中心"的邀请，这使我热血沸腾。

　　在国外学习工作的几年时间里，我的眼界开阔了许多，看到了我们和西方数学界的差距。我记得华罗庚先生曾说过"数学是我先

1　约翰·亨利·科茨（John Henry Coates，1945—2022），著名数论学家，英国皇家学会会员，剑桥大学讲座教授。20 世纪 60 年代获得剑桥大学博士学位，曾任伦敦数学会主席，巴黎高师数学系系主任等职。研究领域是数论，特别是算术代数几何和 Iwasawa 理论，在 BSD 猜想以及引进 Iwasawa 理论到椭圆曲线的研究上，作出重大突破与突出贡献。因其培养中国数学家的无私奉献精神，获得世界华人数学家大会（ICCM）首届国际合作奖。

民所擅长的科学"，但为什么现在我们的数学落后了？我们该如何建设数学强国？我几乎当时就作了决定：我要回去，回到当年陈景润、杨乐、张广厚等前辈工作过的地方，在自己的国家从事基础数学的研究工作。现在回想起来，杨先生在倡导年轻人学成回来报效祖国的同时，自己又何尝不是一直在默默地为国奉献呢？

2006 年，我来到中国科学院数学与系统科学研究院和晨兴数学中心。杨先生和王元先生约我谈话，他们希望中国数学能够尽快与世界接轨，让我回来后专注研究有重大意义的问题，要有勇气去攻克难题，不要追求发表论文。在刚回来的那段时期，由于尝试新课题时遇到一些阻碍，加之对科研环境和交流方式一时不大适应，我甚感苦恼。这段时间杨先生不时跟我聊天，平和的交谈在无形中化解了我的烦恼和焦虑，使我可以潜下心去关注学问，享受科研，而鲜少感知外界的浮躁。在晨兴数学中心的无数个日日夜夜，正是在杨先生的呵护下，我才得以心无旁骛地做自己喜欢的数学研究。

终于，2013 年，我在同余数问题上取得一些进展。杨先生得知我获得国际数学联盟和国际理论物理中心联合颁发的拉马努金奖[1]，非常高兴，语重心长地鼓励我要进一步开阔视野，拓展研

1　拉马努金奖（The Ramanujan Prize），以印度天才数学家拉马努金（Srinivasa Ramanujan）的名字命名的奖项，设立于 2011 年，由国际理论物理中心（ICTP）、印度科技部（DST, Government of India）和国际数学联盟（IMU）共同颁发，每年颁予当年未满 45 周岁、作出杰出科研工作的发展中国家的青年数学家。史宇光、田野、许晨阳三位中国数学家分别为 2011 年、2013 年、2016 年拉马努金奖得主。

究，挑战更高的目标。2022 年，我受邀在国际数学家大会上作 45 分钟的报告。得知这个消息，杨先生喜不自禁，仍像往常那样鼓励我要潜心探索，争取获得更大的成果。近几年，杨先生又对我寄予厚望，不仅让我承担国家重大需求任务的攻关，而且还告诉我在科研之余也要多花些时间培养和引进年轻数学人才。

杨先生就是这样的一个人，他的心里永远装的是数学。他最关心的是我们在研究什么问题、作出了什么成果、引进了什么样的人才。就在他去世的前两天，我到医院看望他。一开始先生的呼吸有些急促，我缓缓地把当天数学所学术委员会的情况向他作了汇报，告诉他所里最近又引进了两名非常优秀的年轻人。这时先生的呼吸似乎平缓了下来，静静地听着。我还轻声地告诉他，大家都很想他，盼他早日康复；年轻人科研很努力，请他放心。这时，先生睁开了眼睛，露出了笑容。那一刻，阳光映着他的脸庞，是那样圣洁而慈祥。

此生有幸受教于先生，先生的教诲终不敢忘，先生的数学强国梦必将实现！

现在，先生和夫人黄且圆教授的遗著《大学者》增订版即将出版，他们的思想和精神将得以传播，继续嘉惠后人，这是值得欣幸之事。

2024 年 8 月 25 日

序六

不驰于空想　不骛于虚声

乔建永[*]

　　早在青少年时期，我就读过先师杨乐先生的故事，充满了仰慕之情。后来学习数学专业，便抱定考取函数论方向研究生的理想，更希望成为杨先生的学生，这个愿望直到我在复旦大学获得博士学位之后才得以实现。

　　1994年春天我到中国科学院数学研究所做博士后，在杨先生的指导下开展研究工作。记得有一天，我按所里的要求把博士后研究计划起草出来，请杨先生指导。先生耐心听完我的汇报，非常明确地吩咐我，要聚焦复动力系统与统计力学的交叉研究，以及复分析核心问题的研究。他说，要做长期计划，不要按那张"行政化的表格"，奢望两年里做出一堆小结果，而是要进一步拓展

---

[*]　乔建永，1962年出生于安徽固镇县，祖籍江苏江泽。理学博士，北京邮电大学教授，博士生导师，国家杰出青年科学基金获得者，俄罗斯工程院外籍院士。历任北京邮电大学校长、中国矿业大学（北京）校长、工信部信息通信经济专家委员会副理事长、中国安全生产协会副会长、中国通信学会副理事长。长期从事复分析和复动力系统，及其在采矿工程和通信工程中的应用研究。

专业视野，进一步促进自身对经典理论的深化研究。这次交谈具体而又深入，令我受益终身。

2000年5月，我随杨先生到山东和江苏几所高校参加学术活动。围绕数学发展与科技进步、如何开展数学研究、如何做研究生等专题，先生受邀为当地师生进行数学科普报告。每次报告，他都会拿出将近一半的时间来回答提问。听众以小纸条将各种问题传到讲台，常常堆成厚厚一沓。面对或具体或宏观、或刁钻或宽泛的各式各样的问题，先生一个不漏地逐一解答，总是深入浅出，娓娓道来，妙趣横生，听众中不时爆发出雷鸣般的掌声。

这期间，还有一件"小事儿"，我一直记在心里。一所高校为了方便更多的同学听报告，同先生商量把报告安排在晚上7点开始。海报贴出后，当地政府主要领导得知了先生的行程，希望调整报告会时间，以便当晚宴请先生以示欢迎与敬意。先生婉言谢绝。他说，上千名大学生的时间不好轻易调整，还是要以学术活动为重。我在大学从事教学、科研和管理工作多年，每当遇到左右纠结的难题时，这个小故事总会给我带来不一样的启发。

杨先生经常告诫我们，不要为了多写几篇小文章，而耽误了对专业和研究领域的系统性把握；不要为了追赶热点，而耽误了对经典理论的深入研读。他常说，好的数学研究结果大体上有三类：一是解决了本领域前人留下的重要问题，促进了本领域的发展；二是引入新的思想方法，为陷入绝境的研究带来生机，化腐朽为新奇；三是创立一个学理，给专业和研究领域带来系统性大发展。青年人要按这样的研究目标，志存高远，一步一个脚印，长期钻研。

刚到中国矿业大学工作时，我常被工科的同事们问到一个难以简单回答的问题：数学有什么用？我带着这个问题请教了杨先生。他说数学要在矿业工程领域有用，第一是落地，第二是扎根。他进一步解释了什么是落地，什么是扎根。他对"扎根"的解释特别生动，那就是找个"缝隙"钻进去。矿业和数学的交叉研究还不完善，沿着不完善的地方猛扎进去，用阳光、水分和营养滋养，后面做出好的研究结果就会很自然了。受先生指点的启发，我带领团队应用复分析方法在矿业工程领域开展了一些研究工作，在应用中学习，在学习中研究，在研究中应用。在这一过程中，先生更是鼓励我要研究工程一线的真实问题，不要为了写论文而研究，要到现场去同工程技术人员交流，瞄准工程领域急、难、愁、盼的真实难题做研究。先生的指导使我明白了，应用研究和理论研究一样，必须直面问题，静下心来，心无旁骛，才能做出实实在在的研究成果。

近些年，我在开展复动力系统与统计力学的交叉研究时，先生要求我必须多同物理学家交流，多听他们对研究方向的价值判断。因此，我经常求教于统计力学专家，学到了难得的物理思想方法。回想过去几十年的教学、科研和管理经历，先生的"落地""扎根"的教导，不仅指明了我前进的方向，还激发了我无尽的动力。

而今，先生走了，长眠于北京凤凰山的苍松翠柏之中。他的教诲还像往常一样，每天都回响在我的脑海……不驰于空想，不骛于虚声，扎扎实实地做好每一件事，这才是我们对先生最好的怀念。

十一年前出版的师母黄且圆教授的遗著《大学者》，娓娓道出七位大科学家的学问人生、科学精神和人文关怀，令人受益匪浅。如今重版增订先师伉俪遗著，值得读者期待。

是为序。

2024 年 7 月

序七

我们的爸爸妈妈

杨炎[*]　杨冰[**]

冰幼年时最早的记忆之一是在我们两岁时住过的一个单元房里，地板上铺了席子，妈妈假装一匹马，冰骑在她的背上，小姐姐在旁边走。很多年以后，妈妈说，那个单元房是爸爸撬开门，强行把他的小家安置在里面的。当时我们听了非常吃惊，想不到我们一贯谨慎小心的书生爸爸，还有被逼到胆敢撬锁的地步。我们在那里住的时间不长，后来数学所分给我们家一间16平方米的房间，在中关村27楼的106单元里。我们从1971年起在那里住了七年。

爸爸年轻的时候很喜欢开玩笑，尤其喜欢和小孩们说笑，我们叫他"逗小孩大人"。有一天，他去我们的全托幼儿园接我们

---

[*]　杨炎，1968年5月出生于北京。本科曾就读于中国科技大学，1988年留学美国，获得耶鲁大学学士学位和哥伦比亚大学法律博士（J.D.）学位。取得纽约州执业律师资格。先后在中美两地律所和金融公司从事法律工作，现居美国康涅狄格州。

[**]　杨冰，1968年5月出生于北京。本科曾就读于中国科技大学，1988年留学美国，获得耶鲁大学学士学位和普林斯顿大学运筹学博士学位。曾在多家高科技和金融公司工作，现在美国康涅狄格州一所公立高中教中文和物理。

1969 年 9 月杨乐从天津小站农场回中关村探亲，和黄且圆与女儿在一起
（左起：杨炎、杨乐、杨冰、黄且圆）

回家，告诉我们以后要上小学了，不用再住幼儿园。[1]我们非常惊喜，又不敢相信，以为他又在开玩笑。一直到走回家，看见妈妈买好的两个绿色的书包，我们才相信真的要上学了，都高兴极了。

对于我们俩来说，上小学意味着可以每天回家，和爸爸妈妈在一起，是一件非常幸福的事。但是对爸妈来说，做饭的任务就重多了。那时候，妈妈在北京工业大学数学系教书，从北京西北郊的中关村到城东南的北工大需要换几次公共汽车，花两三个小时，所以家里经常是爸爸做饭。他是南方人，不习惯面食，一般都是煮米饭，再炒两个菜。有一阵北京的米供应紧张，爸妈不得不学做面食。可是开始他们没有经验，蒸出来的馒头经常又黄又硬。后来经过反复试错，他们也能蒸出大白馒头。有一阵，高压锅忽然时兴起来，似乎陆续家家都买了一个。爸妈还学会用高压锅烙发面饼，做的饼大而厚，很好吃。

爸爸是个乐观的人。我们小时候食物都是限量供应，肉和食用油每家每月只有很少的定量，要拿着副食本去购买。偶尔做一次红烧肉，我们小孩子当然很爱吃，但是也不可能想吃多少吃多少，家里规定一碗饭吃两块肉。每到这时候，平时吃一碗饭的孩子，可能就要再添一碗饭。记得有一次爸爸说，我保证以后给你们买大块的肉吃，一碗只盛得下一块那么大，你们会吃得都不想再吃肉了。炎当时心想，怎么会有这样的好事。但是后来经济确实越来越好，到我们小学高年级的时候，肉类食品已经不稀缺了。

1　20 世纪六七十年代北京多政治运动，父母经常无法照顾家，所以北京的小孩很多都住在全托幼儿园，只有周末才回家。——作者注

现在回想起来，大概也是这种乐观，让爸妈相信国家不可能总是像在"文革"时期那样乱下去，所以他们只要有机会，就坚持做数学研究。

27楼很多人家只有一个房间，每个单元里都住着两三户，小朋友很多。那时候的小学生功课不多，我们放学了经常一起在楼外玩。有时候玩得高兴，爸爸出来叫我们回去休息了，我们也不听他的，围着楼跑。但是如果他叫妈妈来喊我们，我们总是乖乖跟她回家。我们一点也不怕爸爸，他很少生我们的气。即使生气了，也不过就是对我们做个鬼脸。妈妈其实脾气也很好，请她辅导数学的晓言表妹说她可有耐心了。但是妈妈不像爸爸那么爱开玩笑，在家比爸爸有权威一点。

妈妈不太过问我们学校的功课，甚至在小学五年级要考初中的时候，老师有时留的作业太多，她还会给我们减量。但是她也不喜欢我们浪费时间。学校功课轻松，她就让我们学小提琴，还督促我们每天练琴。后来妈妈曾经说起，最开始让我们学琴，是因为她担心以后我们还要上山下乡，觉得让我们学门乐器，还有可能进个宣传队之类的，多一点出路。"文革"结束后，中国开始重新出版一些外国文学作品。这些书很抢手，不容易买到。记得我们三年级的时候，她托在出版社工作的亲戚买来大厚本的《一千零一夜》和《希腊神话和传说》。那些带着异域风情、充满想象力的故事，让我们爱不释手。我们上初中的时候，她让我们跟着北京外国语学院的张冠林教授学英语。高中暑假里空闲时间比较多，她推荐我们读一本薄薄的《布尔代数》。我们俩一起学习，那本书讲集合之类的概念，培养逻辑而不是计算的能力，我们觉得还挺有意思的。她也想办法让我们学计算机。现在回忆起来，妈妈真是很有远见的人，重视通才教育。爸爸妈妈在"文革"结束以前，就开始自学英语。有一阵，他们每周带我们去一次清华大学的孟昭英教授家，大人们和孟爷爷学英语，小孩们就在一起玩。

1976年夏天唐山大地震，北京也受到很大影响。晚上大家轮流值夜班，有余震警报就敲钟。我们三楼一位腿脚不灵便的老人，晚上就睡在一楼的门洞里，听到敲钟他也不往外跑。我们门洞的人都跑出来以后，才看到爸爸扶着那位老人，最后走出来。后来楼里的人都搬到抗震棚里去住了，只有爸爸还在楼里过夜。他很珍惜有这么安静的工作环境。抗震棚里的邻居看见我们会问："你们爸爸呢？还在用功吗？"

爸爸是我们认识的人里最用功的。住在27楼的时候，他吃完晚饭经常要回办公室工作。在家的时间也常常伏案工作。我妈妈也总是在读书和写字，所以我们小时候以为所有的大人都是这样勤奋的。晚上我们两个小孩睡得早，有时中间醒来，总是看到爸爸妈妈各在桌子一边看书。现在的家长想方设法培养孩子学习的兴趣，其实只要家长自己喜欢学习，就不用担心孩子不爱学习了。

那时候娱乐的花样很少。夏天，中关村大操场会放露天电影。我们跟着邻居大孩子们一起去，但是爸妈从来没有去过。当时我们以为大人都不爱看电影，后来知道他们其实只是不爱看那种政治宣传式的电影。改革开放以后有了各种有意思的电影，他们偶尔也会看一些。

爸妈和许多脑力劳动者一样，热爱大自然，喜欢在室外散步。周末的时候，我们一家经常去北大或清华校园、圆明园、颐和园散步，也去樱桃沟、香山爬山。有时候约了亲戚、朋友一起去。40多年前，这些地方比现在游人少多了。尤其是圆明园，没有围墙，不用买票，就是一片荒地，小孩子们可以在西洋楼遗址的大石头上爬上爬下。

有一次，我们在颐和园的后山散步，我爸捡起一个松塔，随便往前一扔，正好打到炎的小鼻子上，她受了点惊哭起来，爸爸赶紧道歉："对不起，我没有故意要朝你扔。"妈妈也数落爸爸："你怎么这么淘气，要是打到眼睛怎么办？"

"文革"结束以后，爸爸突然出名了。有一天，我们只有一间屋子的家里来了一位记者，她要采访爸爸，而爸爸不愿意接受她的采访。记者为了完成任务，坚持要采访他，不肯离开。爸爸坚决拒绝被采访。他只愿意把时间花在研究数学上，觉得被宣传、被采访都是耽误时间，影响了他的学术工作。妈妈不在家，我们小孩也不敢劝，他们吵了半天，好像最后也没有采访成。那时候大部分人家里没有电话，有些记者和其他不认识的人，会不请自来找到家里，或是要采访或是要请他去作报告，爸爸不胜其扰。数学所后来在另一栋楼里借了一小间屋子给爸爸，部分原因是为了让他有个安静的空间做科研。

1981年，我们在北大附中初中部上学，家里生活比较安定了。妈妈当时已经40多岁，还到美国康奈尔大学数学系去进修了两年。这期间我们通过考试，顺利地从初中升入本校高中。记得她回来的时候我们去机场接她，远远看到留着披肩发、手抱一把大吉他的妈妈，都有点不敢认了。妈妈刚回来的时候，经常催我们走路、做事要动作快一点，她说："我们落后得实在太多了，需要抓紧时间。"

妈妈虽然是学者型的母亲，有时候也会做平常吃不到的好东西。比如她会用一个金属的大汤勺，在火上烧热了，倒进打匀了的鸡蛋摊成蛋皮，再放进肉馅做成蛋饺。

1986年，我们高中毕业的时候，爸妈综合考虑，希望我们报考中国科学技术大学（简称"科大"）。但是他们没有直接要求，只在家里聊天的时候会说起科大的长处，例如他们各自研究所里近期来的科大毕业生水平都很高。我爸爸引用丘成桐先生的话：和北大教授开会，一屋子白发苍苍；和科大教授开会，一屋子都是黑头发（这是20世纪80年代中期的状况）。我们自然就觉得科大和北大、清华同属于中国最好的大学。同时我们觉得，如果在北大、清华上学，走路就能回家，和上中学感觉差不多，也愿意去外地上学。妈妈还鼓励我们给当时的科大校长管惟炎教授写信，询问科大的情况。与我们素不相识的管校长把我们的信转给科大招生办公室，他们寄来了彩色印刷的科大简介，当时很少见，让我们很惊喜。我们填志愿的时候第一志愿就报了科大。姥姥非常不理解，怕我们去了外地，以后再也回不了北京。[1]

等我们真的考上了科大，要去上学的时候，爸爸也很担心我

---

1 40年前，大学生的工作都是国家分配。如果没有分到在北京工作，就可能回不了北京。——作者注

们第一次自己出远门。他撺掇妈妈送我们去合肥，但是妈妈觉得上大学就应该独立一些，没有去送。他们叫了一辆出租车，送我们到北京火车站。告别的时候，妈妈已经快哭了。18 岁的我们满怀对大学生活的向往，还不懂得感伤。谁知从此之后，中关村的家对于我们而言，就成了探亲时短暂的居处。

将近 40 年转眼就过去了，当时最宠爱我们的爸爸、妈妈、大大[1]、姥姥都过世了。现在走在中关村的路上，心里只有无尽的不舍与思念。

2024 年 1 月

---

[1] 妈妈家的人称呼父母的爸爸都是大大，因为她的爷爷黄炎培认为管母亲的爸妈叫外祖是对妇女的歧视。我们的大大、姥姥是妈妈的父亲黄万里、母亲丁玉隽，他们就住在清华园，和我们很亲近。——作者注

自　序*

黄且圆

多年前曾见某报刊文章，讲到获诺贝尔奖的某华裔科学家与一位港台歌星同机到达国内机场的情形：众多粉丝执花前去热烈欢迎歌星，却无人理会科学家，言语间颇有为科学家鸣不平之意。笔者以为粉丝拥戴歌星合乎常情。对科学家的冷落，可能是因为我们向公众介绍科学和科学家做得不够的缘故，由此我萌生了写一些科学家故事的想法，这种想法的内涵可概括为中国科学家的人文情怀。

但是有的朋友说，中国的科学家没有什么人文思想。的确，我国还没有产生像爱因斯坦、萨哈罗夫[1]那样，既是大科学家，又

---

* 本文系黄且圆教授 2011 年 4 月所撰，是其遗著《大学者》的自序。2012 年 3 月黄教授因病离世，《大学者》一书由科学出版社于 2013 年 3 月出版。

1　安德烈·德米特里耶维奇·萨哈罗夫（Andrei Dmitrievich Sakharov，1921—1989），苏联著名核物理学家，核武器工程计划首席理论家。主导苏联首枚氢弹研发，被称为苏联氢弹之父。在冷聚变热核反应、宇宙射线、基本粒子、重子生成等研究中贡献较大。1953 年当选为苏联科学院最年轻的院士。1957 年起，关注和担心核试验的环境污染问题。1958 年后屡次向苏联政府提出取消核试验计划，屡遭拒绝，逐步成为不同政见者而遭到当局迫害。1975

是大思想家的伟人。但是，一个选择了把科学作为毕生事业的人，必有他的世界观、人生观和价值观作为背景和动力，这就是我所谓的人文情怀。我写过一位数学家，他在年事已高时仍致力于书法艺术，并取得了可喜的成就。有位朋友说："练习书法算什么人文情怀？"但我以为，这位数学家不留恋名位，这就表明了他的价值观。他所追求的是艺术，这恰与他毕生从事的纯粹数学相得益彰，相映生辉。

本书讲述了几位科学家的故事，他们的人生经历各不相同。有的人平静顺遂，一路顺风，有的人跌宕起伏，历经坎坷；有的人得到社会主流的高度褒奖，有的人受到不公正的待遇，甚至被极度打压；有的人执意留在国内，有的人远渡重洋。他们在各自的学科中都作出了杰出的贡献，但又各有千秋。对于传统与西化他们也有不同的观点，有的崇尚西方哲学，有的强调传统。他们当中有人桀骜不驯，有人安详平和。这一切不仅不妨碍他们对科学的热忱追求，而且通过他们，让我们欣赏到这个世界中丰富多彩的人生，也让我们更加理解这个多元的世界。

本书收录的文章涵盖了七位科学家，其中有两位是笔者的长辈和老师；有四位经过笔者的多次探访，成文得到了他们的首肯或赞赏。只有植物学家胡先骕，因过世较早，笔者未得亲见，但也阅读了相关文章，并请教了他的同事和后辈。

年获得诺贝尔和平奖，表彰他为捍卫人权、和平、裁军和所有国家之间的合作而进行的艰苦卓绝的斗争。为了纪念他，欧洲议会把欧洲最高人权奖命名为萨哈罗夫奖。代表著作为《进步、共存及知识自由》。

这本书是献给青年人的。笔者希望崇尚科学和科学精神、尊重和爱护科学家能够成为我们社会的共识。

2011年4月

1953 年黄且圆摄于清华园。这一年她的父亲黄万里转到清华大学做教授

前 言 *

杨乐

本书作者黄且圆，系中国科学院软件研究所研究员，专业领域是数理逻辑，祖籍为上海川沙，1939 年生于四川成都，2012 年因病逝世于北京，享年 73 岁。

一

有些读者对黄且圆可能会感到非常陌生。在这篇前言里，我将简要介绍黄且圆的生平以及她撰写本书一些文章的背景。首先简略地提一下她的家庭背景，会有助于读者对她的了解。

黄且圆的祖父黄炎培（1878—1965），是清末的秀才与举人，却追求共和与民主，长期倡导教育，主持成立了中华职业教育社，开创了我国职业教育的先河。抗日战争结束后，黄炎培参加了较

---

* 本文系杨乐先生 2012 年 9 月所撰，是《大学者》首版的前言。杨乐先生朴实讲述其夫人黄且圆生平，详细介绍该书写作的缘起和过程，字里行间浸透着他对夫人的深沉怀念，鹣鲽情深跃然纸上。

多的政治活动，他先后参与发起与组建了两个民主党派——中国民主同盟与中国民主建国会，并担任主要领导职务。1949年中华人民共和国成立以后，他曾先后出任政务院副总理、全国人民代表大会副委员长与全国政治协商会议副主席。

黄且圆的父亲黄万里（1911—2001），长期在清华大学水利系任教授。20世纪50年代中期论证三门峡水库的建造时，因考虑到泥沙、环境、移民等因素，他反对建造大坝，与苏联专家意见相左，加上他嘲讽市政建设的小说《花丛小语》，被定为右派。然而他认为自己的意见只是关系到国计民生与群众疾苦，和政治无关，他要对得起科学家的良心。在20世纪八九十年代论证三峡工程时，他全然不顾大势所趋，不受其他意见的影响，坚持认为三峡大坝永不可建，并为此大声疾呼。

黄且圆的外祖父丁惟汾（1874—1954），早年追随孙中山从事民主革命活动，是辛亥革命的元老，为孙中山高度信任，与廖仲恺一起被称为孙中山的"左膀右臂"。孙中山还曾说"唯丁是赖"。在国民党中，丁惟汾曾担任中央执行委员、中央执行委员会常务委员等重要职务。在两次国共合作时期，他曾与李大钊等中共领袖合作共事。其实，丁惟汾的个人兴趣在国学上，特别是音韵、《说文》、诗词等。

黄且圆的父辈与祖辈虽然参加了较多的政治活动，其实他们的兴趣主要还是在教育与学术上。他们的志趣和性格，对黄且圆有相当的影响，使她一生热爱读书，勤于思考。

二

我国近代自然科学的研究与高端人才的培养，开始于辛亥革命前后。民国存在时间不长，在这方面却有相当的建树。即使在抗日战争烽火连天的艰苦条件下，以西南联大为代表的学术机构仍表现不俗。

1949年中华人民共和国成立，迄今已六十余载。近几年，出现了钱学森教授之问：我国为何未能培养出学术大师？在新中国成立后的相当一段时期里，政治运动频繁，对知识分子冲击很大。十年浩劫，对各行各业破坏严重。不重视学术规律，有时让学术服从政治需要，有时又片面追求功利；大学与研究机构行政化趋势严重，以官为本位，对专家、学者不重视；浮躁情绪严重，缺少良好的评价机制等，这些都是学术大师难以涌现的原因。

应该指出的是，推行专科教育与科学家缺乏人文素养，也是长期未能培养出学术大师的一个重要原因。

新中国刚成立不久，1952年大学就进行院系调整，片面向苏联学习，将原来基础扎实且发展良好的一些综合性大学——如清华大学、交通大学、浙江大学——里的文理等学科悉数迁出，合并至其他学校，仅留下工科，成为仅有工学院的单科大学。新成立的钢铁学院、石油学院、矿业学院、航空学院、邮电学院等，则更是仅有工科中极少数专业的大学。

即便是当时拥有文、理两科的综合性大学，如北京大学、复旦大学、南京大学等，学生所修的功课，除去政治、外语作为公

20 世纪 60 年代中期的黄且圆

20 世纪 80 年代初黄且圆在美国康奈尔大学进修时留影

共课程外，其余全部是本系的专业课程。在这样的环境下培养的人才，虽然具有一定的专业知识与技能，在一些专业领域内可以做出成果，但是缺乏人文情怀，难以形成系统的学术思想，也难建立独特的、创新的理论，很难成为学术大师。

三

抗日战争时期，黄且圆出生于四川成都。在其童年和少年时代，由于其父亲的工作地点常常变动，所以她先后就读于成都、重庆、南京、兰州、上海、沈阳、唐山、北京的多所小学与中学。这些学校的情况各不相同，老师的要求也有较大差异，由此也养成了黄且圆学习上的自主性与独立性，在中、小学时她就能将自己的学习做很好的安排。

黄且圆在小学里，觉得课堂上的内容很少，学得十分轻松，于是她在课外阅读了许多文艺书籍。她上大学时，北大的一位理科学生提到他们现在可以选修文学课程，教授列出了一大批西欧与俄国的经典文学名著，阅读以后开阔了他们的视野。黄且圆对我们说，书单里教授开列的这些名著，她在上小学时就已认真阅读过了。受益于这些阅读，从小学开始，黄且圆的作文在同学里就显得十分突出，有时老师甚至误以为她的有些作文是家长代替撰写的。

黄且圆在其他课程上成绩也很优秀，表现突出。她对数学课有浓厚的兴趣，这促进了她的抽象思维。1956 年，我国在北京、上海、天津、武汉四座大都市，首次针对高三学生举行数学竞赛，黄且圆取得了北京市优胜的成绩，由此坚定了她升入大学钻研数学的决心。

黄且圆及其同学在北京大学学习了六年（1956—1962），有着十分丰富又变化莫测的经历。一个时期是号召和风细雨地帮助党整风，转瞬之间就转变为轰轰烈烈的反右派斗争；一个时期是"双反"与向党交心的运动，不久又演变为如火如荼的教育革命；一个时期是竭力宣传"总路线""大跃进""人民公社"三面红旗，忽然又开展反对右倾机会主义运动。大部分时间她都是在校园里搞学习、闹"革命"，有时候又到工厂、工地搞"技术革新"。如此等等，变化多端，处于无休止的折腾之中。这种情况直到1961年大学生也无法果腹才偃旗息鼓。

无论外界的环境如何变化，只要学校允许时，黄且圆和其他同学就会把全副精力投入到学习中，她的兴趣更加投向于抽象、理论、普遍的一些主题。于是在三年基础课的学习结束时，她毫不犹疑地选择了数理逻辑这样一个基础而抽象的分支，继续进行学习与研究。在思考与讨论其他问题时，黄且圆也总是习惯抽去具体内容，将其化为一般性的哲学问题。

四

大学毕业以后，黄且圆被分配到北京工业大学（简称"北工大"），在高等数学教研室担任助教。当时，北工大建立不久，各方面条件较差。然而，学生大多来自北京，许多人学习成绩优秀，领悟能力很强，只是由于家庭出身不好等政治因素，被录取到新成立的北工大。黄且圆在北大时成绩良好，到北工大教课十分认真，对待同学态度热忱和蔼，与同学们亲密无间，打成一片。她的教学工作受到赞誉，然而这却无法改变组织上与一些极"左"分子认为其祖父系大资产阶级，其父为全国大右派，她本人必须进行脱胎换骨的改造的基本看法。

1964年秋，黄且圆被北工大派遣，参加北京房山周口店地区的农村社会主义教育活动，直到1966年6月"文革"爆发，历时近两年。她对农村的贫困情况有了透彻的了解，但依然从反修防修、永不变色的正统观点，去理解社教活动（"四清"运动）[1]的意义，认真投入，努力工作，与当地农村中一批十八九岁的青年积极分子结下了深厚的友谊。

"文革"开始后，黄且圆回到北工大校内。当时，北工大的学生组织了"东方红公社"，黄且圆加入了东方红公社，成为基础课部的骨干成员。1968年秋，工宣队、军宣队进驻各大学。与其他大学的一些群众组织一样，北工大东方红公社受到严厉的批判。虽然黄且圆的双胞胎女儿当时刚出生两个多月，但是她白天与晚上都必须在学校参加政治运动，接受批判。1969年底，她又必须离京，跟随学校到茶淀农场，一边参加运动、接受批判，一边参加农场的劳动，历时一年。不久，社会上开始了"批判极左

1　即社会主义教育运动。1963—1966年在部分农村和少数城市工矿企业、学校等单位开展的"清政治、清经济、清组织、清思想"的四清运动。

思潮，清查'5·16'反革命集团"的政治运动，批判与斗争更加猛烈，许多成员被长期隔离，实行群众专政。黄且圆也受到冲击，从此开始重新认识"文革"，认真进行反思。

五

1976年10月，"四人帮"被彻底粉碎了，标志着十年浩劫的结束。1978年底党的十一届三中全会，掀开了历史新的一页。根据个人的愿望，黄且圆被调到中国科学院计算技术研究所计算方法研究室，从事数理逻辑的研究工作。1985年，她随整个研究室合并到新建立的软件研究所。

1981年，黄且圆获得机会赴美深造。康奈尔大学是一所国际上的优秀大学，在数理逻辑方面有很强的实力。她到康奈尔大学师从著名的数理逻辑专家莫雷，研修模型论。在两年多时间里，她刻苦努力，获得了良好的成果，得到莫雷教授赞誉。然而，当时其双胞胎女儿仍在北京读中学，她不愿意离家太久，于是在1983年秋天返回北京。

在20世纪八九十年代里，黄且圆在模型论领域深入开展研究工作，在国内开始了线性逻辑的研究，参与重点课题"程序验证"的研究工作，完成了一个对自动机器证明富有意义的判定算法。她曾在20世纪80年代末赴美在圣母大学访问两年，参加奈梯、毕雷等教授主持的数理逻辑讨论班的学术活动。

黄且圆还尽力参加与支持国内数理逻辑的学术交流活动与培

养青年人才的工作，她曾被推选为中国数学会数理逻辑专业委员会主任。

1996 年，她的身体已出现问题，并于当年 9 月份确诊为肾癌并动了手术。在那之前几个月，她还四处奔走，从学术、经费、后勤各方面做准备，成功地举办了亚洲数理逻辑会议。

除去对数理逻辑的研究、培养青年人才与学术交流，黄且圆也在继续阅读一些哲学与理论性的书籍，思考这方面的问题。她读书十分细致、认真，总是准备好铅笔与红笔，在一些语句下标记重点的符号，在书页空白处记下体会与感想，或者提出问题。

六

1999 年，黄且圆刚满 60 岁，便主动办理了退休手续。虽然 1996 年她查出肾癌并在北京医院做了手术，但是由于王建业主任医师医术高超，所以她恢复良好，与正常人几乎没有差别。退休后有了充裕的时间，应该做些什么呢？

黄且圆从自己学习与工作的亲身经历，将 20 世纪 30 年代前后培养的人才与 1952 年我国大学院系调整以后训练的学者进行对照比较，发现我国理工科人才的培养模式受 20 世纪 50 年代苏联的影响很大，专注于理工科专业的单一教育，忽视文史哲等方面的素质与修养。这样培养出来的人才，可以有扎实的专业基础和良好的专业知识，经过努力在专业领域的工作中也能有优秀的表现，但是因为缺乏文史哲的修养，就难以形成系统的学术思想，难以成为大师。

鉴于此，黄且圆觉得可以采访几位老一辈的科学家。与一般的传记与采访不同，她主要不是要记述这些科学家在学术上的成就与贡献，而是侧重于他们的人文关怀、他们在文史哲等方面的修养，以及这些因素在他们成为大师、在专业领域里作出重大贡献时发挥的作用。

黄且圆十分认真地选取采访对象，他们是大师级的人物，在专业领域有非常突出的贡献，同时在人文方面有极高的修养。在采访前，她仔细地阅读所收集的有关采访者的资料，加以分析、揣摩，归纳其特点，列出采访的重点与询问的问题。采访后，她认真消化访谈的内容，继续分析、思考，寻找特点和脉络，如同从事一项深奥的研究工作，直到最后才下笔，并反复修改成文。虽然往往已有多篇文章、传记记述这些大师，然而黄且圆的文章常常独树一帜，有更为精确与深入的描绘，深得采访对象喜爱。例如，她记述陈省身先生的文章《白云深处可耕田》发表以后，陈先生不仅直接向我与且圆称赞这篇文章，认为黄且圆是其知音，而且我们后来获知，陈先生还向其秘书、司机以及其他数学家赞扬黄且圆的这篇文章。

黄且圆的兴趣十分广泛，在撰写本书这些文章的同时，她还在广泛涉猎中外学者在社会、人文、历史、哲学等方面的著作。她与北工大志趣相投的一些老师与学生议论过多次，计划将"文革"十年期间在北工大发生的一些较为重大的活动与事件，认真予以梳理，弄清其是非，分析其原因，总结其经验与教训，并且记述下来，作为宝贵资料，供他人阅读、了解与参考。黄且圆读了美国著名作家威廉·夏伊勒1994年出版的封笔之作《爱与恨——列夫·托尔斯泰和索尼娅·托尔斯泰的苦痛婚姻》，深深为其打动。事实上，且圆在少年时期便认真地读过列夫·托尔斯泰的伟大著作《战争与和平》《安娜·卡列尼娜》，以后逐渐知道了列夫与索尼娅之间从相爱到冲突的过程，以及列夫·托尔斯泰最终不可思议的结局。当她读到夏伊勒的著作后，为该书收集到的极为翔实的材料和严谨、深入的分析所折服。她已着手翻译这本名著，准备介绍给国人，可惜这个计划只能留待他人了。

七

1956年9月，我还不足17周岁，由家乡江苏南通来到首都北京，成为北京大学数学力学系的大一新生。班上同学来自祖国各地，成绩都非常优秀，且对数学都有着浓厚的兴趣，黄且圆便是其中的一位。她年轻、靓丽、聪慧、超凡脱俗、成绩优秀，在同学中有较大的影响。我和她是同班同学，有一段时间还在同一个学习小组，照理可以有较多的接触机会。然而那时男女同学之间还存在着无形的界限，平时大家或者是集中精力专心于繁忙的学习，或者是处于运动之中，政治压力很大，需要全力投入，无暇他顾。

大学四年级，我们分了专门组。且圆读的专门组，起初为控制论，后来该组转为数理逻辑。我则进了函数论专门组，彼此见

1985 年夏天，黄且园和尚在念高中的双胞胎女儿在中关村家门口留影

面的机会就大为减少了。直到大学毕业后将近两年，我在中国科学院数学研究所当研究生，且圆在北京工业大学任助教，与她熟识的一位中学女同学才又牵线，介绍我和且圆约会。我们原是同学，互相比较了解，情感很快升华，在 1964 年夏天，我们已处于热恋之中。然而她当时由北工大派遣去农村参加"四清"运动，我还在读研究生，我们到 1967 年初春才结婚。1968 年初夏，我们的一对双胞胎女儿杨炎与杨冰出生。

不久，我们就遭遇了十分艰难的时期。双胞胎女儿出生还未满三个月，我就必须去解放军农场劳动锻炼。这之前我在安徽参加农村"四清"，与社员"三同"[1]时染上的肺病尚未痊愈，个人

---

1 即与农民朋友同吃、同住、同劳动。

与家庭的困难是明摆着的。我没有向当时掌权的造反派提出任何申请，这些造反派对我们的困难也丝毫不予考虑。且圆便承担起独自照顾一对幼婴的任务。当时，工宣队、军宣队已进驻北工大，勒令"东方红公社"的成员参加运动，接受批判，且圆的处境就更加困难了。1969年底，北工大全校迁至茶淀农场，且圆不得不将仅一岁半的一位女儿完全寄养在北京一位并不熟识的居民家中，独自带了另一位女儿去了茶淀农场。

八

1971年，国内外一些科学家呼吁重视基础研究，周恩来总理对中国科学院的工作给予了更多的关注。研究所里连、排、班的编制取消了，恢复了研究室的设置。我和张广厚在研究生阶段下了一番功夫，打下了良好的研究基础，已发表一些较好的论文，我们正憋着一股劲，准备全力以赴，投入科研。然而临近毕业时"文革"爆发，科研工作终止了五六年，与国际上完全隔绝，要重新开始工作，仅仅是完全搞清楚国外本领域的新进展就十分艰难。此时张广厚目疾严重，有视网膜脱落的危险，所以由我研读与钻研国外文献，然后向张广厚报告，再进行深入的分析与讨论。我研读文献，开展研究工作，常至深夜。当时条件艰苦，全家仅一个房间，且圆对此完全理解，并予以大力支持。后来，唐山大地震，京津地区居民受到极大震撼，纷纷至室外广场搭建抗震棚以供晚间栖身。我们所在的一幢楼里，仅剩下我们一家，我照常在室内从事研究工作。后来，居委会再三动员我们去抗震棚避震，且圆只得偶尔带领两个孩子去抗震棚应付一下，让我仍留室内继续工作。

且圆对我工作的大力支持，还表现在她十分认真与周到地安排好两个孩子的教育上，完全不需要我分心。从上小学时如何能稍许突破过于死板的规定，让孩子们略早一点开始上学，到教她们如何支配业余时间，学习小提琴，获得较为全面的发展，且圆都作了许多思考与策划，付出了很多辛劳。在选择中学时，她认真地了解北大附中与邻近其他中学的情况，认为北大附中给学生留下较多时间，鼓励学生较为自由地发展，而不是对学生严加管束，所以毅然为她们选择报考北大附中。在孩子上小学与中学时，且圆出席了所有的家长会，与老师进行沟通，使孩子得以健康成长。在她们中学毕业时，且圆鼓励她们选择了重视教学与人才培养、研究与教学成绩优秀的中国科技大学作为第一志愿，这也可以让孩子离开家庭所在地北京，得到更好的锻炼，少受大城市种种不利因素的影响。后来，且圆还支持她们争取去美国耶鲁大学学习，使得她们能够获取奖学金，在耶鲁大学攻读物理与数学的双学位。在耶鲁大学毕业后，她们又分别进入哥伦比亚大学与普林斯顿大学深造，取得博士学位。

在我科研工作取得一些成绩以及两个孩子顺利成长的背后，都饱含了且圆的努力与辛劳。

且圆于2012年3月离开了这个世界，我感到五内俱焚，方寸大乱。近几年，且圆与张映碧女士相熟识，虽然她们分别在中美两国，见面不多，却有许多共同的看法与语言，常常互相切磋读书与写作的心得。张映碧女士是曹怀东先生的太太，曹先生则是一位出色的数学家，里海大学的讲座教授。2011年底，清华大学数学中心与丘成桐教授在海南三亚举办数学论坛时，且圆与映碧女士在三亚见面、聚谈，十分高兴。映碧女士知道且圆写过几篇有关中国科学家的文章，并有将其结集出版的心愿，她花费了不少时间与精力，将且圆的文章加以编排，作了印刷前必要的处理，并敦促我尽快将其出版。我为映碧女士对且圆的深厚情谊所打动。她的见解是十分正确的，将这些文章结集出版可以使我国广大青年学了解人文关怀与修养的重要，既是且圆的心愿，也是对且圆最好的纪念。

这本书收集了且圆记述陈省身、丘成桐、王元、彭桓武、孟昭英、胡先骕和她父亲黄万里的八篇文章，主题是中国科学家的人文情怀。此外，这本书还收集了著名口述传记作家丁东和邢小群2011年12月对且圆的采访，其中有许多关于其祖父黄炎培的珍贵史料；收集了《纵横》杂志主编许水涛2004年对且圆的访谈，详细谈论了其父黄万里在执着和无奈中跋涉的一生，尤其是三门峡水库建造的前前后后。这些文章作为附录，一并收入本书。

作为黄且圆文集，这本书是对她最好的纪念。

且圆美好的形象与高尚的道德将永远留存在我们心中。

STORIES
OF
GREAT SCHOLARS

上 篇

熊庆来（1893年9月11日—1969年2月3日）

熊庆来：数学先驱 风范长存[*]

杨乐

　　熊庆来先生 1893 年诞生于云南省弥勒县的息宰村[1]。他是我国函数论研究的先驱与主要开拓者之一，也是我国近代数学研究与高等数学教育的奠基者之一。在东南大学数学系和清华大学数学系担任教授与系主任期间，他为我国培养了许多杰出的数学家和物理学家。他还曾担任云南大学校长十余年，为云南大学的发展作出了极其宝贵的贡献。

---

[*] 本文系 2014 年 4 月杨乐先生为熊秉衡、熊秉群所著《父亲熊庆来》（云南教育出版社，2015）撰写的序言，标题为杨乐先生 1992 年 10 月 16 日在熊庆来先生百年诞辰纪念活动上的题词。编入本书时，编者略有修改，重制文中小标题。熊秉衡为熊庆来先生五子，光信息学者，熊秉群为熊庆来先生六子，通信专家。

熊庆来（1893—1969），字迪之，生于云南弥勒息宰村。著名数学家、教育家，中国现代数学先驱、中国函数论奠基人之一。1933 年，获得法国国家理科博士学位。曾任云南大学校长，清华大学算学系主任、教授，中国科学院数学研究所研究员，中国科学院院士（1955 年）。他是发现和培养华罗庚的伯乐，成就了中国数学界的一段佳话。1962 年杨乐和张广厚从北京大学数学系毕业后，成为他的研究生。

[1] 该村隶属云南省弥勒县（现为弥勒市）朋普镇。为纪念熊庆来先生，2005 年弥勒县政府决定将该村命名为庆来村，村小学也改称庆来小学。

函数理论，熊氏无穷

19世纪，柯西[1]、黎曼[2]、魏尔斯特拉斯[3]等一大批学者系统而杰出的研究工作，形成了一个十分重要的数学分支：复变函数论。它不仅有完善与丰富的理论，而且有实际应用。在19世纪与20世纪之交，以著名的毕卡－波莱尔定理为开端，围绕着复变函数的取值问题，研究工作十分活跃，形成了函数值分布理论，成为基础数学的主流与热点。1925年，著名的芬兰数学家奈望林纳[4]将

1 柯西（A. L. Cauchy，1789—1857），法国数学家、物理学家、天文学家。创立复变函数的微积分理论。许多数学定理和公式以他的名字命名，如柯西不等式、柯西积分公式、柯西定理等。柯西在微积分中引进极限概念，并以极限为基础建立了逻辑清晰的分析体系，为微积分发展成现代数学最基础的学科奠定基础。在理论物理、光学、弹性理论方面亦贡献突出。柯西全集有27卷，论文近800篇，在数学史上是仅次于欧拉的高产数学家。

2 黎曼（Georg Friedrich Bernhard Riemann，1826—1866），德国著名数学家，在数学分析和微分几何方面作出重要贡献，开创了黎曼几何，为爱因斯坦的广义相对论提供了数学基础。其工作影响了19世纪后半期的数学发展，许多数学家在黎曼思想的影响下，论证黎曼猜想，在许多数学分支上取得了辉煌成就。黎曼猜想是希尔伯特在1900年提出的23个问题中的第8个，被列为千禧年七大难题之一，至今仍未解决。黎曼猜想可以表述为：黎曼 ζ (s) 函数的所有非平凡零点都位于临界线上。

3 魏尔斯特拉斯（Karl Theodor Wilhelm Weierstrass，1815—1897），德国数学家，被誉为现代分析之父，以解析函数理论与柯西、黎曼同为复变函数论的奠基人。其工作涵盖幂级数理论、实分析、复变函数、阿贝尔函数、无穷乘积、变分学、双线型与二次型、整函数等领域，影响了整个20世纪分析学（甚至整个数学）的风貌。魏尔斯特拉斯培养了大批著名数学家，代表作《关于阿贝尔积分论》。

4 奈望林纳（Rolf Nevanlinna，1895—1980），芬兰数学学派的代表人物，是现代亚纯函数论的创始者。曾任赫尔辛基大学教授、校长。1925年，他在亚纯函数的研究中建立了两个基本定理，使值分布理论出现新面貌，开始了值分布的近代理论，即奈望林纳理论，这是20世纪数学发展中的一大成就。1935

特征函数与亏量的概念引入亚纯函数，建立了两个基本定理，获得了亏量关系，拉开函数值分布论现代研究的序幕。

熊庆来先生曾经三次赴欧洲，总计 17 年，主要是在法国学习与从事研究工作。他第一次去欧洲是 1913—1920 年，受云南省公费派遣，在法国学习了大学本科与硕士的数学课程。

1932—1934 年，熊庆来先生第二次赴欧访问，他先到瑞士苏黎世参加国际数学家大会，在为数极少的几个大型会议一小时演讲中，就有法国著名函数论专家瓦利隆[1]关于亚纯函数的波莱尔方向的报告。会后，熊庆来先生去巴黎，与瓦利隆一起从事函数值分布论的研究。在这以前，对于增长不太迅速，即所谓有穷级的亚纯函数研究工作已臻完善，但对于增长极其迅速的无穷级函数研究甚少，且结果不够理想。熊庆来先生引进了型函数的概念，给出了无穷级的一种定义，对无穷级亚纯函数的值分布作了系统研究。他的长篇研究论文发表在法国的重要数学期刊上，随后他获得了法国国家理科博士学位。他引进的无穷级被称为"熊氏无穷级"，成为以后研究无穷级整函数与亚纯函数的得力工具。

年，他开创了调和测度方面的研究，并作出重要贡献。从 1940 年开始，他把闭黎曼曲面上的阿贝尔积分理论推广到了开黎曼曲面上，并进行系统研究，之后他对相对论、微分几何及几何基础等方面的研究皆有贡献。1959—1962 年，他担任国际数学联盟主席。

[1] 乔治·瓦利隆（Georges Valiron，1884—1955），法国数学家，曾任法国数学会主席。以其对数学分析的贡献而闻名，在全函数理论、全态函数、同态函数和陶伯定理方面取得了突破性进展。

1949 年 9 月，熊庆来先生随梅贻琦团长赴巴黎出席联合国教科文组织大会后，因病滞留法国。他重新开始进行学术研究。在亚纯函数的值分布中，他注意到导函数的作用，获得了富有意义的成果。在正规族理论中，他使用了一个具有特色的方法：由函数值分布论中的基本不等式出发，消去余项中的所谓原始值，从而建立相应的正规定则。由此，他认为相应于一个毕卡型定理，常常会有一个朗道型定理与一个正规定则，从而形成一个圈属。他还研究了一类多值函数——代数体函数——的值分布。

熊庆来先生关于消去原始值、建立正规定则的方法，为我国学者不断使用与发展，卓有成效地解决了海曼[1]教授搜集与提出的全纯和亚纯函数的新正规定则方面的大部分问题。这个方法对英国、美国同行学者的研究也有相当影响。

一代宗师，桃李天下

1921 年，应东南大学郭秉文校长的邀请，熊庆来先生到该校创建数学系，担任教授兼系主任。当时系内仅他一位专任教授，在此后的五年间，他开设了十余门课程，并自编讲义。如平面三角、球面三角、方程式论、微积分、解析函数、微分几何、力学、微分方程、偏微分方程、高等算学分析等。他当年在巴黎大学听

1　瓦特·海曼（W. K. Hayman，1926—2020），英国数学家，英国皇家学会会员。1964 年在国际数学会议上提出函数论研究中的问题。

著名数学家戈萨[1]的高等数学分析课程，认真学习与钻研戈萨的名著，打下了很好的基础。在东南大学期间，他以戈萨的著作为重要参考，编写了很好的讲义，后经审定，列为大学丛书，于1933年由商务印书馆出版。

在东南大学，熊庆来先生培养了一些杰出的学生，如胡坤陞、赵忠尧、严济慈等。胡坤陞后来到哈佛大学深造，从事变分学研究，获博士学位，返国后长期在中央大学与四川大学担任教授。赵忠尧从东南大学毕业后，赴美国加州理工学院师从诺贝尔奖获得者密立根教授，在国际上首次观测到正负电子对的湮没辐射，是物理学上的重大发现。严济慈从东南大学毕业后，由熊庆来、何鲁、胡刚复教授资助赴法国攻读，因其在专业与法文等方面表现出色，法国因此承认中国大学毕业生的资格。严济慈获法国国家博士学位后回国，对我国物理研究作出了杰出贡献。

1926年，熊庆来先生应清华大学聘请担任教授，1928年任数学系主任。他先后聘任了杨武之、孙光远、赵访熊等高水平的教授，在分析、代数、几何等方面开设了门类较多的课程，使数学、物理等系的学生打下了扎实的基础。

1　即古尔萨（Goursat Eouard Jean Baptiste，1858—1936），法国著名数学家，法国科学院院士，曾任法国数学会主席。在大学时就提出"古尔萨过程"和"古尔萨证明"。改进柯西解析函数的定义，得到柯西－古尔萨定理。在偏微分方程中，改进存在性定理的证明，在椭圆积分、不变量理论和曲面理论等领域做出成果。编著的《数学分析教程》曾一版再版，被译为多国文字（包括中文），广泛采用为高校教材。

1925 年在南京东南大学的全家照（左起：姜菊缘、熊秉明、熊庆来、熊秉信）

20 世纪 30 年代初，熊庆来先生等在清华大学建立了数学研究所，开始培养研究生。在老师和学生中，数学研究逐渐形成风气，他们的论文不断在《清华理科报告》上发表。1932 年，熊庆来先生年近不惑，在国内著名大学担任教授已逾十载，仍利用休假机会赴法国从事研究工作，获得了卓越成果。

熊庆来先生十分注重学术交流，以促进人才的成长。他邀请法国著名数学家哈达玛教授[1]和美国维纳教授[2]到清华大学作系列演讲，使师生受益匪浅。

在这样优良的学术环境里，一批青年人才苗壮成长，如华罗庚、陈省身、许宝騄、柯召、徐贤修、庄圻泰、段学复等，走向了学术研究的前沿。物理系的学生钱三强、赵九章、林家翘、彭桓武等，也都得到很好的培养。

---

1 雅克·哈达玛（Jacques Hadamard，1865—1963），法国著名数学家，法国科学院院士，苏联科学院外籍院士，1896 年证明素数定理。在解析函数论、数论、分析力学与几何、变分学与泛函、弹性与流体动力学、偏微分方程等领域做出重要成果。主要工作在复变函数论，是法国函数论学派中的重要人物，是法国数学家柯西（1789—1857）事业的接棒者，被誉为全能数学家。开办数学讨论班 20 多年，指导多名学生成为杰出数学家，如弗雷歇（1878—1973）、莱维（1886—1971）、迪厄多内（1906—1992）、韦伊（1906—1998）、施瓦兹（1915—2002）等。1936 年 4 月应清华大学校长梅贻琦之邀，来清华讲学 3 个月，使数学新秀华罗庚、许宝騄、吴新谋、庄圻泰、樊㙇等人受益匪浅，并将他们推荐到欧洲深造，其中吴新谋师从哈达玛，成为中国偏微分方程的重要创始人。著有《数学领域中的发明心理学》。

2 维纳（Norbert Wiener，1894—1964），美国数学家，控制论创始人。1935—1936 年应清华大学梅贻琦校长之邀，来清华讲学一年，担任数学系和电机系客座教授，讲授傅里叶级数和傅里叶积分（包括勒贝格积分）的理论。著有《控制论》《昔日神童》《我是一个数学家》等。

1937 年夏，熊庆来先生应云南省主席龙云的邀请，出任云南大学校长。他在抗日战争时期极其艰难的条件下，竭尽全力聘任教授，添置设备，增设院系专业，将一所规模很小的地区性大学，发展成拥有 5 所学院 18 个系、教授阵营强大、在全国具有影响的颇具规模的国立大学，为云南和全国输送了一大批人才。

老马识途，真理引航

1962 年，我和张广厚由北京大学毕业后，考入中国科学院数学研究所，成为熊庆来先生的研究生。熊庆来先生担任我们的导师时已年逾古稀，半身不遂，然而他仍经常与我们谈话。虽然许多谈话内容只是一些闲聊，却使我受到学术思想上的熏陶，并启发我从中探索合适的研究方向。熊先生自己曾谦逊地说："我年事已高，虽不能给你们具体帮助，但老马识途。"

熊庆来先生当时让我们在讨论班上报告奈望林纳的著作《毕卡 - 波莱尔定理和亚纯函数理论》以及瓦利隆的著作《亚纯函数的波莱尔方向》。他经常参加我们的讨论班，听取我们的演讲，并作一些研究问题背景的介绍。奈望林纳是现代函数值分布理论的奠基人，他的上述著作篇幅虽然不长，却紧扣值分布论的主线——两个基本定理——进行论述。对它的深入钻研使我们较快地掌握了模分布理论的精粹，迅速接近了研究工作的前沿。瓦利隆是对值分布理论有杰出贡献的学者，尤其是他证明了亚纯函数波莱尔方向的存在性，在当时掀起了辐角分布研究的热潮。他的著作研

1934 年，熊庆来获法国国家理科博士学位证书

20 世纪 60 年代，杨乐、张广厚等人和导师熊庆来先生夫妇合影（左一杨乐、左二张广厚、左五陆启铿、左六熊庆来、右二吕以辇）

读起来极其困难，因为书中的定理几乎都没有证明，必须查阅有关的论文；其中瓦利隆自己的一些论文，论证也十分精练，省略了大量推导，研读时需作许多补充证明。

对这两本书的深入研读以及对值分布领域一批最杰出的学者如阿尔福斯、布碌赫、波莱尔、卡尔当、茹利雅、米约、蒙德尔、奈望林纳、瓦利隆的重要论文的钻研，为我以后的研究工作打下了良好的基础。这方面有一个突出的例子：辐角分布论是一个非常深刻且困难的领域，我们当时为了弄懂它并领会其实质，曾下了一番苦功。改革开放后，我与北美、西欧许多国家的几十位著名函数论专家不断交往，发现除去区律欣与魏茨曼两人，其他专家对辐角分布论并没有多少了解。即使是区律欣与魏茨曼，也没能像我们那样在这方面下苦功。后来，听到陈省身教授与丘成桐教授常常说起，要从一些经典著作与文献中汲取思想和营养，我感到很有道理。熊庆来先生指导研究工作的做法，与陈省身、丘成桐的思想是一致的。

在做研究生期间，我在《中国科学》上发表了四篇论文，在《数学学报》上发表了一篇论文。当时，国内学术界与国际上几乎没有任何交流。例如，1964 年下半年，英国皇家学会会员海曼在伦敦举行的一次国际会议上提出函数论的一些值得研究和未解决的问题时，我和张广厚已正在从事这方面的研究，并解决了其中的一个问题。但我们并不知道海曼提出了这个研究问题，海曼也是在我们的论文发表后才得知我们的结果。又如，区律欣说他1969 年发表在国际顶尖数学期刊 *Acta Math.* 上的长篇论文，其思想与内容基本上没有超出我和张广厚 1965 年在《中国科学》上发表的论文。这些论文后来都受到国际上同行学者的关注与引用。应该说，我们当时在熊庆来先生指导下的研究，是当时国际上函数论的前沿，并达到了十分先进的水平。我们在研究生阶段所获得的成绩及在以后获得的很好的发展，是与导师熊庆来先生的指引与帮助分不开的。

言传身教，修齐治平

熊庆来先生崇尚科学与教育，努力培育人才，将其视为国家富强和社会进步的根本。为了这个目标，无论是在东南大学和清华大学时期，还是在云南大学出任校长时期，以及 1957 年由欧洲回国在中国科学院数学研究所工作期间，他都全心全意做好教学和研究工作，竭尽全力帮助青年学生成长，期望他们成为社会的中流砥柱、国家的精英。

熊庆来先生有着十分明确的信念，而且自己时时刻刻极其勤恳地努力工作着。然而他对学生、对下属、对自己的子女亲人却从来不高调训人，也从未疾言厉色，他总是态度和蔼、语调平和地与人谈话。他话并不多，但身教重于言教，因而学生、下属、子女都能从他那里受到很好的影响。

熊庆来先生在东南大学和清华大学时，都是为了创办数学系，一方面讲授课程很多，课务繁重；另一方面他担任系主任，还要考虑系务安排、教师延聘、学生成长、学术研究、未来发展等诸多方面。而当时国内科系尚无固定模式，各门课程均无中文教材，其工作之繁重可以想见。在抗日战争极其艰难的时期担任云南大学校长，其困窘与繁忙更是常人难以想象。

熊庆来先生的时间和精力都投入了工作，很少能顾及子女的教育与培养。尽管如此，他的子女们平日受到其精神的感召，在他的言行潜移默化的影响下，都十分顺利地成长为各个领域造诣很深、贡献甚大的专家。时光流逝，熊庆来先生的长子秉信、次子秉明、女秉慧已先后因病辞世。

史实如山，山高水长

本书作者熊秉衡、熊秉群两人分别是物理、通信领域内很有贡献的专家，长期为自己专业领域的工作操劳忙碌，退休以后仍无空闲。然而长期以来，他们有一个心愿，要将父亲熊庆来的一生，十分真实地记述出来。在"文革"浩劫中，熊庆来先生受到严酷的批斗，身心备受摧残，于1969年2月逝世。当时所批判的"华罗庚－熊庆来黑线""资产阶级反动学术权威""镇压学生运动的刽子手""国民党的残渣余孽"等罪名，虽然随着"文革"的结束而化为乌有。然而，历史的真相到底如何呢？他们感到有责任将熊庆来先生这位老一辈学者的典型，向当今社会广大民众，尤其是青年学子们作一清晰、真实的介绍。

作者为此做了大量的工作。他们收集了熊庆来先生与当时有关人士的许多电报、信函，采用了熊秉明及其他人当年日记中的有关记述，查阅了档案馆中保存的文献资料，特别是到巴黎法国国家档案馆中，查阅 20 世纪 30 年代熊庆来先生博士论文的评阅意见，令人印象深刻。他们访问了有关人员，留下了宝贵的录音，从中选取了有用的资料。此外，书中还附有大量珍贵照片，为各个时期的史实提供了佐证。

作者撰写本书的一个基本原则是完全忠于史实，一个突出的例子是：以往一些传记与文章曾记述周恩来总理于 20 世纪 50 年代中期亲笔致函熊庆来，请他回国工作。他们查遍资料，并无此信，而其他次要函件均保存无误，因而基本断定此为讹传。作者以史实为重，予以订正。

从本书所记述的熊庆来先生一生的经历中，我们可以看到现代数学和科学技术在我国创业的艰难，看到我国高等学术人才成长的进程，看到抗战时期云南大学的成长与发展，也看到熊庆来先生 1957 年回国后的工作和对青年人才的培养，以及在"文革"浩劫中经受的折磨与苦难。所有这些，对于广大读者来说都是富有教育意义的。尤其是熊庆来先生对中国数学与云南教育的贡献与作用十分重大，因而数学界、教育界的同仁和青年学子阅读此书会倍感亲切，有更多的感受。

2014 年 4 月

胡先骕（1894 年 4 月 20 日—1968 年 7 月 16 日）

胡先骕[*]：植物学家和人文主义者

黄且圆

胡先骕先生纪念碑文

胡先骕先生字步曾，号忏庵，江西新建人，生于清光绪甲午。幼而颖异，过目成诵，五岁毕四书、诗经，有神童之誉。十一岁入庠，辛亥后两度赴美，获博士学位。

先生素怀科学救国之志，一生为之奋斗。以教育言，历任东南大学、北京大学、北京师范大学教授，为中正大学首任校长，尽心竭力培养人才，奖掖后进，门墙桃李遍于天下。以科研言，发起中国科学社、中国植

---

[*] 胡先骕（1894—1968），江西南昌人，植物学家和教育家，中国植物分类学奠基人，中国科学院植物研究所研究员，中研院院士（1948年）。1913—1917年在美国加州大学伯克利分校学习农业和植物学，获学士学位，回国工作六年后，1923—1925年在哈佛大学深造，获博士学位。学成回国后，与秉志联合创办中国科学社生物研究所、静生生物调查所，创办庐山森林植物园、云南农林植物研究所，筹建中国植物学会。首次鉴定并与郑万钧联合命名水杉和建立水杉科，提出著名的被子植物出自多元的分类学系统理论。著有《植物分类学简编》《种子植物分类学讲义》《中国植物分类学》《经济植物学》《胡先骕诗文集》《忏庵诗选注》《胡先骕全集》等。

物学会，创建静生生物调查所、庐山森林植物园、云南农林植物研究所。开拓中国植物学之新领域，三次出席泛太平洋学术会议，发表多篇中国植物区系之开创性论文。活化石水杉之发现与命名，尤为融合古今植物研究之重要贡献，引起全世界植物学界之震惊。共出版专著二十余种，发表论文一百四十余篇，被选为中央研究院第一届院士。先生不仅为中国近代植物分类学之主要奠基人，又善诗词、善文学评论，为南社社员、学衡主将。陈散原老人评其诗意理气格俱胜，所赋水杉歌富典，实为史无前例之科学诗。可见先生融贯中西文化之特色。

一九六八年先生逝世，终年七十四，后骨灰迁葬于庐山植物园水杉林内，兹谨述先生生平与学术之荦荦大者以告天下后世，俾知所景仰焉。

公元二千年南京大学教授卞孝萱拜撰并书（加盖卞氏章）

碑文中肯地概述了胡先骕一生的成就。胡先骕自小便有神童之誉。他5岁学完《论语》，仅用半年时间读毕四书的其他三部，又以半年时间学完《诗经》。所以他在6岁时不仅识字万余，且晓反切，通训诂。7岁时其父乘船远行，离家出任陕西某地知县。因对父亲依依难舍，他便在包茶叶的纸上画了一张小图：上有浓云密布的天空，几只飞鸟在翱翔，一叶小舟逆水而上，舟上还端坐一人，图旁题写了两句诗："连日风和雨，孤舟远远行。"当船行至汉江时，此境果真出现，其父感慨万千，提笔补上两句："可怜儿七岁，尤解宦游情。"

1909 年，胡先骕 15 岁考入京师大学堂预科。1912 年秋参加江西省留学考试，被录取为留美学生。1913 年赴美国加利福尼亚大学攻读森林植物学，从此开始了他两次赴美，在美学习、研究七年，成绩优异，最终获哈佛大学博士学位的留学生涯。

胡先骕童年和青少年时代的生活并非一帆风顺。他年仅 8 岁便失去父亲，从此家道中落，生活日趋贫困，一家生计包括子女教育全由母亲一人承担。更不幸的是，在他赴美留学的第二年，母亲又病逝了。因家人未及时通报病情，致使他因失去与母亲最后告别的机会而饮痛终生。

青少年时期的胡先骕，从私塾到留洋，从国学到西学，皆能适应、理解和消化，且成绩斐然。这一切，一方面奠定了他一生融通中西文化的基础；另一方面，与他丧失双亲的不幸遭遇形成了巨大的反差，或许这也是他独立自信、傲岸不羁的性格形成的因素之一吧。

胡先骕不仅是我国公认的近代植物分类学的主要奠基人，且为享誉世界的植物学家。他的学术成就及在植物学界和教育界的影响，在上述碑文中已有概述。而使他在学界特别是公众中声名远扬的莫过于两件大事：鉴别并命名活化石水杉，以及在学术上严厉批评苏联的"李森科学派"。

发现水杉，享誉世界

水杉的发现像是一个美丽的故事。发现并考察水杉母树的第一位学者是森林学教授干铎。抗战时期的 1941 年初冬，干铎从湖北赴重庆，途经四川万县磨刀溪（又称谋道溪），见到路边一棵大树，虽然叶已落尽，但其主干通直，拔地参天，枝条疏密有致。此株大树被当地村民视为神木，称"水沙"。他们不仅给它披红挂彩，且在树下筑一祭祀小庙，以香火供奉，名"水沙庙"。经初步测算，此树高达 30 余米，树干周长也在 7 米以上。干铎以其职业的敏感，认定此树必属一个值得注意的树种。但干铎和他的同事们最终未能鉴定此树究竟为何种植物。

1943 年，在农业部任职的王战为赴神农架调查森林取道磨刀溪，采得那株"水沙"的枝叶及果实标本，并鉴定为水松。水松在新生代虽分布于整个北半球，但现仅遗存于我国长江以南，是久已著名的树种。远在晋代，我国便有了关于水松的记载。

1945 年夏，王战又将这种水沙标本的一个小枝及两枚果实交给森林学教授郑万钧鉴定，郑万钧认为此标本枝叶虽似水松，但其叶交互对生，且球果呈鳞片盾状，故一定不是水松而为松杉植物中的一个新属。为得到完整的标本，他又派人两次前往磨刀溪采集此树的枝叶和花果的标本。

1946 年秋，郑万钧将标本及自己的研究成果寄给胡先骕复审，胡先骕除认定这是松杉植物的新种外，又经研究发现它与日本大阪大学三木茂教授于 1941 年在《日本植物学杂志》上发表

美国留学时的胡先骕

的水杉属（Metasequoia，也曾译为亚红杉属）形态相同，确定这种植物属水杉属，并由胡、郑二人正式将其命名为水杉，学名为Metasequoia glyptostroboides Hu et Cheng。此研究成果由胡、郑联名发表在1948年4月胡先骕任所长并创建的北平静生植物调查所学术刊物《静生汇报》上。

水杉的发现轰动了世界植物学界，也让中国人非常自豪。19世纪中叶，为开辟沟通欧亚两洲的北方航线，西欧和北欧诸国的探险船曾多次赴北冰洋探路、考察。他们在北极圈附近发现了很多由大树残骸构成的森林化石，化石的主体是杉科植物。过去的植物学家们将这些杉科植物误归为红杉属或落羽杉属。红杉和落羽杉都是现今地球上还生存着的树种，且两者易于区分。但水杉化石的某些形状像红杉，另一些又像落羽杉，加之化石往往只存片断，性状表现不全，比较容易误判。日本古生物学家三木研究了这些化石，认为应设立新的水杉属，并提出了该属应有的五种性状，很好地解决了这个容易引起混乱的问题。但三木的观点在当时日本学界尚存争议。因为二战，欧美学界也还不清楚三木的成果。活水杉在我国的发现使三木的成果迅速得到国际的公认，从而平息了争论。这类案例在古植物学中是很罕见的，而胡先骕竟能将从活体植物上采集到的标本，与千百万年前的化石联系起来，确定它们是同一种植物，这使人们不得不佩服他知识的渊博和高深。这项成果的获得，不仅需具备对地球上仍生存着的植物的广博知识，而且还需要有古植物学的深厚基础，难怪人们称水杉的发现是融合古今植物研究的重要贡献。

原生态的水杉仅生长于我国西南四川、湖北和湖南交界处的一小片地区：除在万县磨刀溪发现3株母树（1大2小）外，经多次调查，在邻近磨刀溪的湖北利川境内、发源于齐岳山与佛宝山的两条小河汇合处的河谷地段，也尚存水杉母树5000多株。其后，又在湖南龙川发现3株母树，四川石柱发现20多株母树，此二地均距利川不过百余公里。至今发现的水杉母树只生长在这片不过千余平方公里的弹丸之地，可见其珍稀程度了。不像一些知名的孑遗植物，如银杏，虽然它是比水杉更为古老的活化石，但在我国中东部广大地区，如辽宁、河北、山东、河南、两湖、江浙，以及西南云、贵、川诸省，都早有发现及推广。

发现水杉之后，胡先骕又以极大的热情投入到对它的研究和推介中。除专著外，他还著文《水杉及其历史》《水杉水松银杏》《水杉》等，向公众普及水杉的历史、特性、用途，以及它的发现在植物学中的意义。根据对水杉化石的研究，我们知道在距今一亿年前的白垩纪，地球上就有水杉生长。它的化石广泛分布于欧、亚、北美的白垩纪地层中，往北甚至可到北纬80°至82°的北极圈内。水杉这种生长迅速的大型乔木为什么能在北极圈内生存呢？因为一亿年前地球表面的性状及气候与现今有极大的不同。在那个时代，欧亚和北美洲的西部为一整体，称阿留申陆地，而格陵兰及北美洲北部各岛则与北美东部连为一体。在阿留申陆地之南有特提斯海，它包括了现今的地中海、非洲北部、欧洲大部、中东大部、中国西藏、马来半岛，以及中国南部，并将印度分割为二。印度洋的暖流可经特西斯海流往北冰洋，北极的气候也很温暖，今日北极的所有冰盖皆不存在。所以水杉可以生长在北极，且广布于北半球各地。由于地壳运动及气候逐渐变冷，水杉被迫南移。到两千万年以前的新生代第三纪，水杉相继在各地灭绝，只有我国湖北利川一带因其地形和气候的特殊性，才保留了几千株的劫后残余。水杉是北极圈森林化石的主体植物，且有活体的存在，是研究陆地气候、植物演化的绝好树种，因而受到许多学科（植物分类、古植物、古气候、古地理等）的高度关注。如今为应对全球气候变暖问题，关于水杉和森林化石的研究再次活跃起来。因为水杉不仅是气候变迁的指示剂，还在碳循环过程中扮演着重要的角色。

自发现之日起，胡先骕、郑万钧等植物学家便向国内外大力推广种植水杉。1947年12月，郑万钧等寄给美国哈佛大学阿诺德树木园水杉种子1公斤。次年该园主任收到这批种子后，又将部分种子分装600小包免费寄赠世界各地76所植物研究机构和林业试验站等。1948年2月美国著名植物学家钱耐专程到中国，考察水杉后，带回种子一小箱及幼苗4株，除在美国推广外，又将树苗寄送日本等国。我国领导人也曾将水杉的种苗作为珍贵礼物馈赠友好国家，使得世界许多国家的植物园内都种植了水杉。根据我国《植物分类学报》的统计：北自北纬60°上下的挪威、芬兰、美国，南至南纬35°的阿根廷，共有50多个国家和地区直接或间接引种了我国的水杉。由于水杉生长迅速，易于栽植，可作为观赏树种、行道树种、用材树种，也可用于大面积造林。有些活化石如银杏等，因较难成活，用途受到很大限制。而像水杉这样的活化石，靠人工引种，能在短短几十年间遍植世界各地，是绝无仅有的。

为保护水杉，保护生物的多样性，我国在利川建立了自然保护区、水杉基因库，也在国内适合水杉生长的地方大量引种和推广。《中国百科全书·林业卷》称：北起长城以南、辽宁南部，南至两广、云贵高原，东临黄海、东海之滨及台湾，西至四川盆地均有栽培。在北京，你在哪里可以见到树冠翠绿、树叶狭长对生、清秀而又挺拔的水杉树呢？就在香山之麓，北京植物园内的樱桃沟畔。沿着樱桃沟修建的栈道及其两侧已经形成了小片的水杉林，并建起了关于它的科普长廊。

胡先骕在他的长诗《水杉歌》中，热情地讴歌了水杉悠久的历史、发现及其科学意义。诗的最后，他抒发了对水杉发现的无比自豪，以及对蓬勃发展的祖国科学事业终将在世界科学队伍中占有一席之地的无限憧憬：

> 致知格物久垂训，一物不知真所耻。
> 西方林奈为魁硕，东方大匠尊东壁。
> 如今科学益昌明，已见浃浃飘汉帜。
> 化石龙骸夸禄丰，水杉并世争长雄。
> 禄丰龙已成陈迹，水杉今日犹葱茏。
> 如斯业绩岂易得，宁辞皓首经为穷。
> 琅函宝笈正问世，东风仁看压西风。

值得指出的是，水杉的发现及初期的研究和推广正值抗日战争及国内战争时期。战争的硝烟、艰难困苦的工作和生活条件都未能阻止我国科学家们前进的步伐。以胡先骕、郑万钧为代表的我国老一辈植物学家，他们对祖国山河及一草一木的无比热爱，他们的敬业精神，他们对科学的忠诚，他们超前的环保意识，难道不值得我们，特别是青年一代敬仰和学习吗？

坚持科学真理，不畏孤立打击

新中国成立初期，我国的自然科学与政治、经济一样，都向苏联一边倒。在 20 世纪五六十年代，大中学校的理工科教科书绝大多数译自苏联。生物学方面的中学教材，除讲达尔文进化论外，就是苏俄的巴甫洛夫学说，以及苏联伟大的植物学家、农学家米丘林和打着他的继承者旗号的李森科的学说。就在这从政治、经济到科学文化全面一边倒的大势之下，胡先骕却独树一帜，在他的著作《植物分类学简编》（高等教育出版社，1955 年版）中严厉批评"李森科学说"，可见他面对科学真理时敢于担当的精神和勇气。

这本书的第十二章为"植物分类学的原理"，其中在论及植物的"种"的新概念时作者指出："近年来李森科在苏联发表《关于物种的新见解》，以为新种总是由量变到质变，飞跃而成为与母体截然不同的种。李森科发现在外高加索山区异常恶劣的条件下生长的小麦，在许多麦穗中发现了黑麦的籽粒。如果把这些籽粒继续播种，便会长出典型的杂草型的黑麦植株。该处的农夫经常认为黑麦是由小麦变成的。这便是一种飞跃，由一种植物变成另一种植物的典型例子。李森科认为新种是可能如此发生的。李森科对遗传性和变异性下了一个定义：'遗传性就是生物体在其生活上、发育上要求一定的外界条件，并对这条件表现一定的反应特性；而变异性则是在于有机体对外界环境的改变，由于新陈代谢型式的改变而产生的。'新种便是因需要适应改变了的外界环境而发生的。"

作者在书中接着说明李森科"新见解"产生的时代背景，以及当时在苏联引起的反响和随后的争论。李森科关于生物学种的新见解"初发表的时候，由于政治力量的支持，一时颇为风行。接着便有若干植物学工作者发表论文来支持他的学说；报道黑麦'产生'荞麦，橡胶草'产生'无胶蒲公英，作物'产生'杂草……但不久即引起了苏联植物学界广泛的批评。自 1952 至1954 年，各项专业的植物学家先后发表了成百篇的专门论文，对于李森科的学说作了极其深刻的批判，大部分否定了他的论点。苏联《植物学期刊》编辑部根据大量论文所提供的资料与论据，发表了一篇名为《物种与物种形成问题讨论的若干结论及其今后的任务》的文章。这篇论文认为李森科观点的拥护者犯错误的主要原因在于实际材料的局限，以及没有利用关于物种及物种形成的极其不同并且相当具体的知识……他们进行实验的方法的水平很低，研究得不够精确和不足为据。李森科忽视了祖国和外国研究者已有的一切经验，显示出他以不可容忍的虚无主义的态度，

胡先骕（中排右一）与美国加州大学大同会成员合影

1936.6.19.

章萍如
蔡友彭
余光庭
唐鹤符   喻载粤
冯澄如   刘润林
夏玉章   庠渊符   车纫衡
胡先骕   王宗昌   潘澄侯
英书贤   我旭良
雪啼良
何梯贤
掛如庠
那堂之
杨宜之
阎寺生

彭鸿绶
任桂章
俞李川
周伸吕
郑志甫
嵇怀仁
深镜清
赵安祥

1936 年静生生物调查所人员合影（前排右六为胡先骕）

对待像分类学这样的生物部门"。

最后，他更告诫我国生物学工作者：这场论争在近代生物学史上十分重要。我国的生物学工作者，尤其是植物分类学工作者必须有深刻的认识，才不至于被引入迷途。

这是胡先骕为维护科学尊严发出的庄重声明。但声言一出，立即遭到声势浩大的围攻和声讨。北京农业大学六位讲师、助教致信高等教育出版社，称《植物分类学简编》是一本具有严重政治性错误并鼓吹唯心主义思想的著作；胡先骕"诋毁苏联共产党和政府，反对共产党领导科学"；"在生物学上，他也是个唯心的形而上学的孟德尔－摩尔根主义者"。信中写道："不能容忍这本书继续毒害青年，贻误学界。我们建议立即停止出版胡先骕的著作，收回已售出的书。"要求胡先骕"彻底检查，公开检讨，真正下决心改正"；高等教育出版社"应当深刻地进行检查，吸取教训"。

1955 年 10 月，在中国科学院与中华全国自然科学专门学会联合会共同举办的米丘林百年诞辰纪念会上，胡先骕也受到严厉批判。

在胡先骕受到批判后，未售出的《植物分类学简编》被全部销毁；胡先骕所在的中国科学院植物研究所及中国科学院领导到访胡先骕家，动员其写文章做自我批评。此后一段时间，生物学家们也不能再公开发表不同于李森科的学术见解。

六个学术地位并不高的讲师和助教为何敢于站出，高调批判胡先骕，甚至指责高等教育出版社和中国科学院呢？事实上，对基因学说和摩尔根学派的讨伐，并非始自《植物分类学简编》出版之时。新中国成立之初，生物学界就曾有米丘林学派和摩尔根学派之争。

1952年6月29日，在由政务院文教委员会和中国科学院联合组织的生物学界三次讨论会后，《人民日报》发表了加编者按的长文《为坚持生物科学的米丘林方向而斗争》，作为官方的结论。该文就我国生物学界对米丘林生物科学的态度——诸如反对的，认为只是一家之言的，将其与摩尔根学派等量齐观、予以调和的——逐一批判后称：我国生物学的现况已经到了不可容忍的地步，长此以往，生物学为国家建设服务将只是一句空话。该文称米丘林学说是"自觉而彻底地将马克思列宁主义应用于生物科学的伟大成就"，"把生物科学发展到了全新的、更高的阶段"，"完全改变了生物科学的面貌"等。对于首先在西方发展起来的生物学，特别是遗传学扣上政治帽子予以全面否定："旧遗传学的思想是反动的"，"旧遗传学中所捏造的基因，自然是一种臆造"，"我们不能批评旧生物学家'唯心''反动'……便算了事。我们应该说清楚：生物科学上摩尔根主义和米丘林生物科学的斗争是两种世界观在科学上的表现，是不容调和的根本性质的论争"。该文号召："彻底改造生态学、细胞学、胚胎学、微生物学等生物科学的各部门"，"要从批判旧生物学、旧遗传学的工作中来学习米丘林生物科学"。

一些著名的摩尔根遗传学派的专家学者，也做了违心的公开检讨。从1952年冬开始，摩尔根学派的遗传学课程在各大学基本停止，以摩尔根学派理论为指导的研究工作也被迫停顿；在多数农业系统的院校和科研机构中，已有显著成就的杂交育种工作，因被视为"摩尔根主义的碰运气的方法"而全部被中断了；学术刊物上只登李森科观点的文章，甚至中学教材也按照这一指导思想重新编写……中国的遗传学及与之相关的生物学科，遭到了一场生死浩劫。

作为这次事件的"肇事者"，胡先骕在20世纪20年代就是《学衡》的发起者和主笔之一，属于极端"保守势力"，被认为是五四新文化运动的对立面。抗日战争时期，他曾任以蒋介石名字命名的中正大学校长。1949年又与胡适等一起，发表声明，主张不同于国共两党的第三条路线。因此，作为历次政治运动的对立面，胡先骕屡受批判。

一方面，李森科早已为官方所肯定；另一方面，批判李森科的人又是一个有"反动"历史的"资产阶级学者"。了解了这两个方面的历史背景，就不难理解那六位"勇敢的"讲师和助教为何能如此理直气壮了。

胡先骕不仅对这种气势汹汹的批判不屑一顾，也没有接受家人的善意规劝。子女们担心他受到更大的政治冲击，便这样劝告他："李森科学派和摩尔根学派之争是遗传学方面的事情，中国有的是遗传学专家，其中有些还很有名，让他们去争论好了，你就不必再多管闲事了。"胡先骕不能接受这类规劝，他有时不耐烦地说："你们不懂！"当家人们劝他少说那些"冒尖的"话时，他更会愤愤地回答："难道我说得不对吗？你们要我当市侩呀！"总之，对这种扣帽式的批判，胡先骕就是不服。科学是来不得半点虚假的，他充满自信：科学真理是站在自己一边的。胡先骕就这样坚持着，没有做公开的检讨。

时间刚刚过去半年，时局便发生了微妙的变化。1956 年 4 月 20 日，在仅供高级干部阅读的《参考资料》上转载了苏联《真理报》4 月 10 日的消息："苏联部长会议通过李森科辞职照准"。路透社则称："李森科 1948 年 8 月在生物学大会上批评了和他不同的学说，有一些著名科学家被解职，若干研究所关门了。任何批评他的人都被称为唯心主义或反动者。李森科把他的理论应用到扩大粮食生产运动中，在像西伯利亚这样的荒地上种了几十万亩麦子，所根据的理论是寒冷环境会产生可以适应这种环境的品种，这个计划显然失败了。"

同月，毛泽东看到一份有关民主德国对拒绝学习李森科的科学家采取宽容政策的材料。他批示："此件值得注意，请中宣部讨论一下这个问题。讨论时，邀请科学院及其他有关机关负责同志参加。"

在 4 月 25 日至 28 日召开的中央政治局扩大会议上，毛泽东作《论十大关系》的报告，在"中国和外国关系"部分谈到学习苏联经验不能盲目地学，过去我们一些人不清楚，人家的短处也去学。

4 月 27 日，中共中央政治局扩大会议讨论毛泽东《论十大关系》，中宣部部长陆定一在发言中讲到了胡先骕，他讲话时毛泽东、康生等都有插话。陆定一在发言中说：

"从前胡先骕那个文件我也看了一下，看一看是不是能够辩护一下，那是很难辩护的。那个时候我们给他加了几句，就是着重他的政治问题，因为他那个时候骂苏联，所以我们就气了。他讲的问题是生物学界很重要的问题，这个人在生物学界很有威望。（毛泽东插话：不是什么人叫我们跟他斗一斗吗？）后来我们把那个东西和缓了，报纸上没有提他的名字，是在一个什么米丘林的纪念会上有几个人讲话讲到他，我们掌握了这一点，就是报纸上一个名字都不讲，因此没有和他撕破脸。（毛泽东插话：胡先骕的那个文章对不对？）他批评李森科的观点很好，那是属于学术性质的问题，我们不要去干涉比较好。（康生插话：我问了一下于光远，他觉得胡先骕是有道理的。胡先骕是反对李森科的……但是整个来讲，胡先骕讲得还是对的，他只讲错了一个例子，我们不应该去抓人家的小辫子，就说他是错误的。）那不一定去向他承认错误。（毛泽东插话：那个人是很顽固的，他是中国生物学界的老祖宗，年纪七八十了。他赞成文言文，反对白话文，这个人现在是学部委员吗？）不是，没有给。（毛泽东插话：恐怕还是要给，他是中国生物学界的老祖宗。）"

4月28日，在这次会议最后一天的总结讲话中，毛泽东提出了为繁荣文化艺术和推动科学发展的"百花齐放，百家争鸣"方针。

5月1日，周恩来对中国科学院负责人谈科学和政治关系问题，主张向胡先骕承认错误。他说：

"可以先把二者分开，科学是科学，政治是政治，然后再把它结合起来。比如对'李森科学说'，首先应在科学领域内进行，看看哪些是对的或不对的……如果李森科不对，我们没有理由为李森科辩护，我们就向批评它的胡先骕承认错误。对一切科学，都要这样。"

7月1日，竺可桢代表有关方面就李森科问题向胡先骕道歉，承认去年10月对其批评有过火处，同时邀请他参加将于8月召开的青岛遗传学讨论会。

8月10日至25日，中国科学院和高等教育部在青岛联合召开了遗传学座谈会。这是为贯彻"双百"方针树立一个榜样，由中宣部部长陆定一提出、科学处处长于光远具体操办的。于光远在会上作了两次发言。他说，这次会议是在党提出百家争鸣的方针之后的第一次重要会议，并宣布，党组织对学术问题不作决议，让科学家自己讨论；强调学术活动要尊重事实，不同的学术见解，要通过自由讨论和科学实践去解决。出席这次会议的有持不同观点的遗传学家和与遗传学相关的专家学者。依一般看法，会上的"明星"应该是我国摩尔根学派的领军人物、著名遗传学家谈家桢教授。但在分四个专题安排的14次座谈会中，谈家桢发言6次，而胡先骕发言11次，胡成了发言"冠军"。他从农业的实践、植物分类学的研究出发，根据摩尔根学说，继续批评所谓的"李森科学派"。

20世纪五六十年代国内政治风云变幻莫测，更不用说国际背景和动向了。在当时，学术界也紧随其后，莫衷一是。不变的是胡先骕老先生，他抱住科学真理不放，坚信在科学真理面前不存在任何权威，无论是政治权威还是学术权威（当时似乎尚无经济权威）。自然科学的真理有不依赖于政治、经济等的独立品格，在他看来，这是作为一个科学家应当遵守的道德底线，无论外界压力有多大，都是不能有丝毫动摇的。

胡先骕对摩尔根学说的坚持，不仅出于他的科学操守，也因为他坚实的学科基础和开阔的学术视野。他的专长是植物分类学，是植物学中最古老也是最基础的学科之一，但他也深知植物分类学与植物学中其他分支，特别是遗传学有着密切的联系。胡先骕在他的《植物分类学简编》第十二章"植物分类学的原理"中，首先指明演化学说（即达尔文进化论）的知识乃分类系统的基础。他还强调："分类学家必须利用植物学各门研究的成果，才能解决分类学上的问题，而其中最重要的是古植物学、植物地理学、细胞学、育种学与生态学。"显然，这些植物学分支均与遗传学有着密切的联系。接着，他又说明了分类学与遗传学的密切关系："植物学家为将植物的某些单位区分为种与亚种，依据的就是它们的遗传关系。"

胡先骕在那个时代是我国少有的几个享有国际声誉的科学家之一。他非常关注国际植物学的发展前沿，对当时苏联植物学界的状况也了然于胸。在青岛遗传学会议上，他这样介绍享誉世界的苏联著名植物分类学家、育种学家和遗传学家瓦维洛夫："他创设了全苏农业科学院，他到处搜集植物品种，为苏联的农业贡献不知有多少。他创设了400多个研究所和工作站，他手下有工作人员2万多人……他到各地搜集材料，到过中亚、非洲、南美、中美等地。自1923年至1931年，他从世界各地采集的小麦的品种就有 2.6 万种，搜集中国的大豆就有 5000 多种。他指导他的同事进行试验。1929 年他当选为苏联科学院院士。1931 年伦敦科学历史会议，苏联派他为代表。1936 年资本主义国家请他担任国际遗传学学会会长。1942 年英国皇家学会请他做会员，这是最大的荣誉。"

胡先骕十分推崇瓦维洛夫，其中一个重要原因是他对遗传学的贡献，特别是他将遗传学应用于育种学和植物分类学，而瓦维洛夫恰恰是一位摩尔根派的遗传学家。在青岛遗传学会议上，胡先骕多次介绍了瓦维洛夫的学术成就："他是孟德尔、摩尔根学派，他已发现小麦中有 400 个基因，并说小麦可能有几千个基因……他对环境的看法，认为农艺技术和施肥，只能产生不能遗传的变异，如产量和品质是不能遗传的……他看到的不能遗传的变异，是非常重要的。所有小麦品种在生态上的可变性是非常大的，这为我的工作开辟了很大的道路。"

胡先骕指出，瓦维洛夫将植物分类学的理论建立在遗传学、基因学说之上，从而建立了新的分类学学科——分析分类学。他说："林奈种究竟是什么呢？种的定义又是什么呢？瓦维洛夫说，林奈种似乎是一个明显有区别的、复杂的、多变的形态与生理系统，其起源与一定的环境和面积以及种间可遗传的变异有关，而从属于变异遗传的同性系列律……我同意他这个解说。"

"瓦维洛夫说在他研究小麦（春麦）时，粗粗一研究，发现其林奈种有 3000 之多，更精密一些研究，则种的数量可以增加几倍……如果再深入研究，可以分析得更细，小的遗传学变异可

1950年新组建的中国科学院植物分类研究所人员合影（立者右九为胡先骕）

以是遗传的单位，要是这样的话，那么我们对种的概念就有点变了……瓦维洛夫以为遗传学家等认为种并不十分重要。种不过是由不同的基因结合而成的东西，而基因为种以下可辨的小单位，可以独立存在。甚至这种小单位，不限定在一个物种中有区别，即在一个科中的不同的种不同的属，此小单位亦存在，可表现在形体上的性状，这样我们就把种的概念全变了。瓦维洛夫创设一门新的学科，叫作差别的分类学或分析的分类学。"

胡先骕大力倡导在中国研究遗传学，逐步创建分析分类学，其目的之一就是发掘我国的农业资源。他说："中国所存在的物种非常多，栽培植物的历史又是如此悠久，因此分析分类学的研究，可以发现广大的初级种……如果我们就全中国范围内来进行研究，把中国所出产的栽培植物、各地区的品种都拿来把它们进行分析描写，不仅包括描述其形态上之性质，也包括其生理性质。""应该像地质部那样进行普遍勘查，才能发现我们中国的栽培植物还有多少植物值得栽培，有多少交登种，有多少有价值的基因。这样来发掘植物资源，对中国农业之发展大有帮助。"

胡先骕为什么要为摩尔根遗传学在中国的发展大声疾呼？因为他从瓦维洛夫的工作中看到，遗传学可以成为古老的分类学新的推动力，而分类学的发展可以应用于植物的普查，特别是栽培植物的普查，这对于我国农业发展具有十分重大的意义。

胡先骕推崇瓦维洛夫在植物学上的成就的同时，也深知瓦维洛夫在苏联的遭遇。20世纪30年代，在斯大林时代的大清洗运动中，李森科打着苏联著名农学家米丘林的旗号，对瓦维洛夫采取完全敌视的态度，称瓦维洛夫是资产阶级富农的代表、布哈林的走狗、帝国主义的间谍、人民公敌。瓦维洛夫被捕并死在狱中。胡先骕在青岛遗传学会议上说："这里我要提到苏联最大的遗传学家，他也是最受委屈的一个人，那就是瓦维洛夫。"胡先骕对瓦维洛夫充满敬佩和怜惜之情。由此可见，他在自己的专著《植物分类学简编》中说的这番话是经过深思熟虑的，是语重心长的："李森科《关于生物学中的新见解》在初发表的时候，由于政治的力量支持，一时颇为风行……这场论争在生物学史上十分重要。我国的生物学工作者，尤其是植物分类学工作者必须有深刻的认识，才不至于被引入迷途。"

当下，摩尔根遗传学以及由它发展起来的分子生物学，成了生物学的基础和前沿。不仅生物学，包括农业、制药业等生物工程在内全都离不开它。可是在20世纪50年代，在当时我国的政治及学术环境下，摩尔根遗传学受到全面的限制和打压，直到改革开放之后，才得以正常发展。这个沉痛的教训也反衬出胡先骕的学术观点和主张是具有前瞻性和开创性的。

力主新人文主义

胡先骕是我国近代植物学的开创者，植物学的一代宗师。终其一生，他都把自己定位成一个植物学家。难能可贵的是，他虽是一位科学家，在生物学上信奉达尔文主义，但他并不倡导唯科学论，而力主新人文主义。20世纪20年代，由东南大学梅光迪、吴宓等教授发起组织学术文化刊物《学衡》，他就是创始人和主笔之一。

新人文主义盛行于20世纪初期的西方，此一时期有大批中国青年前往西方留学，吴宓、胡先骕等均于此时先后在美国哈佛大学就读。新人文主义主要代表人物之一白璧德，时任哈佛大学教授。他曾受邀在美东中国留学生年会上演说，演说之大旨首先由胡先骕译出，名《白璧德中西人文教育谈》，后载于《学衡》1922年第3期。吴宓为此文作序。序言名为《综述白璧德演讲之要旨》，实际可看作以《学衡》为代表的包括胡先骕在内的一批中国留学生所主张的新人文主义的宣言。吴宓在序言中说：

"略以西洋近世，物质之学大昌，而人生之道理遂晦。科学实业日益兴盛，而宗教道德之势力衰微。人不知所以为人之道，于是众惟趋于功利一途，而又流于感情作用，中于诡辩之说，群情激扰，人各自是。社会之中，是非善恶之观念将绝。而各国各族，则常以互相残杀为事。科学发达不能增益生人内心之真福，反成为桎梏刀剑，哀哉。此其受病之根，由于群众昧于为人之道。盖物质与人事，皆然分途，各有其律。科学家发明物质之律，至极精确，故科学之盛如此。然以物质之律施之人事，则理智不讲，道德全失，私欲横流，将成率兽食人之局。盖人事自有其律，今当研究人事之律以治人事。然亦当力求精确，如彼科学家之于物质然。如何而可以精确乎？曰绝去感情之浮说，虚词之诡辩，而本经验重事实，以察人事。而定为人之道，不必复古，而当求真正之新。不必谨守成说，恪遵前例，但当问吾说之是否合于经验及事实。

"不必强立宗教，以为统一归纳之术，但当使凡人皆知为人之正道。仍可行个人主义，但当纠正之、改良之，使其完美无疵。此所谓对症施药，因势利导之也。今将由何处而可得此为人之正道乎？曰宜博采东西，并览今古，然后折中而归一之。夫西方有柏拉图、亚里士多德，东方有释迦及孔子，皆最精于为人之正道而其说又在不谋而合。且此数贤者，皆本经验，重事实，其说至精确、平正而通达。今宜取之而加以变化，施之于今日，用作生人之模范。人皆知所以为人，则物质之弊消，诡辩之事绝，宗教道德之名义虽亡而功用常在，形式虽破而精神犹存。此即所谓最精确、最详瞻、最新颖之人文主义也。"

这篇序言说明了新人文主义产生的时代背景：20世纪初的西方，科学昌盛，物质生活极大提高，但物欲横流，道德缺失，乃至人们互相残杀，发生了第一次世界大战。因此，新人文主义者认为，科学本身不能解决为人之道，不能解决社会和谐发展的问题，因为科学与人事（包括社会）遵循不同的规律。所以在研究人事规律时，也要像科学研究一样，本经验，重事实，力求精确。为求得新的立身之道，新人文主义认为应当融合东西和古今，然后折中而归一。值得注意的是，新人文主义思潮兴起于西方资本主义充分发展时期，进入现代化社会之后，它反思了当时西方的主流思潮，提出了个人主义仍然可行，但需纠正、改良。

虽然，新人文主义产生的时期与我们同样从西方舶来的自由主义（个人主义）、马克思主义等相比，甚至还要晚一些，但在当时中国社会黑暗混乱的环境里，众多知识界人士认为辛亥革命只是剪掉了男人头上的辫子，改变了异族在中国的统治，中国封建社会的根基没有动摇。一些文化界的激进人士更认为，当时中国社会黑暗的程度与《金瓶梅》里的宋代社会不相上下。这是一个吃人的社会，要大声呐喊：救救孩子！《学衡》所主张的新人文主义，不仅抵挡不住由胡适、陈独秀创办的《新青年》发出的狂飙，更在十月革命一声炮响带来的马列主义及中国革命的浪潮中迅即被湮没了。《学衡》创刊于1922年，停刊于1933年。胡先骕在1949年后，更成为历次政治运动批判的靶子。

但是，当革命的硝烟散尽之后，人们却发现，许多我们当作革命对象铲除的东西，我们激昂慷慨"批倒批臭"的事物，又一一回到了我们的现实生活之中；许多被我们认为是旧社会的"污泥浊水"而深恶痛绝的东西，竟又成了人们追捧和艳羡的对象；打倒孔家店的口号余音犹在，孔子学院的招牌已作为中国崛起的象征游行世界。这一切促使人们再一次反思：中华文化的根基到底是什么？创新的文化究竟新在哪里？如果我们不仅仅从某种现有的结论出发，不仅仅从某类具体的价值观出发，我们会发现，经过历史长河的冲刷，许多先辈们曾经争论过的问题，实有重新思考的必要。对胡先骕的认识也同样如此。

胡先骕与胡适的争论，集中在中国的文字、文体及文学方面，但辩论涉及问题的广度和深度远不止于此。在文学批评中，胡先骕恪守的原则是中庸之道，不仅源自孔子的儒学，也来自新人文主义。胡先骕在《评〈尝试集〉》（《尝试集》为胡适的白话诗文集）中，评述了古今中外的浪漫派诗后指出："胡君之'权威’‘你莫忘记’等劣诗，要之趋于极端之弊耳。纠正之道若何，言笃守中庸之道而已。希腊哲学家言中庸，孔子言中庸，佛言中道。非仅立身处世则然，即于美术（泛指文学艺术——作者注）亦莫不然也。白璧德教授云：‘凡真正人文主义方法之要素，必为执中于两极端。其执中也，不但须有有力之思维，且须有有力之自制，此所以真正之人文主义家从来稀见也。’又云：‘以抛弃制限之原理之故，彼富于感情之自然主义派，终将非议人类天性中所有较高之美德与解说此美德之言辞。至最终所剩余者，仅有野蛮之实用主义而已。’”

现今，在文学艺术中我们关注的往往是情感的因素，是美的表达，是否还需要理性的分析和指导？对此胡先骕的回答是肯定的。他曾引用安诺德之语，称前者的目的在“感动血与感官”，后者才是“感动精神与智慧”。可以想象，他对“感动精神与智慧”的体验与认定，与他是一位真正的科学家不无关联。

此外，胡先骕肯定的理性与智慧，即中庸之道。这里又提出另一问题，中庸之道对现代社会还有无积极意义？当金融海啸席卷全球的时候，在我们思考金融危机深层次的原因时，对金钱的价值通过虚拟的形式可以无限扩充的主张，中庸之道能否作为治愈它的一剂良药呢？

与五四时期“反传统”的主流思潮不同，胡先骕坚持新的文学创作，乃至新的文化必源自传统，由传统中孕育而出。他指出，从历史和发展上看，有价值之文学创造出自相互交织、相互融通的四种途径：“时代之思潮，每反映于文章，若影之随形，响之随声，推之于音乐艺术，莫不皆然。当一民族之勃兴也，其始虽文化苟简，然其勇往迈进奋发有为之朝气，常能自然流露。故发为歌谣，形诸吟咏者，虽技术不精，而其气磅礴，必非叔世颓废哀伤之作可比也。及其文化已孕育至相当程度，则内蕴既富，葩发自呈，其光彩乃绚烂，可逼视焉。又或民族间交通既频，不同之文化，相互影响，激荡启发，新机骤增，于是或介绍，或传译，或创作，或发扬，能使因袭陈旧之文坛，顿陈革新之气象，名世之著，遽如春笋怒发，其兴也勃焉。又或穷途则变，变而后通，苟有命世之才，必求自立之道，每能化腐朽为神奇，振庸俗为风雅，于是燕乐拔为雅奏，方音变为雅言，斯固一时风气之潜移，然亦由于三数隽才所提倡。之四途者，盖有价值之文学创造光大之所由，准诸古今中外，莫不皆然，而要以国民之文化与思想为其基础也。故欲穷究其原委，必先钩稽其文物与思潮；欲有所因革建树，亦必导源其星宿海，斯本末终始，因缘业报，厘然毕陈。探讨则如网在纲，创作亦有根斯茂。"（《建立三民主义文学刍议》）

在讨论继承与创新之关系时，胡先骕更指出："文学思想，常函局于时代与超越时代两元素。前者以时而推移，后者亘古而不变。在孔子之时，'行夏之时、乘殷之辂、服周之冕'已为理想之生活。在今日，三者皆可不从。然'言忠信、行笃敬，虽蛮貊之邦行矣'之语，则虽至四十世纪、一百世纪犹为可信也。勿骛于'时代精神'之名词，须知最不可恃者，厥为时代精神，以其不含永久之要素也。反而观之，'古昔精神'反较为可恃。盖去今日已远，吾人对之已无一时之狂热、门户党派之见，其短处、失处不能逃于吾人之耳目，其局于时代之元素，不能强吾人之必从。吾人之景仰赞叹者，要为其超时代之元素也。"（《文学之标准》）

胡先骕阐明了时代精神与古昔精神之辩证关系。在全民激奋，追求时代精神，以为新必胜于旧的态势下，指出时代精神也有其局限的一面，而古昔精神复有其坚挺之一面，是十分可贵的。

胡先骕学贯中西，融通古今，他的文化视野因而比较开阔。他在《评胡适五十年来中国之文学》的开场白中就指出，天下之事，特别是思想与感情之事有时无绝对是非可言，"天下无绝对之是非，而常有非理论所能解释之事实最佳之例，莫如欧洲新旧教之争。路德之创新教也，由于教皇之苛虐，教士之横暴，教义之虚伪，与夫国家观念之发达。路德以刚毅果敢之姿，创平正通达之教，言人人之所欲言，为人之所不敢为。无怪乎登高一呼，万众相应。一时英格兰、苏格兰、丹麦、瑞典、普鲁士、萨克孙尼、瑞士与荷兰之一部，皆靡然向风，尽从新教。平心论之，新教崇尚理智，切近人情，远在旧教之上，宜若全欧皆可为其所化矣。孰知乃大谬不然。北欧诸国，反抗旧教愈烈，南欧诸国，爱护旧教愈深。虽旧教之积恶，不得不为之涤除，然其根本，决不使之摇动。后罗药拉起而组织耶稣会，其宗教之狂热，艰苦之精神，直与新教之路德相颉颃。后且潜入新教诸邦与野蛮民族中以传播其教义。结果则除意大利、西班牙本为旧教之根据地外，法兰西、比利时、巴维利亚、波希米亚、奥地利、波兰、匈牙利复归于旧教。直至今日，虽地域稍有变更，然旧教之终不衰落，而与新教平分欧陆。将谓新教之非欤，则何以解于其能成立，而风靡全欧之半；将谓旧教之非欤，则何以解于其能中兴，且将已失于新教之版图，重归于教皇统治权之下也。可知思想与情感之事，一种主张、一种运动绝无统一之可能，而其间也无绝对之是非可言也。"此段叙述是为借欧洲新旧教斗争的历史，对比当时中国文学改革的论争，批评胡适"强诋古文，而夸张语体文（即白话文——作者注）"，将二者对立的绝对化观点。他盛赞严复、林纾的翻译，章士钊之政论文将古文的方法运用到新学中，创造了新的文体。对于中国的旧文学，他提出了从文言文出发，使之逐步现代化、通俗化的改良道路。

胡先骕身为科学家，在与五四新文化运动主流派的辩论中，表现了科学家特有的素质。首先，他认为文学批评与科学一样，也有客观的标准；其次，因运用了科学的方法，即分析的方法，他的论证逻辑性强，具有细致、丰富和深入之特点。

胡先骕十分推崇古希腊大哲学家亚里士多德的文学艺术观："亚氏生有科学家之天性。故对于艺术，亦以科学的分析的眼光，以钩稽其原理，而首创批评之学。同科学的眼光为客观的、自外的，故亚氏认叙事诗与戏曲为诗之正宗，而谓诗为模仿技术。其言曰：'诗之起源，根于人类天性中之两种理由。一为模仿之习性，盖模仿为人类之本能……二为凡人皆喜模仿之产物……其所以喜此者，复基于吾人一种天性，即学习之欲望。盖学习为人类快乐中最著者也。'"在这里，胡先骕特别强调，亚氏之模仿为模仿天然的

事物与人情，而非仅仅模仿昔人之著作。（《评〈尝试集〉》）

在《文学之标准》一文中，胡先骕类比科学的标准，提出文学批评也需树立标准。"文学之于今日，可谓无标准极矣。标准云者，先定一种度量，以衡较百物之大小、长短、轻重，而定其价值等差者也。标准之重要，最可见于物质界。故在文明先进之邦，靡不有标准局，各以最著名之科学家司之……如物质科学之能造乎精微之域者，全有待于标准。若无伏特、安培之标准，电学之精微，必不能至于今日。若无缪克朗（Micron）之标准，细菌学、生物学之精微，必不能至于今日。甚至于研究遗传之变，亦必以统计之法，而得其标准中数。即社会学、经济学、心理学等，苟欲利用所谓科学方法者，亦莫不先求所以立标准之道。然则文学与艺术何可独无标准乎？"

什么是科学方法？胡先骕说："所贵乎科学方法者，非以批评之眼光，为客观之观察试验论断，不容有党同伐异，出主入奴之见掺杂其间乎。非苟电机只具五百马力，而其祖父强谓具一千马力，则虽孝子顺孙，亦不得阿顺其谬误之谓乎。今请以此精神论文学之标准。"（《文学的标准》）

胡先骕认为，文学艺术的优劣，即标准要由古今中外的名著代表。"文学作品，或诗歌、或散文、或戏曲、或传记，苟登峰造极莫能相尚，则谓之为模范作品，谓之为classic，谓之为正宗。故李白、杜甫、荷马、但丁、弥尔顿之诗，为诗之正宗；苏封克里、亚里斯多芬尼、莎士比亚、毛里哀之戏剧，为戏剧之正宗。如此类推，至于无极……在标志人类之言行与文学艺术之优劣，吾人不能如在物质界强定一种如安培、伏特之人为标准，则必以现实之人物名著代表之。""文学艺术之标准，诚不能精密如度量衡，然经数千百年来现实之名著与抽象之论文学艺术之著作、之示范与研几，可谓虽不中，不远矣。"

他又从人类存在共我、人性中存在共性出发，批评了以卢梭为代表的浪漫派文学："自浪漫派兴，绝对以推翻标准为能事。表现自我，遂不惜违人类之共我，逐其偏而违其全，矜其变而厌其长，文学于是不日进而日退。故当世之务最急者，莫如本人类固有之天性与数千百年之经验而详细讨论文学之标准也。"（《文学的标准》）

由此看来，在文学艺术的标准问题上，胡先骕确是继承了亚里士多德的衣钵。而他设立标准的方法，颇似法学中的案例法。

胡适在他的《五十年来中国之文学》一文中详述了桐城文的衰落与白话文的成功。胡先骕认为这是在强诋古文而夸张语体文（白话文）。且看他是怎样辩驳的——

桐城文之得名始于方苞（清康熙至乾隆年间人），姚鼐继之，因此二人均安徽桐城人，曾有"天下之文其在桐城"之美誉。根据方苞评论古文的义法之说（义即文章的意义，法即文章的体制），胡先骕认为"义"取决于作者的学问和见识，不可强求，而"法"可经讨究而知，习练而能。除去意义，桐城文最看重的是体制之纯洁，这也是曾文正所赞誉的"不事涂饰而选言有序，不刻画而足以昭物情"。他以为桐城文似法国文学，"法人之为文也，不为浮诞夸张之语，不为溢美溢恶之评。一字一句，铢两恰称，不逾分"。胡先骕对桐城文的文体给予高度评价。他又指出：文章的意义，系于一代之学术思想。学术思想不发达，则文章也无所附丽。胡适所批评的桐城文"通顺清淡""无甚精彩"，主要因其学术思想缺乏、陈旧之故，与文体无关。即胡适所批评的乃桐城文之"义"，其结论却是否定桐城文，甚至整个文言文之"体"，在逻辑上是站不住脚的。

胡适抨击章士钊等文言体的政论不能"与一般人生出交涉"。"当他们引戴雪[1]……引蒲莱士来讨论中国的政治、法律问题的时候，梁士诒、杨度、孙毓筠们，早已把宪法踏在脚底下，把人民玩在手心里。"而胡先骕的反驳是："今日胡君及其党徒之社会改革白话文，又何尝能'与一般人生出交涉'，当胡君辈引马克思、蒲鲁东[2]、克鲁巴金[3]、托尔斯泰、易卜生以讨论中国社会问题时，彼军阀政客宁不'把宪法踏在脚底下，把人民玩在手心里'乎？"胡先骕又在这里指出，当时政论文之无效果，实因人民（甚至知

1　戴雪（Albert Venn Dicey，1835—1922），英国19世纪法学家。主要著作有《英宪精义》（1885）、《论冲突法》（1896）、《宪法研究导论》、《19世纪英国的法律和舆论关系的演讲》（1905）、《英国反对爱尔兰自治法的理由》。其中，《英宪精义》在建构中国的宪法学科上发挥了启蒙教本的作用。

2　蒲鲁东（Pierre-Joseph Proudhon，1809—1865），法国政论家、经济学家，被称为无政府主义之父。否认一切国家和权威，认为它们维护剥削，扼杀自由。反对政党，反对工人阶级从事政治斗争，认为其主要的任务是进行社会改革。将无政府主义与改良主义合成一体，提出"互助主义"。主张生产者根据自愿原则，通过订立契约进行互助合作，彼此"等价交换"各自的产品。蒲鲁东的学说和政治活动对巴黎公社前的法国工人运动颇有影响。马克思在《哲学的贫困》等著作中，对蒲鲁东及其思想进行了深刻的批判。

3　即克鲁泡特金（Pyotr Alexeyevich Kropotkin，1842—1921），俄国地理学家、无政府主义运动的精神领袖和理论家。主要著作有《一个革命者的回忆录》《互助论》《法国大革命》《现代科学和无政府主义》等。

识阶级）无政治思想之故，与文章之文体、文言或白话无关。胡先骕此论点确实值得注意，五四运动已经 90 周年了，白话文已成为行政、法律、文学诸方面的统一的文体，但我国的民主和法治仍未取得令人满意的进展，这可能是"五四"的先驱们，无论激进或保守，均始料未及的吧。

对于胡适曾引但丁以塔司干方言创意大利新文学，乔叟[1]以英国方言创英国新文学为例，以为我国也需以现代流行之方言作为文学媒介的主张，胡先骕首先从历史、政治、文字等方面，详述了但丁创意大利新文学、乔叟创英新文学的经过及源流及其与中国情形之不同。他认为，文学需经文字来表达，中国文字与欧洲诸国文字最大的不同，前者为衍形文字，后者为衍音文字。衍音文字认声，认声的文字必随语言的推迁而迅速嬗变，虽然乔叟以当时的英国方言创造了新文学，但乔叟之诗已非现时浅学之英人所能读。意大利的情况也有类似之处。在六七百年间，罗马时期使用的拉丁语变成了意大利语，其文字的变迁远较我国同期文字的变迁要大。此外，意大利为外族征服，罗马文化灭亡，其文化精神与意大利人民已生隔膜。当时的意大利诗人竞用异国语言或不甚通行而又驳杂不纯的方言为诗，所以但丁选择了一种较佳、较纯洁、较近于古拉丁文的方言，即塔司干的佛罗伦萨城方言为诗，成就了他不朽的名著《神曲》。可是但丁也用拉丁文写过诗论，而且认为作哲学、科学之文仍以拉丁文为佳。

1　杰弗雷·乔叟（Geoffrey Chaucer，1340 或 1343—1400），英国小说家、诗人，被誉为英国诗歌之父。主要作品有诗体小说集《坎特伯雷故事集》。

我国的衍形文字则不同，胡先骕分析了中国衍形文字的特点及优越性：自秦统一中国、统一文字始，汉语就可以应用于音调差异很大的各种方言，包括了北方方言、吴语、粤语等。衍形文字认形，不易随语言的推迁而嬗变，且文法简单，无欧洲文法种种不自然的规律，因此也少文法上的变迁。虽然国家也数次为异族征服，但因我国之语言为单音，与入主中国民族之多音系语言大异，且在使用字与词时，必以认形之字译其音，如巴图鲁、戈什哈之类。汉语的字形和文法不变，而以铸词作为文字增长的法门。例如，历代佛学的输入对国人思想的影响极大，也使我国的文学语言增加了无数的新名词，如菩萨、罗汉、和尚、比丘、涅槃、圆寂之类，但不能使汉字的形状和语法有所改变。所以我国文字不像欧洲各国文字之易于变迁。宋、元人的著作与20世纪初的文章在文字上差别并不大。一些入主中原或杂居的民族，多有舍弃其自身的语言文字而同化于汉族，故我国能保存数千年来文学上不断之习惯与体裁，直至今日。用今天的话语来说，即汉语可以承载巨大的信息量，不论空间上（不同的地域）和时间上（古今）均如此。

胡先骕由此得到的结论是，"中国文言与白话之别，非古今之别，而雅俗之别也"。雅俗之别是任何国家的文学中都存在的现象。他主张经过改良的文言文可用在政论、学术等方面，而比较偏于表达感情的小说、戏剧和诗歌则可用白话文。从以上的简述中可看出，作为科学家的胡先骕，对汉语文体分析的深入和独到。

对于新文学运动，胡先骕还提出必须要有出类拔萃的作品作为代表和旗帜："一种运动之成败除做宣传文字外，尚须有出类拔萃之著作以代表之，斯能号召青年，使立于其旗帜之下。故虽写实主义、自然主义之末流，不惬意于人心，然易卜生、莫泊桑、士敦堡格、陀思妥耶夫斯基诸人，尚为大艺术家也。至我国文学革命运动，虽为时甚暂，然从未产生一种出类拔萃之作品。此无他，无欧洲诸国历代相传文学之风尚，无酝酿创造新文学之环境，复无适当之文学技术上训练。强欲效他人之颦，取他人之某种主义，生吞而活剥之，无怪其无所成就也，又岂独无优美之长篇小说已哉。"（《评胡适〈五十年来中国之文学〉》）

如今，新文学运动过去了近百年，除少数人还在作古典诗词外，白话文已成为中国文字、文学的唯一文体。除政治、经济、文化发展的大势外，新文学运动的先驱者、作家也以他们优秀的作品，造就了今天的白话文体和文学。伴随着现代化的进程，白话文已成为文化的普及和新思想传播的载体。然而，站在21世纪的新高度，我们反躬自问，近百年来汉语文学产生过哪些出类拔萃的作品？在抛弃文言文的同时，我们是否也失去一些思想和文化的精华？在我们写作的过程中，是否意识到白话文的表现力还有所欠缺……而这些，恰恰都是"保守的"胡先骕等人曾向我们提出过的警示。

胡先骕是一位植物学家，一位科学家，但他又是一个自觉的人文主义者，反对唯科学论。他认为在人类认识史上，科学与宗教、哲学间虽互有影响，但也是相互独立的。"近人每不知宗教与科学为两事。实则除宗教之仪式与迷信外，二者毫不相冲突。吾人虽知创世纪之荒诞，六道轮回、天堂地狱之虚无，然佛教与基督教之精义，仍不以科学发明而动摇也。""科学之为害，始于昔日教会之压抑思想之自由。彼具爱智之精神者，一旦既获思想之自由，脱宗教之束缚，遂举宗教与人文主义之精义，一并而推翻之，则所失大矣。"他还特别反对将生物学中的进化天演学说引入人文学科。"吾以为文人误用科学最甚者莫如天演学说。吾身为治生物学之人，然最恶时下少年所谓十九世纪为生物学之世界之说。自达尔文'物种起源论'行世之后，证明创世纪之谬妄，而人类为由下等动物所演进。与夫物种之繁殖，由于生存竞争之激烈，物竞天择之效用，固矣。然此不过科学上之大发明，舍破除数种无根之见解外，固不必影响于一般之人生观也。"（本段所引均见《文学之标准》）可见他也是不赞成社会达尔文主义的。

从以上对胡先骕人文思想的简略介绍中，可见到他对社会、人生、文学、科学等诸方面的观点，均与上文开头吴宓在《序言》中宣示的新人文主义要旨层层相扣，遥相呼应。我们重新提出这些早在90年前被新青年们摒弃的观点，除现实的召唤外，还有两个值得指出的原因。其一，有些问题属于人类的终极关怀，它们会永远在爱智者的头脑中回旋，比如人在自然中的地位、生命的意义、科学与人文的关系等。其二，争论双方所持的观点，往往就是一对矛盾的两个方面，比如传统与现代、继承与创新等。一对矛盾有其对立的一面，即一分为二，但它们也存在于一个统一体中，相辅相成，即合二为一。当矛盾未解决时，矛盾的双方必同时存在；当矛盾解决时，矛盾的双方又同时消失了。过去，我们往往凭主观的价值观否定后者，这使我们的认识陷于片面，时常反复而不得深入。

胡先骕与东南大学的教授们一起创办《学衡》时，还在20世纪20年代之初，当时他还不到30岁。除在植物学上取得了骄人的成就外，他对于政治、经济、教育，特别是语言、文学诸方面都有自己独到的见解。他不仅在刊物上发表评论，也创作了不少古典诗词。他特立独行，意气风发，敢于挑战权威，也敢于逆潮流而动。这不仅是因为他受到西方教育的熏陶，也与他的天性和禀赋有关。

但是，即使在1949年之前，胡先骕也已经逐渐意识到，他与胡适等人在社会思潮、文学艺术等方面的辩论，往往受到其他方面的干扰而脱离了学术争论的轨道。而这种情况正是胡先骕本人极不愿看到的。在与胡适谈及过去的论战时，他说过：我们都错了，都把社会上的政治之争当成了学术之争。这种感悟促使他自觉地回归到一个纯粹的植物学家。这一回归大致始于1946年他再次主持静生生物调查所时，再经新中国成立初期的知识分子思想改造运动就基本定型了。当然，这个回归尚有一个较长的时间和过程，回归并不意味着他为考虑自身的安危，缩进了纯粹科学的象牙塔，只是他已深切地体认到，当时中国还没有形成自由讨论人文问题的社会环境。但是坚持科学真理，是作为一名科学家必须遵守的道德底线，这就是为什么在20世纪50年代中期，他仍能独树一帜，挺身而出，义无反顾地支持摩尔根学派的原因。

"反右"运动过后，社会上一些人深知他好发议论，而又性格耿直，对他未被划为右派甚感不解。他在这段时期的特殊经历或许可对此现象做些注解。"鸣放"初期，照例有年轻党员来动员他对党提意见，他一口回绝了，理由很简单："我有意见也不跟你们说，我的意见早都向领导提过了。"不久，江西的几位教授，他过去的同事或学生，请他去那里讲学，为的是让他摆脱"鸣放"的环境。一路上邀请者只谈学术，他也专心讲学，未说一句题外话。胡先骕并不知道，在他每次讲学后，当地公安局都要了解他说了些什么，并且记录在案。但他确实未"鸣放"过一句话。另外，他所在的中国科学院植物所同仁对他率真而执拗的性格已有所了解和认同，似乎无人揪住其不放。总之，他逃过了"反右"这一劫。

历时十年的"文革"即将来临。对已届晚年的胡先骕来说，岁月不饶人的感觉日渐强烈，他逐步缩小了关注和活动的范围。整理一生的诗作结集刊印，以及完成《中国植物志》中所承担的部分工作是他的两大心愿。"文革"疾风暴雨骤然而至！铺天盖地的大字报，高分贝的口号声，恶声恶气的训斥，对人格的侮辱，变相的体罚，随意强占住房，停发工资，抄家，心脏病发作却不许住院等接踵而来。起初，家人很担心他能否接受这一突然的变故。但出乎他们的意料，他对眼前的一切反应很平和也很从容，没有恐惧、抱怨，也不觉得接受不了。他反过来安慰子女："没什么，我在这个位置，就会遇到这些事，放心吧！"子女们分析，他能有如此平静的心态，首先可能由于他心中坦然，不怕被揭发，即使批判也不会有何新意，只可能是高八度的老调重弹而已；其次，几经折腾，他的斯文虽未完全扫地，但也差不多了，对粗暴和侮辱有一定的免疫力；第三，从揭发出的"牛鬼蛇神"之多，他看出这场灾难和"反右"一样，是中国的一劫，并非个人问题。有了这些基本估计，他应对检查交代、自我批判并不觉吃力。此时，他唯一愿做的事，也是他唯一的精神寄托就是编写《中国植物志》了。在写检查交代、接受批判之余，他仍然十分认真地研究分类学，坚持撰写植物志。但"文革"对他情绪的破坏、身体的摧残仍是十分严重的。

"文革"开始后的一年时间里，中国科学院植物所的某些人勒令他停止研究，收缴了他所有的资料和稿件。这对胡先骕是致命的一击，因为他早已失去让思想自由驰骋的空间，因为他已自觉地退避到自然科学的一隅。现在，他倾注了一生热情的科学研究的权利也被剥夺了，他失去了生存下去的唯一理由。从此，他整日茫茫然，显得十分失落。他几次对老妻哀叹说："我真成了个废物，什么事都做不了了！"1968年7月15日，所里的当权者又勒令他次日到所里长期集中，接受审查。他因多年卧病，随时需要家人的照顾，对集中居住感到焦急、绝望和不知所措，当晚睡下后就再也没有醒来。胡先骕的逝去，让他的后人感到人情的极度冷漠，也让我们不禁哀叹：为何如此不珍惜自己的天才啊？

斯人已去，历史又翻开了新的一页，但是历史是无法阻断的。请让我们站在新的起点，重新审视胡先骕的人文思想和他对植物学的杰出贡献。

（本文得到胡先骕先生哲嗣、北京大学胡德焜教授，以及中国科学院植物研究所汤彦承教授的悉心指导，作者谨在此表示诚挚的谢意。）

2009 年 8 月初稿，2009 年 10 月修改稿

参考文献

[1] 胡先骕：《植物分类学简编》，高等教育出版社，1955。

[2] 胡先骕：《评〈尝试集〉》，收入张大为等编《胡先骕文存（上卷）》，江西高校出版社，1996。

[3] 胡先骕：《建立三民主义文学刍议》，收入张大为等编《胡先骕文存（上卷）》，江西高校出版社，1996。

[4] 胡先骕：《文学之标准》，收入张大为等编《胡先骕文存（上卷）》，江西高校出版社，1996。

[5] 胡先骕：《评胡适〈五十年来中国之文学〉》，收入张大为等编《胡先骕文存（上卷）》，江西高校出版社，1996。

[6] 胡先骕译：《白璧德中西人文教育谈》，收入张大为等编《胡先骕文存（上卷）》，江西高校出版社，1996。

[7] 胡先骕：《水杉及其历史》，收入张大为等编《胡先骕文存（下卷）》，江西高校出版社，1996。

[8] 胡先骕：《水杉》，收入张大为等编《胡先骕文存（下卷）》，江西高校出版社，1996。

[9] 胡先骕：《1956 年在青岛遗传学座谈会上的发言》，收入张大为等编《胡先骕文存（下卷）》，江西高校出版社，1996。

[10][苏] 马克·波波夫斯基著，闻一译：《瓦维洛夫案件——一位苏联科学巨星的陨落》，东方出版社，1993。

[11] 施浒：《胡先骕传》，收入张大为等编《胡先骕文存（下卷）》，江西高校出版社，1996。

[12] 汪国权：《水杉的发现与研究》，江西高校出版社，1999。

[13] 胡宗刚：《不该遗忘的胡先骕》，长江文艺出版社，2005。

[14] 樊洪业：《1956 年：胡先骕"朽"木逢春》，《科技中国》2006 年 7 月。

[15] 胡宗刚：《胡先骕先生年谱长编》，江西教育出版社，2008。

[16] 胡启明：《胡先骕对中国现代植物学之贡献》，收入《纪念胡先骕诞辰 115 周年暨学术研讨会论文集》，江西省谱牒研究会胡先骕文史研究室汇编，2009。

孟昭英（1906 年 12 月 4 日—1995 年 2 月 25 日）

孟昭英：悲歌岁月丹心现[*]

黄且圆

1957 年春天，著名社会学家费孝通先生写了一篇有名的散文《知识分子的早春天气》。与社会学、知识分子没有任何关系，依照大自然的规律，春天如期来到了中华大地，来到了美丽的清华园。二月兰开遍了河畔和荒坡，布谷鸟刺破蓝天尽情歌唱，啄木鸟在雨后潮湿的树干上啄出清脆的声响。

我家院子四周的松墙也悄悄换上了翠绿的新装。迎春、丁香次第开放了，满架的藤萝花像一团团紫色的云雾，遮住了父母亲卧室的窗框。最骄人的是露台下那两大丛玫瑰花，那是真正的玫

* 原文标题为《跟孟昭英伯伯学英语》，编者重拟标题。

孟昭英（1906—1995），物理学家，清华大学教授，中国科学院院士（1955年），中国电子学重要奠基人。1928 年毕业于燕京大学，1936 年获加州理工学院博士学位，1937 年任清华大学、西南联合大学教授。1947 年任清华大学物理系教授、系主任。1952 年任清华大学电子系主任。长期从事电磁波谱研究，开拓了电磁波谱，研制出当时振荡波长最短的微波电子管；进行了三极管射频放大器线性调幅的研究；运用新型方式成功精确地测出微波波导中的阻抗。在微波波谱学、阴极电子学、激光单原子探测技术等方面亦有研究。著有《阴极电子学》《电磁振荡和电磁波》《无线电基本知识》等。

瑰，而非月季。当红玫瑰盛开的时候，不仅娇艳动人，而且发出浓浓的甜香。那天，我从学校回家，走上庭院的小径，见到父亲正站在露台上，欣赏着那两丛盛开的玫瑰。"孟伯伯刚来过，他剪走了一些玫瑰花做点心馅用。花还必须是含苞待放的，已经盛开的花朵都不行。"父亲的语气中似乎带着一丝惋惜。

不久，当我再回到家中的时候，一碟酥皮点心已经摆在桌上。我拿起一块尝了尝，那皮儿又酥又软，到嘴就化。甜甜的馅儿还带着新鲜玫瑰花的香味，我从来也没吃过这么美味的中式点心。哦，精美的东西必须用高质量的原料来制作，已盛开过的花朵不能入馅，这是一点也马虎不得的。

春天的脚步匆匆，闷热的夏季来到了。一日，父亲和我在露台上小憩，一个中年人正骑车从我家松墙外经过，"孟先生，你去哪里啊？"父亲向他打着招呼。我想，这就是孟昭英伯伯了。他从车上半转过身来，举起一只手，微笑着回答道："辩论去！"

孟伯伯和我家是邻居，那时我家住清华园新林院5号，他家住7号。这还是我第一次见到孟伯伯，当时只知道他曾留学美国，是清华的名教授，无线电系主任。也不知道在这1957年的春夏之交，在"百花齐放、百家争鸣"的感召之下，他究竟发表了何等言论。总之，不久之后，我就在一份代表舆论导向的报纸上，见到一则吓人的黑体字标题："美帝国主义的掮客——孟昭英"，罪魁祸首自然是右派无疑。同样，吾父也因兴致勃勃地大笔一挥，写就一篇小文《花丛小语》，落得同样的下场。

当下，中国的近现代史家们针对反右派运动是"阴谋"，抑或"阳谋"，展开热烈的讨论，又是考证，又是分析。其实，就那些运动对象而言，他们大多胸无城府，别人说什么，他们就相信什么，对他们根本不需任何谋略，无论阴阳。就像这位孟伯伯，别人告诉他可以辩论，他就去辩论，其实等待他的不过是一场早已准备好的大批判或斗争会而已。

炎热的夏天终于过去，20世纪60年代很快来到。在60年代初，由于遍及全国的饥荒，多数人虽食不果腹，政治气氛倒稍稍缓和了一些。

一天，我从学校回家，见到一位农村老太太模样的人正和母亲聊天，她头戴一顶黑色的丝绒帽，帽前方正中还嵌着一块"绿宝石"。"快来见见孟伯母！"母亲对我说。我稍稍吃了一惊，孟伯母的外表与她在国外学习和工作过多年的丈夫风格迥异呢。那时一些右派被摘了帽子，孟伯伯也在此列。但孟伯母仍想不通，她在叙说着孟伯伯当年对一些学生辈的同事，不仅倾己之所知，在业务上悉心指导他们，还从生活等方面关心他们，但运动一来，他们便……接着，她又关切地问母亲："黄先生怎样，他摘帽了吗？"

"还没有啊。"母亲回答。

"不摘好，戴着帽子更暖和。"她用浓浓的冀东口音迅即接过话茬。

我们都忍俊不禁，差点笑出声来，老太太的反应够快的。孟伯伯家和我家并无过多往来，但他和伯母的关心让我们倍感温暖。

1966年，"文革"爆发了！那年8月，清华大学的第一茬红卫兵（后来又有好几茬，属不同派别）对他们认定的"走资派"，以及包括地、富、反、坏、右等的"牛鬼蛇神"，进行了大扫荡。他们在清华园随意抄家、打人，掀起了所谓的"红色恐怖""12校红卫兵血洗清华园"等风暴。我家被抄数次，家中的照片、父亲的书稿、祖辈留下的字画大都被撕成碎片；母亲保留下来作为纪念的小首饰，也被洗劫一空。父亲被鞭打得不能躺下，衬衣上血迹斑斑。他还和一群"走资派""牛鬼蛇神"一起，被驱赶着去拆毁了历史悠久的清华大学的标志——书有"清华园"三个大字的二校门。要知道，二校门在所有清华学子、众多文化名人心中，是清华大学这所文化与科学圣殿的象征啊。

这期间，孟伯伯的命运一点也不比父亲好。在两派红卫兵武斗的日子里，他被抓进一座学生宿舍楼的四层，红卫兵要他们交出存折、钱物，还殴打他们。孟伯伯不能忍受这种迫害和凌辱，他将床单折叠、连接成绳，吊在绳上从窗口逃出。不幸，布绳断裂了，孟伯伯从三层楼摔下，造成两节脊椎断裂和小腿骨折。这次受伤给孟伯伯留下了永远的印记：此后他走路便微跛了。

时间到了20世纪70年代初期，林彪葬身温都尔罕、尼克松访华……戏剧性的事件层出不穷。清理阶级队伍阶段也快结束了。自然，后来被清理的对象绝大多数也陆续平了反。这也是自然且合乎逻辑的，因为照此清理下去，被划进革命阵营的人越来越少，"反革命"反倒比"革命"的人多了。随着时间的推移，经过发动而卷入"文革"的人们，也越来越迷茫，越来越逍遥了。也许，那时人们仍不知自己究竟身处何方，但越来越多的人已经意识到，是回到自己本职工作的时候了。

正值此时，我们得知孟伯伯在教他的孙子英文。孟伯伯的长孙文晋上小学，英语已说得相当流利，水平十分了得。妹妹一直和父母一起生活在清华园，和孟伯伯一家都很熟悉，也准备参与其中。哦，我也想学英语！我们上大学的时候，正值闭关锁国的年代，在理工科学生中，外语普遍不受重视，只要能阅读专业书籍就行。更何况政治运动连续不断，学习专业课的时间本不多，读外语的时间自然就更被挤掉了。经过妹妹的联络，孟伯伯答应了我们。于是，一个小学生，一个高中生，一个年轻的中学老师和两个年近中年已经工作的大学生的英语学习班，就这样组成了。

其实，我想跟孟伯伯学英语，不只是对学习外语的渴望，还因为逐渐对孟伯伯有了更多的了解。我们对孟伯伯了解得越多，对他的崇敬也越深。

孟伯伯出生在河北乐亭一个偏僻的农村，三岁丧父，靠同父异母长兄的资助进入燕京大学。读至二年级时长兄生意破产，以后全靠半工半读和因学业优异获得的奖学金念完大学。燕大毕业后，孟伯伯又获洛克菲勒奖学金，赴美著名学府加州理工学院深造，并于1936年获博士学位。他在完成博士论文的同时，还研制成功震荡波长仅1厘米的真空管，创造了当时的最小真空管和产生最短微波波长的世界纪录。孟伯伯手持自己研制的微型电子管的照片登上了加州理工大学的《科技新星报》，他的论文在重要国际会议上被宣读，一时名闻遐迩，而彼时他年仅30岁。孟伯伯在获得博士学位的当年即返回祖国，到母校燕京大学任教。1937

年七七事变爆发，孟伯伯又转至西南联大，和任之恭教授一起在条件极艰苦的大后方创建了无线电研究所，培养出无线电电子学方面世界一流的人才。当时，孟伯伯就用手头的零件组装过无线电台，出自个人兴趣也供学生们学习用。

1943 年，孟伯伯利用西南联大的学术休假时间赴美访问，在加州理工学院完成了微波波导中精密阻抗测量工作，并与合作者共同获得专利。1944 年他转入麻省理工学院辐射实验室工作。这是美国二战期间为战争服务的两大科技尖端实验室之一（另一个为原子能研究所，即为"曼哈顿计划"而组建的研制核武器的研究所）。此实验室的研究和工作人员多达 3000 人，由美国著名科学家、后曾任总统科学顾问的杜布雷奇（Dubridge）任主任。孟伯伯参加了雷达天线的研制工作。他发明了被称作微波双工器的气体放电开关，那是雷达的关键部件之一。它使雷达天线既能发射大功率的载波，又可接收来自飞机军舰等目标物反射的微弱回波，毕两功于一役。这一发明为反法西斯战争的胜利作出了贡献。

1945 年二战结束后不久，MIT 辐射实验室也解散了。由于孟伯伯的成就，他得到许多美国名牌大学、科研部门的聘请。孟伯伯明知留在美国可以得到优良的工作条件和优厚的生活待遇，更清楚经过八年艰苦抗战的祖国，内战烽烟又起，政治经济和社会状况均混乱不堪，但他在《自述》中这样说："自己是中国人，我的根应扎在中国，至少我可以为中国的教育做一些事。"为此，他毅然决定回国。

孟伯伯在麻省理工学院工作时就曾短暂回国。他随身带回用于雷达的矩形波导管实物，并在讲演中出示给听众，引起听众极大的兴趣。当时波导管的研究尚属机密，孟伯伯这样做就是想早日引进国外尖端科技，推动国内微波方面的研究。

1947年孟伯伯在归国时，又特意用自己的积蓄购置了一批电子器材，其中还包括当时禁运的器材，这些都是要冒极大风险的。正是这批器材，成了他建立清华第一个也是国内领先的电子学实验室的基础。

1955年孟伯伯被选为中国科学院第一届学部委员（今改称院士）。1956年他又参与制订我国第一个科学技术长期规划，除领导筹建清华大学无线电系各专业外，还被任命为中国科学院电子学研究所筹备委员会副主任，为新中国无线电电子学事业作出了开创性的贡献。

接着就是1957年的夏天。经过反复的政治运动，特别是"文革"，我终于明白，像孟伯伯这样和世界一流科学家并肩工作过，既有深厚学养，又有独立见解的大家，才有可能对大学教育的重大问题提出自己的看法；也只有像孟伯伯这样既深爱祖国和人民，又有着热情坦荡胸怀的人，才会开诚布公地表明与主流、与当权者不同的见解。

孟伯伯的厄运并未到此结束。差不多十年后，"文革"的狂风暴雨来临。就在"文革"的开始阶段，他仅有的两个儿子都遭遇不幸。他的长子是中国科学院物理研究所的青年才俊，曾留学苏联的电磁学家，因被诬为"修正主义的苗子""苏修特务"，不堪迫害和凌辱，自尽于香山；他的次子是矿业工程师，被打成反

1979 年孟昭英（左七）在美国旧金山参加第 146 届国际科学促进会

1980 年孟昭英（右一）为教师讲课

革命，因长时间关押和非人待遇而精神失常了。孟伯伯受到的打击可想而知，这种打击是鲜有人能够承受的。

当我们踏进孟伯伯的家门，见到孟伯伯时，他的头发已经稀疏并悉数发白了，他特有的浓眉也变成了灰白色。但他依然穿着整洁得体，腰板挺得很直，丝毫未显老态。他说话总是面带笑容，声音放得比较轻，让人觉得和蔼可亲。但这时的孟伯母已不复昔日神采了：严重的心脏病需要经常卧床，床边总放着氧气瓶，紧急时还得立即送医院急救。家庭的变故使她失去了昔日的风趣和幽默，变得少言少语。尽管孟伯伯竭力封锁长子逝世的噩耗，她敏感的心灵或许早已觉察到事实的真相，她的沉默就是最好的证明。

第一次上课前，孟伯伯对我们进行了简单的考核，每人念两页当时流行的《英语900句》。念完后他略带惊讶地说："你们的发音还行，外国人听得懂。"接着，给我们讲了一个他自己开始学英语的故事：那时他刚从乡下来到大城市，进了北京汇文中学，上第一堂英语课时，还不知英语为何物，只听得老师在讲台上大声问道：

"What year is this?"（今年是何年？）

学生在底下齐刷刷地回答：

"Nineteen-nineteen!"（1919！）

我们的英语课就在这样轻松的气氛中开始了。孟伯伯主要帮助我们练习口语，方式是先由他用英语做主题发言，然后我们这些年龄和程度参差不齐的学生自由发言，或提问题，或根据主题讲自己编的小故事等，不一而足。当然都得用英语。

孟伯伯给我们讲过语言的特点：语言会随政治、经济和社会的变迁而变化，有时变化得非常迅速。本来在某地已掌握的外国语，甚至是母语，离开当地一两年后，再回去就听不懂了，所以学外语必须持之以恒。

那时我们还不知超市为何物，孟伯伯向我们介绍了美国的超市：超大型的商场，生活用品应有尽有，大到可以用来爬上房顶的长梯，小到针头线脑、女用发卡。只要你需要的、想得到的东西，那里应有尽有。

有时孟伯伯也拿来英语的报纸杂志，由他念，要我们当即口译出来。

一次，孟伯伯通知我们下次课的内容是"餐桌上的礼仪"（table manners）。那天每人带个菜，课后一起在他那里聚餐。记得孟伯伯讲，在外国人请你吃饭时，主要的不是品尝美味佳肴，而是要尽量和在座的主人、宾客们交谈，更要注意倾听别人的谈话。主人请你来吃饭，就是给你提供一个社交的机会。听完孟伯伯这一席话，我便冥思苦想，那天我在饭桌上该谈些什么。晚饭开始后，孟伯伯往长桌一头的主人席上一坐，我们都等着听孟伯伯发表什么高见或社交辞令呢。只见他拿起碗筷，不发一言，低头大嚼起来。其 manners 与吾父完全一样。见到此景，我们这些学生便乐得不再动脑用英语交谈，一起大快朵颐起来。哈，像孟伯伯这样的大教授，在教课时也有失手的时候！从小父亲便教育我们，吃饭时要一手拿筷一手扶碗，不得讲话。看来中西的餐桌礼节正好相反。从根上说，孟伯伯习惯的仍是中式的 manners，忘掉西式的也就不足为奇了。

孟伯伯的课让我们既学到了英语，也了解了许多关于美国社会、生活的常识，我们这些分属于三代的人在一起，越来越熟悉，谈话也越来越无拘束了，自然而然地达到了寓教于乐的境地。

父亲曾对我们讲过：你们孟伯伯对外文是下过功夫的，是很有研究的，这方面我不如他。"文革"结束后，我们才见到他的书橱里摆放着许多装潢精美的英语文学典籍。孟伯伯不仅对外语感兴趣，他对自己家乡河北乐亭的方言更是津津乐道，常向我们展示其发音的特点和优美之处。

孟伯伯是一位杰出的实验物理学家。他为制造电子管，不仅学会了吹玻璃，而且还是这方面的高手，焊接电路板的技术十分高超。直到那时，孟伯伯家的工具箱中仍存放着制作精良的各种工具，包括锤、钳、锥、钻等。家里的桌椅门窗、开关电器如有损坏，他都尽量自己动手修理好。"文革"期间，自行车差不多成了孟伯伯唯一的交通工具。无论近在清华，或远至香山，甚至进城办事，他都骑着自行车。骑车不仅行动自由，而且能锻炼身体，孟伯伯到了七十高龄仍然身体矫健，坚持骑车是一个重要原因。

我们的英语课开始不久，孟伯母便仙逝了。我想，她是带着痛苦悲伤和疑惑不解离开这个世界的。只剩孟伯伯一人支撑这个家了，他要抚养上小学的孙子，还要照顾精神失常的儿子，但他丝毫未现出气馁和颓伤，他依然衣冠楚楚，依然精神抖擞，依然

1985年孟昭英（左三）邀请美国橡树岭国家实验室的 Hurst 教授（右三）来访

认真负责地为我们上每一节英语课。只有一次我们停课了一段时间，那还是在地震期间。每家都需搭建抗震棚，这对我们这群老小书生来说都不是件容易的事，特别是孟伯伯，他的家乡乐亭是灾区，不时还有家乡的亲朋来向他求助。

地震的喧闹过去不久，我们也复课了。某日课后，孟伯伯郑重地对大家说："这个家一定要有一位女主人。"是啊，这个家需要女主人，孟伯伯的心需要温暖和慰藉。不久，我们也结识了孟伯伯未来的老伴贺苇女士，我们称她贺嬢嬢。一天妹妹告诉我，为了把未来的伴侣介绍给清华园内的朋友和邻里，孟伯伯要搞一次餐会，让我们去帮厨。这是当仁不让的事，我去了。等饭菜准备就绪，受好奇心驱使，我从里屋向客厅兼卧室张望，看看有哪些尊贵的客人。原来除孟伯伯和贺孃孃外，客人只有四位：钱伟长夫妇和黄万里夫妇（我们的父母）。我和妹妹差点大笑起来：这不成了清华园三大右派的聚会了吗！幸好"四人帮"已经被打倒，否则此事还了得吗？其实，这三位不在同一个系，平日的交往也不能算密切，孟伯伯这次只请了钱、黄二位，除了对他们的尊重外，在当时的清华园内，恐怕也只有他们才最适合与主人平等对话吧？孟伯伯是个很有自尊的人。

"四人帮"倒台后，时代的车轮又飞快地旋转起来，改革开放的决策正在酝酿之中。从海外来访的科学家里，有许多是孟伯伯在西南联大或美国工作时的老朋友、老同事和学生。许多人们耳熟能详的名字，都出现在孟伯伯的接待名单之中：顾毓琇、任之恭、林家翘、吴健雄、袁家骝、李政道等。孟伯伯也作为中国代表团的成员出国参加科学会议。孟伯伯忙起来了，我们也忙了起来，忙工作，也忙生活，还要找回在"文革"中丧失的时间。我们的英语班也适时地结束了。

2006 年 12 月 24 日，孟昭英教授百年诞辰纪念会在清华大学举行，发言者多是孟伯伯的授业弟子。他们高度评价了孟伯伯的学术水平，在中国电子学发展中的奠基作用，在教书育人中诲人不倦的热诚，特别是历经坎坷仍坚韧不拔的意志。他们的讲话让30 年前跟孟伯伯学习英语的情景又重现于我的脑际，泪水一次次模糊了我的眼睛。在那苦难的日子里，清华大学由教书育人的殿堂变成了武斗的战场。唯有孟伯伯仍坚守着教师的职责，不惜放下身架耐心地教我们这些英语初学者。教学之余，他也天南地北地和我们聊天，但他从未提起过家庭的悲剧或自己的不幸，哪怕是对那时迫害过他的人的一点点牢骚和不满也未曾提起过，这是为什么？

20世纪80年代在孟伯伯指导下获得博士学位的清华大学马万云教授说得好，孟伯伯曾教导她："事业是一辈子的事，是第一位的。人的生活中不可避免地要遇到各种各样的困难，但它是暂时的，总是可以挺过去的。"孟伯伯就是这样一辈子坚守着自己所从事的科学和教育事业，坚守着他回国时的诺言——"我的根应扎在中国，至少我可以为中国的教育事业做一些事。"他曾在世界一流的实验室与世界一流的科学家并肩工作过，他曾享有过精致的生活，他也曾在82岁那年，回到家乡乐亭偏僻的农村寻根，在一个堆放着秫秸垛和碎砖头的农家小院里摄影留念。而我们在"文革"中有幸与孟伯伯相遇，见到的就是他不卑不亢、以人的尊严"挺过"厄运的形象。他永远挺立在那里，挺立在我们的心中，成为我们取之不尽、用之不竭的精神财富。

2007年7月5日

华罗庚（1910 年 11 月 12 日—1985 年 6 月 12 日）

华罗庚：中国数学界的舵手[*]

杨乐

巨星陨落

1985 年 6 月 12 日晚上十一二点，家里电话铃骤然响起，夜深人静，显得分外响亮。20 世纪 80 年代中期，国内居民家庭安装电话的还不多，我下班回家后很少会有电话，晚上九时以后一般更不会再有电话铃响，是看书与思考问题的好时光。拿起听筒，数学所党委书记潘纯同志打来电话。老潘是位很正派的老干部，

*　本文系作者在 2010 年纪念华罗庚教授百年诞辰活动中所著文章和演讲内容，刊在《光明日报》2011 年 1 月 24 日第 5 版和《传奇数学家华罗庚》（丘成桐、杨乐、季理真主编，高等教育出版社，2010，第 80—87 页）中，编者重制标题，内容略有修改。
华罗庚（1910—1985），江苏省金坛人，在国际上享有盛誉的数学家，中国科学院院士（1955 年）、美国科学院外籍院士、第三世界科学院院士。研究领域涉及多元复变函数、数论、代数及应用数学等，在每个领域都取得了杰出的成果，以他的名字命名了一些定理、引理、不等式、算子与方法。先后任清华大学教授、中国科学院数学研究所所长、中国科技大学副校长、中国科学院应用数学研究所所长、中国科学院副院长等职，曾任全国人大常委会委员和全国政协副主席。

然而我们通常只在所内会议上见面与谈话，并没有个人联系。一听到他的声音，我感到可能发生了重大的事情，并有一种不祥的预感。

然而，当我听到他在电话中通报华老当天下午在日本东京大学作完学术报告以后，突发心肌梗塞，经抢救无效，已于晚上10时逝世时，我还是极端惊愕，茫然不知所措。不仅当时如此，而且在随后的几天里，到机场迎接专机运回华老的骨灰盒，以及到八宝山大礼堂参加告别华老的仪式，我一直为这种惊愕与茫然的情绪所笼罩。当时，《人民日报》曾希望我写一篇纪念文章，然而在那些天里，我无法稳定情绪、理好思路，因此无法完成这项任务。

不久后，我遇到日本数学家小松彦三郎（H. Komatsu）[1]与森本光生（M. Morimoto）[2]教授，他们分别给我详细介绍了华老6月12日下午在东京大学作最后演讲的情况。华老的讲题是《在中国推广数学方法的一些个人体验》，由 Komatsu 教授主持，四时开始。起初，华老用中文演讲，由翻译译为日语。不久，华老觉得不十分如意，改用英文直接对听众演讲。谈起他自己的研究工作和应用与推广，他感到得心应手，淋漓欢畅。他先将西装外套脱下，又将领带除去。即便如此，据说华老依然汗流不止，甚至衬衫都有点湿透了。由于内容十分丰富，演讲时间比规定的一小时

1　小松彦三郎，时任日本数学会理事长。
2　森本光生，时任日本上智大学数学教授。

超出了 10 分钟。当演讲完毕，听众报以热烈的掌声，日本友好人士白鸟富美子女士正要送上鲜花时，华老却突然从台上的椅子滑下。东京大学医院的医生立即对其实施抢救，但迅即宣告不治，我国驻日使馆仍坚持继续尽一切力量抢救，然而回天乏术，华老于当天晚上 10 时逝世。

天才在于勤奋

我早在故乡江苏南通读中学时，便听说过传奇式的数学家华罗庚。当时一个偶然的机会，看到了一张 20 世纪 40 年代后期的旧报纸，上面有一长篇文章，介绍华罗庚的经历与故事，把他和陈寅恪并列为清华大学两位最具特色的教授。

1956 年 9 月，我考入北京大学数学力学系学习。实数、极限、函数连续性等十分严谨的叙述与相关的理论，让许多同学遇到障碍，感到困难。然而，他们在中学时都是数学成绩突出的优秀学生，于是一些人怀疑自己是否适合学习数学专业，思想产生了动摇。这时，系里请来了华罗庚教授给大家作报告。报告在北京大学的办公楼礼堂举行，作为一名听众，我第一次见到了这位伟大的学者。在报告里，华老提出要随时发现问题，并努力思考。他举例说，在街上看见一辆汽车牌照的数字，那么就可以问它是不是素数，或者它正好是几个素数的平方和或立方和，这使大家感到十分新鲜与有趣。华老特别指出，天才在于勤奋，聪明在于积累。一些悲观的同学受到鼓舞，重新树立了努力学习的信心。

1959 年，我们上四年级时分了"专门化"，我所在的"函数论专门化"有 20 余人。当时还组织活动，到中科院数学所请华老给我们讲学习函数论的意义与方法。在华老的办公室里，我们围坐在他身旁，聆听他的教诲，感到十分亲切，受到很大的鼓舞。

真正与华老有稍多一些的接触是在 1962 年我由北大毕业，考入数学所成为熊庆来先生的研究生以后。当时华老是所长，熊先生则是函数论研究室的主任。华老在多复变函数论的研究生钟家庆、孙继广、曾宪立，以及熊先生的研究生张广厚与我，都在函数论室，平时与已经工作的青年科研人员没有什么差别。钟、孙、张与我在北大六年均是同一小班的同学，十分熟悉。曾宪立在北大后三年，也与我们四人在同一"专门化"，相互了解。

当时，熊先生已年逾古稀，半身不遂，极少来所。华老刚 50 岁出头，经常到所上班，他的办公室位于四楼正中（412 室）。他约其研究生谈学习与研究工作时，有时也把张广厚与我一起找去。头两次主要是谈打基础的重要性，华老特别要我们认真研读蒂奇马什[1]的函数论。谈话最后，他谦虚地对我们说：你们是熊先生的研究生，我的话作为参考，你们要听从熊先生的安排。

1　蒂奇马什（E. C. Titchmarsh，1899—1963），英国数学家，剑桥大学教授。师从罗素（Russell）和哈代（Hardy）。曾任伦敦数学学会主席，1931 年被选为伦敦皇家学会会员。他对傅里叶级数与傅里叶积分、积分方程、单复变量整函数、黎曼夸函数、二阶微分方程的特征函数等有重要贡献。1946 年出版专著《与二阶微分方程相联系的本征函数展开》的第一部分，完成了外尔 - 斯通 - 蒂奇马什有关微分算子的理论。《函数理论》（1932）一书，是学习解析函数理论和勒贝格积分的优秀教材。

拳不离手，曲不离口

20 世纪 50 年代末，随着"大跃进"的浪潮，数学所规模扩大了很多，几年间进了不少人。1961—1962 年，全国进行调整，华老作为数学所所长，觉得要在所里认真开展研究工作，就必须对那几年到所的年轻人进行业务摸底，以便打好基础。1962 年上半年，对全所青年科研人员进行了考试，内容并不高深，只是华老一向重视的基础"三高"，即高等分析、高等代数与高等几何。然而有些年轻人成绩很不理想，甚至得到零分。

针对这种情况，华老在全所大力提倡打好基础，提出"拳不离手，曲不离口"，办起了提出数学问题和征求解答的壁报，就放在他办公室外的墙壁上，称为"练拳园地"。

关于研读经典著作与文献，打好基础，华老有不少名言与精湛的方法。例如，他提出读书要先从薄到厚，再从厚到薄。其意思是，数学书一般写得比较精炼，省略了一些推导与计算步骤，开始学的时候必须十分认真与仔细，将这些省略的计算与推导补齐，这就是从薄到厚。等到这本书学完以后，不可能将全部细节留在脑子里，而是将最重要的思想和提纲保留着，这样就由厚到薄了。

在对全所青年人员进行考试以后，华老还对在科研工作上表现突出和成绩优秀的人员进行了提拔。王元、陆启铿、万哲先、丁夏畦、王光寅等提升为副研究员，陈景润、许以超、岳景中等成为助理研究员。与此同时，又设法将成绩很差的人调离数学所。

这种"考试、提升、调动"的做法后来受到了非议，加上有人认为纯数学研究理论脱离实际，使得华老于1963年底毅然离开了数学所。经反复协商、挽留，华老仅同意保留所长的名义，而研究工作与培养学生则改在中国科技大学进行。

虽然如此，在几年以后的"文革"中，华老还是未能免去遭受数学所造反派冲击的命运。他过去的做法被称为"砍向革命群众的'考、提、调'三板斧"，大受批判。华老作为"反动学阀"，被造反派严厉批斗。批斗会上，"打倒华罗庚"的口号彼伏此起。会后还让素有腿疾、行动不便的华老打扫走廊卫生。当然，与苏步青教授等在学校里受到年轻学生更多的凌辱与体罚相比，华老的处境已经算是较好的了。

提携青年

1976年10月，党中央一举粉碎了"四人帮"，华老重新焕发了青春活力。我也有很多机会与华老接触。1977年初，我和张广厚的科研工作得到新华社与全国各大报纸报道后，一次华老向我和张广厚说起："当时，我在黑龙江推广优选法，因病住进哈尔滨的医院，医生和护士问我，报上刊载的杨乐和张广厚是不是您的学生？我说不是，他们两人是我的师弟，我们有相同的老师熊庆来。"无独有偶，1988年9月陈省身先生请我在南开大学数学所作学术演讲，由他亲自主持并作介绍，介绍中也特别提到"杨乐教授是我的师弟"。能被华老和陈先生这两位伟大的数学家认作师弟，这是我无上的荣誉。

华老对他的学生与其他青年人，也是满怀期望，全力给予培育与帮助。20世纪60年代初我刚到数学所时，就听说华老在讨论班上要求如何严格，学生在黑板前讲解、推导与演算时，华老不断提问，并且穷追不舍，以至于一些学生最终难以回答，这种情况被称作"挂黑板"。我到所后，已经很少看到这种现象，较多的则是华老对大家的期望与鼓励。例如，华老当时对大家说：我希望年轻人站在我的肩膀上，向上攀登。

华老勉励青年人，提出学习要十分勤奋。他说："年轻的时候，别人用一个钟头做的事情，我用两个钟头来做，并且将这种做法长期坚持下去。过了几年以后，情况就不一样了。别人需要一个钟头做的事情，我20分钟就做完了。"20世纪30年代在清华大学物理系读书的钱伟长教授，曾向王元和我说起，他原想习文，九一八事变使他改变了志愿而学习物理，但他并未受过中学的系统教育，于是在清华求学时十分用功，每天早上五点钟就起来念书。原来以为自己是全校最用功的，后来才发现华罗庚先生比他还用功，每天早上四点半钟就起来念书了。

华老提醒青年人要学习前人已有的知识，注意积累。他说在清华刚开始学复变函数论，他就证明了一些定理，起初以为是新结果，后来才知道这些是柯西（Cauchy）定理等，是早已有的。他还说，如果没有后来到清华与剑桥大学获得很好的学习与做研究的机遇与环境，如果他仍然留在金坛老家，充其量只能做一位较好的中学老师。那时在金坛，华老能看到的最深奥的数学书就是一本 50 页的关于微积分的书。

华老还对我们说，当学生和年轻人提出问题时，应该当时和他们一起解决，而不是回去经过认真与精心的准备，第二天将漂亮与完整的答案拿给他们。和他们一起做，就会使同学们看到，即使是老师或者专家，并不是拿到问题后就有完整的想法，也可能茫然，可能碰壁，或者走入歧途。在推导与演算中，并不是一帆风顺的，可能遇到困难与挫折。经过一番努力，最终才能将问题解决。这样可使青年同学知道专家和老师并不是天才，他们自己也不愚蠢，从而使他们增强学好数学的信心。

1979 年 3 月，中国数学会在杭州举行全国理事会议，浙江省与杭州市邀请部分数学家与青少年见面。在杭州一座很大的剧场里坐满了两千余位中学生，华老、苏步青、江泽涵、柯召、吴大任等老一辈数学家出席了见面会，我也参加了会见。华老讲话勉励同学们努力学习，长大成才。见面会前一阶段结束后，华老等退场，由我向同学们作关于学习数学的重要意义与学习方法的报告。我还记得华老退场时微笑着向我说："这里就交给你了。"我顿时感到肩上的担子重了起来。

弄斧必到班门

学术交流对数学研究有着特殊的意义，华老对此十分重视，并提出要和同行专家、高手进行交流。他常说，弄斧必到班门。

1981 年初，华老访美五个月后返国。他提出：演员们出国或到外地巡回演出，回来后要作一次汇报演出。现在，我们许多学者都出国作过访问，在外面作过什么学术报告，学到了什么，我们是不是也来一次汇报演出？于是，他以身作则，到合肥的中国科技大学作学术演讲，为期四周。王元、谷超豪、夏道行、张广厚与我也应邀前往。

我给中科大数学系师生作学术报告时，华老到场听讲，十分认真。由于听众中有许多研究生与青年教师，我就多讲了一些较浅的内容，其中用到一个不等式。华老在纸上记下这个不等式，在演讲结束后还继续思考这个不等式，揣摩其含义，并用了一个多小时给出证明，然后再和我进行讨论。当时，华老还说：一个学术演讲，有些专门的内容听不懂，但是有些东西，比如这个不等式，完全可以懂。我就抓住它，加以思考。从这一件很小的事例，反映出华老在学术上勤于思索与一丝不苟的态度。

70 年代末，我国刚实施改革开放政策，我到欧美一些国家访问。当时，中国大陆的数学家，由于近二十年的闭关锁国，在国际数学界几乎没有什么影响，欧美一些著名大学的图书馆里，也没有什么大陆数学家撰写的论著。只有华老是一个例外，许多大学图书馆里都有他的《堆垒素数论》《典型域上的调和分析》的英文版。谈起华老时，许多学者都知道他的名字与工作。记得 1979 年秋天，我在康乃尔（Cornell）大学访问时，一次在数学系的走廊里，一位系里的教授问我：你认识华罗庚吗？我回答：当然。他说："40 年代末，华在伊利诺依（Illinois）大学担任教授时，我是那里的学生。"他要我回国后向华转达诚挚的问候。

1958 年，华罗庚兼任新成立的中国科学技术大学应用数学系主任。这是他给科大 58 级学生讲课

改革开放初期华罗庚（右）与杨乐

1980 年 2 月，我在德国访问，德国数学家表示要加强中德数学交流。他们在与我闲谈之中提出，如果授予一位中国数学家名誉博士学位，谁最合适？我回答说：自然是华罗庚。他们皆表示同意。当我遇到华的一些老友，如阿尔福斯[1]、奥佛德[2]、周炜良时，都曾谈起华老。

快发表，稳评价

从 1977 年开始，我有机会与华老一起参加了很多会议。1977 年九十月间，全国一千余位科学家在西颐宾馆（即现在的友谊宾馆）用了一个多月时间，开会制订 1978 年至 1985 年科学发展规划。华老和我都在大会的主席团里，四五十位数学家参加了会议。会上，胡世华先生提出，国内有些论文刚发表出来就作出一些学术评价，是否妥当？这些论文是否不要急于发表？夏道行教授则认为有些论文要与国外同行抢时间，必须迅速发表。对此，华老提出"早发表，晚评价"。次年 11 月在中国数学会的全国代表大会上，华老

---

1 阿尔福斯（Lars Valerian Ahlfors，1907—1996），芬兰裔美籍数学家，哈佛大学教授，1953 年当选为美国国家科学院院士。主要贡献在单复变函数论方面，1935 年建立覆盖面理论，获得 1936 年首届菲尔兹奖。 后转向黎曼曲面的研究，1981 年因在几何函数论方面有效新方法的创立和根本性的发现，荣获沃尔夫数学奖。主要著作有《复分析》《拟保角映射教程》。

2 奥佛德（A. C. Offord，1906—2000），英国数学家，英国皇家学会会员，函数论专家。1974 年 10 月，他以英中了解协会主席的身份，受中国对外友好协会邀请，以半官方、半民间方式访问中国。到访前，他已在《中国科学》上看到杨乐和张广厚的文章，因此提出到中国科学院数学所会见杨乐和张广厚。

又修改为"快发表，稳评价"，得到大家的赞同与拥护。

1978 年 3 月，举行全国科学大会，华老、陈景润、张广厚与我，在同一个小组，与许多物理学家如严济慈、钱三强、赵忠尧、汪德昭、张文裕、施汝为、陆学善等在一起。在小组会上，华老谈了推广优选法与统筹法的情况与体会。华老传奇式的经历、崇高的威望和广泛的影响，以及当时发表不久的徐迟关于陈景润与哥德巴赫猜想的长篇报道引起的震撼，使得我们小组成为记者关注的焦点之一。记者们为华老、陈景润、张广厚和我拍摄了不少照片，有些在报刊公开发表并流传至今。

1981 年 5 月，中国科学院举行改革开放后的第一次学部委员大会。事实上，中国科学院学部自 1955 年成立以来，在 20 世纪五六十年代曾先后举行过三次学部委员大会，因而 1981 年是第四次学部委员大会。邓小平、彭真、邓颖超等曾会见大会主席团，并出席了开幕式。当时决定学部委员大会与学部作为中国科学院的权力机构，由大会任命正、副院长与学部正、副主任（这些规定在一两年后即作了改变）。于是学部委员大会的主席团显得十分重要，曾就人事、章程等问题举行过几次会议。在大会主席团里只有华老和我两位数学家，他曾和我谈起对中国科学院与数理化学部的一些看法（当时数理与化学还是一个学部），我是十分同意的。由于有些事涉及华老，这些意见由我在主席团会议上作了表述。

中国数学界的舵手

新中国成立不久，华老就担任了中国数学会理事长，对全国数学研究、人才培养、学术交流以及奥林匹克竞赛等，发挥了领导作用。十年浩劫期间，全国科协被完全撤销，下属的全国各学会荡然无存，中国数学会自然也不能例外。改革开放以后，科协与各学会恢复了组织和活动。从 1978 年至 1983 年，华老继续担任中国数学会理事长，我忝列常务理事，有机会多次与华老在一起参加会议。记得在筹备 1978 年 11 月于成都举行的全国代表大会时，几位有影响的党员数学家曾酝酿在会议期间建立党组织进行领导，党员代表要把"组织关系"带去。华老则认为如果那样做，会降低学会的群众性，也冲淡了会议的学术气氛，在全国科协的领导下，这种"左"的设想与做法未能实现。

那一时期，与华老还有较多其他接触的机会。数学所有重要外宾来访时，我们都请华老出席主持。1981 年，我国开始实施学位制度，全国成立了各学科的评议小组，用以审批各大学与科研院所相应学科的博士点、硕士点与博士生导师名单。华老系数学评议小组召集人，我也忝列小组成员，一起开过一些会议，审核了头几批博士点、硕士点与博士生导师，标准掌握得比较严格。

《中国大百科全书·数学卷》虽然是在华老逝世后，直到 1988 年底才出版发行的，然而编辑工作在 70 年代末即开始酝酿。80 年代的头几年里，我们阵容强大的编辑委员会在主任委员华老和苏步青老的主持下，举行了好几次会议，确定总的原则、体例、分支学科的划分，以及中外数学家独自列成条目的名单。

对待所里的事情，华老十分注意防止"文革"时的悲剧重演。1983 年华老访美前，在一次会见外宾以后郑重嘱咐我："这次出去时间比较长，你们要防止'文革'阴魂不散，防止'左'的东西不断干扰。遇到事情不必等我回来，可以直接请示院里。"

1982 年 2 月，中国科学院举行工作会议，华老因故没有出席。后来，他让助手陈德泉找我，借去工作会议上发的重要文件，包括胡耀邦在学部委员大会期间讲话的文件。在那篇讲话里，胡耀邦提出科技工作者要主动"找米下锅"，为国民经济建设服务。华老十分高兴地说：我们正是这样做的。同年 3 月，他给胡耀邦写信汇报推广优选法的体会，说道："有生之年屈指可数，愿集中力量做三件事：（1）为国民经济服务的数学应用；（2）理论研究（这也是应用的基础）；（3）把十年浩劫期间'偷''抄''散'的手稿，回忆一些写一些。年复一年，更时不我待矣。"并表示"一息尚存，此志不渝"。胡耀邦随即以遒劲有力的毛笔给华老回信，希望他能把一生为科学而奋斗的动人经历以回忆录的形式写下来，留给年轻人。

率真的性格

虽然在大事情上，华老十分认真和坚持原则，然而平时却很直率与随和，有时还开点玩笑。当时的中国数学会常务理事中，华老、柯召、吴大任、吴新谋均系 1910 年出生，属狗，于是召开

1985年6月12日，华罗庚（中）在东京大学作学术报告，这是他最后的演讲

常务理事会议休息时，华老说："我们今天这里有好几只狗。"

70年代末，我与张广厚赴美访问，华老让所里的翻译替他草拟一封给老友 L. Ahlfors 的信，托我们转交。这位翻译毕业于英语专业，水平不错，然而华老对翻译的质量不尽满意，一边看着那封信，一边和我们说："这英文不怎么样嘛，和我差不多。"不过，他还是签字，交给我们带走。1981年9月，在杭州举行多复变函数论国际会议，组织者之一的哈佛大学萧荫堂教授在黑板上撰写会议通知，华老看了以后发出由衷的赞叹："多漂亮的英文啊！"

30年代初，担任清华大学数学系主任的熊庆来教授看到华罗庚先生初有表现，不顾他仅有初中文凭，通过其同乡唐培经先生将其召到系里，并为其设立了"助理"的位置，对华先生以后的发展提供了很好的机遇。

1936年，由到清华讲学的维纳教授的推荐，华老利用中英庚款到剑桥大学数论权威哈代教授处访问与开展研究工作两年。后来，熊先生曾对我说过，他对华先生那次赴英的派遣也起了协助的作用。

华老对熊先生一直十分敬重。我60年代做熊老的研究生，一次新年时去看望熊先生，片刻后华老也到熊先生家拜年，我们在那里相遇。1969年2月，熊先生受"文革"浩劫的摧残逝世，华老得知消息时，熊先生遗体已运抵火葬场。华老急忙赶到那里，翻遍盖尸布，才找到熊先生的遗体，作最后告别。[1]

80 年代初，华老访美回来后，曾两次和我们提起：在加州大学伯克利分校（Berkeley）时，陈省身招待他住在家里，一边欢聚，一边回忆往事，十分愉快。他和我们说，他与陈先生之间并无芥蒂，数学界有些人对他们两人的关系有些猜测和误会。他让我们得便时多作些解释工作。此外，他还和我提起能否买到刘长瑜主演的《春草闹堂》的录像带，因为 30 年代一起在清华、后来长期在海外的徐贤修教授很喜欢这场戏，华老想将其作为礼物送给徐教授。

华老在数论方面有非常精湛的研究与杰出的成果，在多复变函数论方面有创新与领先的系统工作，在代数方面有十分漂亮的定理，在积分近似计算与推广"统筹法"和"优选法"方面有重要的贡献与影响。他是我国现代数学研究的杰出代表。无论是早期在清华大学与西南联大期间，还是后来在中国科学院数学所、应用数学所与中国科技大学期间，华老开设课程，主持讨论班，使许多本科生、研究生、同事获益匪浅，一大批青年人才在他的培育、指导与熏陶下成长起来。几十年来，他领导中国数学会，

1　1978 年，中国科学院在北京八宝山革命公墓礼堂为熊庆来先生举行了隆重的骨灰安放仪式，《人民日报》刊发消息，华罗庚先生大声恸哭，并写了《哭迪师》一诗：

恶莫恶于除根计，痛莫痛于不敢啼，尸体已入焚化间，谁是?
翻遍盖面布，方得见遗容一面，骨架一层皮。
往事滚滚来，如是又依稀……
往事休提起，且喜今朝四凶殄灭，万方欢喜。
党报已有定评，学生已有后起，苟有英灵在，可以安息矣!

创建中国科学院数学所与应用数学所，创建中国科技大学数学系，倡导国内外学术交流，为提升我国的数学水平不遗余力。正如塞尔伯格[1]教授指出的那样："很难想象，如果他不曾回国，中国数学会怎么样。"

80 年前的 1931 年，华老由家乡金坛来到清华大学，走上数学研究之路；60 年前的 1951 年，新中国成立不久，华老毅然放弃海外优越职位返抵北京，领导中国数学事业发展。现在我国数学界的中青年学者，过去都没有直接接触过华老，未能聆听他的教诲与演讲。我们宣扬华老的贡献与成就，就是希望广大青年学者以华老为光辉榜样，继承和发扬他的精神，齐心协力，努力奋斗，将我国的数学研究与应用提升到一个崭新的水平，为世界科学发展与我国经济建设作出重大贡献。

---

1 阿特勒·塞尔伯格（Atle Selberg，1917—2007），挪威著名数学家，欧洲工程院院士。在解析数论、自守形式理论，特别是将之引入谱论的研究卓有成就。因证明素数定理而轰动世界数坛，1950 年荣获菲尔兹奖，1986 年获得沃尔夫数学奖。在当代的数学中有不少以其姓氏命名的数学术语，如：赛尔伯格不等式、赛尔伯格等式、赛尔伯格公式、赛尔伯格筛法、赛尔伯格 zeta 函数、赛尔伯格猜想等。

陈省身（1911 年 10 月 28 日—2004 年 12 月 3 日）

陈省身*：白云深处可耕田

黄且圆

独立奋斗的人生道路

纸鸢

纸鸢啊纸鸢！

我羡你高举空中；

可是你为什么东吹西荡的不自在？

莫非是上受微风的吹动，

下受麻线的牵扯，

---

* 陈省身（1911—2004），出生于浙江嘉兴。几何学家，被誉为"整体微分几何之父"。首届中研院院士（1948年）、美国国家科学院院士、中国科学院首届外籍院士。给出高维 Gauss-Bonnet（高斯－博内）公式的内蕴证明，通称为 Gauss-Bonnet-Chern（高斯－博内－陈公式），在 20 世纪 60 年代发展了 Chern-Weil 理论；提出陈氏示性类（Chern Class），为现代数学经典杰作；发展纤维丛理论，其影响遍及数学的各个领域；建立高维复流形上的值分布理论，包括 Bott-Chern（博特－陈）定理，影响及于代数数论；为广义的积分几何奠定基础，获得基本运动学公式；陈氏示性类与 Chern-Simons（陈－西蒙斯）微分式，已深入数学以外的其他领域，成为理论物理的重要工具。

所以不能干青云而直上，

向平阳而落下，

但是可怜的你！

为什么这样的不自由呢！

原来你没有自动的能力；

才落得这样的苦恼。[1]

　　这是陈省身 15 岁时，发表于天津扶轮中学校刊上的一首新诗。这首小诗在表达少年陈省身热烈向往自由的同时，更告诉人们，他在小小的年纪就已经知道，要自由就必须有独立自主的能力。这首小诗仿佛预示了为自由——人身的和思想的自由，陈省身独立奋斗的一生。陈先生曾不无自豪地说过："我一生走过的道路、做过的事情，都是由我自己决定的。"这句话或许也是对他一生实践的最好注释和总结。

　　1911 年 10 月 28 日（农历九月初七），陈省身生于浙江嘉兴秀水县[2]。这一年，发生了惊天动地的辛亥革命，中国千年的帝制覆亡了。嘉兴是江南有名的鱼米之乡，那里有南湖胜景——烟雨楼，标志着中国共产党成立的第一次代表大会就是在嘉兴南湖的画舫上召开的。陈省身生于动荡的年代，但他却选择了最需要安静、最需要缜密思考的数学。

　　陈省身的父亲陈宝桢生于 1889 年，15 岁即中秀才，其后又就

1　陈省身：《陈省身文集》，华东师范大学出版社，2002，第 337 页。
2　现为嘉兴市秀洲区。

读浙江法政专门学校，毕业后在司法界任职。1922年他把全家接到了任职的地方——天津。天津是中国洋务运动的发祥地，当时北方最大的对外通商口岸，又接受了五四运动的洗礼，得领中国现代化风气之先。陈省身在这里度过了他一生中最美好的学生时代。

幼年的陈省身生活上受到家庭特殊的呵护，很晚才进小学。到天津时他11岁，稍后插班入扶轮中学。扶轮是四年制的旧制中学，这使陈省身有机会在15岁时便进入大学学习。当时的扶轮为国民政府交通部所办，经费充裕，师资条件很好。陈省身称自己不是那种规规矩矩、老老实实念书的学生，只要是有兴趣的事，就高兴去做，并不在乎分数的好坏。当然，他的数学总是很好，其他功课一般，并非考不好，只是懒得在分数上下功夫。他说，自己"书看得很多，喜欢去图书馆看杂书，什么书拿来就看。我喜欢看历史、文学、掌故，乱七八糟的书都看，时常跑到书库一待就几个钟头。这本看看，那本看看，数学书也看，但并不光看数学书。有些数学书，有些数学杂志，有些数学家，我都知道。我有个看书的习惯，是自己主动地去看书，不是老师指定要看什么参考书，而看什么书。这很有好处。你已经有了个初步了解，以后待你真正需要看内容时，就比较熟了"。[1]

"在您小时候，您的父辈或其他亲人对您读书、学习有什么影响吗？"我们问陈老。

"我很幸运，小时候家里没人管我。父亲不管我，母亲也不

1　陈省身：《陈省身文集》，华东师范大学出版社，2002，第5—7页。

管我。我小时候的同学也不能影响我，因为我比他们要小许多。"陈老这样回答。

看来，陈老从小就生长在无拘无束的环境里，他很庆幸自己能有这方自由的天地。或许，这对他独立自主性格的形成也不无影响吧。

1926年，15岁的陈省身考入了南开大学。他本来和当时大多数的年轻人一样，想学工，投考在唐山的交通大学。但因局势的动荡，铁路不能正式运营，无法去唐山，只有就近入学了。那时南开大学理学院有四个系：生物、物理、化学和数学。入学的第一年不分系，陈省身选修了化学，但他不善做实验，而数学总是学得很好，于是自然地进入数学系。当时的数学系由姜立夫先生主持。

当时的中国数学界还很贫弱，以数学为主科在国外取得博士学位的，仅有胡明复、姜立夫二位学者（均在哈佛大学毕业）。姜立夫先生在人格上、道德上是近代的一个圣人（胡适语），他态度严正，循循善诱，使人感觉到学数学有无限的乐趣与前途。1927年陈省身升入二年级，在姜先生的教导下，他的学习和生活态度有了极大的转变。陈省身和同学吴大任成了数学系成绩最好的学生。姜先生为此十分高兴，他在南开讲授了许多当时被认为高深的数学课程，如线性代数、复变函数论、微分几何、非欧几何等。陈省身说，他的基本数学训练都是姜先生口授的。

1930年，陈省身从南开大学毕业。这时他已清楚地看到，要深造、要想在数学上有所造诣，就必须出国留学，但家庭的经济境况不能为他提供足够的出国费用，必须争取公费才行。这时候机会来了。就在这几年里，由美国退还的庚子赔款建立的留美预备学校——清华学校——成立了大学部，1928 年又改为国立清华大学[1]。1930 年，清华决定建立研究院。研究院规定，毕业成绩优秀的学生可派送出国。这一年，陈省身和他的好友吴大任都考取了清华研究院。1930 年至 1934 年，陈省身在清华度过了四年，先做了一年助教，第二年才开始念研究生。这一时期正是抗日战争爆发之前，从大局上看，处于自辛亥革命至中华人民共和国成立之间中国少有的一段和平发展时期。

当时的清华，经费充裕，人才济济，教育水平突飞猛进，渐渐成为国内最高学府之一。在清华研究院，陈省身师从孙光远[2]先生。孙先生是芝加哥大学博士，专攻投影微分几何学。他是当时唯一在国外杂志发表过论文的中国数学家，也是在取得博士学位后继续发表论文的中国数学家。在孙先生的指导下，陈省身完成了三篇这方面的论文，发表在《清华理科报告》和日本的《东北

1　1909 年 7 月，清政府利用美国退回的部分庚子赔款，设立游美学务处，附设游美肄业馆，负责选拔全国青年才俊赴美留学深造事宜。1911 年 4 月，游美肄业馆在北京清华园改名清华学堂。1911 年辛亥革命后，改名清华学校，学制八年，分中等、高等两科，高等科学生毕业后一般插入美国大学二年级或三年级。1916 年清华学校正式提出改办完全大学，1925 年清华学校设立大学部，1928 年改为国立清华大学。

2　孙光远（1900—1979），浙江余杭人。数学家，中国近代数学奠基人之一，中国微分几何与数理逻辑研究的先行者。1927 年获美国芝加哥大学博士学位，攻读微分几何。1928 年回国，任清华大学数学系教授，招收中国第一名数学硕士研究生陈省身。1933 年到南京大学（中央大学）数学系任教，曾任数学系主任、理学院院长。与孙叔平合著的《微积分学》在中国数学发展史上占有重要地位。

数学杂志》上。但这时陈省身已觉察到，投影微分几何只是数学的一个旁支，它的研究已显肤浅，到了该结束的时候。他还需要了解数学研究的主流，寻觅新的研究方向。

当时，已有一些国外学者来华访问。其中包括汉堡大学教授、著名的几何学家布拉施克[1]先生。布拉施克教授在清华作了题为《微分几何的拓扑问题》的系列讲演。他的演讲深入浅出，使陈省身大开眼界，心向往之。他想研究微分几何，希望到德国留学，师从布拉施克先生。

1934年夏，陈省身从清华研究院毕业，得到两年公费留学的机会。他选择了微分几何作为研究方向，而微分几何的正确方向是大型微分几何，即研究微分流形上的几何性质，与拓扑学有密切关系。但对它的系统研究，那时才刚刚开始。清华的公费本来是供留美用的，但陈省身出国不是为镀金，而是要学到好的数学。经过争取，他终于获准留学德国，去汉堡大学学习。由此可见青年陈省身的独立判断能力，也显示了当时清华教育的开明和开放。

19世纪，德、法数学引领欧洲，也即引领世界。因为此时美

---

1 布拉施克（Wilhelm Johann Eugen Blaschke，1885—1962），德国数学家。最著名的工作在凸几何、仿射微分几何和积分几何领域，代表作为《微分几何讲义》。1932年陈省身首次遇见在清华访问的布拉施克，布拉施克坚信数学是一门生气勃勃和明白易懂的学科，对陈省身决定到汉堡大学去学数学起了重要的作用。1934年陈省身到汉堡，在布拉施克的指导下，于1936年获得博士学位之后，陈省身开始跟随凯勒（Kähler）学习外微分系统和嘉当－凯勒理论。1936年，布拉施克安排陈省身到巴黎跟随埃利·嘉当继续学习一年。陈省身运用外微分形式，十分有效地把布拉施克关于微分几何和积分几何的思想推广到更抽象的框架中去。陈省身最终发现了示性类，享誉世界数坛。

国数学尚未崛起，其他地区则更不足道，直到 20 世纪初此势未衰。哥廷根大学有希尔伯特，是世界数学的圣地。但 1933 年希特勒上台，哥廷根大学驱逐了犹太教授，造成学潮，汉堡大学逐渐发展为新的数学中心，也成了中国数学青年的圣地。陈省身于 1934 年 9 月到达汉堡。10 月，布拉施克教授度假归来，给了陈省身一堆他新写的论文复印本。学校 11 月开学，在不到一个月的时间里，这名中国学生就找出了他论文里的一个漏洞，布先生很高兴，他要陈省身补正。陈省身把补正的结果写成了他在汉堡的第一篇论文。

陈省身在汉堡的另一个收获是参加了凯勒[1]博士领导的讨论班。凯勒博士学识渊博，态度谦和，研究工作正处于突进时期，他写的一本小书《微分方程组论》发挥了法国大数学家嘉当[2]的理论，书中的基本定理后来就称为嘉当－凯勒定理。凯勒先生的讨论班就是要大家一起读这本书。但是这个理论太复杂了，凯勒又不善于讲课，结果如一般讨论班的命运，参加者愈来愈少，仅陈

1　埃里希·凯勒（Erich Kähler，1906—2000），德国数学家，提出凯勒流形、凯勒度量、凯勒矩阵等概念，为代数几何、复几何、微分几何、复变函数和弦理论作出了奠基性工作。

2　埃利·约瑟夫·嘉当（Elie Joseph Cartan，1869—1951），法国数学家，法兰西科学院院士。研究李群论和微分几何学，对李群的结构和表示、黎曼空间几何学有重要贡献。流形上的分析是当今颇活跃的数学分支，嘉当是该分支的重要缔造者。其微分方程组理论在无限李群、微分几何、分析力学、广义相对论等方面得出深刻结果。对微分几何贡献巨大，是纤维丛联络论的开创人。发现、发展和完善黎曼对称空间的理论。主要著作有《活动构架方法，连续群论与广义空间》《黎曼空间几何学》《积分不变式势》《旋量理论》《李群几何学与对称空间》等。

1943 年再访普林斯顿高等研究院，陈省身做出一生最得意的工作：高斯－博内公式内蕴证明

省身一人坚持到底。嘉当的论文以难懂著名，但通过讨论班，陈省身渐渐认识到嘉当是个伟大的数学天才，并掌握了他的思想，觉得他的思维方式实在是最自然不过的。1935年秋，陈省身完成了博士论文，内容即嘉当方法在微分几何上的应用。1936年，陈省身获得博士学位。

在取得博士学位的同时，陈省身接到了清华大学和北京大学的聘约，他也有机会继续留在欧洲一年。有两条路可供他选择：一是留在汉堡，跟阿廷[1]学代数，阿廷也是当时一位伟大的数学家，近代抽象代数的开创者之一；二是到巴黎跟嘉当学几何。陈省身选择了去巴黎。嘉当是当时公认的最伟大的微分几何学家，他的学生众多，在办公时间，见他都需要排队。不久，嘉当邀陈省身到他家中讨论数学。陈省身每两周去拜访他一次，第二天往往又接到他的长信，针对前一天讨论的问题继续发表见解。陈省身在巴黎苦读的十个月，紧张异常，收获亦超常。1937年夏离开巴黎时，陈省身自信对微分几何已有了相当深刻的了解。这一次选择对陈省身以后的研究工作起了决定性的作用。他自己认为："这是一个很正确的决定，因为嘉当的工作当时知道的人不多，我得意的地方就是很早进这方面，熟悉嘉当的工作，因此我后来能够应用他的发展方向，继续做一些贡献。"[2]

1　埃米尔·阿廷（Emil Artin，1898—1962），德国数学家，在代数数论领域做出重要贡献，培养出不少杰出数学家。主要著作有《Γ函数引论》《伽罗瓦理论》和《代数几何学》等。
2　陈省身：《陈省身文集》，华东师范大学出版社，2002，第37页。

1937 年 7 月 10 日，陈省身离开巴黎赴母校清华任教时，中日战争已经爆发。他由法国乘船到纽约，再由西向东横贯美洲至加拿大温哥华，再横渡太平洋准备在上海上岸。但这时日本侵略军已攻进上海，他只得在香港下船转赴长沙。不久，长沙亦不能守。陈省身一行在战火的逼迫下，由长沙经广州、香港、越南，于 1938 年 1 月抵达昆明，任教于西南联大。西南联大是抗战时期由清华、北大和南开组建的临时大学，集三校之精英，吸引了众多优秀的年轻学子，学术繁荣，人才辈出。

　　抗战时期，生活条件极端艰苦，陈省身曾和华罗庚等另两位教授同住一间小屋。三张小床、三张小桌和三个书架挤满的空间，就成了当时三位教授的起居室兼书斋。他还和一些单身的教授合租过一位军界要人花园里的戏台，陈省身住在一个包厢里，而其他一些名教授则合住在另一个大包厢里。在这样艰难的条件下，西南联大师生们的工作和学习热情丝毫不减。陈省身也从没有放弃过数学研究。他给学生们开高深的数学课程，潜心研究随身携带的嘉当和其他数学家论文的复印本。他和华罗庚及物理系的王竹溪教授一起合开"李群"讨论班，这些在当时国内外大学中也是很先进的。在西南联大的六年里，他完成了十多篇论文，内容涉及许多方面，并在国内外发表。其实，陈省身在清华念研究生时，华罗庚也到了清华，他们共事多年，虽在数学的不同领域工作，但相识相知。陈省身和华罗庚，他们同是 20 世纪前半叶在中华大地上冉冉升起的世界级数学之星。

　　陈省身在不到 30 岁时就成了中国名校的名教授。他见到许多留学归国的科学家，当上教授不久便放弃了科学研究，走上做院长、校长，甚至当官之路。这时陈省身在想什么呢？用他自己的话说就是，"我当时在国内跻列群贤中，被看作数得上的数学家，即在国际，亦渐为若干人所知。但对工作成就，衷心深感不满，不愿从此默默下去"。[1] 正是这种不甘寂寞、决心实现自己数学抱负的心愿，让陈省身作出了他一生中一个最重要的选择：再次出洋，到普林斯顿！

美国普林斯顿高等研究院是由私人设立的研究机构，创办时即以数学为主要项目。初聘的教授有爱因斯坦、外尔等。爱因斯坦自不待言，外尔曾是哥廷根大学的教授，是继承了希尔伯特职位的数学大家和通才。他也是继黎曼、庞加莱之后，除嘉当外，陈省身最佩服的数学家。第二次世界大战期间，欧洲陷于战火，加上希特勒排斥犹太人，普林斯顿渐渐成为国际数学的研究中心。陈省身于 1942 年初得到普林斯顿高等研究院的正式邀请，其时二战正酣，他乘美国飞机远渡重洋，经印度、中非、大洋洲、巴西，历时一周才于 1943 年 8 月抵达美国迈阿密。

到普林斯顿仅两个月，陈省身就作出了高斯－博内公式[2] 的新证

1　陈省身：《陈省身文集》，华东师范大学出版社，2002，第 23 页。

2　在微分几何中，以 19 世纪两位数学家高斯和博内命名的高斯－博内公式（亦称高斯－博内定理）是关于曲面的图形（由曲率表征）和拓扑（由欧拉示性数表征）间联系的一项重要表述。约翰·卡尔·弗里德里希·高斯（Johann Carl Friedrich Gauss, 1777—1855），德国著名数学家、物理学家、天文学家，享有"数学王子"的美誉，发现正十七边形的尺规作图法，导出二项式定理的一般形式，画出世界上第一张地球磁场图，定出地球磁南极和磁北极的位置，发明磁强计。

明，即该公式的内蕴证明。当代几何学大家霍普夫曾说，"这是微分几何最重要和困难的问题"[1]。"这是我一生中最重要的工作"，陈省身先生兴奋地向我们介绍，当他谈起数学时总是这样兴致勃勃。在普林斯顿的两年时间里，他还发表了几篇在微分几何方面匠心独诣的文章，即以其姓氏命名的"陈氏示性类"。后来发现，这些工作不仅属于微分几何，更影响到包括代数、分析等在内的整个数学，甚至影响到数学物理。可以说，这个时期的工作，奠定了陈省身一生成就的基础。在这里，他也结识了许多国际知名的数学家。

1945 年二战结束，陈省身本拟回清华任教。他于 1945 年底乘船离开普林斯顿，第二年 4 月才回到上海。时值姜立夫先生在上海筹备成立中央研究院数学研究所，陈省身受聘为研究员。由于姜立夫先生当年即到了美国，创所重任便落到陈省身身上。

从 1946 年至 1948 年，研究所的一切计划均由陈省身主持。他的政策是训练新人：集合大批新毕业的大学生，引导他们进入近代数学之堂奥。

1948 年秋，中央研究院（包括社会科学和自然科学两大类）举行第一次院士选举，共 81 人当选，陈省身成为其中最年轻的院士。根据陈省身先生回忆，1948 年秋南京还曾举行许多学术会议，盛况空前，学术氛围浓厚。他因埋头工作，并不了解时局的变化，直到 10 月的一天，忽然接到普林斯顿高等研究院院长奥本海默（即主持制造第一颗原子弹的美国物理学家）邀请其访问美

1　陈省身：《陈省身文集》，华东师范大学出版社，2002，第 28 页。

国的电报。这时，他才开始阅读英文报纸，方知南京局面已不能持久。"朋友们意见分歧，何去何从，在我讲是很明显的。只是两年多的心血辛苦，弃于一旦，离开南京时的情绪是悲凉的。"[1]

困于战乱抑或埋首数学？毫无疑问，陈省身选择了数学。数学是他安身立命之本，数学是他欢乐振奋之源。他要走出一条不断探索、不断创新的数学之路。

1949 年 1 月底，陈省身一家抵达美国普林斯顿高等研究院。他立即成为那里的微分几何"维布仑讨论班"的主讲人。为获得长期的职位，半年后陈省身转任芝加哥大学教授。芝加哥大学由美国石油大王洛克菲勒创办，经费充裕，注重研究，是美国一流的大学。芝大数学系由于产生了美国初期几个领袖级数学家而久负盛名，其时系里最有名的教授当数法国人韦伊[2]，他是陈省身多年的老友，此次再度重逢，一起切磋数学。物理系更因费米教授而成为物理学的圣地，杨振宁、李政道也都在此校任职。在芝大的 11 年里，在陈省身指导下完成博士论文的学生就有 10 人。

1950 年夏，数学家最高级别的盛会——国际数学家大会，在

1　陈省身：《陈省身文集》，华东师范大学出版社，2002，第 13 页。

2　安德烈·韦伊（André Weil，1906—1998），犹太裔法国数学家，先后任芝加哥大学、普林斯顿高等研究院教授，美国科学院外籍院士，1979 年沃尔夫数学奖获得者。研究领域涵盖数论、代数几何和群论，对拓扑学、微分几何学和复杂解析几何学作出了重大贡献。将数论和代数几何结合在一起，推动了现代代数几何和数论的发展，影响了基本粒子物理学和弦理论。证明了代数函数域的同余 zeta 函数的黎曼猜想，提出 Weil 猜想。代表作有《拓扑群的积分及其应用》《代数几何学基础》《数论基础》《阿贝尔流形和代数曲线》《数论，从汉穆拉比到勒让德的历史研究》。

美国哈佛大学召开，这是二战后首次召开的数学大会，显示了世界数学的中心由西欧转到美国。领导人物大大年轻化，许多新的数学观念产生了。陈省身受邀作一小时大会演讲，这是会议最高规格的学术演讲。在芝大执教期间，陈省身还时常应邀访问其他学校和研究所，如哈佛大学、麻省理工学院、巴黎大学、汉堡大学、苏黎世高等工业学院等。

加州大学伯克利分校为充实几何方面的阵容，多次邀请陈省身前往任教。加州大学的成长与美国西海岸同步，都正处于发展期，聚集了一批几何学家。加之加州气候宜人，环境也优于芝加哥，1960 年陈省身加盟加州大学伯克利分校数学系。在他的主持下，加州大学伯克利分校加快发展成为几何学和拓扑学的研究中心。陈省身的学生很多，完成博士学位的就有 31 人，其中不乏日后成名的华裔数学家，获得菲尔兹奖的丘成桐就是其中的一位。

在加州大学伯克利分校任教的第二年，1961 年陈省身当选为美国科学院院士。1970 年，他又一次应邀在国际数学家大会上作一小时大会报告，此次大会是在法国尼斯举行的。1975 年，陈省身荣获美国国家科学奖章。1979 年，陈省身从加州大学退休，其后，又继续执教直到 1984 年。

1981 年美国国家基金会宣布在伯克利成立美国第一个国家级数学研究所，这是美国数学界二十多年争论、竞争的结果。陈省身受命为首任所长。该所不设永久性研究员，研究活动集中于某些专题，专题逐年轮换，这在美国也是创举。这种形式推动了研究，受到数学界普遍的支持和赞扬。1984 年陈省身从该所退休。

1983 年，陈省身荣获美国数学会颁发的斯蒂尔奖。这时他已72 岁高龄了，在接受该奖的书面答词中，他这样写道："非常感谢由于我的积累工作而授予我斯蒂尔奖。这样的奖按规定授予老数学家。我认为这样做很合适，因为老数学家需要鼓励。"[1]

1984 年，陈省身获得沃尔夫奖。沃尔夫奖是国际数学界公认的最有影响力的奖项之一，获奖者不受年龄的限制，以褒扬他们的终身成就。获奖证书的引文是这样写的："此奖授予陈省身，因为他在整体微分几何上的卓越成就，其影响遍及整个数学。"

陈省身先生因在数学上的杰出贡献获得的荣誉还有：中国科学院外籍院士、英国皇家学会外籍会员、意大利罗马林琴科学院外籍院士、法国科学院外籍院士、俄罗斯科学院外籍院士、巴西科学院外籍院士及第三世界科学院创始成员等。

国际数学界对陈省身先生在微分几何学上的贡献给予极高的评价。奥斯曼的文章《几何学在美国的复兴：1938—1988》，主要就是评价陈省身对美国几何学的影响。他描述了这一时期美国几何学的复兴。20 世纪 40 年代，几何学作为一个整体，几乎离开了数学的主流，给人一种和其他数学领域格格不入的感觉。20世纪 70 年代，微分几何领域花团锦簇。20 世纪 80 年代，数学界为微分几何颁发了菲尔兹奖：瑟斯顿[2]和丘成桐（他们都是陈省身

<hr/>

1　陈省身：《陈省身文集》，华东师范大学出版社，2002，第 31 页。

2　瑟斯顿（William Thurston，1946—2012），美国数学家，美国国家科学院院士。曾在加州大学伯克利分校，师从莫利斯·赫什，1972 年获博士学位。1974 年任普林斯顿大学教授，1992 年任加州大学伯克利分校数学科学研究所所长。主要研究领域是几何拓扑学，在动力系统、微分几何等分支也有贡

的学生）是得主。唐布罗夫斯基在《微分几何学一百年（1890—1990）》中指出，整体微分几何学是这一百年微分几何中发展起来的新领域，许多数学家对此作出了贡献，"但总的来说，是嘉当和陈省身这两位几何学家的思想和工作，给这个时期的微分几何学的进程，打下了深刻的铭记"。[1] 著名的几何学家韦伊更称：未来的微分几何史家一定会认为陈省身是嘉当的当之无愧的继承人。

陈省身曾荣膺许多世界一流大学的荣誉博士、名誉教授。他到世界各地去访问、演讲。可以说，他几乎获得了一个数学家可以获得的所有荣誉，他的足迹遍天下。他从战乱的中国走出，不仅走向了世界，而且融入了世界。他是正在做着科学之梦的青年人心目中的偶像。自从他进入大学选择数学开始，便以做数学、做好的数学为目标，心无旁骛地走下去。在 20 多岁时，他就成为名牌大学的名教授，但他不甘心，不愿从此默默下去。他看到一些归国的博士当了校长，甚至有了更高的官衔，走上从政之路，但他喜欢独立和自由，绝不从俗，坚持走自己的数学之路。他是为了名利吗？陈省身先生自己做了这样的解释："我读数学没有什么雄心。我只是想懂得数学。如果一个人的目的是名利，数学不是一条捷径。""做研究实在是吃力而不一定讨好的事，所以学业告一段落便不再继续那是自然现象，中外皆然。在巴黎的庞加

献。突出贡献是提出三维流形的分类纲领以及几何化猜想，与其他人合作证明史密斯猜想。1982 年与著名华人数学家丘成桐共获菲尔兹奖。

1 陈省身：《陈省身文集》，华东师范大学出版社，2002，第 394—395 页。

20世纪50年代陈省身一家摄于芝加哥（左起：陈省身、陈伯龙、陈璞、郑士宁）

莱研究所有整架的精装博士论文陈列，但大部分作者都已不知去向了。长期钻研数学是一件辛苦的事。何以有人愿这样做，有很多原因，主要是这种活动给我满足。"[1]

陈先生自述："在数学上我没有什么困难，所以当我做数学时，我是在欣赏它。这也就是为什么我一直在做数学，因为其他事我做不了。我已退休多年，人们问我是否还做数学。我想我的答案是：这是我能做的唯一一件事，没有其他我能做的事。我的一生就是这样。"[2]"中外师友，有不少比我能力高的，结果成就或不如我。我得利于吾国两句平常成语自励，即'日新日日新'的精神和登峰造极的追求。问题选重要的做，虽大多无成，失败远多于成功，而所得已稍足自慰。杨武之先生赠诗谓'独步遥登百丈楼'。誉不敢承，然论为学态度，则知己深谛我心也。"[3]

陈省身想"懂得数学"，为的是探索数学这个充满神秘和未知的世界。他要"欣赏它"，因为这个世界太美了。为了探索和创造这个美丽的世界，他以"日新日日新"的精神勉励自己，以登峰造极的追求鞭策自己。他为数学付出了自己的一生，也在数学的探索和创造中实现了自己，得到了安慰和满足。可谓甘苦自知，甘苦同在。

1984 年，陈省身结束在伯克利分校的任职，在伯克利数学研究所的任期也届满，应中国教育部部长何东昌的邀请，于 1985 年

1　陈省身：《陈省身文集》，华东师范大学出版社，2002，第 56 页。
2　陈省身：《陈省身文集》，华东师范大学出版社，2002，第 68 页。
3　陈省身：《陈省身文集》，华东师范大学出版社，2002，第 24 页。

出任南开大学数学研究所首任所长。在此之前，他就已关心着该所数学楼的建造、办所方针的确立，以及向研究所捐赠图书等，为研究所的创立倾注了自己的心血。这是他担任的第三个数学研究所所长了。陈省身常说，他一生的职务除了教授以外，就是三个数学研究所的所长。此时，南开大学建造了专为他居住的小楼"宁园"。从此，他携夫人常来常往，把这里当成了他的第二个家。

1993 年，陈省身卸任南开数学研究所所长，任名誉所长。2000 年初，陈省身夫人郑士宁女士在宁园辞世。2 月，他获得天津市永久居留资格。9 月，陈省身由女儿陪同回到宁园，从此他定居中国。此时，他阔别祖国已经有 50 多年了。

纵谈文史

2003 年初春的一天，我们到南开大学宁园访问了陈省身先生。宁园是一座浅黄色的二层小楼，坐落在大大小小的公用建筑之间，一不小心就会被忽略过去。这与树木葱茏、风景如画的海滨小城伯克利可大相径庭。我不禁问道："陈先生，您住在这里习惯吗？""当然习惯，你知道我到过世界上许许多多的地方。"陈先生俨然以一个世界公民的姿态来回答我的问题。陈老虽已年过九旬，但除了需要坐轮椅外，他依然精神矍铄，思维敏捷。

陈先生从小就喜欢看书，什么书都拿来读，从《古文观止》到桐城派的文章，从唐诗到宋词。他特别喜欢《资治通鉴》，看过许多遍。

"当然没有毛主席读得多。"陈老风趣地说。

"您为什么喜欢《资治通鉴》？"我问。

"《资治通鉴》里讲的都是历史上真实的事情，故事很有意义。许多事件的结果都是你完全意料不到的，就像项羽带了两千军打到巨鹿，却没有成功。"

陈老对历史、中国文化，以及中西文化之比较都有自己的见解。例如，他对一些史书上将清太宗孝庄文皇后定位为一个杨贵妃式的美人、着意描写其后宫生活很不以为然。他认为孝庄文皇后是一位改变清朝政治走向的杰出政治家，故撰写了《论清太宗孝庄皇后》为其正名。

我们这辈人常常会提出这样一类问题：中国什么时候才能实现现代化的目标，才能步入世界先进国家的行列？中国何时才能成为一个数学大国？对于这类问题陈老的回答很简单，只有四个字："假以时日。"这四字回答的背后，却有着跨越世纪的智者的思考。陈老认为：

"人往往从两个方面思考自己在世界上的位置：人和自然的关系，以及人和人之间的关系。西方多考虑人和自然的关系，而中国人多考虑人与人之间的关系。西方讲人与自然的关系，人要改造自然，就要求社会和自然不断地变化、进步，这样就造成了社会的不稳定。中国的孔子、儒家主要讲人际关系，讲稳定，不愿讲自然的基本规律，以及人和自然的关系，也不鼓励讨论这些问题，所以在科学、哲学方面的发展不多，即使有，也多在应用方面。竞争带来进步，而历史上，中国人治国的根据是安定。中国的理论讲周公之治、孔子的礼教，因此国家要有阶级、有等级。对于一个国家的秩序和安定来说，阶级固然要紧，在社会变动的时候，却很难从一个统治的阶级转向另一个统治的阶级。

"可是，进步是变化的结果，而变化又是竞争的结果。所以历史上要不断地打仗，打仗是不可避免的。社会的基本冲突怎么解决？打仗就是一个解决的办法。当然，现在科技发展迅速，大国的武力都十分强大，战争甚至会给人类带来毁灭性的打击。因此竞争的方式在改变，不一定要在战场上决定胜负，经济、文化也都是竞争的一部分。"

虽然自鸦片战争以来，中国受到英、法等帝国主义的侵略，但是陈先生认为，中国人真正觉醒，是从甲午战争日本对中国的侵略和中国的失败开始。在与世界各国的竞争中，中国最可怕的对手是日本。他说："在我每次组织的数学会议中，都要注意请日本人参加。"

陈老很关心"9·11"之后形成的世界各种势力较量的格局。他指出，长期以来美国只注意国内的发展，似乎世界的发展只能在美国本土。布什认为由于受到恐怖分子袭击，美国处于很危险的境地，需派军队主动出击，但是派兵到菲律宾就没有任何道理。国际上，各国由开始时支持美国反恐，变成反战，反战又很快变成反美。美国现在和以色列搞在一起，也有可能引起反犹。罗马帝国统治一千年，虽然成功了，但大家都很恨它。

陈老的一席话可以自然地引申出一个问题：美国的综合国力大大超过世界上任何一个国家，是当今唯一的超级大国，它会成

2002 年陈省身作报告

为第二个罗马帝国吗？

"我们需要一个新的信仰，光靠科学是不够的。"陈老提出的问题太重要了，值得我们每个人深思。

在我们海阔天空地聊了一阵之后，他认为还需要做一些补充。"其实我是一个生性淡泊的人。美国数学界曾想选我做数学会的会长，这是一个很高的职位。如果我同意，这事就定下来了，因为候选人只有一名。但是我婉拒了，做这种事情太麻烦。正因为我没有做，他们又推举我出任数学研究所的第一任所长。"

"是不是因为您年事渐高，才慢慢产生了这种比较超脱的想法？"我问。

"不是。"陈先生回答得很肯定。接着，他又娓娓道来："其实我年轻时就想隐居，不愿与人有过多的往来，主要的心愿是留学，当时就知道了重要的发展在国外。留学以后看出数学是条路子，自己可以走，就在这方面发展了。我上大学时的同学吴大任，人很聪明，各个方面都非常杰出，不仅是数学。他在南开是第一名，是我们的老师姜立夫先生最看重的学生。我不在乎这些，何况我们一直都是好朋友。我尽量不干涉别人的事，自己努力。"吴大任先生留学回国后，长期在南开任教，20世纪80年代协助陈省身先生创办南开数学研究所，他是陈先生一生的朋友。直到现在，吴先生的后人仍在照料着陈先生的工作和生活。

陈先生还向我们描述了20世纪初他家乡的风情："那时的嘉兴没人考虑给世界做什么事。劳作完毕，就是喝喝酒、打打牌，没什么计划。有的人很聪明，但他们的愿望也就是做个大少爷。"

也许，闲云野鹤般自由自在地生活，埋头自己喜欢的事——精研算经，仍是陈老心中的一个梦？白云深处可耕田。

"在一次电视访谈中，您讲到自己是没有恋爱就结婚的？"我问。

"是这样。"陈老爽快地回答，"我觉得婚姻是一定要解决的问题，用最简单的方法解决最好。其实我年轻时数学做得好，有人属意于我，我也有过女朋友。但是我的岳父找了我，我就同意并且结婚了。我的夫人非常好，我们60年从没吵过架，也度过了钻石婚。她把我生活上的事全包了下来。现在她走了，没有她，有时我连自己的东西都找不到了……"

郑士宁先生不仅是陈老生活的伴侣，也是他的知己。我们在《陈省身文集》中时时可以见到她的身影。陈老在获得荣誉的时候，每每不忘提及自己的夫人。陈老也常与夫人倾谈他对人生深刻的领悟。"有一年我跟内人去参观罗汉塔，我就感慨地跟她说：'无论数学做得怎么好，顶多是做个罗汉。菩萨或许大家都知道他的名字，罗汉谁也不知那个是哪个人。所以不要把名看得太重。'"[1]可见，陈老对名利之淡泊，为人处世之通达，不完全来自天性，也来自对世界、人生的哲理性思考。

我们翻看着陈老的文集，里面附有许多珍贵的照片。在那里面我们看到郑先生从清纯的少女变成端庄的少妇，又由一个端庄的少妇变成了白发苍苍的老者，最后定格在客厅中一幅大大的肖

1　陈省身：《陈省身文集》，华东师范大学出版社，2002，第36页。

像上。唯一没有改变的是她那和煦如春风般的笑容。现在，她仍带着这样的笑容在俯视着我们，似乎仍在关照着宁园，也关照着到这里来拜访陈老的每一位客人。

做"好的数学"

陈老很健谈，但他最爱谈的仍然是数学。他总是谆谆嘱咐后学者要做"好的数学"。什么是"好的数学"？可以从不好的数学谈起。

陈先生在一次讲演中举过一个"幻方"的例子：将1至9排成三行三列的一个方阵，使每行每列，以及两对角线上的数字相加均为15。我们可以做到这一点，例如：

4　3　8

9　5　1

2　7　6

可惜幻方只是一个奇迹，它在数学中没有引起其他更普遍深刻的影响。相反，另外一个奇迹，所有的圆、圆的周长和它的直径之比都是一个不变的数，数学上称之为圆周率，记作一个无穷不循环小数。这个结果可重要了，因为这个数渗透了整个数学！譬如，可以出现在下面的公式中：

$\pi/4 = 1 - 1/3 + 1/5 - 1/7 + \cdots$

这个公式美极了！人们怎么也想不到由单数1、3、5……的组合可以产生圆周率。对于一个数学家来说，这个公式正如一幅美丽的图画或风景。

对 π 的研究，引发了数学各个方面深刻的结果，是好的数学。幻方只是一个偶然现象，虽很巧妙，但不属于好的数学。与此相关，陈省身于 1995 年的一次报告中提及中学生数学奥林匹克竞赛的问题。他说，他是支持数学竞赛的，对数学竞赛的获奖者也一再给予鼓励，希望他们成功。但是数学竞赛的题目都不是好的题目，因为在两三个钟头里，青少年学生能做出来的技巧性题目，不可能有很深的含义。这样说，并不是说奥林匹克竞赛题目都出得不好，他认为，数学奥林匹克竞赛得奖只是一个能力的表现，离研究一个好的数学问题还差得很远，更不可以把奥林匹克数学竞赛获奖者等同于数学家。

陈省身在那次讲演中，引用了法国大数学家拉格朗日[1]的标准，认为好的数学问题应当满足两个条件：一是易懂，走在马路上向任何人都能讲清楚；二是难攻，这种数学问题必须相当困难，但又不是无法攻克的。

一个数学问题易懂，往往说明这个问题直观，很基本，具有普遍性，不需附加很强的外在条件。难攻应当指问题比较深入，非一眼可以看穿。从这样的角度再来审视陈省身的数学成果，也许我们更容易理解其中的价值和意义了。

1　约瑟夫·拉格朗日（Joseph-Louis Lagrange，1736—1813），法国著名数学家、物理学家。在数学、力学和天文学三个学科领域中都有历史性的重大贡献，是数学分析的开拓者，分析力学的创立者，天体力学的奠基者。拿破仑曾称赞他是"一座高耸在数学界的金字塔"。出版《拉格朗日文集》14卷。

陈省身自己最得意的工作是高斯－博内公式的内蕴证明。高斯－博内公式可以看作平面上三角形的内角之和等于180°或者π（弧度制）在高维曲面上的推广。我们讨论曲面上一条逐段光滑的封闭曲线，也可称之为曲面上的三角形（或多边形）。对于不光滑的点可以定义它的角度，称为点曲率。光滑的曲线上可以逐点定义它的短距曲率，而被曲线包围的曲面上的每一点又都有高斯曲率。高斯－博内公式告诉我们，这样的曲面三角形的点曲率、线曲率及面曲率之和，即全曲率等于一个与π有关的几何不变量。从定理的叙述中可以看出，这是曲面几何的多么基本、美丽的定理。当曲面是一个平面，曲线取直线时，曲面和曲线的曲率均为零，高斯－博内公式中的全曲率便只剩下点曲率，即三角形外角之和。此公式便化简成三角形外角之和等于2π，它等价于三角形内角之和等于π。

陈省身将高斯－博内公式推广到曲面，建立了曲面上各点的单位切矢量形成的空间的结构，称为"圆丛"。同时根据"联络"的观念，利用外微分使定理得到了非常直观的证明，即内蕴的证明。

讲到这里，陈先生很兴奋地说："这个定理证明的原始想法在西南联大时就有。有了原始想法，再加上非常复杂的微分几何的计算，这需要用到当时看来比较高深的数学，像分析、代数几何、李群、拓扑等。对拓扑学的一些工具当时还没有完全搞清，为了证明这个定理，抓起来就用……"

上面提到的圆丛就是一类特殊的纤维丛，而纤维丛、联络的理论和陈氏示性类等，都是继高斯－博内定理之后，陈省身对微分几何的主要贡献，也是在陈省身的推动下发展起来的大范围微分几何的核心内容。高斯－博内公式的证明推动了大范围微分几何学的发展，而大范围微分几何学中的许多概念、理论又深刻影响了近代数学其他分支。"其影响遍及整个数学"，陈省身获沃尔夫奖的证书上如是说。

更令人惊奇的是，科学家们事后发现，微分几何中的这些新观念竟然与物理学中的"场论"惊人地相一致。著名物理学家杨振宁和米尔斯在 1954 年发表了《杨－米尔斯规范场论》，将物理中的引力、电磁力、弱力和强力，这四种基本力的能都归结为规范场。但直到 20 年后，科学家们才发现二者之间的紧密联系：原来纤维丛和联络可以作为规范场论的数学基础。

陈省身在 1946 年第一次到普林斯顿做研究时，就发表了示性类的论文。1949 年又在普林斯顿讲了一学期的联络论，这些工作比杨振宁等在规范场论方面的工作要早近 10 年。所以他自豪地对我们说，"起码我们数学没有落后，数学为物理学提供了基础和工具"。

就在 1975 年弄清规范场和纤维丛的关系后，杨振宁驱车前往陈省身在伯克利的家中，向他报告这一消息。杨振宁说："物理学的规范场正好是纤维丛上的联络，而后者是在不涉及物理世界的情况下发展出来的，这实在令我惊讶。"他又加了一句："这既使我震惊，也令我迷惑不解，因为你们数学家能凭空想象出这些概念。"陈省身马上提出异议："不，不。这些概念不是想象出来的。它们是自然的，也是实在的。"[1] 为此，杨振宁更向陈省身赠诗一首：

> 天衣岂无缝，匠心剪接成。
>
> 浑然归一体，广邃妙绝伦。
>
> 造化爱几何，四力纤维能。
>
> 千古寸心事，欧高黎嘉陈。

这首诗的第三句是讲微分几何与理论物理之间的关系。第四句"千古寸心事"来自杜诗"文章千古事，得失寸心知"。"欧高黎嘉陈"指陈省身在几何学上的成就堪与欧几里得[2]、高斯、黎曼、嘉当诸大师并称，亦不愧为他们的继承人。或许，最值得推敲和欣赏的是前两句：天衣指宇宙，外在的世界。天衣，是数学家对它的解释，即数学。数学如同天衣一样，本来是不可能无缝的，但经过匠心剪接——数学家的工作，便"浑然归一体，广邃妙绝伦"了。这样的天衣，杨振宁认为是想象出来的，而陈省身则认为是自然的，也是实在的。作者既向我们指出了数学的特质及数学家的作用，又留给我们进一步思索和想象的空间。

---

1 陈省身：《陈省身文集》，华东师范大学出版社，2002，第 345—347 页。

2 欧几里得（Euclid，约公元前 330—公元前 275），古希腊数学家，几何之父。代表作《几何原本》是一部不朽名作，保存了古希腊早期的几何学理论，通过开创性的系统整理和完整阐述，在一系列公理、定义、公设的基础上，创立了欧几里得几何学体系，成为用公理化方法建立起来的数学演绎体系的最早典范。基本囊括几何学从公元前 7 世纪到古希腊，一直到公元前 4 世纪，前后总共 400 多年的数学发展史，被认为是史上最成功的教科书。

陈先生以自己的学术活动实践着做"好的数学"的理想，也向我们昭示了数学本身具有的思辨性和抽象性。他更以欧几里得几何（相当于我们初中平面几何的内容）为例，指出了数学的抽象性特点，以及中国传统数学在这方面的不足。欧几里得在公元前3世纪前后写了一本大书《几何原本》，这是人类文化史上伟大的里程碑式的著作。它的主要结论有两个：一个是毕达哥拉斯定理，即三角形两直角边的平方和等于斜边的平方；另一个就是三角形内角之和等于180°（或者说 π ）。第一个定理也就是我们中国的勾股定理，在我国古代最有名的数学书《九章算术》的第九章中便有专门的记载。而第二个定理要通过平行公理证得，反之，也可由这个定理引出平行的概念。

平行公理是指平面上通过直线外的一点，刚好只有一条直线和原来的直线平行，平行者就是这两条直线不相交。欧几里得几何是从几个很明显的事实－公理出发，用逻辑的方法推出全部几何的结论－定理。但是，其中的平行公理引起了数学家们的争论，因为它在所有公理中显得最不起眼。那么，它是否可由欧氏公理系统中其他公理经逻辑推理得到？数学家和对数学有兴趣的人们开始做这项工作，这种努力延续了几百年。也许有人会问：钻这个牛角尖有必要吗？多一条公理有何干系？或者说，这是否有点太唯美主义了？其实，对自然原理的终极性的关怀，对理论完美性的追求，恰恰是推动科学和哲学发展的动力。平行公理证明的过程也正好说明了这一点。

经过几百年的努力，数学家们终于发现由欧氏公理系统中的其他公理推不出平行公理。这一发现催生了新的几何学——非欧几何。在非欧几何中平行公理不成立，三角形内角和也不一定等于180°。非欧几何不仅发展成相对论的数学基础，它在人类思想史上的意义也非同寻常。陈先生指出："勾股定理也就是毕达哥拉斯定理，所以它的发现，中国人也有份。但是在中国传统的几何中，我无法找到类似三角形三内角和等于180°的推论，这是中国传统数学中没有的结果。因此得益于国外数学的经验和有机会看中国古代数学的书，我觉得中国古代数学都偏于应用，讲得过分一点，甚至可以说中国古代数学没有纯粹数学，都是应用数学，这是中国古代科学的一个缺点，这个缺点到现在还存在。应用当然很重要，但是许多科学领域的基本发现都在于基础科学。"[1]

同样，陈老也恳切地指出我国在培养人才机制方面的某些缺陷。他对我们说，"中国培养人才方面最大的问题是近亲繁殖"。其实，40年前他就指出过这一点："1930年以后，国内数学界有长足的进步……尤其浙大在陈（建功）、苏（步青）二先生主持下，学生甚多，工作极勤。可惜他们采取的态度，可名之为'学徒制'，学生继续做先生的问题，少有青出于蓝的机会。要使科学发展，必须要给工作者以自由，这是值得深思的。"[2]70年后的今天，学徒制的影子不是仍然随处可见吗？可见克服体制的和社会的习惯势力有多么的不易！今天，我们有许多人在做科学工作，更有一些

1　陈省身：《九十初度学数学》，上海科技教育出版社，2001，第39页。
2　陈省身：《陈省身文集》，华东师范大学出版社，2002，第22页。

人在做"科学管理"的工作。但是，如果我们不明白科学的本质是什么，如果我们不明白科学发展的原动力在哪里，我们就无法理解陈老所说的"要使科学发展，必须要给工作者以自由"。

自从1972年陈省身携夫人在阔别祖国24年之后第一次访问中国以来，他便竭诚推动中国数学事业的发展，推动中美科学文化的交流。1985年，他参与创办南开数学研究所并就任首任所长。同年，中国数学会设立陈省身数学奖，奖励中青年数学家取得的成就，陈省身先生参与并主持这一活动。2002年，由陈省身和丘成桐共同倡议的国际数学家大会在北京召开，陈省身先生任名誉主席。更难能可贵的是，身在祖国的日子里，他除了在各种会议上作学术报告外，还热情地向大学生讲演基础数学，甚至和中学生一起座谈。他所做的一切一切都是为了实现一个理想：让中国早日成为21世纪数学大国。

陈先生所倡导的21世纪数学大国，最主要的一点是让现代数学在中国生根，也就是要在中国本土培养出世界第一流的数学家。在20世纪60年代，陈先生的一篇文章中就有这样的话："香港中文大学有一位英国先生跟我说，你们中国还没有自己训练成的第一流科学家。李济之先生也说过，科学在中国没有生根，我都有同感。其实中国训练成的二三流科学家有几人？日本汤川教授在做介子（meson）的工作以前，没有离开过日本。相形之下，当知努力所在了。"[1]40年后的今天，陈先生仍在对我们讲这句话，

---

1 陈省身：《陈省身文集》，华东师范大学出版社，2002，第24页。

则更当引起我们的深思了。

　　在我们即将结束访问离开宁园之前，陈先生邀请我们去看看他的工作室，那是楼上一间很宽敞的房间，除了一张大书桌外，还有一个两边设有像双杠一样扶手的短短的甬道，陈老就用双臂撑在上面练步。我们简单告别后，陈老又坐回书桌前开始工作了。"最有意思是做数学，做数学最有意思。"陈老欢愉的声调似乎又在我的耳边响起。

2004 年 4 月 8 日

黄万里（1911 年 8 月 20 日—2001 年 8 月 27 日）

黄万里[*]：江河无情人有情

黄且圆

黄万里，清华大学教授，蜚声中外的水利、水文学专家，我国致力于跨学科研究河流水文与水流泥沙的先驱者之一。1911 年 8 月 20 日，他生于上海南市施家弄，2001 年 8 月 27 日卒于北京清华园，享年 90 岁。黄万里祖籍江苏省川沙县，即现今的上海市浦东新区。其父为近代著名爱国民主人士、教育家黄炎培，母王纠思。

童年时代，因黄万里极顽皮，母亲将其长期寄宿于学校，寒暑假也托亲代管。1921 年至 1924 年为浦东中学附属小学校长王

---

* 黄万里（1911—2001），出生于江苏川沙（今上海浦东）。水利工程学家，著名民主人士黄炎培三子，本书作者黄且圆父亲。1932 年毕业于唐山交通大学铁路桥梁工程专业，1934 年赴美留学深造，先后获得美国康奈尔大学硕士学位和伊利诺伊大学博士学位。1937 年学成归国，任职于四川水利局道滩委员会，历任工程师、测量队长、涪江航道工程处处长。1938—1943 年先后 6 次对长江进行考察，足迹遍布岷江、沱江、涪江、嘉陵等江河两岸。1943—1945 年任长城工程公司经理。1947 年任甘肃省水利局局长。1949—1950 年任东北水利总局总顾问。1950 年任唐山交通大学教授，1953 年起任清华大学水利系教授。毕生致力于研究河流水文与水流泥沙。

则行、班主任王燮钧先生所看重，严加培养，课业加速进步，小学时以第一名毕业，此后中学、大学皆以最优生毕业。

青少年时代家教极严，黄万里临终那一年曾写下了这样的回忆文字：

> 我父对我教育甚严甚深，拈及其要点凡三：一是必须尊重农民。我两次闻其教育下属曰：我国自有历史以来，劳动的农民从来没有对不起他们的统治阶级。这实际上指出为社会效力应持的立场。二是必须喷出热血地爱人！"爱"乃是道德的根基，所谓"真善美"实皆包含在"爱"中。爱之甚且及于一切动物。故我家中父不准杀生，父自己则茹素，但父食蛋饮奶，却从未闻其劝人学他也茹素。三是父曾多次诫我骄傲，父曾多次垂训：古人云"虽有周公孔子之德之能而骄者，则其人决不能称贤"。戒骄不是仅求戒在言行，乃是要求从内心出发。自己纵有所得，乃必然之事，不足骄也，如此乃能彻底去掉傲气。他内心颇赞我的才能，特别是诗文，但终其生未赞我一词。父尝与其老友背后朗读我的诗句，事传至我的老师、父的后辈学生，我才知父背后赞我。

最后他沉痛地反思自己：我尊父命力自戒骄，而终未能做到"从内心出发"。我在成人后所犯错误，皆出此，悲哉！

黄万里小学毕业时，适逢留美博士刘湛恩先生回国就任上海沪江大学校长，其博士论文为《从孩子在学习中最有兴趣的科目考察其日后应长期从事的专业》。黄炎培即请刘博士以其子为实例，考查他自己的学说，结果刘博士得出万里宜专习文学的结论。其时黄炎培正创办和提倡职业教育，因万里门门功课均列榜首，遂商定并取得刘博士同意，以桥梁工程为其今后学习的专业。

1924 年黄万里进入无锡实业学校，1927 年进入唐山交通大学，中学及大学皆得名师指导，无论中文、英文、数学、物理均获最优成绩，1932 年毕业。黄万里曾发表论文三篇：《钢筋混凝土拱桥二次应力设计法》《铆钉接头中各铆钉应力推算法》《混凝土砂石配合最大容重决定强度论》，由茅以升审定作序，于唐山交大出版。

1933 年黄万里任杭江铁路见习工程师，参加建造江山江铁桥。他一心勤于工作，亲手制作桥墩的沉箱，并亲自打气桩，曾连续驻守工地 27 小时。黄万里为工人代管伙食，以保护从农村出来做工的农民不受工头的剥削，为众工人、工程师所爱戴。当年他考取公费留学美国时，工人们对他依依不舍，纷纷到车站送行。

1934 年元旦黄万里赴美留学。适逢 1931 年汉江发大水，一夜间淹死 7 万人，1933 年黄河又决口十几处，损失无算，这激发黄万里立志改学水利，以拯救农民为己任。经其父黄炎培介绍，黄万里得到前辈、曾任黄河水利委员会委员长许心武先生的指点。许先生告诉他，江河大水后调查全国人才，发现搞水利的，竟皆长于土木工程的设计施工，没有一人懂得水文学。水文学是以自然地理为基础的，而不通水文学等于未入水利之门。于是黄万里决定从水文学入门学习水利。他广求名师，从天文、地质、气象、气候等基础科学学起。1935 年，黄万里在康奈尔大学取得硕士学位，硕士以气象学为副科，论文以暴雨统计为专题，后又在爱荷华大学学习水文学及水工实验。1937 年，黄万里在伊利诺伊大学获工程博士学位，并以地理学为第一副科，数学为第二副科，论文《瞬时流率时程线学说》创造了从暴雨推算洪流的半经验半理论方法，成为该校第一个来自中国的工程博士。其后，黄万里受聘为美国田纳西流域治理工程专区（TVA）诺利斯坝工务员。他在美国驾车 4.5 万英里[1]，看遍了各大水利工程。密西西比河 1936 年特大洪水后，黄万里在该河乘船参观直达出海口。由于黄万里学习过多门地理学和地质学，使他眼界大开，认识到水利工程建造在河里将改变水沙流动的态势，从而造成河床的演变，仅仅学习土木结构理论，远远不足以解决治理洪水问题。留美期间，他还不忘在就读的大学演讲中国诗文的精湛。

　　1937 年春，黄万里在归国途中邂逅了由日本横滨登轮归国度假的丁玉隽小姐，二人一见钟情。丁玉隽是国民党元老、山东同盟会创建人丁惟汾之幼女。半年之后，她也因中日局势紧张，由日本东京女子医专退学回国。黄万里第一次造访丁家时，丁惟汾先生因其为上海青年而不予接纳，后由其父央媒说亲，二老人遂得相见，且大喜成好友。1937 年 7 月 7 日，日军大举进攻中国。同年 11 月，两个年轻人在逃难途中，于江西庐山成婚，从此风雨

1　即 7.24 万千米。

同舟，白头偕老，育有三子三女。黄万里在自己的诗中，自豪地称之为"各出名门天赐姻"。

黄万里在回到祖国之后，婉谢了浙江大学校长竺可桢的邀请，没有去该校任教授、系主任。他要考察中国的河山，取得实践的经验，为治理江河、消除水患打下基础。为此他出任了全国经济委员会水利技正。抗战爆发后，黄万里赴四川任四川水利局工程师、测量队长、涪江航道工程处处长、长城工程公司经理等职。他曾在长江支流修建小型水利灌溉工程、航道工程和架设桥梁。抗战时期，民生维艰，他总是注意发挥技术的效能以提高工速、降低成本，取得尽可能高的工程效益。他曾在极艰难的条件下，步行3000多千米，六次勘测岷江、沱江、涪江、嘉陵江等长江上游支流。这期间他培训了40多名工程师。虽然当时地貌学尚未形成，但通过实地考察，他已在自己的头脑里开始建立起水文地貌的观点，对治河问题有了一定的认识。在紧张工作之余，他发挥自己的文史之长，写文章介绍所到之处的风土民情，向民众阐述水利工程之要义，例如《金沙江道上》《四川之农田水利问题》《四川的水力发电问题》等。他的文章屡见报端，深受读者的欢迎。

1945年抗战胜利后，黄万里回到南京任水利部视察工程师，兼全国善后救济总署技正。1947年至1949年4月，黄万里任甘肃省水利局局长兼总工程师，黄河水利委员会委员。他到达兰州后，广聘各方人才，迅速组建了甘肃省水利局及勘测总队（后改为工程队），并由他拟定该省水利事业的方针：先改善旧渠，次

美国留学时的黄万里

1937 年，新婚的黄万里、丁玉隽夫妇在从武汉到重庆的轮船上

动新工。他勘测全部河西走廊的水资源，以拟定通盘建设计划。在短短的两年时间内，他整修水渠、水库多处。他曾四下河西走廊，向西直达玉门、安西、敦煌。他和局内同事一起，坐骡车、骑马到达沙漠边缘的不毛之地——民勤、红柳园，勘察地质、水文，直至遇匪警方才折回。经实地考察，他发现该地盐碱化、砂化的症结在于：直接分流河水灌溉农田，抬高了河床，而使地下碱水无出路，导致地力大损。他提出另开灌渠或打井浇田，保留原河流作为天然排水道的改建方案。至此，他治水的基本风格已经形成：首先要弄清河流的特性、流域的地质地理状况，依据自然规律，因势利导地开发水利，为我服务。一条河流，既有给水的作用，复有排水的作用，只看人类怎样合理地利用它了。在后来治理黄河的争论中，他称黄河是"一条好河"。初听起来惊世骇俗，从尊重自然规律的思想出发，就没有什么可以奇怪的了。在河西考察途中他赋诗道：

> 禾除田空柳藁黄，荒村日落倍凄凉。
> 远看满地银般碱，疑是昨宵陌上霜。
> 马背轻身奔牧野，胸生奇策授锦囊。
> 怀才到处好献技，独爱苏山君子乡。

归来后他又写文章《伟大的民勤人民》，赞颂当地的民风，并投稿报社。可见他对黄河及黄河两岸人民的深情。当时国际共产主义战士、新西兰人路易·艾黎正在甘肃山丹办培黎学校。黄万里对艾黎的政治身份并不知情，但他深为艾黎在中国贫穷地区办学的精神感动，数次去山丹，帮助当地开发地下水资源，向省府筹粮供给培黎师生，并在该校向学生讲演。

结合工程实际向技术人员传授知识是他一贯的工作方式。在短短两年的时间里，他自编讲义讲授了水工学总论、论工程经济、水力学、水文学、地下水工程等课程，且要求十分严格，听课者须做题、参加考试。与此同时，他还需为水利工程建设向四方筹集资金，包括向银行、水利部筹款，甚至申请美援。当时内战正烈，他很为建设资金短缺、民生之艰难而浩叹。

他曾向局内同仁讲演《民主主义与社会主义》，向其上司甘肃省府的官员宣讲计划经济。由于他留学美国的20世纪30年代，正值美国经济大萧条之后，社会主义经济思想受到知识界的普遍关注，加上他自己的工作性质，大的水利工程需要地区乃至全国的统筹规划，因此黄万里对社会主义的经济理论有所认同。他一贯地同情民众，痛恨国民党政府的腐败无能，这或许就是他接受新社会的思想基础。

他到任仅半年，就因不愿处理局内的行政事务，不善官场应对，要求辞去水利局局长职务，只任总工程师，他宁愿多发挥自己在工程技术方面的特长。他还因经常缺席省务会议，引起省主席的不满。这是由于受到长兄哲学家黄方刚的影响，他不愿参加任何党派，也不愿过问政治。

1949年3月，黄万里奉父招自兰州到香港。当时，其父黄炎培已因受蒋介石政治迫害先期抵港。经父亲的介绍，他见到了共产党驻港代表潘汉年。潘要其游说兰州西北驻军副司令兼甘肃省主席郭寄峤起义。他回到兰州与郭谈后，郭仅笑答：朱德等以前是相识的。郭并嘱黄，黄在兰州身处险境。

1949 年 4 月，黄万里将妻儿迁往上海，5 月辞去兰州职务，经广州到香港。在港期间，其兄黄竞武在上海遭国民党特务逮捕。黄万里及其妻均利用社会关系多方设法营救，但终告无效，黄竞武于解放前夕被国民党特务残害于上海南市。1949 年 6 月，他搭乘上海解放后由港至沪的第一艘邮轮回到祖国，在上海受到陈毅等领导的接见。他没有接受上海等地一些大学的邀请，留下来任教授，而是响应党支援东北建设的号召，应当时东北行政委员会赴沪招聘团之聘，携全家到沈阳工作。他们 8 月 15 日离沪，17日到北京。黄万里在京受到董必武等领导的接见，他们均嘱其留在北京工作。黄万里因已应聘东北，没有留京。

1949 年 9 月，黄万里到达沈阳，任东北水利总局顾问。他曾为局内培训技术人员，讲授过水工学、工程经济核算问题等课程。在短短的 8 个月里，黄万里到营口、齐齐哈尔等地区视察水利灌溉工程。每到一地，黄万里都对该处的工程技术问题提出自己的见解，向当地的技术人员作报告，回答他们提出的问题，最后写出提案或报告。这类报告计有《东辽河水利工程的意见》《东北灌溉工程的经济考查》《对盘山农场的意见》《对于查哈阳农场的意见述要》《对于哈尔滨天理灌区工程的意见》以及《东北稻田用水量可否减低？》等。对每一项工程，他都十分注重降低成本和提高经济效益。

东北水利总局顾问是黄万里解放后接受的第一项任命。虽然他的父亲在信中语重心长地嘱咐过，要他"靠拢群众、靠拢党"，虽然他一如既往地努力工作，但终因未能妥善处理局内的人事关系，导致他辞职另就。

1950年6月，黄万里回到母校唐山交通大学任教。由于他兼备渊博的学识和丰富的实践经验，讲课深受同学的欢迎。他还采用新法，开卷考试。他前后教过的三届学生，毕业后都成为水利工程的技术骨干或高等学校的教师。在全国仅有的六名水利工程设计大师中，就有两人是他的学生，他为此十分骄傲。

20世纪50年代初的唐山交通大学里，还有他求学时代十分尊敬的老师在任教，还有他学生时代的工友在值勤，这里的同事有些成为他终生的好友，他和这里的师生员工亲如一家人。当时正值抗美援朝战争期间，虽然在以批判亲美（国）、崇美、恐美为中心的思想改造运动中，他又首当其冲地成了批判的重点，但他诚挚热情的性格没有丝毫改变。在他调职即将离校的前夕，他认真地写下了《对于本院改革教学以提高质量问题的意见》（该校改名为唐山铁道学院）呈送校方。此意见书实事求是，其中的许多真知灼见，对现今的教育也不无裨益。

1953年，因全国院系调整，他奉调至清华大学任教，在清华工作了近50年，直至去世。在1953年至1957年的近四年时间里，他完成并出版了学术专著《洪流估算》《工程水文学》，这两部专著被认为是20世纪50年代水文科学领域十分重要的代表著作。

20 世纪 50 年代初，正值新中国第一次制定大规模的经济发展计划、大力推动经济发展的时期。黄河是中华文明的摇篮，而其下游在近代却屡屡泛滥成灾，治理黄河就必然成为新中国建设的重点，也成为当权者政绩考核的亮点。当年中国政府曾请苏联专家为治理黄河拟定计划轮廓，特别是在黄河下游兴修水利工程的计划。1955 年，水利部召集一些学者和水利工程师讨论此计划时，黄万里对此提出了不同的见解。1957 年，黄河三门峡水利工程工地已开始筹建施工设备，陕州也改建制为三门峡市。当时"百花齐放，百家争鸣"政策刚刚提出，水利部在北京就黄河三门峡水利规划召开了 10 天会议，征求意见。黄万里参加了 7 天，争辩了 7 天。他在会上的发言未见公开，但从他发表于《中国水利》1957 年第 8 期的文章《对于黄河三门峡水库现行规划方法的意见》（该文系 1956 年 5 月作者向黄河流域规划委员会提出的，在《中国水利》上被作为批判的靶子），以及 1957 年 5 月发表于《新清华》第 182 期的小说《花丛小语》中可以看出，他对黄河三门峡水库规划意见的要点为：

一、水库的规划违背了水流必然趋向夹带一定泥沙的自然原理。即使上游水土保持良好，清水在各级支流里仍将冲刷河床而变成浑水，最后仍将泥沙淤积在水库的上游边缘。在坝下游，出库的清水又会加大冲刷河岸的力度，使下游的防护发生困难。因此，黄河的水不可能变清，也没有必要变清。

二、筑坝的有利方面是调节水流，有害方面是破坏河沙的自然运行。在库上游边缘附近，由于泥沙淤淀下来而不前进，那里的洪水水位将提高。可以想见，毋须等到水库淤满，今日下游的洪水他年必将在上游出现。

三、河流坡面上的水土应设法尽量保持在原地，但对已经流入河槽里的泥沙相反地应该要督促它们继续顺水流下去。这才是人们了解了自然规律而去限制利用它，却不是改变它的正确措施。认识了必须让河槽内泥沙向下运行的自然规律，如果修了水库，设法刷沙出库就必然成为河沙问题的研究方向。而无论采取什么措施刷沙出库，均要求在坝底留有容量相当大的泄水洞，以免他年觉悟到需要刷沙时重新在坝底开洞。

黄万里从泥沙运行的原理，说明修建三门峡水库的弊端。他这一科学分析和预见，从三门峡水库建成之日起，便被一一验证了。三门峡水库1960年9月建成，从第二年起潼关以上渭河大淤成灾。水壅高后横向冲击，使两岸倒塌农田80万亩，一个县城被迫迁走。《中国作家》1996年第2期发表冷梦的文章《黄河大移民》中，叙述了三门峡坝修成后，黄河干流淤没了几十万亩耕地，4万农民被迁往宁夏缺水高地，来回迁移十几次的痛苦万分的情状。水力发电工程学会7位专家前往视察后，叹息不已，国务院派去的高级官员看了也落泪，说"国家对不起你们"。同时，水库内泥沙也开始淤积。到1966年，库内淤积泥沙已达34亿立方米，占库容44.4%。三门峡水库已成死库，不得不在坝底炸开几个大孔冲刷泥沙。实际上，黄万里在他的切勿修坝的意见被否决后，又提出勿将江底6个施工泄水洞堵死，得到与会者的同意及国务院的批准。但现场施工时，仍按苏联专家原设计，将泄水洞全部堵死。此后这 6 个洞又以每洞 1000 万元的代价重新打开。1972 年水库壅水末端向上游延伸至临潼，流沙距西安市仅 13.6 千米，严重威胁古城西安。

黄万里的《改修黄河三门峡的原理与方法》，1964 年 9 月由水利部印发，但未得采纳。虽然如此，三门峡水利枢纽工程也不得不从 1965 年动工改建，1973 年底改建工程才完成。但是，黄万里认为，改建工程未能纠正建坝时的错误设计思想，他力主必须让泥沙排出水库以挽救渭河两岸，建坝者则认为必须拦沙上游，以防止下游河床淤高。黄万里指出，建坝以后，由于泥沙淤积在水库内，人们只得将坝下部的泄水洞逐年一一打开，似乎排出许多沙来，实际上排出的只是潼关以下库内历年的积沙，而每年随水流冲下的泥沙仍淤积在潼关以上的黄河沿线与渭河里。1973 年初，他为此再次致信周恩来总理，说明必须外加能量，把泥沙排出坝外，才能挽救秦川于陆沉。事实再次验证了黄万里的科学论断，改建工程未能解决建坝给上游带来的灾难。2002 年春，曾长期负责我国水利工作的前水利部门的某高官，带领大批专家考察三门峡及其以上的黄河沿线、渭河流域时，见到历史上陕西省农业最发达的渭河流域泥沙淤积、土地盐碱化、生态环境所遭破坏已目不忍睹时，也不得不承认：三门峡水库已到决定存废的时刻了。

1966 年，"文革"爆发了。黄万里被驱赶到校园劳动、受鞭打至出血、被剃成阴阳头。他的家也被抄数次，一些颇有价值的字画、文稿、照片都被撕为碎片。不久，他又被赶出家门，三代同堂住进清华园最简陋的学生宿舍里。他的工资被扣，每月只发20元的生活费。他还被勒令每天打扫水利系馆内外，无论春夏与秋冬。但是，他从不自怜自艾，因为他懂得，现况非只关个人，这情势关系着人民的安危。他也从不自外于人民，扫地之余，仍秉灯苦读，也热心地看大字报。他常对子女们说："文革"以后，城里人都不工作了，我们都是靠农民养着哪！他的诗《国子监教授拥彗吟》更表现了他诚挚、坦荡的胸怀：

国子先生且耆艾，苍颜华发临风前。

折腰拥彗挥尘舞，小语花丛累十年。

长彗长彗圆木柄，三载相持亦凤缘。

扫来满地琉璃滑，先生莞尔望云天。

这边行者过，讶见先生深叹息；

那边学子过，掉头疾去语窃窃；

亦有员工过，强抑笑容喜形色。

但见先生神韵逸，飘然乘化悠然得。

昔年剥削有余愆，而今无给心安谧。

先生有道出资封，先生有才仗工农；

斯道斯文堪扫地，斯技斯才要纳忠。

阅历江河如指掌，青灯埋首忆艰工。

辄从扬子谋江利，忍对黄河哭禹功！

有策犯鳞何足忌，临危献璞平生志。

此生哪值五羖皮，倘济苍生秦豫冀。

欲趋彤庭奉拾遗，书生一得容生计。

非关傲世玩才智，总是挈情忧国泪。

1969年，他随清华大学员工下放江西鄱阳湖畔劳动。在"清理阶级队伍"阶段，他又被指为特务。此时，已年届60的他，白天仍头顶烈日劳作于稻田，夜里又连续遭批斗不得安眠，曾多次因中暑晕倒在田边。1972年清华员工撤回北京后，他又被送往三门峡继续劳动改造，并接受群众的批判。由于他曾就三门峡改建方案致信周恩来总理，1973年初，被准许在监督下进入当时的"三线"潼关以上地区，考察黄河、渭河的地貌与河势。1974年初，"批林批孔"时，他因坦陈自己自幼深受儒家思想影响，又被揪回清华批斗。但在1973年至1976年，地方上相对稳定，校方在三门峡的领导对他的研究工作，也给予了一定的照顾和支持。他便在头戴右冠，边挨批斗边劳动改造的业余时间里，完成了《论治理黄河的方略》《论连续介体最大能量消散率定律》等论文，也写出了大量的诗篇。他自认为，这些工作乃其平生最大之收获。

1976年10月，"四人帮"被打倒。1978年12月，中国共产党十一届三中全会召开。在以邓小平为首的党中央领导下，中国进入了改革开放的新时期。黄万里为此感到欢欣鼓舞，他由衷地拥护邓小平改革开放的新政策。1978年2月，他的右派分子帽子终被摘掉。1980年2月26日，清华大学党委通知他：黄万里同志原划右派问题属于错划，经中共北京市委批准予以改正，恢复政治名誉，恢复高教二级教授的工资待遇。这一纸决定终使其政治及工资待遇恢复到 20 多年前。此后，他还担任过北京市第六届、第七届政协委员。

1980 年，黄万里已达 70 岁高龄，但他仍孜孜不倦地研究治理江河的策略，以及中国水资源利用的问题，发表了《论分流淤灌策治理黄河》《论黄河断流及其对策》《论黄淮海河的治理与华北平原的整体开发》《我看"黄河治理开发纲要"》《论江河淮海综合治理》等文。直到 1999 年 10 月，他还在水利部召开的黄河的重大问题及其对策讨论会上，发表自己的见解。

黄万里提出的分流淤灌治理黄河的方略，立足于对河流生成及地貌演变的自然规律的认识，同时立足于在三门峡水利枢纽工程实践中经验教训的总结。

近半个世纪以来，大多数学者把水土保持作为正本清源、根治黄河的基本方略。其理论简单明了：泥沙留在原地不下来，河就清了，下游就不会淤、决、徙了，河自然就治好了。但黄万里指出，水土保持可以更好地利用土地，以维护当地的农林畜牧业，因此是完全必要的，但却不能据以治理黄河。他科学地论证了工程措施的水土保持违背自然界上游切割、下游造陆的必然过程。全面拦住泥沙不入河，是根本做不到的。即使在源头拦住泥沙，出来的清水仍将沿程冲起河槽中的积沙，把它带到下游来。从地质演变历史来看，河北、河南、山东平原乃是黄河的冲积锥体，无数泥沙构成这一庞大三角洲，而且仍在淤积之中。自然界这一伟大的造陆运动是不可抗拒的，况且就在这块快速淤成的土地上，发扬了我国古代的固有文化，引起了汉满蒙三族的中原逐鹿与文化融合。因此，黄河是一条好河。他谆谆告诫我们：黄河从黄土高原夹带泥沙下行，不仅是自然现象，而且遵从着客观规律。凡切实可行的治河方略，只能依据客观规律来制订。

黄万里进一步指出，黄河夹沙过大陆架入海，陆续造成了由郑州桃花峪开始的 25 万平方千米的冲积平原，它在平面上是一个三角形，从立体上看是一个隆突的圆锥体。在三角洲地貌演变的过程中，长期的总结果一定是全面沿河程淤积延伸的。唯淤积使河口延伸，唯延伸壅水使洲面淤高，两者相互影响地进行着。人类定居黄河两岸，筑堤护岸，又使淤积集于两堤岸之内，延伸集于一条流程的河口，于是淤积和修复堤岸加速，形成目前的悬河。在水沙向下运动的过程中，发生的蒸发、渗漏、沿程坡减与沙口延伸合起来，均会使任何三角洲、任何悬河在长期内发生淤积。任何一种整治河道的方法，除挖河淘沙出堤外，都不能使三角洲或悬河不淤。当然水库拦沙可使下游减少淤积，但泥沙淤积仍会从下游转向水库的上游，三门峡水库建造的后果便是一例。因此，企图把上游下来的泥沙通过集流全部输送出海是违背力学原理的，是不可能成功的。

既然上游拦沙，下游集流输沙出海，违背了自然规律，那么怎样解决黄河下游的淤、决、徙问题呢？黄万里认为分流输沙是唯一可行的治河策略。分流即是从桃花峪开始，在河底打开一二十个堤口，把河水悬沙连同底沙一起排向原有低洼的流路，辗转出海。分流中沿途仍不免淤积，但这种淤积是沿 20 多条流派将泥沙疏散到广泛的滩地上，一场大洪水分摊到大平原上就只剩

1981 年黄万里在清华大学给教师和研究生上课

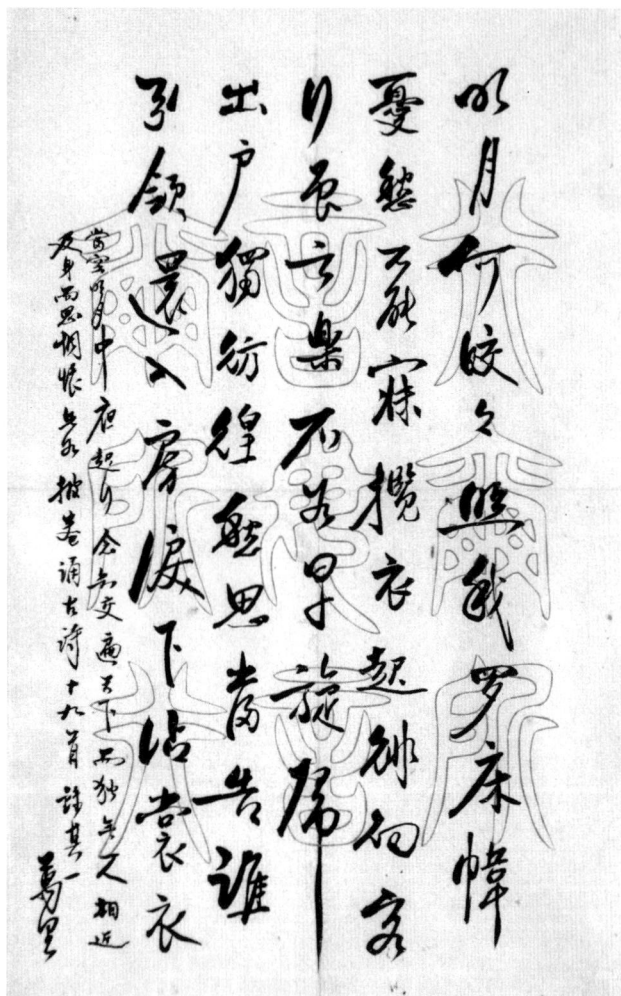

明月何皎皎，照我罗床帏。
忧愁不能寐，揽衣起徘徊。
客行虽云乐，不如早旋归。
出户独彷徨，愁思当告谁。
引领还入房，泪下沾裳衣。

黄万里书法

下微量的淤灌了。他指出，世界上治理三角洲均采用分流淤沙，唯有黄河例外，这是因为人们没有认识到黄河冲击三角洲的顶点是在郑州的桃花峪，而误以为在利津近海处。他认为在三角洲上分流排水，正是顺水之性、因势利导，而束堤悬河、集流出海乃是违背自然形势的。

黄河自 1972 年出现断流，且断流频率越来越高，断流河段越来越长，断流天数也越来越多。黄万里认为这是上中游造坝、水库及水土保持工程造成的。这些措施对当地的经济开发是有利的，但对治理中下游黄河在策略上是无效的，且招来缺水断流的灾难。如今沿河已修成 8 个大坝，上中游水土保持已完成 40% 的面积。虽非得计，但这些事实已不容改变，唯一挽救方法是引长江水入黄河。他指出，东线调水所需抽水功率太大，极不经济，且沿途拦截用水，因而是不可行的。中线调用丹江口的水是合理可行的，但不宜加高丹江口大坝以增蓄水，否则会扩大汉水卵石沉积造成的灾害。他建议先调嘉陵江水入汉水，再导入黄河或黄淮之间的耕地，这样工程较简便。他还认为，从西线调长江及其支流入黄河上游，是最合理的长远计划。

20 世纪 80 年代长江三峡建坝计划提出以来，黄万里便写文章、演讲、多次致信国家最高领导人（共 6 次，三峡建坝开始前、后各 3 次），奔走呼号：长江三峡高坝永不可修！黄万里提出的理由主要有三个方面：

一是三峡高坝对流域的自然地理和生态环境有诸多不利影响。长江出三峡，从四川夹带了大量的泥沙并冲刷了河底的卵石到中下游，在地质史上建立了两湖三江冲积平原，而且仍在不断建立着苏北和上海浦东的滩涂，合计江苏东疆每年造地 10 万亩，这个莫大的财富是长江从四川等地搬来的。在三峡大坝拦沙后，这些财富将不会增长，甚至受海流冲击，海岸线可能退缩。在中游，当江水高涨，洞庭湖、云梦湖、鄱阳湖、太湖等湖泊起调节作用时，上游带下的有机肥泥，普遍施给了各省洼地，维持着良性的生态平衡。筑坝后，这些效用将告失去，不利于农业和渔业的发展。更为致命的问题在于，卵石和粗沙是长江在四川的干支流的造床质料，这些卵石终年下移，形成流动的河床。建坝之后，卵石部分将不能过坝排出，而沉积在水库末端，淤积将从重庆逐年向上游漫延，穿过北碚、泸州，再向各支流延伸，终将抬高诸川洪水水位，淹没四川坝田，最终不得不拆除大坝。关于这一点，黄万里曾在《水力发电学报》上发表文章，从理论和技术上作了详尽的分析。

二是三峡大坝的经济核算问题。不仅应将其长期收获的多种效益对比工程投资作经济核算，而且必须计入水坝对上下游生态环境造成的各种损失才算合理。大坝的经济核算及格，仅仅是其修建的必要条件。在经济规划中应首先实施的是经济效益最优的方案，三峡大坝主要为发电，而多方面的经济比较显示，三峡电站的效益比分散在云、贵、川、湘、鄂、赣诸省山区的许多大中型电站要差得多。

三是从国防观点看，三峡大坝无疑自动制造一个弱点资敌。若大坝被炸毁，则两湖三江人民皆沦为鱼鳖矣。

黄万里的治黄策略及对三峡工程的意见虽未被决策者采纳，

但他从江河及其流域地貌生成的历史和特性出发，全面、整体地把握江河的运动态势。他认识和尊重自然规律，把因势利导作为治河策略的指导思想。他新颖、独树一帜的见地，在国内外产生了广泛的影响。

除科学研究外，他也怀着极大的喜悦和高昂的热情，培养研究生，为青年教师讲课并指导他们的科学研究。1998年长江特大洪水以后，他倍感焦虑，自责过去教学方面的缺陷，要求重上讲台，讲授治河原理。他的讲稿被集成长文《水经论丛·治水原理》。1987年他还曾赴美国多所大学讲学，母校伊利诺伊大学向他颁发了"杰出校友"的荣誉奖状。

黄万里自幼喜爱文史，着力于古诗词的创作。在他生活的各个时期，无论境遇如何，他都留下了真挚的诗篇。他以诗言志，以诗抒情，诗歌成就了他艺术的人生。他将这些诗编成了小书《治水吟草》，金克木先生读后，为其题诗曰：

> 昔有南冠今右冠，书生报国本来难。
> 大堤蚁穴谁先见，太息泥沙塞巨川。

就在黄万里殚精竭虑地思考治江治河的大计之时，病魔也偷偷向他袭来。1987年他做了第一次癌症手术。为治疗癌症及其他重症，他先后做过4次大的手术治疗，每次都顽强地站立起来，与疾病斗争了整整15年。在这15年里，他仍醉心于江河的研究，发表文章，给学生讲课，向有关方面提出自己的意见。

他在病重时曾对自己的学生说："知识分子，特别是决策者的错误认知是最大的祸国殃民。我们受之于民的太多了，要竭尽自己的知能报效国家。我对兴建三峡工程的意见，屡屡上书中央，先后六次屡挫屡上，我要求中央领导给我 30 分钟的时间，就可以把问题讲清楚，可惜无此机会。我是看不到三峡建成的后果了，你们还能看见，帮我记着看看，但愿我的话不要言中，否则损失太大了。"

2001 年，在生命的最后一年，他还在学习使用计算机，对新鲜事物像年轻人一样充满热情。就在这一年，当他最后一次走上讲台时，他穿上了自己最喜爱的白西装，但回到家中时已经站立不住了。在病重住院的最后日子里，他仍十分兴奋地准备迎接自己 90 岁的生日。8 月 8 日，当预感到将不久于人世时，他没有给家人和子女留下只言片语，却用颤抖的手，向看望他的学生写下了这样的遗嘱：

> 治江原是国家大事，"蓄""拦""疏"及"挖"四策中，各段仍应以堤防"拦"为主，为主。
>
> 汉口段力求堤固。堤临水面宜打钢板桩，背水面宜以石砌，以策万全。盼注意，注意。
>
> 万里遗嘱
>
> 2001—8—8

2001 年 8 月 27 日，黄万里走完了他人生最后的路程，离开了他魂萦梦绕的祖国江河大地。他走过了辛亥革命后的整个 20 世纪，他远非淡泊名利，更非不食人间烟火的完人。但是，他和他那一代中国所有的知识精英一样，永远背负着民族危难的沉重的十字架。他们不会忘记战火中苦难的人民，也不会忘记洪水肆虐下苦难的人民。正如黄万里诗中所说"临危献璞平生志"，临危献璞是他们的宿命。他们从西方学到了先进的科学技术，更学到了科学、理性的精神。他们懂得，科学的真理是独立于任何个人或集团的利益之外的，因此，他们绝不会为权势或偏见而放弃科学的真理。这就是黄万里在任何打击和挫折下，总是坦然无忌的原因。他只说真话，不说假话；他只会说真话，不会说假话。

　　他们活得太艰难了，可也活得堂堂正正，活得有声有色。

2002 年 6 月 12 日初稿，2003 年 10 月 16 日修正

彭桓武（1915 年 10 月 6 日—2007 年 2 月 28 日）

彭桓武[*]：但期国运蒸蒸上，
发达文明胜列强

黄且圆

彭桓武教授 1915 年 10 月生于吉林长春，1935 年毕业于清华大学物理系。1938 年考取留英庚款出国后，1938 年至 1947 年在英国跟从名师学习，研究理论物理，先后获爱丁堡大学哲学和科学博士学位。1947 年回国后，历任云南大学、清华大学、北京大学教授，中国科学院近代物理所、原子能所、高能物理所研究员、副所长，二机部九院副院长，中国科学院理论物理所所长、名誉所长。早在 1948 年，他即当选为爱尔兰皇家科学院院士，1955

---

[*] 彭桓武（1915—2007），生于吉林长春，祖籍湖北麻城。物理学家，中国科学院院士（1955 年），1999 年被国家授予"两弹一星"功勋奖章，1948 年当选为爱尔兰皇家科学院院士。1935 年清华大学本科毕业，1940 年获英国爱丁堡大学哲学博士学位。长期从事理论物理的基础与应用研究，先后开展了关于原子核、钢锭快速加热工艺、反应堆理论和工程设计以及临界安全等多方面研究。对中国原子能科学事业做了许多开创性的工作，对中国第一代原子弹和氢弹的研究和理论设计作出了重要贡献。1982 年获国家自然科学奖一等奖，1985 年获国家科技进步奖特等奖，1995 年获何梁何利基金科学与技术成就奖。

年又当选为中国科学院首批院士（学部委员）。他曾领导我国核反应堆和核武器的理论设计工作，在固体和统计物理、原子核及分子物理等领域，做了大量的研究工作和组织工作，培养了大批优秀的科学工作者，并因此荣获国家自然科学一等奖、国家科技进步奖特等奖等。1999 年获得"两弹一星"功勋奖章。

彭桓武教授因其在物理学上的造诣，特别是在我国两弹研制中的突出贡献，以及不懈地追求科学真理的精神和高尚的人格风范，在我国科学界久负盛名，但却少为外界所知，更少为青年人知晓。

世乱驱人全气节，天殷嘱我重斯文

彭桓武是在抗日战争爆发之后的 1938 年，从大后方云南负笈英伦的。他以优异成绩考取中英庚子赔款留学英国。曾师从爱因斯坦的我国物理学界老前辈周培源先生，推荐他到了苏格兰的爱丁堡大学，跟随玻恩教授[1] 研究理论物理。玻恩是德国的名教授，是为躲避希特勒的迫害逃亡到英国的犹太人。他受青年海森堡的启发，发明了矩阵力学，是量子力学的创始人之一，1954 年获得诺贝尔物

1　马克斯·玻恩（Max Born，1882—1970），犹太裔德国理论物理学家，量子力学的奠基人之一，爱丁堡皇家学会院士，英国皇家学会院士，1954 年诺贝尔物理学奖获得者，美国艺术与科学院院士。1955 年参与签署"罗素－爱因斯坦宣言"，禁止核战，倡导和平解决争端。其学生或助手有多位获得诺贝尔奖（如费米、海森堡、泡利、维格纳、德尔布吕克等），领导和参与曼哈顿计划（如奥本海默、泰勒等），彭桓武、程开甲、黄昆等多位中国学者曾师从玻恩。

理学奖。

仅用了两年的时间，1940 年彭桓武即完成研究论文，取得哲学博士学位。他本想依照惯例，将庚款最后半年的资助用于访问美国，但在办签证时，因不堪受辱而作罢。

此时的世界，战争烽烟四起，回国的路也断绝了。他只好向玻恩提出继续留英做研究。玻恩推荐他到爱尔兰高等研究院理论物理研究所做博士后。这个研究所是当时的爱尔兰首相德瓦里尔为提高其小国的国际地位，发扬尊重知识的优良传统，仿效美国接纳爱因斯坦的做法，为接纳波动力学的创始人、诺贝尔奖获得者薛定谔而创建的。除薛定谔任所长外，尚有海特勒任助理教授。薛定谔不是犹太人，他因不满纳粹先后逃离了德国和奥地利。海特勒是犹太人，他在德国时曾做过玻恩的助教。

1941 年至 1943 年，除不时地去听薛定谔所作的研究成果报告外，彭桓武与海特勒合作，研究和发展了量子跃迁理论，并用它来处理由核碰撞产生介子的过程，得出了能谱强度，并首次揭示了宇宙线的能量分布和空间分布。这就是当时名扬国际物理学界，以作者哈密尔顿、海特勒、彭桓武三人姓氏缩写为代号的关于介子的 HHP 理论。

1943 年，玻恩从系里得到一个卡内基研究员的资助名额，他便邀请彭桓武回爱丁堡任职。彭桓武也正想试试自己独立研究和选题的能力，于是重返爱丁堡。他将波恩创建矩阵力学的方法引入场论的研究，从而避免了波矢量求和时的发散现象，受到玻恩的赞许。两人联名发表了讨论标量场、矢量场和旋量场的文章，并共同获得了苏格兰皇家学会的麦克杜葛－布里斯本奖。他按照玻恩的建议，连同在爱尔兰的工作，将五年内的文章集合在一起，于1945年又取得了爱丁堡大学科学博士的学位。

1945年8月，彭桓武得到聘请，任都柏林理论物理研究所助理教授。他又重回爱尔兰工作，继续对量子场论做深入研究，用生成泛函方法探讨量子场波函数的表示，这项工作一直持续到1947年7月。这些研究都是当时国际物理学界最热门的课题和最前沿的方向。此时第二次世界大战已经结束两年，彭桓武在欧洲九年的研究工作也告一段落，他整装待发，准备回到祖国。

第二次世界大战是世界资本主义大国经济和政治矛盾总爆发的结果，而欧洲就处于这个漩涡的中心。战争毁灭了人们创造和积累的物质财富，让千百万人失去了家园甚至生命。战争的苦难更激发了人们思考：世界向何处去？人类向何处去？自身向何处去？在这次战争中，法西斯国家和反法西斯联盟都在拼命发展新式武器，特别要抢先制造出核武器。正处于科学发展前沿的核物理的理论及其应用，也借此得到了飞速的发展。年轻的彭桓武此时正在欧洲学习和研究物理学，他用自己创作的诗句"世乱驱人全气节，天殷嘱我重斯文"，概括了他在这一时期深切的感受、自我道德的升华和一生道路的选择。

1935年，年仅20岁的彭桓武从清华大学毕业后，又考入该校物理系研究生。当时日本已经占领了我国的东北三省，华北局势也日趋紧张。1937年暑假，彭桓武觉察到战争处于一触即发之势，他下定不当亡国奴的决心，带了衣物和必要时自尽用的砒霜，登上泰山之巅，以防战乱。上山不久，便闻知发生了七七事变。他当即写信给云南大学新任校长熊庆来，申请到云大工作。他从泰山赴上海姐姐处。当他到达上海时，已收到熊校长的复函：欢迎他到云大任理化系教员。从八一三事件起，日本飞机便开始轰炸上海，彭桓武只得紧急离开，他乘海轮到越南海防后，再经河内乘滇越路火车抵达昆明。当他在上海整理行装时，发现砒霜不见了，原来是被姐姐没收并处理掉了。

彭桓武本来是为躲避日军的侵略到英国继续研究学问的。但好景不长，抵英不到一年，希特勒的炸弹便扔到了他求学的爱丁堡以北不远的桥上。爱丁堡是个终年不见太阳的地方，加上紧张的学习和研究工作，彭桓武得了一种怪病。1939 年暑假，他邀王大珩等清华校友一起赴欧洲大陆旅行，借此也可以多见见阳光，治疗好疾病。在柏林的何泽慧女士热情地接待了他们。当时，苏联和德国刚刚签订互不侵犯协定，柏林一片歌舞升平的景象。他们受到这种和平气氛的鼓舞，正想在柏林多逗留一些时日。幸好，在巴黎的钱三强了解到战争的形势，按事先的约定给何泽慧发了电报，向他们发出警告，他们才马上乘车回到巴黎。来时所借住的巴黎大学，此时已驻满了军队。钱三强又督促他们立即换车回伦敦。事后他们才知道，他们乘坐的是从巴黎到伦敦的最后一班直达车。钱三强的帮助，使得彭桓武一行能在英德宣战前夕，赶回英国，否则后果不堪设想。

战争的步步进逼，直接影响到物理学家们的工作。1938 年冬彭桓武初到爱丁堡时，超铀实验正处于高潮，当时科学界对于铀

1985 年彭桓武荣获国家科技进步奖特等奖后作学术报告

原子核裂变可以释放惊人能量的认识，尚处于初级阶段，不同看法正在争论之中，但不久后就见不到这方面的报道。彭桓武曾问过系里的一位博士后弗克斯这是怎么回事（20 世纪 50 年代弗克斯被美国指控为间谍，但当时彭桓武并不知晓此事）。弗克斯告诉他，因为铀的研究与核能利用有关，在这方面工作的科学家们已经自动保起密来。

在爱丁堡大学，玻恩与弗克斯一起，刚商量好彭桓武论文的研究方向，恰逢英德宣战，弗克斯便因是德国人而被囚于英国的人岛，玻恩则因正在办理加入英籍而幸免于难。战争爆发后，弗克斯被囚，他们都不再过问彭桓武的论文了。因曾在玻恩的讨论班上报告过热扩散，弗克斯后来便参加了英国原子能计划的派尔斯理论小组。

"1945 年，美国在日本祭起两把妖火，宣告人类进入原子能时代。"彭桓武在他的文章中这样写道。美国在日本投下的两枚原子弹震惊了全世界，此时彭桓武已回到都柏林工作。他非常关心国际局势，常和海特勒教授一起，讨论第三次世界大战是否会很快发生。

1947 年彭桓武应邀参加了战后物理学的剑桥会议。在会上他见到了周培源及钱三强、何泽慧夫妇，爱丁堡大学的同事弗克斯，以及英国原子能计划理论小组的负责人派尔斯等。当彭桓武在与弗克斯的交谈中问及英国的原子能机构时，弗克斯回答他正在考虑离开而不是进去。第二天，派尔斯表示可以请彭桓武去他那里工作。但是，彭桓武认为，既然研究工作已经到了必须依靠自己的阶段，他决定还是争取早日回国。这充分表现出青年科学家彭桓武对祖国的热爱，以及他人格上的独立、自尊和自信。

不久，彭桓武又以云南大学教授的身份，参加了在布鲁塞尔召开的大学教授会议。他顺路去巴黎看望了钱三强、何泽慧夫妇，向他们通报了自己回国的打算。当时，钱三强表示，他们等小孩出生后便立即回国，一起好好干。"说这话时，美国已经在日本扔过原子弹，我们彼此是心照不宣的。"彭老这样告诉我们。

"你们当时回国就是准备搞原子弹的？"当谈及这个问题时，我们追问道。

"我们是准备搞核物理研究，因为当时的世界已经进入了原子能时代。原子弹不是几个人就可以搞得起来的，在任何地方都要由国家牵头。新中国成立后，毛主席领导我们搞起了原子弹，这是六亿人民的愿望。"

彭老还告诉我们，听说曾在巴黎居里实验室工作，并参加我国"两弹一星"研制的放射化学家杨承宗教授1951年回国时，曾带回法国著名物理学家、世界和平运动者约里奥·居里给中国领导人的口信：中国要反对原子弹，就必须先有原子弹。

彭老在纪念我国原子能研究和利用的先行者、组织者和领导者钱三强先生的一篇文章中这样写道：

在……一首诗中，我试图反映三强在做组织领导工作时内心的信念。诗为：
科学为人民幸福，"核能"促世界和平。

忠心遵照党领导，服务竭诚终此生。

科学为人类谋幸福是纯洁、正直的科学家现在信奉的准则。第三次世界大战迄今未发生，有许多人以核威胁均势来解释。

科学为人类谋幸福，核能促世界和平，是钱三强、彭桓武他们那一代纯洁、正直的科学家所信奉的准则。正因为如此，不需要人动员，也不需要高薪聘请（其时内战尚未结束，还谈不到什么高薪），他们仍义无反顾地回到祖国。也正因为如此，当有记者问彭桓武为什么放弃国外优越的条件回到祖国时，他才会坦然地回答："你这个问题问得不对，你应该问那些不愿回国的人：你为什么不回国？回国不需要理由，不回国才需要理由。"的确，对他们来说，回国是当时必然的选择。

"你不要以为蒋介石就不想搞原子弹。"彭老话锋一转。他告诉我们，抗日战争胜利后，蒋介石派了数理化三方面人才，分别由华罗庚、吴大猷、曾昭抡三人领队，每人各带两名助手到美国学习人家怎样搞原子弹。他想依赖别国，但原子弹是国家机密，别人也不会告诉他，结果失败了，派出去的人也大多没有如期回来。

"只有新中国成立以后，毛主席有这个魄力，依靠自力更生发展原子能事业，使核科学技术在中国扎下了根。"彭老娓娓而谈。

他指出，"对付核威慑，毛主席的策略是：要搞一点，不必对等。我们可以做到将全国的科技力量集中起来，依靠自力更生，所以成功了"。可以说，彭老回国后的亲身实践，就是我国核能事业取得成功的最好见证。

一径陡攀愁见鬼，似曾携侣御风行

彭桓武 1947 年底由英国伦敦归国后，1948 年 1 月至 1949 年 4 月任云南大学物理系教授，在授课的同时，即开始了对核力的研究。1949 年 5 月，他又从云南经香港北上回到母校清华大学任物理系教授。

新中国成立后，在调整原中央研究院和北平研究院的物理机构时，钱三强建议成立中国科学院近代物理所和应用物理所，同时从清华、浙大等单位吸收有关人才，集中到近代物理所为发展原子能事业做准备，从而形成了原子核方面全国一盘棋的局面。从近代物理所成立起，彭桓武就受聘为研究员，先是兼职（原职为清华大学教授），后来兼职与原职调换，院系调整后，改为在北京大学兼职。彭桓武本来是研究理论物理的，但为了我国原子能事业的发展，他自觉地调整自己的研究课题和授课内容，向工程物理方面发展。他 1955 年去苏联学习反应堆理论，回国后教过"核反应堆工程原理"。

1955 年，中央下决心搞原子能，各方面形势发展加快。随着原子能事业的发展，中国科学院近代物理所于 1958 年改名为原子能所。彭桓武任副所长，根据工作需要，协助所长具体指导各研究室明确研究方向、制订计划和从事学术组织工作达一年之久。我国核工业的建设，最初希望取得苏联的帮助，依靠苏联专家加中国青年学者。像彭老这些中国专家的主要任务，是培养大量中国青年人才。但是，1958 年中苏分歧公开化以后，苏联撤走全部专家，扔下了一个烂摊子。我国决定自力更生，我们的专家顶替了苏联专家，并组织成自己的专家加自己的青年这样一支专家队伍。在这个关键时刻，1961 年 4 月彭桓武调到我国核武器设计单位——当时的二机部北京九所——顶替已撤走的苏联专家，负责核武器物理研究，直至 1967 年胜利完成任务：原子弹、氢弹试爆成功。我国核科学和核武器创业时期，科学家们艰苦卓绝的工作和奉献精神，现在的年轻人是难以想象的。当时参加攻关的科学家和彭桓武自己都有过生动的回忆和介绍。

周光召院士回忆：中国科学院近代物理所成立伊始，也是新中国成立初期，因经费短缺和外国的封锁，缺少试验用的仪器设备，以致钱三强院长发动大家到旧货市场找零件，自己制作设备。已经是爱尔兰科学院院士的彭先生，也和大家一样，到天桥的垃圾箱里去翻找零件，竟被警察误以为是小偷！[1]

彭桓武在文章中有这样的回忆："在杨承宗先生的指导下，由朱培基和朱润生等在极其简陋的防护条件下，把协和医院一套治疗肿瘤用的、抗战前就因损坏而长期关闭的 500 毫克镭氡装置整理修复，提取了氡气，然后由戴传曾等研制成氡铍中子源和中子计数管，为开展中子物理方面的研究工作提供了初步条件。为建造原子反应堆开发原子能做准备，杨承宗和更多青年还开展了天

1　刘英楠：《彭桓武风范感动世界物理年》，《科学时报》2005 年 6 月 10 日。

然放射性元素如铀的提取纯化、分析测定等工作。郭挺章主动承担指导几位青年开展了重水和高纯石墨的预先研制工作。实验物理方面，在分头研制静电加速器、核乳胶、计数管、核电子管，并在高山上用磁云雾室做宇宙线试验。理论物理方面则从原较熟悉的领域扩充出来，先集体调研原子核理论，后分人深入原子核结构理论和中子输运理论。"

1955 年深秋彭桓武先生曾去苏联热工研究所实习。他在文章中这样记述："钱三强、冯麟、力一、连培生等带队，有何泽慧、我、黄祖洽等许多人，分别实习反应堆运行、加速器运行和在堆器上做试验，以及反应堆设计理论等。记得由该所的主管工程师加拉宁介绍试验用的重水反应堆……我和黄祖洽两人，在一般的工程介绍后，专门阅读加拉宁的反应堆理论。每天从保密室借来，下班前还回去。需要时请加拉宁博士答疑，交流语言多半是我说英语，而他说俄语。黄祖洽发现他们对我国订购的反应堆的临界质量计算有误，我验证后也同意，和加拉宁讨论后他也同意……到 1958 年原子能所反应堆做开堆实验时，我和黄祖洽在场注意到，还是黄祖洽算得准。"

彭桓武回忆他的学工经历："在核工厂里造浓缩铀，要把许多叫作扩散单元的设备连接起来……那种工厂里处理的都是可裂变的危险材料。如果处理不妥就会出链式反应事故。我去的任务就是要保证工厂不出事故。核工业的安全要做到亿万分之一的程度，要求是很高的。我到那里之后对各种设备逐一仔细查问……看哪个环节可能会出毛病。主要原料六氟化铀是气体，运输时要腐蚀机械，造成冷却水的泄漏，冷却水又会同气体起反应。诸如此类的问题举不胜举。我花了整整三天搞调查，一层一层地考虑各种各样的可能性。做这一类实际问题要求很广的知识面，诸如应力、腐蚀、蚀孔口径与流量的关系、气体化学反应的速度，等等。所有这些都要进行估算并提出监测办法，选择监控点的位置，哪里最容易出危险就应把监测点设在哪里。最终形成一套规章制度。三天调查后我开了一个通宵的夜车拿出了方案。"

贺贤土院士在文章中这样回忆：

虽然原子弹这个名词大家都很熟悉，但由于美苏等国高度保密，原子弹的详细物理过程我们需要自己摸索。当时唯一可供参考的内部资料，是苏联总顾问向我国二机部部长介绍情况时的一份有关原子弹的极其简单的口授记录。因此，我国科学家只能自力更生、独立探索。彭先生的到来，使这一探索工作如虎添翼。

1961 年至 1962 年初，原子弹设计曾一度陷入困境。理论计算得到的炸药爆炸后在内爆过程中产生的压力，总是小于苏联专家曾给我方的数据。当时负责力学的专家担心计算结果有错，于是进行一次又一次的九次反复计算。但结果就是与苏方提供的数据不同，这就是著名的"九次计算"，原子弹设计一时陷入了困境。彭桓武先生对九次计算的讨论和改进，提出过不少很好的主意。最后，周光召先生仔细检查了九次计算结果，认为数据没有问题。他用最大功原理，证明苏联人的数据是错误的，从而结束了近一年的争论，使原子弹设计工作全面展开。彭先生十分高兴他从前的研究生处理问题的敏锐和智慧，后来曾几次提起此事。

原子弹爆炸成功后，理论部投入全部力量进行氢弹探索。如果说突破原子弹早期，苏联专家曾给过我们一些简单的原子弹的信息，那么到了研制氢弹的时候，则没有任何可供参考的资料。我和几位同志当年曾在周光召先生领导下，调研了十几年的《纽约时报》《华盛顿邮报》等报纸和一些杂志，没有得到任何有意义的信息。突破氢弹完全是中国人自主创新的结果。

在研究原子弹期间，彭先生事实上已开始琢磨氢弹会是怎么样的。他把氢弹作用过程分成若干段的物理问题，供大家研究。1964年底起，在他指导下和邓稼先主任、周光召常务副主任、于敏副主任、黄祖洽副主任（20世纪60年代初，钱三强先生已安排黄祖洽和于敏领导一个组在原子能所探索氢弹原理，于敏带领一个组于1965年1月正式加盟九院理论部，黄祖洽已先于于敏调入理论部）等组织领导下，全面开展了氢弹原理探索。整个理论部充分发扬民主，组织进行了各种学术讨论。无论刚出校门的年轻大学毕业生，还是著名的科学家，都投入到这种讨论，没有年龄和资历的界限，畅所欲言，共同讨论。晚上理论部大楼灯火辉煌，大家一直干到深夜还不肯回宿舍，党委书记不得不赶大家去睡觉。群策群力，献计献策，新的见解、相同的意见和不同的认识互相交流和争论，给我们留下了至今仍十分向往的珍贵回忆……彭先生集思广益、凝聚和综合出突破氢弹原理的几条可能的路。他的一贯的思维方法是每条路子都要探索到底，并且他认为"堵"住路子也是贡献，说明此路不通，可放心走另外路。他建议兵分三路，由周光召、于敏、黄祖洽各自负责一条路，分头进行探索。彭先生后来在一个场合说过，他当时凝聚了大家智慧，准备做三次战斗，事不过三，总可突破氢弹。

1965 年下半年，于敏先生领导着一个小组去上海嘉定，通过对加强型原子弹的深入计算和系统分析，终于找到了热核材料自持燃烧的关键，进一步对各个过程物理规律的研究和计算表明确实抓住了氢弹的牛鼻子。彭先生很高兴，他与理论部领导邓稼先等向上级报告，建议进行原理试验。上级批准后，经过几个组的日夜努力，设计出原理试验的氢弹装置，终于在 1966 年底通过热实验证实了原理。同时彭先生建议下一步进行全当量试验，建议当量为 300 万吨 TNT 左右。在他的建议下，1967 年成功地进行了大威力氢弹试验。[1]

---

1 贺贤土：《他把全部精力献给了祖国和物理学》，《物理》2005 年第 5 期，第316—317 页。

我国著名核物理学家、"两弹一星"元勋朱光亚院士评价彭桓武是"我国核事业及理论物理方面当之无愧的开拓者、奠基者和领导者"。

彭桓武自己也非常自豪地总结道："老实说，我也觉得我比我顶替的苏联专家干得好，自己的事没限制么。当然还有一些比我年轻一点的中国专家比我干得更好。干事，人才很重要。每个先行的人都要带动几个年轻一点的后来的人，而有些后来的人发展和贡献比先行的人还要大。'后来居上'是个规律，是可持续发展的保证，也是未来的希望所在。"

他说，当年苏联撕毁了援助我国的协议，"看来协议撕毁才促进我国科学和核工业的结合，是值得给协议撕毁者颁发一吨重的大勋章的"。

彭桓武对他亲身参与的、我们国家和人民在核能事业上取得的伟大成就，感到欢欣鼓舞、扬眉吐气、非常自豪。他为我国的核事业献出了全部的热情和智慧，并用诗歌抒发出自己的情感和体验：

塔爆有感

1964 年 10 月 16 日

亭亭铁塔矗秋空，六亿人民愿望同。

不是工农兵协力，焉能数理化成功。

（中国原子弹试爆成功，在罗布泊宴会上即兴而作）

游香山

1965 年 5 月 4 日

半百芳华逝水流，几分暗淡几分稠。

良辰最美青年节，试步初登鬼见愁。

盘路崎岖防失足，对山绿翠喜凝眸。

雄心后进齐先进，钝骨频加激励油。

（第三四句联想以青年为大多数的集体首次试验原子弹成功。后四句连带描写当初探索氢弹时我个人的心情。）

知春亭望西山

1983 年 4 月 22 日

尘消气静远山明，地塑天雕骨肉盈。

折皱峰峦掀广被，青松树木筑长城。

飞魂仿佛亲胸乳，望眼依稀识频睛。

一径陡攀愁见鬼，似曾携侣御风行！

（望西山如睡美人，隐喻祖国大地母亲。第七八句连带描述集体胜利突破氢弹秘密之形象。）[1]

中国试爆原子弹和氢弹成功的意义，是怎么估计也不过分的。于敏院士指出："美国从爆炸第一颗原子弹到氢弹试验成功，共花了七年时间，苏联用了四年。法国 1960 年爆炸第一颗原子弹后，

1　以上三首诗后括号内的文字均为诗作者彭桓武自注。——作者注

到 1968 年才突破氢弹；而我国只用了两年零八个月于 1967 年就爆炸了第一颗氢弹，抢在了法国人的前面。"[1]

彭老对此的评价是：因为氢弹试爆成功，我们才进入了联合国。国际竞争是无情的，没有实力谁也不会理你，没有实力什么事都行不通。

2003 年，美国发动了对伊拉克的战争。在电视屏幕上我们看到，无数奇形怪状的战机从最新式的航母上，像密集的子弹一样射向天空，战争的阴云再一次笼罩在人们的心头。彭老和大家一样，在社区花园的小径上一边散步，一边谈论着伊拉克的战事。

美国对伊拉克作战是两方实力悬殊的战争。如果两方势均力敌，或者都拥有核武器，其后果更是不堪设想。彭老说过，"现代战争的杀伤力太大了！我们是不是可以用计算机来模拟战争，敌对双方在计算机上模拟打仗，决定胜负。然后再经谈判，看是割地还是赔款……"这可能是一条消灭战争的途径，也许更多地表达了一个爱好和平的科学家的丰富的想象和善良的愿望。在当今霸权主义当道的世界上，怎样才可以避免战争？世界和平之路又在哪里呢？

人情世故依然远，物理天工总是鲜

彭老在他的一篇文章《八十自述：治学与为人之道》中，提

---

[1] 参考于敏 2005 年 6 月 3 日在"彭桓武院士从事物理工作七十周年学术思想研讨会"上的发言。——作者注

出了三个具有普遍意义的观点，摘录如下：

第一，自然界的知识对人类是有用的。这一点虽然在中国古代不太重视，古籍中也少有记载，可在西方几百年前就十分明确基础科学的作用。例如，英国皇家协会300年前的成立宣言中就强调了知识的作用。

第二，历史知识对人类的发展可资借鉴。历史的借鉴作用却是中国人历来所强调的，例如《史记》作者司马迁和《资治通鉴》作者司马光就都说过类似的话。今天我们说的"古为今用"也是同一个意思。历史是不能重复的，但历史知识有参考借鉴的价值。

第三，人与所有生物一样，存在着个体的差异。生物界里没有完全一样的东西，个体与个体之间总有不同之处。每个人所做的事情各不相同，而社会的发展需要人与人之间的通力协作。中国有句古语"天生我材必有用"，英国也有一句意义相近的古谚语"It takes all sorts of people to make the world"。我们每个人都既有优点又有缺点，因此，我们自己应认真分析自身的优缺点，从而摆正自己在社会中的地位，扬长避短，才能对社会作出最大的贡献。

这段平实的话语像是彭老一生学习、思考和实践的总结。

彭桓武的父亲彭树棠，字华清（1873—1940），湖北麻城人。青年时代从两湖书院以省公费留学日本学习法政。两湖书院是清末洋务派耆首张之洞在武昌兴办的。"洋务派主张'中学为体，西学为用'，洋务派对于西学的态度，就像是对知识分子的团结、利用、改造政策一样。但他们办新学，派留学生……还是做了好事。"这是彭桓武对洋务派的评价。

彭树棠先生回国后，先在武昌从事教育工作，后被调往东北延吉边务公署管理涉外事宜，历任延吉、珲春、长春地方官共10年，1920年辞职后寓居长春。彭桓武是这个家中最小的孩子，1915年10月6日出生在他父亲最后的工作和居住地长春。彭老先生在一封给儿子的信中曾这样写道："高、简、率、朴，俱是美德，但要学问以济之：志高，要不骄；行简，要居敬；性率，要合礼；身朴，要不陋。"这番话非常辩证，把事物相反相成的关系讲得十分清楚到位。好的东西，即便是种种美德，也都是有限度的啊。这给人以有其子必有其父的感觉。而彭桓武对这番教导的回应是："真是知子者莫若父，我也体会到本性之难移。"

彭桓武所受的小学教育可以说是自由式的、多姿多彩的。只因为当时的长春还没有中学，他从教会小学毕业后，又上过商埠小学、私塾，父亲还为他和兄姐们请过家教：补习英文。幼小的彭桓武已经表现出在算术包括珠算方面的特长，对文言文中骈体文的喜爱，并学过了英语和俄语两种外语。他也喜欢课外阅读，常从父亲的书柜中翻出小说和《史记》来读。

从1928年1月到1929年6月，彭桓武在长春自强中学念了一年半初中，主科成绩虽属优良，但因图画、唱歌、手工和体育不行，平均成绩在全班30多人中，排名仅居20多位。后经兄长帮助，插班入吉林毓文中学读初三，一年后初中毕业。毓文中学师资水平高，选用教材灵活并设有选修课。这里重数理化，还能选修解析几何、较深的英语课程等，正好发挥了彭桓武的特长，他腾飞了，一跃而成了班上的第一名。

1930 年 6 月初中毕业后，他又随父兄到北平上高中。第一学期考入汇文中学高二，但因母亲病重等原因，多半时间休学在家。高三下学期考入大同中学，那里的老师水平不低。数学老师从北京大学毕业，利用最后两堂课讲了立体解析几何入门，立体解析几何是当时大多数学校所没有的课程；物理老师还兼授北大预科的物理课；国文老师也具相当的文学水平，半年只讲了一篇《离骚》。这样，少年彭桓武易地三处，只用了三年的时间连蹦带跳地完成了中学的学业，并以优异的成绩考入清华大学，走出了人生的第一步。

在中学阶段，他就表现出主动学习、独立思考的能力。例如初中物理课中有一个关于透镜的复杂公式，即透镜焦距的倒数为透镜两面半径的倒数之和乘以玻璃的折光系数与 1 之差。年幼的彭桓武原以为物理公式都是实验结果经过整理得到的，但是他不明白，主要靠实验为何就能得到这样复杂的公式？他去问老师，老师拿出一本厚厚的英文版大学普通物理书，指给他看：答案就在这里。他终于看懂了：这个公式需要从实验得出的折射定律出发，再经代数、几何和三角的运算才可以得到。也就是说，这是一个实验加数学推导的过程。这个偶然的事件，不仅提高了他的学习能力，而且对他后来学习和研究理论物理，也产生了莫大的影响。虽然他从初三起才接触物理，但一下子就被吸引住了，对自然科学产生了浓厚的兴趣，并转化为强大的学习动力。彭桓武自己做了这样的总结："我腾飞了，成了龙头老大。如果仍在原来的学校里老是第二十几名，人被弄得灰溜溜的，也就不会有以后的发展了。因此这是一次对我的一生有深远影响的转折。"在这个转折中，他已经懂得了只有扬长避短，才能发挥一己之潜能，并且为了对自然奥秘的追求，选择自然科学作为自己一生的奋斗目标。

1931年彭桓武考入清华大学物理系，1935年毕业后，考入清华研究院。1937年七七事变之前离开清华，转道上海、越南海防到昆明云南大学教书。彭桓武说自己"老老实实念了六年书，四年本科，两年研究生，同时身体也变好了"。这是他人生的第二次转折，也是处理得相当成功的一次转折。

他把这六年的学习生活总结为三点：选课主动、学友互助和良师鼓励。其实不仅选课主动，他在学习的全方位均很主动，且能结合实际。有一年英语课教授了利用卡片作综述文的方法，期末考试规定每人按此方法写一篇综述文，题目自定。那时彭桓武正患消化不良和神经衰弱症，便阅读了一些论述营养、保健的英文书籍，并用卡片摘录书中有用的数据和重要论点，一方面指导自己的饮食，另一方面经综合整理写出了一篇注重营养的文章，交了考卷。经过两个学期的调养，他治好了自己消化不良和神经衰弱的毛病。又如在一次散步中，心理系的一位学长向他介绍了当时心理学的三大流派及其代表作。彭桓武便从图书馆借来，一一阅读，等于自修了一门心理学。

当时的清华大学图书馆有丰富的藏书、宽敞整洁的阅览室和先进的管理制度，实行开架借书，学生也可以入库查书借阅。年轻的彭桓武充分利用了这里的图书资源，他不仅借阅专业书籍，也喜欢东西方人文方面的名著。他读过康德的《纯粹理性批判》和《实用理性批判》，罗素的散文和怀特海的逻辑著作，他还连续浏览过先秦诸子的丛书。十六七岁的彭桓武正处于求知欲最旺盛的时期，他渴望认识世界、认识社会、认识人和自然的关系等。此时的他，已经学过大学一年级的数理化，读过达尔文的《物种起源》和汤姆逊的《科学大纲》。因此，对诸子的观点不无思辨，有时晚上还在宿舍写心得。结合自己学习的自然科学，他更倾向于西方文化中强调科学地认识物质世界的思想，更加坚定地选择物理学作为终生的事业。

彭先生给我们讲过他的一段心路历程："《资治通鉴》记载了这样一段史实：两名高官在讨论第二天的御前会议上该怎样应对，其中一个摆明观点，讲了实话，次日召见伊始，便被拖出斩杀了。政治之残酷、人情之虚伪，由此可见一斑。所以，一切所谓的人情世故都是假的，我从小就抛弃那些关于人情世故的说教，绝不过问任何派别、门户之争。而且，这种决定是在英国留学时就做出的。"看来，彭先生对于中国传统文化中的阴暗面，是深恶痛绝的。他要有所为，就得有所不为。

在清华的六年里，他得到著名物理学家周培源、吴有训和叶企孙等教授的指导和鼓励。在彭先生的文章中有这样的话："吴先生经常说：'物理学终究是一门实验科学。'我牢记这句话，但只是在听吴先生讲四年级的近代物理和研究院的 X 射线课，以及其他教授如叶企孙先生的课后，我才较深刻地理解这句话。"他不仅理解，而且身体力行。他的研究领域虽然是理论物理，但为做实验，他在大学里选修过四年化学。在英伦做研究时，他专程到工业城市伯明翰查阅那些实用性很强的各行各业的技术书籍。直到1955年，他还为搞原子弹到苏联热工研究所实习。正因为他走了既懂理论又善于联系实际的路子，具备广博的知识，才能在核物理的研究和原子能工业的创建中，应付多学科交叉的复杂局面，起到中坚作用。彭桓武用一首诗艺术地再现了自己的学术风格：

赋夏云（五古）

1986年7月23日

夏云善幻化，变体态颜色。西高端冰翼，东低层山胁。
晴晨缕片棉，阴暮淡浓墨。凝结倾盆降，蒸发万里陟。
偷闲今对坐，相审有同得。潇洒原本性，风流见定则。

彭先生在文章中屡屡谈到他向那些世界一流的科学家学习和与他们一起工作时的体会。他在爱尔兰与海特勒合作两年，研究介子理论取得了很大成就时，另一位物理学家罗森菲尔德却对他说："你现在该'去海特勒化'了。"当时他不甚了了，经过长期的思考和实践才认识到："这句话是鼓励我不要被资深的合作者和权威师辈所束缚，要独立思考，实事求是，在继承中注意扬弃，培养自己的学术思想，才能更好地发挥创造性，推动科学作更大的发展。"

在彭桓武专程向薛定谔请教怎样才能做好研究时，他的回答爽快而简洁：分而制之。这句出自恺撒大帝之兵家用语，让彭桓武认识到"做研究与作战之间有相似之处"。

海特勒曾经讲到，20世纪三四十年代的德国和法国理论物理学的发展差别很大。当时法国的理论物理权威、诺贝尔奖获得者德布罗意在学术上很专制，唯我独尊，学理论物理的人只能跟着他，结果培养不出新人。而德国有所谓的慕尼黑学派和哥廷根学派，代表分别是索末菲和玻恩。他们作风比较民主，学生之间常有交流，玻恩的学生可以去索末菲那里工作，慕尼黑学派的学生也来与玻恩一起工作。这样的相互交流使他们思想活跃，推动了德国理论物理的发展，培养出一大批优秀的物理学家。彭桓武认为，这实际上是个专制和民主的问题。

年轻时代的经历和机遇，对人的一生都有重大的影响，特别是对于那些善于思索的人，彭桓武就是这样一个人。在他领导核武器理论组攻关的艰难时日里，我们看到他运用"分而制之"战术，分兵三路突破氢弹奥秘的雄姿。在老中青三代科学家齐聚一堂，不分资历，不论辈分，各抒己见，热烈争论，探讨核子奥秘时，我们听到他掷地有声的话语："科学只承认真理，不承认权威。"[1]当他们攻克难关，研究所内以彭桓武为首的10位科学家因原子弹、氢弹研究中的数学、物理问题而获得国家自然科学一等奖时，他把按惯例本应由他保存的奖章送给了研究所，

---

1 郝柏林：《彭桓武先生与理论物理研究所》，《物理》2005年第5期，第320—321页。

并且提笔写下了"集体、集体、集集体，日新、日新、日日新"的题词。这一题词已成为鼓舞几代核能研究人员勇攀高峰的精神动力。

在彭先生年届古稀之时，曾赋七律一首：

香山感怀

1985 年 1 月 6 日

依然翠色万千松，望眼高抬啸碧穹。

浪漫鲲鹏庄子梦，芬芳兰蕙屈原风。

荀卿解蔽求全面，太史专心欲贯通。

少壮古稀犹未达，遑将胜败论英雄。

诗的开头，在景观的描绘中蕴含着自然界的道理。他借着庄子之梦比喻自己曾亲身参加的核弹事业，也像屈原一样回到祖国培养人才。无论庄子、屈原、荀子或是司马迁，都在学术上作出了杰出的贡献，面对无垠的宇宙和历代风流人物，诗人联想自己：目标远未达到，仍需继续努力。

彭先生在 80 高龄又写下另一首言志诗（词）：

咏两朵白芍药花

紫草黄花点缀，白盘绿叶帮扶。

婷婷顾盼若召余，脉脉含情不语。

玉洁冰清帝女[1]，心专目定凡夫。

精诚求实毕生愉，与真善美为侣。

瞧，圣洁美丽的帝女（纯粹科学与应用科学）正"婷婷顾盼若召余，脉脉含情不语"。这怎能让诗人不"心专目定"呢？象征着真善美的帝女，才真正值得诗人毕生不渝地追求啊。

这些诗彰显出彭桓武先生高远的志趣，以及"毕生不懈地、虔诚而又务实地追求真理的态度"[2]。有了这样的品格和智慧，当祖国和人民需要的时候，他可以毫不犹豫地去做核能的研究工作、培养青年的工作，甚至学术的组织工作。他的学术地位很高，是中国科学院首批院士；他的职位（亦可称官位）也不低，曾任二机部九院副院长、高能所副所长、理论物理所所长等。但是，他既不留恋权力、名位，更不会因失去它而感到失落。

1967 年氢弹试验成功。1972 年，57 岁的他正当壮年，他认为自己在这方面的任务已经完成，便调回中科院原子能所。1982年，未满七旬的他，在辞去中国科学院理论物理所所长职位后，更辞去其他一切兼职，连院士选举也不再参加。旁观者赞佩他淡泊名利，其实，这样做在他是十分自然的。因为玉洁冰心的帝女还在向他召唤呢。他又全身心地回到了心爱的物理学，除了倡导

1　帝女：娥皇女英，指两朵白芍药花，并联想纯粹科学与应用科学，凡夫指自己。此解释为彭桓武自注。——作者注

2　黄祖洽：《祝贺彭桓武先生 90 华诞》，《物理》2005 年第 5 期，第 311—321 页。

和组织凝聚态物理、统计物理、激光物理等前沿物理学科的研究外，更大力推动化学物理、生物物理等交叉学科的研究。2005年，在他的同事和学生们为祝贺他90华诞而举行的"彭桓武先生从事物理工作70周年学术报告会"上，他所作的答词也是一篇学术报告——《广义相对论——一个富于刺激性的理论》。

正像彭桓武在他的文章《值年自白》中所说，他在理论物理所所长任满后，"随着年龄增大，工作减轻，享受随意研究的工作待遇，现在感觉又回到在清华做学生和研究生时那样，只是节奏迟缓得很。惭愧惭愧。正是：甲子周而复始，学人螺旋前进"。也正像他在诗中所吟："叱咤风云半笑迁，年周甲子感联翩。人情世故依然远，物理天工总是鲜。"他热爱科学，他为科学而生，他是一位真正的科学家，不仅因为他的职业，更因为他的心灵。

彭桓武是我国同时接受了中西两种文化熏陶、硕果仅存的少数科学家之一。他在青少年时期认真研读过中国的文史古籍，他称当时自己"走的是旧文人史学研究的道路"。但他更服膺西方哲学家们关于人与自然关系的学说，从而选择了自然科学作为自己终生的事业。他尖锐地指出，西方人文学科的成就也不比中国低，中国能拿出多少人文方面的东西？"虽然我不到全盘否定的程度，但我们的人文学科和自然科学一样也落后了。"接着，他又侃侃而谈："儒家中我最喜欢荀子，荀子有'天行有常，不为尧存，不为桀亡'的唯物主义观点。而孟子的人性善之说，只是在打比喻，既无前提，也无论证。"彭老还说："我从小就反对理学，一听孔孟之道、宋明理学我就不舒服。《史记》我喜欢，我奉行文不读三代之后，韩愈、柳宗元都不读。春秋战国时百家争鸣，有学术民主，因此学术繁荣。但自汉统一后，汉朝已基本上独尊儒术，学术被限制窄了，就不行了。当然，中国文化重综合，以后还会有用。"

说到这里他又话锋一转，"其实学术的发源并不重要，但是今后要做得像个样子"。是的，西方学术文化的源泉普遍认为是希腊哲学，但以后的发展远远超出希腊的范围，它的中心也渐渐转移到英、法、德等国。20世纪以来，由于科学的急速发展，各个国家、民族间的空间距离越来越缩小了，全球化成了一股潮流，地球成了一个村。我们不仅要继承和发扬祖国优秀的文化传统，也必须汲取世界各民族优秀的文化成果，只有这样中华民族才有可能崛起，才可能继续对世界文明作出贡献。"今后要做得像个样子"，彭老的话一字千钧，字字击在我们的心上。他的话也提出了一个问题：我们的人文学科要怎样发展，才会做得像个样子？

真诚不计别离苦，欢笑何须梦寐求

在彭老家客厅兼书房的墙上挂着一幅中堂，上面书写着彭老怀念夫人刘秉娴大夫的诗。"您对夫人的感情很深啊！"我不禁脱口而出。"是的。"彭老回答，"我的诗词有三分之一是写给她的。在人情世故方面她是我的老师。"

这首词是记他们相识时的情景：

彭桓武和夫人刘秉娴

记一九五八年十一月二日与刘大夫共看红叶

1982 年 11 月 2 日

千里有缘相识，廿四年前今日。

风静已时迟，怜慕两情洋溢。

寻觅寻觅，山坳幸存鲜赤。

这首诗歌唱了老伴的无私忘我和他们同甘共苦的生活：

刘秉娴大夫千古

1977 年 8 月

白衣天使降红尘，重担肩挑满热忱。

工作连年称先进，不求利己利他人。

一声令下上尖端，保证夫君日夜班。

几载辛劳多贡献，其中半靠老妻看。

工作真诚众笑痴，冻营新窟湿寒滋。

侵经入络成深痼，滞血难行累下肢。

老夫折骨累加重，竟致毒癌肺内潜。

体瘦犹忙身后事，眷怀父子理单棉。

贤妻良母并严师，廿载辛劳岂不悲！

誓励余生图感报，与儿共唱慰灵诗。

刘大夫卧病的最后日子是在家中度过的，生活全由彭桓武亲自照料。在夫人离去后，因劳累和过度的伤心，彭桓武大病了一场，昏迷好几天才清醒过来。此后，彭桓武写过很多诗深情地怀念他的夫人。

怀念刘大夫

1981 年 7 月 7 日

旧地伤怀无共语，新天悔恨未同游。

真诚不计别离苦，欢笑何须梦寐求。

对白（西江月二首）

1987 年 4 月 24 日

（男白）自幼浑名和尚，学龄笃爱洋经，

寻师求道苦行僧，四十三年只影。

星月山盟海誓，风霜饮恨吞声。

待功圆德满飞升，重续前缘仙境。

（女白）曾去人间救难，复还天府修真。

留将子少伴夫君，教导成才睿敏。

青壮渐挑重担，老衰日渐轻身。

慈悲为本免沉沦，时至亲来接引。

他们从相识、相恋到结合、相互扶持，从此就不再分离了。即便是人天两隔，他们也在等待着重逢的那一天。

向刘大夫倾诉

1996 年 4 月 5 日

对影如痴诉断肠，别时已等聚时长。

生前慢待因忙乱，去后勤思怎补偿。

夫自安康居故里，儿同妻女立他疆。

但期国运蒸蒸上，发达文明胜列强。

他在向妻子倾诉，倾诉对她无尽的思念和内心最热切的希望："但期国运蒸蒸上，发达文明胜列强。"这里没有鲜花、没有美酒，也没有绵绵絮语，他们的感情如此的单纯，但又如此的深沉。唯其单纯，方才深沉。

他是共和国的功臣，一位真正的科学家。他又是一个普通人，体贴的丈夫和慈爱的父亲。他的思想、人格和智慧感动着我们每一个人，他才是一个真正的人。

2005 年 9 月 18 日

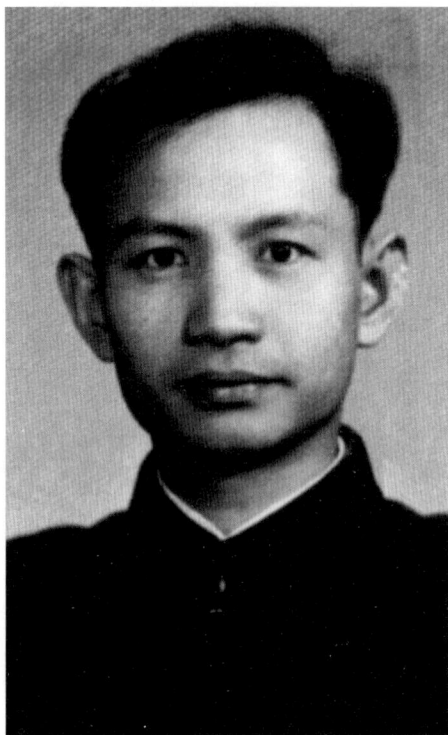

王元（1930 年 4 月 30 日—2021 年 5 月 14 日）

王元：一位数学家的艺术之路

黄且圆

数学的美学标准

王元教授是我国著名的数学家，1930 年 4 月 30 日生于浙江兰溪（原籍江苏镇江），1952 年毕业于浙江大学。他是中国科学院数学研究所研究员，曾任研究室主任、所长、所学术委员会主任，中国数学会理事长，1980 年当选为中国科学院院士（当时称学部委员），解析数论是他的主要研究领域。

20 世纪 50 年代至 60 年代初，他首先在中国将解析数论中的筛法用于哥德巴赫猜想的研究，并证明了命题 3+4，1957 年又证明了 2+3，这是中国学者首次在这一研究领域跃居世界领先的地位。其成果为国内外有关文献频繁引用。此时的王元只有 27 岁。其后，他与华罗庚合作致力于数论在近似分析中的应用，他们于1973 年证明的定理，受到国际学术界推崇，被称为华－王方法。20 世纪 70 年代后期他又对这方面的成果做了系统总结，产生了广泛的国际影响。20 世纪 80 年代他与方开泰教授合作，将数论方法应用于数理统计，创建了均匀分析方法，在理论与实际应用上均具重要意义。王元教授青年即成名，所以从很早的时候起，他就被年轻的同事、同行和学生们尊称为"元老"。

王元不仅是一位在数学的专业领域里取得杰出成就的科学家，而且他还通过数学研究，进一步关注到数学的本质，以及数学和数学家在教育、社会和人类发展中的影响。有关他这方面的思想，汇集在其论文集《王元论哥德巴赫猜想》和传记《华罗庚》等书中。

什么是好的数学？评价数学的标准是什么？"数学的评价标准和艺术一样，主要是美学标准。美学标准对物理科学也很重要，但对数学，它是第一标准。"王元如是说，"古今中外的很多大数学家都这样看，例如庞加莱、哈代、希尔伯特、冯·诺伊曼等，还有华罗庚都这样看。如果这一点不明确，对于搞数学的人来说，是要吃苦头的。"

对此，王元教授在《华罗庚》书中就有所论述："数学既然是一门独立的学科，就应该有它自己的评价标准。不能把数学是否对其他科学有用，来当成唯一的评价标准或非常重要的评价标准。如果是这样，数学岂不成了别的科学的附属了？数学除要求真实性外，几乎毫不例外地公认为还要'美'……哈代说过，'美是第一要素：世界是不会给丑的数学以永久的位子的'。冯·诺伊曼说：'我认为数学家无论是选择题材，还是判断成功的标准，主要都是美学的。'"[1]

1　王元：《华罗庚》，台北九章出版社，1995，第66页。

那么，什么是数学的美呢？王元认为："其说法不一，可以说带有一定的主观感情色彩，也与数学家个人的文化修养、文化背景与艺术鉴赏能力有关。"[1] 王元教授指出，大数学家希尔伯特在20世纪初提出要解决的23个数学问题，著名的费马定理和黎曼猜想，都是十分重大的、艰难的，又都是非常美的。接着，他从简洁、对称和神秘三个方面向我们展示了数学之美。

王元认为，简洁是数学美最重要的因素。也就是说，好的、深刻的数学问题，在表述上必然是简单、清晰的，但是在简约的形式下，却包含了极其深刻的内容，因此证明起来又会十分困难。

国人所熟知的哥德巴赫猜想，就是希尔伯特23个问题中第八个问题的一部分。这个猜想是德国人哥德巴赫早在1742年写给大数学家欧拉的信中提出的：任何一个大于2的偶数，都是两个素数之和。素数就是这样一类正整数，除了它自身和1以外，它不能分解为其他整数的乘积。粗略地说，素数就是整数中一类不可再分解的数。我们举例来说明这个命题的含义，大于2的偶数由4开始：4=2+2，6=3+3，8=3+5，10=5+5，12=5+7……50=7+43，52=11+41……由于是两个素数之和，也就是一个素数加一个素数，故此问题又可简记为1+1（这里的"1+1"仅仅是为简述哥德巴赫问题而使用的一个符号，并不是算术加法）。这个命题的含义如此简单明了，每一个学过算术、具有小学程度的人都能懂得。

每个小学生也都知道，每个偶数（双数）都是两个奇数（单

1　王元：《华罗庚》，台北九章出版社，1995，第66页。

数）之和。我们只要将上述命题中的"奇数"二字换成"素数"，再去掉偶数中的 2，它就变成了哥德巴赫猜想。其实，除去 2 的素数全都是奇数，是奇数中很基本的一个类。所以，哥德巴赫问题仍然是一个关于整数结构的十分基本的问题。但是，当你想要说明它成立的原因，也就是给出它的数学证明时，它就突然变得非常困难起来。

王元教授曾经多次撰文，介绍近百年来中外杰出数学家为解决哥德巴赫猜想所做的努力。1920 年，挪威数学家布朗改进了有两千多年历史的埃拉多然尼氏"筛法"[1]，证明了每个充分大的偶数都是两个正整数之和，而其中每个整数的素因子个数都不超过 9。按照我们前面的解释，这个结果可以简记为 9+9。它与哥德巴赫猜想即 1+1 还相距甚远。1924 年，德国数学家拉代马哈证明了 7+7。1932 年，英国数学家埃斯特曼证明了 6+6。苏联数学家布赫夕塔布又于 1938 年与 1940 年分别证明了 5+5 与 4+4。他们就像运动员一样，向目标哥德巴赫猜想冲刺，不断地刷新着世界纪录。

我国数学家华罗庚早在 20 世纪 30 年代就开始研究这一问题，取得了很好的成果。他证明了"几乎所有的偶数都是两个素数之和"，并且他认为哥德巴赫猜想与解析数论最重要的理论和方法都有密切的关系，因此，它的研究就能给许多强有力的数论方法的产生与发展以巨大的推动力。而这些方法不仅对解析数论本

1　埃拉多然尼氏筛法，简称埃氏筛或爱氏筛，由希腊数学家埃拉多然尼提出的一种简单检定素数的算法。要得到自然数 n 以内的全部素数，必须把不大于根号 n 的所有素数的倍数剔除，剩下的就是素数。

身，而且对数学许多分支的发展，都会有很大的影响。从 1952 年起，华罗庚在中国科学院数学研究所组织并领导了哥德巴赫猜想讨论班。从此，中国数学家开始了研究这一问题的艰苦卓绝的努力，取得了骄人的成就。1956 年，王元证明了 3+4，同一年，苏联数学家阿·维诺格拉多夫证明了 3+3。1957 年，王元又证明了 2+3。这些结果虽然一步一步地接近了哥德巴赫猜想，但他们的缺点在于两个相加的数中，还没有一个肯定为素数的。例如，结果 2+3 是说每个充分大的偶数都可以表示成至多两个素数的乘积再加上至多三个素数的乘积，这离每个大于 2 的偶数都可以表示成一个素数再加一个素数的结果还有相当大的距离。

直到 1962 年，我国数学家潘承洞证明了 1+5。1963 年，潘承洞和巴尔巴恩又都证明了 1+4。1965 年，阿·维诺格拉多夫、布赫夕塔布与意大利数学家朋比尼证明了 1+3。我国数学家陈景润在对"筛法"做了新的改进之后，终于在 1966 年证明了 1+2，取得了迄今为止世界上关于哥德巴赫猜想的最好成果。35 年又已过去，古老的哥德巴赫问题仍然没有解决！可见它的难度之大。

哥德巴赫猜想是关于正整数和素数的一个非常基本的问题。从形式上看，它非常简单漂亮，但解决的难度又非常之大。数学总以它独特的性质挑战着人类思维的极限，这也是它的美和魅力之所在。

此外，哥德巴赫猜想的最终形式 1+1 与已经证明了的结果 3+4、3+3、2+3、1+3、1+2 等相比，除了是最简单的以外，又是对称的！著名数学家庞加莱说过，数学家们非常重视他们的方法和理论是否优美，这并非华而不实的作风，那么到底是什么使我

1980 年，华罗庚（左）与王元探讨学术

1980 年，华罗庚（前排右三）与王元（中排右一）等弟子合影

们感到一个解答、一个证明是优美的呢？那就是各个部分之间的和谐、对称，恰到好处的平衡。一句话，那就是井然有序、统一协调，从而使我们对整体以及细节能有清楚的认识和理解，这正是产生伟大成果的地方。

再来看另一道数学名题费马大定理。我们都知道直角三角形三个边长相互关系的定理，那就是两个直角边平方之和等于斜边的平方。如果用 A 和 B 表示直角边的边长，C 表示斜边的边长，直角三角形三个边长的关系就可以写成公式：$A^2+B^2=C^2$。这个事实最早为我国古代数学家商高发现，称为商高定理或勾股定理。在古汉语中，勾、股分别表示两个直角边，弦即斜边。这是多么简洁和美丽的定理！学过平面几何的人都会知道，它的定理几乎都是简单、对称和美的。勾股定理还告诉我们：勾 3 股 4 弦 5，即 $3^2+4^2=5^2$。换个角度看，这个公式是说整数 5 的 2 次幂（平方）可以表示成整数 3 和 4 的 2 次幂之和。如果我们把公式中的 2 次幂换成 3、4、5……也就是任意的整数 n 次幂，问题就变成当 n 大于 2 时，一个正整数的 n 次幂能不能表示成两个正整数的 n 次幂之和呢？费马的结论是否定的，即当整数幂大于 2 时对任何正整数都不成立。

大约在 1630 年，费马在他的一本名为《算术》的书的页边空白处，写下了这样的话："不可能把一个立方数分成两个立方数，或者把一个四次方数分成两个四次方数。一般说来，不可能把一个大于二次幂的方幂数，分成两个同次幂的方幂数。"接着他又写道："我对此找到了一个真正妙不可言的证明，但是这处空白太窄，无法写下它。"这就是著名的费马大定理。但是在费马的论文中，仅有 n=4 时定理的证明。

到了 1770 年，大数学家欧拉才证明当 n=3 时，定理成立。直到 19 世纪才又有数学家相继证明了当 n=5、n=7 时，定理成立。到了 20 世纪，有众多杰出的数学家从不同的方向、用不同的方法为解决这个问题努力。这段经历让人们不得不作这样的猜测：根本不存在费马对自己提出的定理的证明。

数学的历史告诉我们，这个看起来孤立特殊的问题，却对数学的发展起到了推动作用。受这个问题的启发，库默尔[1]引进并研究了理想数的概念，经过其他数学家的研究和推广，这个概念已经渗透到分析、代数、集合等领域，可以说是近代一切数学领域所不可少的。到了 20 世纪 80 年代，有数学家发现，由椭圆曲线理论中的维尔－塔尼雅玛猜想可以推出费马大定理。这样又把一类几何问题与正整数联系起来。前者描述了空间连续的几何图形，后者是离散的数量关系，这两个南辕北辙的问题，却存在着有机的联系。而美国数学家怀尔斯正是从这个思路出发，才于 1996 年最终证明了费马大定理。费马大定理的证明是 20 世纪数学历史上的骄人成就，它几乎使所有的数学家欣喜若狂。

希尔伯特就曾指出：数学是一个不可分割的有机整体，它的生命力正在于各个部分之间的联系。尽管数学知识千差万别，但在数学的整体中，使用着相同的逻辑工具，存在着概念的亲缘关

1　库默尔（Ernst Eduard Kummer，1810—1893），19 世纪德国数学家，曾任柏林大学校长、巴黎科学院院士、英国皇家学会会员。

系。同时在数学的不同部分之间，也有大量相似之处。数学理论越是向前发展，它的结构就变得越加协调一致，并且这门科学使一向相互隔绝的分支之间也会显露出原来意想不到的关系。如今离希尔伯特的时代又过去了一个世纪，和其他自然科学一样，数学也取得了飞速的发展，跨世纪的难题——费马大定理——被画上了完整的句号。费马定理证明的过程更印证了希尔伯特论断的正确性。数学的世界也像整个宇宙一样，它的内部千差万别，却又浑然一体，充满着未知，充满着神秘的美。

最近，美国一个著名的研究机构也为21世纪的数学提出过七个重大的问题，其中就包括黎曼猜想。黎曼猜想同样简单、对称，这些问题也都毫无例外地符合数学的美学标准。有人问，为什么新世纪的数学问题变少了？涉及的数学领域也不多？王元认为，不是数学家们忽略了，而是某些领域尚未涌现影响到整个数学学科的重大问题，真正美的、好的数学问题为数不多。

既然判断数学优劣的标准是美学的，那么它和文学艺术的美学标准又有何异同呢？对这个问题，王元认为：简单、清晰、易懂，不仅对数学很重要，对其他学科，包括文学也很重要。凡文笔老则简，意真则简，词切则简，理当则简，品贵则简，神远而含藏不尽则简。文学的最高形式是什么？那就是诗。诗在文学的各种形式中是最简练的，也因而品贵、神远且含藏不尽。王元还就自己的体会告诉我们说，最好的小说像中国的古典四大名著，读三遍也就够了；可是好的诗却可以百读不厌，随时都可以拿起来再读。最好的诗也是简单、易懂的诗，不用生僻艰涩的词句，用的都是平常话。诗的精品不需注解考据，读起来就能让人理解，就能打动人心。像李白、杜甫、毛泽东写得好的诗词就是如此。"大雨落幽燕，白浪滔天，秦皇岛外打鱼船。一片汪洋都不见，知向谁边？往事越千年……"说着说着元老便轻吟起来。

科学艺术，贵在原创

"从美学的标准看，无论是数学还是文学艺术，其原创性最为重要。"元老侃侃而谈。他说，纯粹数学的荣誉只能给予那些原创性的工作，在后面跟着走的人就不会受到重视。只有那些原创性的工作，才可能流传给后人。应用数学的永久价值就存在问题。例如，牛顿在物理学中给世人留下的定律、公式，都非常简单、漂亮，但是牛顿、高斯搞的积分近似计算就不同了。他们研究的积分近似计算是一维的，计算机出来以后，大家都搞高维的，他们关于一维的想法就没有多大用处了。大概是一维积分的计算量不大，改进几个百分点，还不如有一个简单的程序，所以就有可能留不下来了。应用数学中的一项成果，其原创思想是什么、属于谁，往往看不清楚，可能属于几百年前的某位数学家。纯粹数学和应用数学从原创性的角度看，其性质也有很大不同。

元老还在他的文章中，通过华罗庚的研究工作和学术观点，说明什么是原创性，以及它的重要意义。"华罗庚的科研工作，常常是发展自己的原始思想，有自己的方法，这一点对于生长并长期工作在发展中国家的数学家来说，尤为难得。华罗庚的数学著作，无论是解决经典问题，还是建立一个系统的数学理论，都贯穿着一种独特的风格，这就是使用直接方法……早在三十多年前华老就说过，'历史将严格地考验着每个科学家和每项科研工作。大量工作经过淘汰只剩下一点点，有时整个数学分支被淘汰了'。1978 年后，他公开提出'早发表，晚评价''努力在我，评价在人'等观点。"[1]

"最近我在整理陈景润的工作，发现其中恐怕有三分之一的文章都可以不必发表。"王元是从原创性的标准看待这个问题的。"我自己的工作至少也有二分之一可以不发表。"元老谦逊地说。

谈到这里，笔者不禁想到，可以用数学史上的一个例子对原创性做一点解释。我们知道英国哲学家怀特海曾把 17 世纪称为"天才的世纪"。我们前面提到的法国数学家费马就诞生于这个世纪之初，在这个世纪里还产生了英国人牛顿、德国人莱布尼兹，以及开普勒、伽利略、笛卡尔等八位彪炳史册的科学巨人，其中只有费马将他的全部才智奉献给了纯粹数学。与费马不同，牛顿把他的数学应用于物理世界，他对数学所作的划时代贡献就是创立了微积分。当时还发生了牛顿与莱布尼兹关于微积分的发明优先权之争（这场争论使得英国和欧洲大陆学术交流中断了一个世纪），最终牛顿依然得以跻身历史上最伟大的数学家之列。而在牛顿去世两百多年以后，有人才在他的一篇文章中发现了一个注记，原来他的微积分是在"费马先生划切线的方法"基础上发展

---

1 杨文林主编：《王元论哥德巴赫猜想》，山东教育出版社，1999，第 411 页。

起来的。后来的数学家之所以要指出费马对微积分的贡献，恐怕也是出于对纯粹数学的原创性的尊重吧。

王元认为，从某种意义上说，艺术对原创性的要求比科学还要严格。科学只是去发现自然界的事物和规律，科学家可以根据自身的知识和经验，先去猜想，然后再证明结果，他们利用实验或逻辑方法。艺术就不一样了，艺术需要鲜明的个性，模仿是没有任何意义的。牛顿和爱因斯坦没有发现的东西，后人可以继续去发现。艺术就不同了，如果没有贝多芬，他所创作的乐曲也许再也没有人能够写出，我们也永远听不到了。"我们这些人钻了数学还算是幸运的。"在艺术的面前，王元显得很谦逊。

从原创性的话题，元老又联想到当今我国学术界的一些情况。他指出现在有单纯追求论文数量的现象。"美国麻省的一位数学家问我，为什么有个中国人同样性质的文章写了七八篇？这简直太愚蠢了！"王元告诉我们，"这一现象并不是很个别的，有些人还很年轻文章就有几百篇，所以，整天催论文不好。"元老十分关心当前我国学术界的学风和学术腐败问题，他极力向我们推荐《中国学术腐败批判》一书，他说："这本书把现在学术界的一些矛盾、问题都讲到了，这些现象可以说是社会上的腐败在学术界的反映。"我们在这里引用一些这本书的摘录，以补充说明王元教授的看法。

近几年中国学术界形成了有目共睹的"繁荣"。

主要表现在两个方面：一是学者特别是享有高级职称的

学者、"名"学者和拥有各种奖项获得各种称号的"专家"级学者越来越多。足可断言，短期内名家辈出，中国简直成了大师的国度。二是论文专著等各种学术产品以惊人的速度递增。一言以蔽之，一时间力作不断，学术界几乎成了力作的海洋。

近几年中国学术界出现的一些仅从著述数量而言堪称大师的学者有个特点，他们虽是"大师"，其实都不大——年龄不大。其中的许多人都不过是中青年学者，有的还刚出道不久。他们著述宏富，因为他们写起东西来最突出的有两大突出特点：一是速度快，二是产量高。都说做学问难，要"甘坐冷板凳"才能"十年磨一剑"。而现在有些学者混在学术界"胜似闲庭信步"，却能够"不尽成果滚滚来"。

⋯⋯

繁的后面本应跟着荣，盛的前面理当挂着昌，中国学术实际上却是"繁而不荣（光荣），盛而不昌（昌明）"。对中国学术的繁荣，不少学者并没有多少光荣、自豪的喜气，反而忧心忡忡、悲哀莫名，因为中国学术的繁荣很大程度上来自于学术昌明的牺牲，学术腐败的盛行。

⋯⋯

学术败类的三样宝：抄袭、重复、注水。

⋯⋯

学术作品本来有自己的产出规律。如果只有学术作品自己特有的产出规律发生作用，那么学术作品的产量会与学术界的研究实际相一致，波动是会有的，但不可能出现完全不反映研究实际情况的大跃进式增长。现在这种情况出现了，就说明学术界还受到了学术作品产出规律以外的其他非学术因素的支配。

······

学术产品有优劣之分，乃至偶尔有真假之分也是正常的。但是，在学术产品产出规律和优胜劣汰机制的作用下，学术作品优劣真假的比例是不可能超过一定限度的。学术界搞"计划生育"就是要突出自身的产出规律，限制非学术性因素的作用，使学术产品中优劣真假的比例关系恢复到学术发展所允许的范围内。

······

学科之间也是有区别的。有些学科容易出成果，有些学科要出成果则难些。即使在同一学科内，也会因研究课题的不同而有产出率的区别······能多出成果的学科和课题尽管多出，"难产"的学科和课题则出不了别硬出。这个道理不仅搞研究的学者要谨记，一些老是巴望着下属快出成果的领导也不能忘记。[1]

---

1 杨守建：《中国学术腐败批判》，天津人民出版社，2001，第114—124页。

2005年8月1日，王元（左一）、丘成桐（右二）、杨乐（右一）访问书法家欧阳中石

数学之美是数学家可以专享的，学术领域的腐败现象则应当是数学家所不齿的。数学就像一个屹立于遥远北极的冰雪美女，她庄严自持而又恬静安详，她晶莹剔透，让人一览无余，映衬在色彩瑰丽、忽隐忽现的极光之中，显得神秘而莫测高深。不过，你只能欣赏她哦，千万别想去拥抱她。如果你那样做了，后果对她、对你都是不可想象的。

历史的沉思

王元教授是一位著名数学家，他不仅专业著述等身，而且十分关心社会与精神文明的进步。他的许多文章、讲话对这些方面都有所论述。王元教授对人文的关怀，更是深深地融入他的长篇著作《华罗庚》中。这本书已经再版过三次，并且有了英文和日文的译本。它不仅叙述了天才数学家华罗庚的一生和他的数学成就，从中你还可以清晰地感受到从辛亥革命到20世纪末期，中国社会艰难奋进的脚步声、中国知识分子成长的真实境遇……所有这一切，形成了这本书极为厚重的历史感。

华罗庚是1950年从美国回到祖国的。那时候，他已是享誉世界的第一流数学家了。他是在旧社会成长起来的，由于家境贫寒，在家乡唯一的一所初中毕业后，便无力到外地升高中了。除了天才加勤奋，在贫穷落后的旧中国，华罗庚为何能够破石而出？历史怎样造就了华罗庚？这部书告诉了我们答案。

中国古代有光辉灿烂的文明，其中也包括数学的成就。但近几个世纪以来我们落后了，岂止是落后？到 20 世纪初，近代数学在中国简直就是一片沙漠、一片空白。以华罗庚为杰出代表的中国数学前辈们，在中国动荡不安的政治局势中，在内忧外患造成的居无定所甚至衣食无着的生存条件下，以怎样坚忍不拔、百折不回的努力，在中国播种近代数学，并使之生根发芽、开花结果？这本书告诉了我们答案。

1950 年 2 月，在新中国成立不到半年的时间里，华罗庚便放弃了国外优越的研究环境和生活条件，毅然回到祖国。他为何要这样做？他曾受到过哪些影响，他的思想基础是什么？这本书告诉了我们答案。

华罗庚从 1950 年回国时就已经认定了共产党是支持发展科学的。从那时起，他就下定决心把自己的政治生命和中国共产党结合在一起了。他曾于 1963、1964 及 1967 年多次提出入党申请，均遭拒绝，直到 1979 年再次申请时才得到批准。在华罗庚的骨灰安放仪式上，他的骨灰盒上覆盖着鲜红的党旗。但是，在他的人生历程中，也曾经有过这样一件事：华罗庚 1946 年启程赴美国访问前，蒋介石曾在庐山接见过他。为了让华罗庚能彪炳千古，为万人景仰，他前段历史中的那一事件是否可以回避？在中央电视台《读书时间》节目栏中，王元教授回答了这个问题。他说："历史是不能修改的，大家都知道的事实你改了，别人也还是知道，而失去诚信的是你和你的书。"是啊，事实是历史长路上的一个脚印，事实是真理大厦上的一块基石，事实是可以任意舍弃的吗？

在《华罗庚》一书中，有一章名曰"劫难"。这一章不仅记录了"文革"中华罗庚个人所受的劫难，还记录了许多著名数学家如熊庆来、张宗燧、陈景润等所受的劫难，概述了中国科学院数学研究所在"文革"各阶段的历史。这本书人物与事件交错，堪称一部数学研究所的"文革"简史，作者的胆识让人敬服。历史是不应被忘记的，敢于正视自己历史的民族，才是勇敢的民族，才有希望自立于世界民族之林。

王元教授是一位数学专家，但他的作品语言简洁、自然流畅，理解人物深刻，有许多神来之笔。他向我们介绍了一个充满活力、勇于创新、多才多艺而又性格复杂的华罗庚。

王元是华老的学生。从 1953 年冬起，他参加了华老领导的数论讨论班，学习和研究解析数论，以及前人为解决哥德巴赫猜想所提出的理论和方法。1957 年春，王元证明了 2+3，这是当时哥德巴赫猜想的最好成果。"到这个时候，华罗庚很高兴了，他对王元说：'真想不到你在哥德巴赫猜想本身就作出了成果'，'你要是能够再进一步就好了，如果上不去的话，你这一辈子也就是这样了'。这也真让他说中了。想不到王元在 26 岁时就停住了，以后在攻难题方面的确不再有进步。"[1]老师的率直、学生的坦诚跃然纸上。

潘承洞和王元、陈景润都是我国对哥德巴赫猜想做出过杰出贡献的知名数学家。王元和潘承洞在共同的工作中，结下了深厚的友谊。潘承洞教授因病辞世后，王元多次撰文深情怀念他。在

1　王元：《华罗庚》，江西教育出版社，1994，第 212 页。

《华罗庚》一书中他这样写道：

> 潘承洞在证明 1+5 时是十分着迷的。那时他给王元的信件是很多的，他将他的结果不断地告诉王元。王元则不相信潘承洞的结果，每每予以反驳。潘承洞再加以辩解，而且彼此的信都写得很长。最后王元承认潘承洞的结果是对的。在这段时间里，潘承洞总共给王元写了六十几封信，他只给在北大读书的未婚妻李淑英写了两封信。每当王元与潘承洞谈起这段拼搏的历程时，他们总是浸于幸福的回忆之中。[1]

似乎只有数学家才能想得起用数字来表达情感的深度。

王元教授确实是以数学家的严谨精神来对待传记写作的。为写《华罗庚》，他花了五年时间积累资料，不仅从国内，也从国外，特别是从香港、台湾搜集素材。正因为如此，才使这本传记不仅内容丰富翔实，而且更正了许多过去流传甚广的传言，甚至是谣言。更为可贵的是，王元教授把传记材料的每一来源，哪怕是众所周知或细枝末节的东西，也都注明出处。对比起某些根本没有任何参考文献的社会或人文学科的论文、著作，真有天壤之别啊！

1　王元：《华罗庚》，江西教育出版社，1994，第 339 页。

书法之路

一谈起书法，元老就兴致勃勃、两眼放光。1994年他奋力完成的长篇传记《华罗庚》终于出版了，1995年，王元开始练习毛笔字。其实从少年时代起，王元就很喜欢书法。12岁时，正值抗日战争时期，王元和弟弟一起考取了位于四川合川的国立二中。"二中就像一座音乐学校，同学自己将竹子锯成筒，蒙上蛇皮，做成二胡，几乎人人拉二胡，丝竹之声充满了学校，我的二胡是我们班拉得最好的，我喜欢刘天华的作品《良宵》《病中吟》《空山鸟语》等。我也喜欢画画。虽然也画得不错，但我只会临摹，自己却创作不出一张像样子的画来。我还喜欢书法。这些方面，对于提高我的文化素养的帮助极大。"[1]王元对弦乐器情有独钟，可是他认为，小提琴有四根弦，胡琴只有两根，其表现力显然比不上小提琴。有条件时他便拉起了小提琴。在进入浙江大学的第一年，他还参加了学校的小提琴队。但是，亲历了民族危难、国民党的腐败以及自己成长中的曲折，新中国刚刚成立，正值百废待举之时，身处人杰地灵的杭州、学者云集的浙大，王元深知自己的使命，也深知自己的幸运。在浙大的第一年，他选了九门课，经过一年拼搏，门门都是高分，一跃成为浙大的高材生。此后，他就毅然放弃了这些业余爱好，全身心地投入到数学的学习与研究中。

---

1 杨文林主编：《王元论哥德巴赫猜想》，山东教育出版社，1999，第488页。

但是，艺术的魅力是不可抗拒的。在放弃了业余爱好的 45 年之后，王元又重新拿起了毛笔。"我更多的时间用在关注书法上，现在可以搞的就是书法。"元老侃侃而谈，"搞艺术需要时间、实践。例如，科学家喜欢书法的很多，但自己不写，这不行。只要写几年就会有成效。"除了繁忙的公务和家务外，元老每天坚持练书法一小时。他练书法和搞数学一样，很用心、很会动脑筋。他曾经发出过这样的感叹："经过一段时间练习，每一个单独的字看起来都有了进步，但整篇字的布局还把握不好。"他说："在书法家的脑子里肯定有个草稿，不然整篇字怎么布局？建国 50 周年时出版的毛主席诗词手迹中，《沁园春·雪》过去就没有发表过。《长征》毛主席也写过好几遍。"

元老还十分强调书法这门艺术的独立品格，"书法就是书法，把书法和任意其他什么东西挂钩肯定会失败"。确实，字写得再好，书写的内容是标语口号式的打油诗，怎么也算不上是一篇好的艺术品。元老的一帧书法作品写的是苏东坡的诗，被选入了庆祝澳门回归两院院士书法展。

"书法不能像数学那样搞，不在现代书法家的基础上变。中国的书法正在不停地复古。楷书要临颜真卿、柳公权，行草就要临摹王羲之，在王羲之的基础上变化。"元老如是说。只要你悉心揣摩元老的书法，就可以明白他是怎样认真地在实践自己的想法了。

一赞扬古人就被斥为厚古薄今的时代已经过去。但是要让人们懂得，真正的艺术和艺术品总是独特的、独一无二的，是最具个性的，因而是不可替代的。科学在随时代进步，今天的艺术却不一定总是胜过昨天的艺术。

对毛泽东的书法，元老推崇备至。他认为，毛泽东书写的由他自己创作的诗词及古诗词，更是纯艺术的精品，是诗与书法的完美结合。毛泽东有革命实践，他的诗和书法气势澎湃，别人都比不了。他认为毛泽东要比郭沫若和柳亚子的诗与书法技高一筹。他还告诉我们，毛泽东说过，"字要写得好，就要起得早。字要写得美，必须勤磨炼"。毛泽东练字，临帖比较少，主要是读帖、看帖。笔者也写过几天毛笔字，因而答道："练字时也能感觉到光是临帖不够，临帖时一笔一画，很难把握一个字的完整形象，也要试着读帖。但要通过读帖，把字的结构神韵抓住，并能够应用到自己的书写中，实在不容易啊！"见到我们对书法也感兴趣，还能与他对话，元老便很热心地将他珍藏的《毛泽东手书古诗词》及《毛泽东批阅古典诗词曲赋全编》借给我们阅读参考。

在后一本书中，我们发现一些很有意思的内容。毛泽东在李白的《蜀道难》之后的批阅内容为：此篇有些意思。1975年，毛泽东对他身边的工作人员说："李白的《蜀道难》写得很好，有人从思想方面作各种猜测，以便提高评价，其实不必，不要管那些纷纭聚讼。这首诗主要是艺术性很高，谁能写得有他那样淋漓尽致呀，他把人带进祖国壮丽险峻的山川之中，把人带进神奇优美的神话世界，让人们仿佛也看到了'难于上青天'的蜀道上面了。"[1]

1　毕桂发主编：《毛泽东批阅古典诗词曲赋全编》，中国工人出版社，1997，第329页。

元老对这段批语的评论是：毛泽东认为诗的艺术性与政治思想性不可混同。看来，这也是元老在书法创作中所遵循的一项原则呢。

现在元老的书法在科学界已颇有些名气，不时有人来向他求字或请他参加书法展览。对此，他十分认真，每次他总是先选好题材，认真领会，酝酿感情，最后才开始屏心尽力地创作。

元老说："我很幸运，在书法上与数学上一样，得益于名师指点。我在全国政协与欧阳中石先生同属无党派组。每次开会，我都将临摹的字送欧阳先生指点，他总是严格地加以指教。还有一年开会时，在中土大厦住地，观摩了他亲笔写字，得益良多。欧阳先生不仅将他发表的作品与著作送给我，还为我书写了四首古诗作为纪念。可以说，经过这些年，我不仅向欧阳先生学习了书法，也建立了很好的友谊与信任。"

我们祝愿元老在艺术的道路上，一如在科学的道路上一样，不畏艰险，勇攀高峰。

2001 年

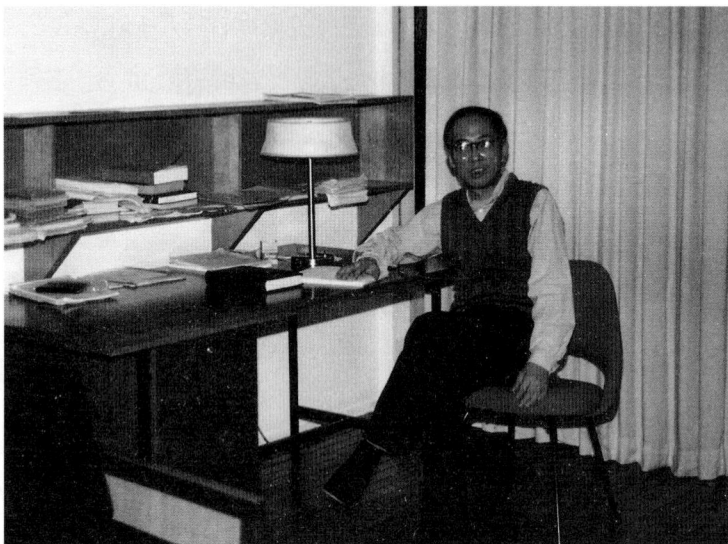

钟家庆（1937 年 12 月 4 日—1987 年 4 月 12 日）

钟家庆：用生命铸出光辉成就[*]

杨乐

北大同窗

1956 年，我和钟家庆一同考入北京大学数学力学系，因为学制的调整，我们有了六年共同学习、生活的经历。我们分在一个小班，又曾同住一间寝室，而且我是江苏南通人，钟家庆是安徽人，都算南方人，家庭背景也有一点相似之处，因而彼此比较熟稔。

钟家庆来自安徽芜湖，一个很有文化底蕴的地方，毕业于当地最好的中学，成绩优秀，酷爱数学，很顺利地考入北大。他的

* 本文系天津师范大学数学科学学院教授杨静博士 2018 年 12 月 13 日与本文作者的访谈录，以《忆数学家钟家庆点滴——杨乐访谈》为题，刊在《中国科技史杂志》2020 年 3 月第 41 卷第 1 期上。收入本书时，编者略有修改，并重制文章标题。

钟家庆（1937—1987），原籍安徽五河，生于安徽安庆，中国科学院数学研究所研究员。1956 年入北京大学数学力学系，1962 年在中国科学院数学研究所攻读研究生，师从华罗庚先生。在多复变函数论、复几何、群表示论等领域成果突出。1987 年，获得首届陈省身数学奖，同年 4 月英年早逝于美国访学期间。1988 年中国数学会设立钟家庆数学奖，奖励优秀的数学专业研究生。

家境在当时应该是比较殷实的，父亲解放前是政府的公务人员，而且有些能力，解放后仍做到科长的位置。只是 1957 年"反右"的时候，他父亲受到冲击。钟家庆处事比较谨慎、稳重，或许与此有一些关联。

上大学之后，钟家庆在专业上表现很突出。我们知道，中学到大学的学习会有个衔接问题。能到北大学习数学，都是各地很优秀的学生，但开始大学学习之后，大部分同学还是感觉到有些吃力。大学第一年的主课是"三高"：高等分析、高等代数、高等几何。期末考试时，钟家庆拿了 3 个 5 分（满分），一个小班三十几个同学，只有不到四分之一能拿到这个成绩。那时，钟家庆经常是清晨背着书包离开宿舍，直到晚上 10 点图书馆闭馆后才回来，是一班人中的佼佼者。

钟家庆对文学十分喜爱，并且有些修养。可能受家庭影响，他的文笔很好，喜欢读《红楼梦》之类的中外名著，经常用带着安徽口音的普通话发表自己的感想和点评。这在那个年代可以算是多才多艺了。

1959 年下半年，学校在我们年级分专门化，分为函数论、概率论与数理统计、微分方程、几何与拓扑、控制论五个专门化，函数论专门化又分为单复变函数组和多复变函数组。其中，函数论专门化理论性较强，分到这里的学生多数学习成绩比较好。当时学习多复变函数的学生，毕业以后最好的去处是中科院数学所，师从华罗庚先生。而学校和有的老师有点想法，希望把最好的学生留在北大，所以安排单复变函数组力量最强。我和钟家庆最初都分在单复变函数组。

1959 年国庆以后，学校开始"反右倾"的政治运动。系里认为多复变组的政治思想力量需要加强，这时同学的业务水平已不在考虑之列。而钟家庆行事谨慎，受到系里和老师的信任，于是被调到多复变组当组长。这样，我们有了各自不同的专业方向。

研究生学习

1962 年，我们大学毕业。这一年，国家正处在"调整、巩固、充实、提高"的时期，教育战线上有一件大事，是国家正式恢复"大跃进"期间中断了的研究生制度和招考工作。

顺理成章，钟家庆报考了华老（华罗庚）多复变函数论方向的研究生。华老对我们这届同学非常满意，本来计划招收 2 位研究生，成绩出来以后又多招收了 1 位，分别是钟家庆、孙继广和曾宪立，而且要了 3 名本科生到数学所做研究实习员，分别是陈志华、殷慰萍、石赫。我和张广厚则考取了熊庆来先生的研究生。同时，熊先生也从北大要了吕以辇到数学所做研究实习员。这样，我们走出北大校门，又一起走进中科院数学所。

华老涉猎的领域很广，多复变函数方向主要由陆启铿带领陆汝钤和许以超等年轻人开展研究。1951 年陆启铿从中山大学调入数学所，在华老的指导下已经成长起来了，是这个方向的负责人。钟家庆在研究生考试的时候，华老就注意到他。进入数学所以后接触下来，华老认为钟家庆不仅业务基础扎实、刻苦勤奋，而且在学业上颖悟力颇强，对他的学业很是欣赏、关注，并嘱咐陆启铿具体给予指导。陆启铿曾到北大授过课，因此他和钟家庆彼此熟悉。

我们当时的研究生学制是四年，大家都极为珍惜这个学习阶段，全力以赴完成导师交代的学习、研究任务，掌握科学的研究方法，这也为以后取得学术成果打下了很好的基础。1966年，大家正在准备毕业论文的时候，"文革"开始了，所有学术活动戛然而止，毕业的事情不了了之。

1963年，华老执意离开数学所，要求去中国科学技术大学工作。中国科学院再三挽留，而且搬出熊庆来先生（熊先生对华先生有伯乐之恩）进行劝阻。折中之下，华先生名义上仍担任数学所所长，人事关系则迁到中科大，担任中科大的副校长。

1964年，华老的研究、教学工作已经全部移到中科大，他曾经要求担负几个研究方向的以往的学生和正在学习的研究生也调到中科大。最终，王元、龚昇随华老去中科大工作，研究生里孙继广、曾宪立也去了中科大。

这件事发生的时候，陆启铿曾找到钟家庆，要求他留在数学所。我和钟家庆相处久了，知道他性格敦厚，一向与人为善，很少拂了别人的要求，一劝之下他经过犹豫还是留在了数学所。

华老一向对钟家庆青睐有加，自然不愿意这样轻易罢休。在一次给研究生上大课的时候，华老说道，希望有的人能站在我的肩膀上，可以成长得更快。有人说，这就是说给钟家庆听，在施加压力。毕竟那个时候，华老有相当的权威，在他极力要求下，钟家庆只在数学所多留了半年多的时间，最终还是去了中科大。

老一辈科学家既识才又爱才，这是一段佳话。

艰难岁月

1967 年，钟家庆结婚，夫人是清华大学物理教师吴美娟。1969 年，按照"高校下放通知"的要求，中科大开始搬迁到安徽，钟家庆这时又面临两难选择。一种选择是随中科大去合肥，可这时正值"文革"混乱阶段，学术研究根本谈不上。最后，他去了清华大学，选择和家人在一起。

到了清华大学没不久，他就随清华师生下放到鲤鱼洲五七干校。鲤鱼洲是江西鄱阳湖边的一块沙洲，血吸虫病重疫区，新中国成立前荒无人烟。20 世纪 50 年代开始试办农场，60 年代末，清华大学、北京大学把五七干校办到这里。

在一片沙洲上，几千人"战天斗地"造"万亩良田"，其生活条件的艰苦可想而知。钟家庆在鲤鱼洲待了一年多才回到北京，开始招收大学工农兵学员以后，便在清华教授数学基础课。

钟家庆在清华时，我们偶尔会碰到一起。谈及当下的教学工作，他只有苦笑。工农兵学员基础悬殊，很多人初中程度都达不到，可以说是无从施教。相比较而言，他更怀念以前饶有兴趣的研究工作。

钟家庆从鲤鱼洲返回北京后，令老同学十分吃惊的是他容貌变化很大。这时钟家庆也就 30 多岁，但是他的头发已经开始花白，前额也秃得比较厉害，身材比较消瘦。据说，有的血吸虫如果寄生

20世纪60年代，钟家庆和大学同学合影（左起：张顺燕、吕以辇、张广厚、杨乐、张南岳、孙继广、钟家庆、殷蔚萍）

在人体某些部位，不会当时发作，有很长的潜伏期。他是否得过血吸虫病，抑或和后来猝然离世有无关系，这都很难确知了。

科学春天

1978 年改革开放以后，钟家庆主动要求调回中国科学院数学所。回到熟悉的工作环境，重拾中断已久、心爱的数学研究，钟家庆以一种时不我待、分秒必争的态度投入到工作中，异常努力、用功，希望把失去的时间弥补回来。

努力终有回报。刚过去一年多的时间，钟家庆成果频出，接连发表优秀的学术论文。检索钟家庆的主要论著发现，钟家庆在 1979 年发表 2 篇文章，1980 年发表 4 篇文章，1981 年发表 5 篇文章，1982 年发表 1 篇文章，1983 年发表 1 篇文章；研究领域也从多复变函数拓展到微分几何，成果得到国内、国际学术界的关注。我想，十年"文革"期间，钟家庆应该没有随波逐流，即使不能公开做学问，私下也不曾荒废时间、停止思考，所以就有了这样的厚积薄发。

从 1980 年开始，钟家庆三次赴美访学。当时受经费限制，中国科学院数学所原则上规定，出国访学必须由国外邀请方提供经费才能获准。钟家庆数次受邀访美，也可见国际上同行学者对他学术成果的认可。

1980 年，钟家庆在斯坦福大学访学，结识萧荫堂、李伟光、莫毅明等人，共同展开研究，研究领域除了涉及多复变函数，同时致力于微分几何方向。

1983—1984 年，钟家庆在普林斯顿高等研究院访学。莫毅明这时已经在斯坦福大学取得博士学位，转到普林斯顿大学任教。在丘成桐引导下，钟家庆与莫毅明两人合作完成的文章受到国际上高度评价，是数学界很重要的成果。

1986—1987 年，钟家庆第三次去美国访学。这时萧荫堂受聘为哈佛大学教授，邀请钟家庆在哈佛访问了一学期。莫毅明则转到哥伦比亚大学任教，并在 1986 年获得美国总统年轻研究人员奖，有些经费，便向钟家庆发出邀请。第二学期，钟家庆去了哥伦比亚大学，继续与莫毅明合作，直到生命最后一刻。

1981 年，钟家庆晋升研究员，并成为博士生导师。1987 年 2月，钟家庆获得首届陈省身数学奖。

天妒英才

1987 年 4 月 12 日，钟家庆突发心脏病猝然离世。我当时担任数学所所长，第一时间接到电话知道了这个噩耗。

钟家庆在哥伦比亚大学访学期间，为了研究工作和生活的方便，租住在莫毅明家里。当天的情况据说是深夜两点前后，钟家庆曾敲开莫毅明卧室的门，说胸痛得厉害，问有没有止痛片。莫毅明找出止痛片交给了钟家庆。然而，莫毅明早上再去敲钟家庆房门的时候，才发现人已经故去，身体完全凉了。

我与钟家庆相处日久，知道他是一个很自律、传统，经常为别人考虑的人，深夜去敲门应该是病发作得相当厉害了。缺少基

1983 年钟家庆在美国普林斯顿研究院

本的医疗常识，当时在异国他乡，这几种因素造成了不幸。

一位多年同窗好友，一位正处成果高发期的数学家，壮年便不幸离世，不能不让我扼腕。震惊之余，我也想找出其中原因，避免不幸的事再次发生。

首先，不能不提到当时大的社会背景。一方面，改革开放之后，我们这一代中年科技人员重新投入科学研究之中，都想把逝去的宝贵时光补回来，状态有点亢奋，承担了繁重的科研任务。另一方面，微薄的收入、低质量的物质生活、低劣的医疗条件和上老下小的生活压力，加之长期的超负荷运转，使身体始终处在亚健康状态。而且，可怕的是许多人自己并不知情。就像钟家庆去世后，家人表示，从来没有发现他有心脏病方面的症状，或许有些隐患被忽略了。

钟家庆从读完研究生、参加工作，到 1978 年十几年间，晋升被冻结，尽管研究水平在国内处于领先位置，但级别一直相当于"助教"，拿着 69.5 元的工资（比同期的大学毕业生还好点，他们一直是 56 元）。柴米油盐布都要凭票供应，只能保证身体基本的温饱。多数人家住的是十几平方米的房子，孩子已经大了，有的还有老人同住，一大家子人就挤在逼仄的空间里。医疗条件也很有限，"小病基本靠扛，大病基本靠拖"，不是病痛发展到忍受不了的程度，根本不会去医院看病，更从无定期体检的说法。条件如此艰苦，又要承担繁重的工作，人就像绷紧的弓弦，稍有情况就断裂了。20 世纪 80 年代，多位中年科学家早逝，其中就包括我的同学张广厚和钟家庆，这已经成为一种社会现象。在引起上上下下的重视之后，随着国家经济的高速发展和对教育、科研工作的重视，知识分子的待遇终于得到了根本的改善。

其次，和国外访学者清苦的生活状态有关。当年，在国外受资助的经费很有限，为了能带些国内见不到的图书、设备，或买一两件免税的电器改善生活，只能尽量压缩生活开支，好在大家都节俭惯了，也不以此为苦。我曾在哈佛遇到一位数学所搞理论物理的访问学者，谈起有的访问学者如果要去波士顿城里，经常是从剑桥步行前往，这段路坐地铁不到 20 分钟，这样做无非就是为了省上几毛钱。钟家庆也是比较节约的，而且他的心思都在业务上，不太注意饮食和生活上的细节。钟家庆去世后，从他生前的一些录像带上，可以看到他的饮食很简单，比如吃面条时，也没有什么菜肴佐餐。其实，美国的生活本身比较简单，但长时间这样不注意饮食和生活的话，肯定会对身体有影响。

最后，应该和钟家庆的性格有关。他是个很为别人考虑的人，有些生活和工作上的压力都是封闭在心里自己扛着。而且，访学时间马上到期了，他要忙着汇总资料、总结成果，已经到了废寝忘食的程度。

好几个原因叠加在一起，终于击倒了还不到 50 岁的钟家庆，中国数学界失去了一位卓有成就的数学家，我也失去了一位同窗挚友。

身后哀荣

我把钟家庆突然离世的消息，通知钟夫人吴美娟的时候，她完全没有思想准备，受到巨大的打击，随即强烈要求把遗体运回国内。

这事没有先例，华罗庚先生 1985 年在日本去世，遗体在东京町屋火葬场火化后，骨灰运回北京。中国科学院最初的意见，也是请吴美娟到美国，协助办理钟家庆在当地的火化事宜，带骨灰回国。

虽然知道很难，我还是迅速向中国科学院领导做了汇报。所幸，中国科学院同意了这个要求，由我代表数学所经办这件事情。具体操作起来很琐碎，主要是由中国科学院国际合作局多次与我国驻纽约的领事馆协调运输遗体和遗物的事宜。虽然钟家庆在数学界是一位知名的学者，但是社会上和政府部门对此完全不清楚，认为他只是一名普通的研究员。我只好反复解释，钟家庆是国内学术水平超常的数学家，求得各部门的理解与重视。

尽管很费了些周折，事情终于办妥，我们觉得唯有这样才能对一个老同学、一位非常出色的同事有比较好的交代，也是对他的亲属比较好的慰藉。

当时，恰逢《人民日报》在五四青年节前约我写一篇文章。钟家庆在世时为人低调谦和，为了让更多人知道他的事迹，我就写了一篇介绍钟家庆科研精神的文章——《要把丝吐在祖国》。

1987 年 4 月 25 日，在八宝山革命公墓礼堂举行向钟家庆遗体告别仪式。事前，我以个人名义打电话给严济慈、周培源，为了更好地悼念逝者，希望两位老人能够在仪式上露面，因为都是中国科学院的老领导，彼此间比较熟悉，他们表示同意。当天，严济慈、周培源、宋健、何东昌、周光召、丁石孙和科技界的

300多人出席告别仪式，极其隆重。作为科学家，这次告别仪式规格之高颇为罕见，使逝者极尽哀荣。

钟家庆去世那年，女儿钟文在北京大学概率统计系读一年级，儿子钟宁在清华大学附中读高三。吴美娟曾经找过我，希望女儿能去美国留学，儿子可以进北京大学读书。

为老友安排好身后事也是我的责任。在遗体告别仪式上，我向何东昌提到钟宁上北大的事，他不置可否。我只好又去找丁石孙，谈到孩子成绩不错，父亲突然离世对他打击很大，能不能想办法让孩子和父亲一样也进北大读书。在丁石孙的支持下，这件事如愿以偿。同时，我和丘成桐商量，在他的帮助下，钟文随后去纽约读书深造。

为了更好地纪念钟家庆，国内外有关人士提议成立一个基金会，这件事得到国内外数学家的响应。国内外数学家发起捐款，伍鸿熙、萧荫堂、莫毅明等学者起了较大的作用，募集到6000余美元，加上国内一些学者的捐款，成为基金会最初的经费来源。

1988年，钟家庆基金会成立后，决定颁发钟家庆数学奖，奖励优秀的数学专业研究生，为此成立评审委员会。考虑到钟家庆生前工作过的单位，评委由我（代表中国科学院）、李忠（代表北大）、龚昇（代表中科大）、萧树铁（代表清华）4个人组成。

时光荏苒，逝者如斯，钟家庆离开我们已经30多年了。钟家庆数学奖现在是国内数学界的一个重要奖项，钟家庆这个名字至今仍然激励着年轻人在数学事业上拼搏努力，我想他可以含笑于九泉了。

丘成桐（1949 年 4 月 4 日— ）

丘成桐：追求数学的真与美

黄且圆

丘成桐是获得国际数学界最高成就奖菲尔兹奖的第一位华裔数学家，也是迄今为止唯一获此奖的华裔数学家。[1] 菲尔兹奖是由国际数学家联盟主持评定，并在国际数学家大会上颁发的。此奖的一大特点是仅授予 40 岁以下的青年数学家。丘成桐因其在微分方程、代数几何中的卡拉比猜想[2]，广义相对论中的正质量猜想，以及实和复的蒙日－安培方程等领域里所做出的杰出贡献，荣获1982 年度的菲尔兹奖。此外，他还获得过美国数学会维布纶奖

1　菲尔兹奖（Fields Medal），应加拿大数学家菲尔兹（John Charles Fields）要求设立的数学领域国际最高奖项之一，于 1936 年首次颁发。因诺贝尔奖未设置数学奖，故该奖被誉为"数学界的诺贝尔奖"。每四年颁发一次，每次授予二至四名有卓越贡献的数学家。获奖者必须在该年元旦前未满 40 岁。截至2022 年，全世界共有 65 位数学家获得菲尔兹奖，其中两位为华裔数学家丘成桐（1982 年）和陶哲轩（2006 年）。作者撰写此文时，可能未注意到华裔数学家陶哲轩已获该奖。

2　尤金尼奥·卡拉比（Eugenio Calabi，1923—2023），出生于意大利米兰，数学家，美国国家科学院院士。卡拉比猜想源于代数几何，是卡拉比在 1954 年国际数学家大会上提出的：在封闭的空间，有无可能存在没有物质分布的引力场？1976 年丘成桐证明这一猜想，使之成为卡拉比－丘定理。

（1981）、美国国家科学院卡蒂奖（1981）、瑞典皇家科学院克拉福特奖（1994）及美国国家科学奖（1997）等奖项。丘成桐于1993年当选为美国国家科学院院士，并于次年成为中国科学院和中国台湾"中研院"院士。

生长在一个重教之家

1949年4月，丘成桐诞生于广东汕头一个清贫的知识分子之家。他的父亲丘镇英出身于农村，祖父是乡村中代人诉讼的状师兼中医。他的祖父因常赠医施药给当地乡民，很受乡民的敬仰，却不幸早逝。他留给儿子们做学费的存款，也被成桐的叔伯等先行挪用，成桐的父亲只能靠借债读书。丘镇英先生长于文、史、哲，兼通经济，多数时间在大学执教。成桐的母亲梁若琳，高中毕业后曾在中学任图书管理员。他们在双方老师的介绍下相识了。成桐的外祖父梁伯聪先生为前清秀才，在广东省立梅州中学任教30多年，桃李满天下。他好吟诗作画，和镇英先生常有唱和。在他的女儿与镇英先生订婚时，他曾贺诗一首，其中开首两句曰："能使欧公让出头，眉山原不等庸流。"他将镇英先生的文采直比苏东坡，可见对女婿的欣赏。他在诗中又诉说了对女儿婚后的期望：他时息女随君去，也傍经帷学读书。两位年轻人便在这诗情画意中成婚了。

就在丘成桐出生那年，父亲便携全家老小迁往香港，所以他的童年和少年时代都是在香港度过的。初到香港时，全家住在元朗。当时的元朗还是农村，他们一家和当地农民朝夕相处，小成桐也常和农村的孩子们跌打滚爬在一起。他因此学到了农民艰苦朴素的生活习惯，也深受农民热爱自然、贴近自然的纯朴风尚的影响。

丘成桐的父母对人生有相同的看法。他们都热爱自己的国家，痛恨日本帝国主义的侵略，热切地期盼着自己的民族走上繁荣富强的康庄大道。丘镇英先生以救国和做学问为己任，年轻时虽家境贫寒，仍花很多时间与精力，做抗日救国的工作。到香港以后，他常与学生和朋友在家中纵论哲学和救国事宜，却每被无识之士讥为不切实际的空谈。妻子总是他最忠实、最坚定的支持者。丘镇英夫妇要求子女们对得起国家，对得起民族，成为中华民族的栋梁之材。

丘镇英先生先在厦门大学，其后又在香港的崇基学院、香江书院（均为香港中文大学的前身）等校任教。由于当时教员薪资很低，丘镇英先生需在三所学院兼职，妻子还要做针线、手工贴补家用。他们对子女的教育却不敢稍有懈怠。虽生活困苦，但他们仍坚持让所有八个子女上学读书。他们的长女上英文中学时，在同学影响下渴望去英国进修，当时家中的生活水平虽在赤贫线下，他们仍到处张罗经费，让长女如愿远涉重洋赴英攻读。丘成桐就读的培正中学，也是香港中学中之佼佼者，它以培养出六七名美国科学院院士而誉满香江。

在父亲的影响下，丘成桐自幼就开始读《左传》《战国策》《史记》，以及魏晋南北朝以前的古文。父亲也教他念《红楼梦》《水浒传》、诗词和翻译小说。对这些文史经典，他刚开始时不懂，也不太想念，但久而久之，这些东西在他心中慢慢地浸润开来。当他14岁时，父亲因积劳成疾以及精神方面的压力病逝了。父亲的早逝，让幼年的成桐悲痛万分。失去了生活的支柱，感受到事态的炎凉，这一切，也让他一下子成熟起来。也许认真实践父亲的教诲就是对他老人家最好的纪念。他开始自觉、认真地阅读这些古文书籍，坚持不懈直到现今，渐渐地将这些典籍中的精华吸收到自己的心中去。丘先生告诉我们："如果我用心写文章，写出来的就是古文。我太太说我的白话文还没有古文好。"

可能是家庭教育的熏陶，丘先生对历史情有独钟。改革开放初期，他就在百忙中抽空到故宫博物院查阅《清实录》。回国期间，他也经常出入书店，选购新出版的文史书籍。他常常有一本《史记》在手，在繁忙的讲学和研究工作间隙，不时翻看。丘先生说："我从大学时就喜欢念《史记》，最初只是排遣自己的感情，睡觉前看二三十分钟。我很喜欢《史记》里的内容和文字。"

有人问他："你最喜欢《史记》中的哪一部分？"

丘先生回答："传记部分，像孔子世家、萧何世家……在这些传记里，太史公告诉我们很多做人的道理，孔子讲的'夫名不正则言不顺，言不顺则事不成，事不成则礼乐不兴，礼乐不兴则刑罚不中，刑罚不中则民无所措手足矣……'"丘先生居然一口气背诵了一大段，他又兴致勃勃地接着说：

"孔子一辈子都在讲周公之治，要重建礼乐……他周游列国，写书影响后世。他书里面所讲的历史教训、人生哲理影响了中国两千年。这让我意识到，现在做学问，不能只对当前有影响，希望对后世也有久远的影响，我从小就有这个想法。

"司马迁做学问的态度让人敬服。他写大禹时，走访了父老乡亲，以考证大禹治水的事迹。调查研究，这是学习历史的科学方法。司马迁的文章乃千古第一流，影响中国几千年文学和史学的发展。我念《史记》就像欣赏歌剧一样，沉醉其中。"

"难道《史记》和歌剧也有共同性？"有人好奇地问。

"读《史记》时，我喜欢念出声。《史记》的词句简练，音调抑扬顿挫，就像歌剧一样。而且，整篇从平铺直叙开始，逐渐达到高潮，也与歌剧有异曲同工之处。"这是丘先生对《史记》由衷的赞颂。

不约而同，来到美神脚下

丘先生也喜读现代文学，他特别欣赏沈从文的作品。"沈从文写出了乡土情调，文章清丽，有感情。"丘成桐这样评价沈从文。20世纪80年代初，他初次回国讲学不久，便专程造访了这位他久仰的文坛巨擘。沈从文曾赠他草书一幅，令人意想不到的是，这幅草书竟成了沈氏之绝笔。丘先生告诉我们，当时沈从文虽只做古代服饰研究，但他仍关注着中国的文学。沈老对他说，现在的年轻人对用词、对文字的美都没有感觉了。

沈从文与丘成桐，他们工作的性质似乎截然不同。一位从事文学创作，一位潜心数学研究，他们的年龄相差近半个世纪，他们长期生活在不同的地域、国家，但他们却能倾心交谈，一见如

1983 年，丘成桐于波兰获颁菲尔兹奖

1996 年 4 月 15 日，香港中环办公楼上，路甬祥（左三）、丘成桐（右二）、
杨乐（左二）、陈启宗（右三）确定设立中科院晨兴数学中心后留影

故，想来定有其内在的缘由吧。

沈老曾用他那特有的充满情感的文字，描述了在湘西平静如画的群山之麓、流水之滨，那世世代代涌动着的炽烈的生命之潮，在大自然永恒之美的背景下，人类生命既飘忽无奈又庄严自持的悲剧之美。他对美有惊人的敏感，他对美就像宗教信徒对他们心目中的神一样顶礼膜拜。

沈从文这样叙说他对美的感受：

在有生中我发现了"美"，那本身的形与线即代表一种最高的德性，使人乐于受它的统制，受它的处治。人的智慧无不由此影响而来。典雅辞令与华美文字，与之相比都显得黯然无光，如细碎星点在朗月照耀下，同样黯然无光。它或者是一个人，一件物，一种抽象符号的结集排比，令人都只想低首表示虔敬。阿拉伯人在沙漠中，用嘴唇触地，表示皈依真主，情绪和这种情形正复相同，意思是如此一来，虽不曾接近上帝，至少已接近上帝造物。

这种美或由上帝造物之手所产生，一片铜，一块石头，一把线，一组声音，其物虽小，可以见世界之大，并见世界之全。或即"造物"，最直接最简便那个"人"。流星闪电刹那即逝，即从此显示一种美丽的圣境，人亦相同。一微笑，一皱眉，无不同样可以显出那种圣境。一个人的手足眉发在此一闪即逝更缥缈的印象中，即无不可以见出造物者手艺之无比精巧。[1]

沈从文认为，文学就是捕捉美的圣境，并用文字将它保存下来。"凡知道用各种感觉捕捉住这种美丽神奇光影的，此光影在生命中即终生不灭。但丁、歌德、曹植、李煜便是将这种光影用文字组成形式，保留得比较完整的几个人。这些人写成的作品虽各不相同，所得启示必中外古今如一，即一刹那间被美丽所照耀，所征服，所教育是也。"[2]

同样，丘成桐也在数学的研究中感到美。有人问他："说到数学，很多人都认为它枯燥。你说数学很美，美在哪里？"

丘先生回答：

> 做数学就和下棋一样。一个好的棋手在下棋时，总是感到越下越有意思。一个画家要把眼前的自然风光表现出来，得不断修改他的画稿，越改越有意思。数学要比下棋、画画内容丰富，深邃得多。
>
> 大自然纯真的美，像山峦的起伏，四季色彩的变化，都是大自然自动流出的美。当我们用简单的方法描述出大自然的现象时，就会觉得这个方法非常之美。例

1　沈从文：《烛虚》，载《沈从文选集》第五卷，四川人民出版社，1983，第78页。
2　沈从文：《烛虚》，载《沈从文选集》第五卷，四川人民出版社，1983，第78—79页。

如牛顿力学，用几个简单的定律、公式就可以描述茫茫宇宙间，星体在怎样运行，还有海洋中水流的千奇百怪的运动。

当然数学的美还必须真。有时你猜测一个定理，看起来很美，但证明以后不对了，也就不能认为它美了。

丘成桐在北京大学百年校庆讲演中，对数学的美学性质做了深刻而又生动的描述。他从一位文学家对数学的看法谈起："这边有位文学家，这位文学家讲，有关真理最明晰、最美丽的陈述，最终一定以数学的形式来表现……物理学家看数学的威力，可是文学家会注意到美丽的陈述。"[1] 其实，沈从文也注意到数学的这一特点，他说过："表现一抽象美丽印象，文字不如绘画，绘画不如数学，数学似乎又不如音乐。"[2]

什么是数学的本质？它与其他科学、与文学有何不同？丘先生认为：

我们从我们心灵里面，然后由现象界、大自然界，或者工程，或者社会科学启示出来的、得出来的很美丽的概念，只要能够用逻辑来处理的，都是我们数学家研

1　丘成桐：《数学——它的内容、方法和意义》，载《聆听大师：北京大学百年校庆著名华人科学家讲演集》，北京大学出版社，2009，第 101 页。

2　沈从文：《烛虚》，载《沈从文选集》第五卷，四川人民出版社，1983，第 78—79 页。

究的对象。所以，数学家研究的对象是很广泛的对象，是从我们心灵里得出来的一个感激。

数学与其他科学不同的地方，可能与物理，或者是化学，或者是生物不同，是我们允许很抽象的概念。即使是与大自然没有关系的，我们都容许。只要它是美丽的，我们就将它引进来，推导它不同的结果。这是数学家与一般自然科学家不同的地方。

数学家与文学家不同的地方有两点：一点是我们一切的命题无论它多漂亮，一定要有数学的公理来推导，否则的话，无论多么美丽都不算是一个数学的命题，这是文学家做不到的。第二点，文学家很少用比较量化的表示，可是数学家要表示数学命题的时候一定要用量化的表示方法。[1]

丘先生说他喜欢的文学艺术的风格，是清新自然的一类，像山水、人们感情的自然流动……"不自然的东西我不太接受，像金庸的武侠小说，太假。抽象派的画把眼睛鼻子画到嘴巴中，不是自然的美。"看来，丘先生对文学艺术美的体认，与他对数学美的感受是相同的：美离不开真，二者是相互呼应、相互影响的。

在讲演中，丘成桐以欧几里得几何为范例，深刻阐述了数学美的真谛：

1　丘成桐：《数学——它的内容、方法和意义》，载《聆听大师：北京大学百年校庆著名华人科学家讲演集》，北京大学出版社，2009，第 101 页。

数学正式成为系统化的科学，开始于欧几里得的《几何原本》……我从一篇文章里看到利玛窦翻译欧氏《几何原本》的时候有这样的讲法：从欧氏《几何原本》，我们开始公理化，一脉贯通，最后能够变成一个很奥微的学问，只是从很简单很简单的公理里面得来的。我们念中学几何时就晓得，这是一个划时代的想法。就是讲，就算很复杂的定理都可以由很少数的简明的公理来推导。真和美第一次得到一个明确的定义。从此以后当数学家们证明一个定理的时候，我们晓得，一切都是无可置疑的。所以欧氏《几何原本》给数学家赋予真实的意义。数学家在讲一个定理的时候，可以深深地讲，这是对的。这是一个很重要的启发。第二，欧氏几何使我们晓得，成熟和美丽的数学命题一定要用很简单的语言来叙述。这是一个审美的、很重要的观点。它影响到两千年来我们对数学命题的美的最简单的、审美的、主要的标准。欧氏几何在物理上有很深远的影响。牛顿在写他的伟大著作的时候，他就是用欧氏几何的方法来写的。从某个方面来讲，我们最值得惊叹的是，当物理学家面对 fundamental physics（最基本物质结构）时，他们的价值观与欧氏《几何原本》基本上是一样的。物理学家到了今天，还是想完成所谓的统一场论，就是期望宇宙间的一切力场可以由统一原理解释。这只是一个猜想。可是他们能够有这么大的信心，就是由数学来启示的。就是说，他们能看得到，数学家能够由这么简单的公理推导出这么繁琐、这么重要的数学命题。这表示有很大的可能，即物理的基本现象都是能够这样到的。

还有一位数学家 Sylvester（西尔凡斯特），在 19 世纪的时候，他讲，数学能够揭露和阐明的概念世界，它所导致的对至美和秩序的沉思，它在各部分的和谐关联，都是人类眼中最坚实的根基。这是第二位数学家。他讲，一个精彩巧妙的证明，精神上都近乎一首诗。这是因为数学的观念有这么明了的公理化以后，才能够达到至美和秩序的观念。数学家一定要吸收自然科学的美，像自然科学里面的物理学家或工程学家得出来的最美的一部分，然后用我们自己主观的美和客观的逻辑作导引，将想象力发挥到极致的时候，我们可以创造出一些深的定理、深的命题。这些命题往往连作者也觉得惊异。[1]

沈从文潜心文学创作，丘成桐埋头数学研究，他们行走在不同的道路上，但都受到美的启示、美的召唤，是美激发了他们创作的灵感、生命的激情。他们不约而同，都来到了美神的脚下。他们在这里会合，彼此发出了会心的微笑。这真可谓殊途同归，同归于美啊！

---

1 丘成桐：《数学——它的内容、方法和意义》，载《聆听大师：北京大学百年校庆著名华人科学家讲演集》，北京大学出版社，2009，第102—103页。

学术研究三境界

对于怎样写小说和怎样做数学的一些最基本的方面，丘成桐与沈从文也有相似的看法。沈从文将小说看成是"用文字很恰当记录下来的人事"，他又进一步解释说：

> 既然是人事，就容许包含了两个部分：一是社会现象，即是说人与人相互之间的种种关系；二是梦的现象，即是说人的心或意识的单独种种活动。单是第一部分不大够，它太容易成为日常报纸记事。单是第二部分也不够，它又容易成为诗歌。必须把现实和梦两种成分相混合，用语言文字来好好装饰、剪裁，处理得极其恰当，方可望成为一个小说。
>
> 说到恰当问题……我们好像就必然要归纳成为两个条件：一是作者对于语言文字的性能，必须具锐敏的感受性，具有高强手腕来表现它。二是作者对于人的情感反应的同差性，必须有深刻的理解力，且对人的特殊与类型能明白刻画。[1]

沈从文将上述的两种能力视为写作的基本功，他还特别强调对文字的驾驭能力："文字是作家的武器，一个人理会文字的用

---

1 沈从文：《小说作者和读者》，载《沈从文选集》第五卷，四川人民出版社，1983，第117、120页。

处，比旁人渊博，善于运用文字，正是他成为作家的条件之一。几年来有个倾向，多数人以为文字艺术是种不必注意的'小技巧'。这有道理。不过这些人并不细细想想，没有文字，什么是文学。《诗经》与山歌不同，不在思想，还是文字！"[1]他甚至将写作比喻为"情绪的体操"："我文章并无何等'哲学'，不过是一堆'习作'，一种'情绪的体操'罢了。是的，这可说是一种'体操'，属于精神或情感那方面的，一种使情感'凝聚成为渊潭，平铺成为湖泊'的'体操'，一种'扭曲文字试验它的韧性，重摔文字试验它的硬性'的体操。"[2]这种"体操"需要反复学、反复做、反复操练而已。

同样，丘成桐认为，做好数学基本功必不可少，这个基本功就是"算"。当然，这个算中也包含了逻辑推理。他指出，只要把基本功搞好，抓住重要的问题，即使是20多岁的年轻人，也可以解决重大的数学问题。反之，有的人很会讲，懂得很多的理论、观点，却解决不了问题，毛病就出在基本功不扎实。

有学生问他："有人搞数学喜欢想，看书少，而有的人念书多，你属于哪一种风格？"他的回答是："风格可以不同，但学习前人、学习同行的工作，这些都摆脱不掉。数学家最后可以得到很漂亮、很优雅的方法，但都离不了算的功夫。"他还把做数学

1　沈从文：《给一个读者》，载《沈从文选集》第五卷，四川人民出版社，1983，第50页。

2　沈从文：《情绪的体操》，载《沈从文选集》第五卷，四川人民出版社，1983年版，第39页。

2010年5月13日，丘成桐（左一）在耶路撒冷获得沃尔夫数学奖

比作踢足球，如果没有脚下的基本功夫，上场不会进球。数学上没有基本功，做大题目往往容易出错，如果错了又不改，甚至抄别人的结果，急功近利，就做不好学问了。

他给青年学子们讲过一段自己在大学读书时的有趣经历——

我念香港中文大学时（20世纪60年代），只有两位老师有博士学位，几乎没有图书，看的书大都是内地流入的。一个自己还在念学位的伯克利大学的博士生教我们，他要我们上课讨论，并且自己写出一本微分几何书。这种方法练习了基本功，也学到不少的数学知识。

还有一位从美国来的老师，坚持只有国语（普通话）才算中国话。他把国内的一些著名的数学书拿来让我们找错处。从中我发现了书中的东西也不见得全是对的，慢慢有了自己独立的想法。[1]

丘成桐指出：在数学研究中，常常需要寻找新的现象、新的问题，从古到今许多伟大的数学家都是这样做的。新的问题往往是由猜想产生的，而猜想的产生又离不开基本功——

数学的猜测是怎么产生的呢？与物理上的不大一样，物理上很多是从实验得出的，我们在做猜测时很多与做文学很像。就好像一部伟大的著作，如《红楼梦》，你看了前六七十回以后，你就凭想象猜它后面二十回是怎么回事。一个有能力的数学家要有很好的想象力。我们做猜测并不是凭空地想象，一定要懂得基本的功夫才能做这种猜测。就好像你做《红楼梦》的猜测的时候，一定要懂得曹雪芹写的诗词里面的内容，否则你就没有办法做它的猜测。你对一个学科没有深刻的了解，不可能做这种猜测，这是从经验得来的。[2]

1　丘成桐：《数学——它的内容、方法和意义》，载《聆听大师：北京大学百年校庆著名华人科学家讲演集》，北京大学出版社，2009，第109页。

2　丘成桐：《数学——它的内容、方法和意义》，载《聆听大师：北京大学百年校庆著名华人科学家讲演集》，北京大学出版社，2009，第109页。

丘成桐十分欣赏王国维在《人间词话》中用诸家诗词描述的学术研究的三种境界："昨夜西风凋碧树。独上高楼，望尽天涯路。"此第一境界也。"衣带渐宽终不悔，为伊消得人憔悴。"此第二境界也。"众里寻他千百度，蓦然回首，那人正在灯火阑珊处。"此为第三境界也。丘成桐认为："衣带渐宽终不悔"的第二境界就是指学好、练好基本功，文学的基本功没有学好，想法、意境再好也没有用。数学亦情同此理。只有经过第二境界，最后才会取得有时连自己也感到惊异的成果，进入第三境界。成果是不可能自己从天上掉下来的。

沈从文与丘成桐，他们都青年成名，但当后学者询及他们的成功之道时，他们又都同样拒绝天才之说。

沈从文生于1902年，6岁起上过几年私塾，但顽皮成性，经常逃学，为谋生计，15岁开始在一个不正规的部队里当兵，也干过几天文书。1922年，在他年近20岁时，"五四"运动的余波漾及湘西，为沈从文打开了一个全新的世界。是年夏天，他独自从遥远的湘西边城闯进北京。他想读书救国、救民。但是，只有高小学历的他，在参加燕京大学二年制国文班入学考试时，一问三不知，得了零分。于是，燕大与他无缘。幸好，还有时任北京大学校长的蔡元培先生，这位伟大的教育家将北京大学向一切人开放。单是北大红楼附近，旁听求学的年轻人就有正式注册学生的数倍之多。这年冬天，沈从文也加入了旁听生大军，在饥寒交迫中边读书边写作。仅仅两年时间，他已在报刊发表文章，先后结识了文学青年胡也频、丁玲，著名作家郁达夫、徐志摩，开始在文坛崭露头角。1928 年初，沈从文南下上海，与胡也频、丁玲一起创办文学刊物。1929 年底，27 岁的他已经出版了近 20 种小说的单行本。为生活计，他曾到中国公学大学部任教，1930 年秋又到武汉大学任教。仅用了 8 年的时间，沈从文就走完了由一个一文不名的湘西乡下人到新文学骁将、大学教师的历程。难道这不是一个天才创造的奇迹吗？但沈从文不这样想。他认为："一个作家在写作过程中，'天才'与'热情'，常常都不可避免成为毫无意义的名词。所有的只是对人事严密的思索，对文字保持精微的敏感，追求的只是那个'恰当'。"[1] 据他的经验，写小说需"从旧的各种文字，新的各种文字，理解文字的性质，明白它的轻重，习惯于运用它们，这工作很简单，并无神秘，不需天才，不过得看一大堆'作品'才有结论的。"[2]

同样，丘成桐三年便结束了大学学业，接着被推荐到美国加州大学伯克利分校，师从著名几何学家陈省身先生。只念了两年，1971 年他仅 22 岁便获得博士学位。据丘成桐自己说，他的博士论文在第一年就完成了。1978 年，他在芬兰赫尔辛基举办的国际数学家大会上作一小时大会演讲（这是大会最重要的演讲），时年 29 岁。1982 年，国际数学家联盟决议授予丘成桐国际数学最高奖菲尔兹奖，这时他刚 33 岁。他是怎样看待天才、聪明人的？

---

1 沈从文：《小说作者和读者》，载《沈从文选集》第五卷，四川人民出版社，1983，第 121 页。

2 沈从文：《给一个读者》，载《沈从文选集》第五卷，四川人民出版社，1983，第 49 页。

在一次专门为学生而作的演讲会上，有这样一段有趣的对话——

　　学生：上中学时，我发现数学老师、选择学数学的同学都很聪明，我不如他们，所以学了经济。

　　丘成桐：你学好数学再搞经济就很好，这样最容易得诺贝尔奖。（笑声）聪明是最害人的观念，我教书教了30年，最不喜欢聪明的学生。他们往往把事情看得简单了，不深入思考，结果最没有成就。

对中华文化的热爱，对美的向往和追求，对事业的执着和锲而不舍，让沈从文和丘成桐终于走到了一起。他们惺惺相惜，见面时间虽短，相互理解却深。

重视人文修养，倡导人文教育

有人问丘先生，"为什么你对文史这么感兴趣？文史对你做数学研究有什么作用？"丘先生讲，他从大学开始，每天睡觉前都要读二三十分钟的《史记》，这样可以调剂生活，自己的感情也得到排遣、宣泄。在生病或情绪低落时读一些古诗，也有相同的作用。久而久之，这些人文方面的思想、观念和情操也慢慢深入脑海中，融化进心中。他说："我中学毕业时，也曾考虑过要不要学历史，但最终还是选择了数学。一方面，我对数学兴趣更大些，另外我家穷，念数学可能更实用一些。但是懂得文史哲，对人来说，是文化的积累，是很高的修养，对做学问，无论对哪方面都有很大的帮助。"

丘成桐认为，学习人文知识、提高语文程度，第一步就应做到用语言、文字将自己的想法简单、清晰、明确地表达出来。在数学界，会表达自己思想和成果的人，往往比那些不会表达的人，受到更大的关注和重视。当今世界数学研究的发展迅速，有些结果可能别人比你晚半年、一年也可做出来。但由于你的表达不好，业内人士或许五年后才注意到你，这个时间差，也许就使你失去得到同行承认的机会，也相当于失去已经到手的成果。另外，清楚的表达也同时起到理清自己头脑中的概念及研究对象的作用。如果表达不清，起初有的概念产生一些小的混乱，但小的混乱叠加起来，也能变成大的错误。

事实上，人文思想对人的影响是潜移默化的。它影响到人审视事物的观念和角度，也影响到人审美的能力和品位。最终，它与人的文化修养密切相关。

丘先生对历史的兴趣很大。他说：

历史学家对历史有宏观的看法，这种看法无论对做人还是做学问都有很大帮助。做数学，我就喜欢宏观解决问题。中国古代的史学著作文笔都非常好，我喜欢文字好的东西。文学也是美的一种表达，好的文学能将你心中美好的东西启发出来。它不仅使你看问题有深度，更有风度。数学上有名的大家做问题的方法会表现出不同的风格，这与他的个性有关，也与他的修养有关。一个人的审美观念是他整个生命的经历、思考的总积累。我在伯克利念博士学位时，师从陈省身先生。陈先生有数学大师的风范，在重要的数学问题面前，有决断、领导作用。他的主要贡献是在拓扑和物理方面的创造及推动作用。他愿意帮助中国留学生，我们也愿意听他的话，在学术方面有所师承。但陈先生的学术风格与拓扑学相近，是古典风格在起作用。我做的是微分方程的风格，用微分方程解决问题。所以，懂得哲学、历史、文学是很高的修养，需要从小培养。这些都是文化的积累，不仅对你做学问有好处，而且会影响到你的一生。

关于人文教育对科学研究的影响问题，他从不同的方面做了具体的阐释：

在科学研究中，首先要能够发现好的、重大的问题，只有找对了方向，才能不断发现、解决一系列重要的问题。而要找到好的问题，不仅需要丰富的学识，而且与一个人的观念和文化的品位紧密相关。

我们要有做大问题的想法和气量。而大问题总会遇到很大的困难，没有困难就不成其为大问题。现代通信业很发达，一个问题出来，大家很快就都知道了。问题刚提出时，可能工具不够，无法解决。但当有关的研究、思想发展到一定的程度，工具已经比较成熟时，许多人可能观察不到这一时机，还以为问题仍处于原始的、困难的阶段，不敢去碰它。当我们遇到一个困难问题时，什么时候应该放在一边或暂时丢掉，什么时候应该继续前进，往往不是一个理性的问题，而是一个修养的问题。一个人念了很多书，也听了讨论班，但能不能解决问题，往往看他个人的修养如何。我会从古文、交友或音乐中得到这方面的启发。

丘成桐非常关心祖国科学事业的发展。他联络了香港实业家陈启宗、陈乐宗先生，由陈氏兄弟出资，与中国科学院合作，创建了晨兴数学中心，并担任该中心学术委员会主任。他还引进海外资金，与浙江大学合作建立了数学科学研究中心，在香港中文大学创设了数学科学研究所。他曾与著名数学家陈省身教授一起，倡议和发起在中国举办 2002 年国际数学家大会。他曾在北京和台北发起并组织了两届世界华人数学家大会。他身在美国，但培养的四五十名博士多数来自中国 [1]，其中有多人已成为国际知名的数学家。

丘成桐十分重视人文教育在培养人才中的作用。他在与国内学者的交谈中，与青年学生的演讲中，以及在接受媒体的采访中，多次强调了这个问题。他告诉我们，哈佛大学十分重视人文教育。刚入学的大学生无论学文或学理，在第一学年首先要选修希腊神

---

[1] 截至 2019 年，丘成桐先生培养出数学方向的博士 75 位，其中 54 位系华人学子。

话、莎士比亚等，也包括儒学，第二年学生才可以选自己准备主修的课程。这样做是为了让学生具备广阔的世界文化的背景知识。我们了解的耶鲁大学也是一样，它要求学生无论主修文科或理工科，每学年必须选修两门人文学科方面的课程。丘成桐认为，把不同领域的学生聚在一起学同一门课程，课上讨论，课下写论文，这样能激发同学们的好奇心，产生创造性的想法。此外，美国从中学开始就很重视对学生的语文训练，他们的写作能力很强。中学生们很乐意参加辩论会、演出戏剧等。学生们也常通过实践学习法律知识。他们把社会上实际发生的案件拿来，组织学生们讨论，练习审理案件，起到开阔视野、活跃思想的作用。

台湾工业巨子、国际闻名的台湾积体电路公司[1]创始人张忠谋先生指出，台湾经济起飞靠的是当地一批硕士水平的科技人才，现在又上不去了，主要因为没有更高层次的科技力量的支撑。宏碁电脑做得很大，它的制造业在台湾，但研究在美国，而研究水平的提高需要有一定的文化氛围。所以，好的工业必须要有好的、第一流的大学的支撑。好的工业不是一朝一夕可以搞上去，就是因为好的大学不是一朝一夕就可以建成的。这种第一流的大学美国有六七个，英国只有一个，亚洲即便是日本一个也没有。不难看出，张忠谋先生所说的世界第一流大学，是那些不仅具有

1　台湾积体电路制造股份有限公司，简称台积电（TSMC），是由张忠谋先生创立于 1987 年的全球首家专业集成电路制造服务企业，公司总部位于台湾的新竹科学园区。2021 年 10 月，推出 N4P 制程工艺。2022 年 12 月，3 纳米制程工艺计划正式量产。2022 年公司营收 760.22 亿美元，2023 年在《财富》世界 500 强排名第 168 位，在《财富》中国 500 强排名第 52 位。

第一流的科学研究水平，同时也有深厚的文化底蕴及人文传统的大学。

丘成桐又用他所熟知的一些人的成长的经历来说明这一问题。他认识的一个年轻人，在哈佛主修英国文学，后来做数据分析，成为一家数据库公司的总裁。因为他所受的人文教育使他不仅具有从事各类职业的综合能力及适应能力，而且具有很高的创造性素质。还有一个哈佛的学生，念完大学一年级，暂时中止了学业，去非洲支持当地的奴隶解放事业。这类人看起来自高自大，但他们思想解放，不畏艰难困苦，往往能从实践中摸索出一条独特的道路。美国著名的数学家、菲尔兹奖获得者威滕[1]，最初念的是历史，还参加过总统的竞选班子。再如丘成桐的一个学生，清华大学毕业，在国内时，他总是东张西望看别人在做些什么，好跟着去做；到了美国之后，他就专门寻找还有什么重要问题，好去解决。

丘成桐讲的这位清华学子，对待研究工作的态度为何发生了变化？这正像《史记》中晏子对楚王所言，"橘生淮南则为橘，生于淮北则为枳，叶徒相似，其实味不同。所以然者何？水土异也。"这里，使这位学生转变的"水土"，无疑就是研究环境和文化环境了。

1　爱德华·威滕（Edward Witten，1951— ），美国数学家、理论物理学家，美国艺术与科学院院士，美国国家科学院院士，1990 年菲尔兹奖获得者。1971 年从美国布兰迪斯大学毕业，获得历史学学士学位，并辅修语言学；1973 年进入普林斯顿大学攻读应用数学，后转到物理系，1976 年获得普林斯顿大学博士学位。主要工作包括弦理论、量子引力、超对称量子场论等数学物理领域。

文化对一个人的影响如此，对一个国家、地区的影响也是如此。丘成桐认为，美国的科学研究在世界领先，是因为它有很好、很深的文化底蕴。香港最近搞得不好，就因为它常常拒绝别处好的文化。在一二十年前，它也拒绝以中国大陆为中心的中华民族优秀的传统文化。

奋扬真理，献我赤诚

丘成桐坦率、热情地对国内的研究环境提出自己的看法。他认为，20 世纪 80 年代时，中国数学界有些人做得很好。90 年代这些人年纪大了，一些优秀的年轻人又出国了，国内出现了真空。他希望大量在海外的学者能够回来，同时要将国内的年轻人培养起来。近年来，中国没有大气派的研究，可能是政策等多方面的原因造成的。考核工作成绩时，只注重文章的数量，这是很肤浅的，使得许多人急功近利。一些年轻人为追求文章的数量，只愿意做小问题，写些小文章，这个方向不对。只有解决大问题、重要问题，才能叫作创新。

他说，我很惊讶我们的一些大学生对课外的东西、书籍一点也不感兴趣。做真正好的科学家，在遇到好的问题时，会有感应，会很兴奋，发现了重要的问题，心中有要去解决的冲动。这个兴奋和冲动要自己去培养。在这一点上，国内的研究生往往比不上国外的学生，到第二年中外学生的区别就显现出来。国外有的研究生到第二年自己就找到了新的方向，连导师都不知道；而国内的学生往往不敢超前，不敢走自己的路，老是看别人怎样走。

目前中国最缺乏的就是开创性的想法。遇到一个数学问题，国内的学者首先想的是国外解决得怎么样，怎样赶超？而国外的学者首先想到的就是怎样解决这个问题。这个不同，表现出我们对自己的信心不足。实际上，世界上无论何处，数学家在排除了枝节性的小问题之后，遇到的问题都是一样的，到最后都无法解决。有人说要做中国特色的数学，但是世界上没有中国特色的数学问题，只有困难的问题。我们只有坚定信心，排除一切困难，才能解决那些对数学发展有决定性意义的问题。

现在国内有很多人在国际数学奥林匹克竞赛上得了奖，但奥林匹克竞赛和数学研究不是一回事。参加奥林匹克竞赛是只懂一点点浅近的数学，去解决人家提出的小问题。自己能提出影响学科发展的重要问题，才是大数学家应该做的事情。反之，在真正的学问上需要突破时，做小题目的习惯反而会成为你解决大问题的障碍。丘成桐明确表示，他不赞成在中学数学教育中大搞奥林匹克竞赛的做法。

因为丘成桐曾多次在国际上获得过数学大奖，人们自然地向他提出如何看待得奖的问题。他先从自己学生时代的经历谈起：

> 我在中学时，交往了第一流的同学。我的数学也不错，但没有拿奖。一个和我最要好的同学得奖了，我认为他应当得到这个荣誉，但从没觉得自己没拿奖是什么憾事。中学时代，无非是奖励你学习好、考试考得好。

考你的老师当然比你懂得多，但他的学问也不一定有多了不起。中国的学生重视考试，考试比别人多两分，一辈子都记得。"某某是高中联考的状元"经常被人们提起。其实，考不好说明学习有问题，考得好是应该的。科学家就是为解决重大的科学问题来到世上的，绝不是为受到别人的提拔和奖励才做研究的。从中学开始，我就自己找困难的几何问题，寻找自己的数学之路。

有人问丘成桐在获得菲尔兹奖时的感受。他说：

其实，获奖的工作我1977年就做好了，1978年的国际数学家大会上我没有得奖，我也没觉得这是很大的遗憾。到80年代初，又有人提起我的工作，接着我就获奖了，我也不觉得有什么了不起。既然菲尔兹奖是数学的最高荣誉奖，大家都会去争取。但是，我要说，学问做得好时的感觉比拿什么奖都要高兴。

我期望中国青年数学家也能获得菲尔兹奖，但不希望他们把拿奖作为做学问的目标。现在有些人把拿基金、获奖、当院士作为努力的目标，把宝贵的时间花在拉关系、串联等非学术活动上，把注意力放在发表文章的篇数上，而不问自己的学术水平是否应该当院士、应该得奖。的确，有时外在的物质条件、荣誉太诱人，甚至让人无法抗拒。但是，不应忘记，做大学问才是我们的目的。尤其是青年人，只有把时间和精力花在做研究上，由此得到的奖励才有意义。真正做学问的人，对物质利益、荣誉就要尽量超脱一些。

丘成桐以他自己参加国际数学家大会的经历告诫我们："1978年时我在大会作了报告，也听到了很好的报告。大会中遇到了出色的人才，互相交流。以后的会对我来说，就没有这样好了。当年我29岁时认识的人很少，现在认识的人太多了，与人应酬的时间比做学问的时间还多。"

丘成桐从事数学研究30多年来，总是孜孜不倦地追寻着数学的真与美，也不断地扩充着研究的领域。他从微分几何、微分方程进入数学物理，利用物理中超弦理论的观点，解决了一些近百年来困扰着数学家的难题，开辟了超弦理论的新方向。他指出，虽然物理学家还不能很有信心地认为从超弦理论中得出的结果是反映真实的自然界规律的科学，可是我们十多年的研究工作证实，超弦理论将数学里面许多不同的分支，像代数几何、代数数论、分形、群表示论等融合在一起，解决了数学中许多古老的、过去无法解决的问题。"超弦理论在数学上的真实性是无可置疑的，因为它得出来的结果不是一两个结果，是一连串很困难的结果。所以我讲，除非造化弄人，超弦理论在现象界里，一定会有一个席位。"[1] 也许，这就是丘成桐对超弦理论的期望和哲学沉思吧。

1　丘成桐：《数学——它的内容、方法和意义》，载《聆听大师：北京大学百年校庆著名华人科学家讲演集》，北京大学出版社，2009，第106页。

除数学物理外，丘成桐还研究组合数学，指导他的学生将数学应用于指纹识别。他认为，数学现在有许多不同的分支，但也会"分久必合"。数学上不同的流派会汇合到一起，像费马大定理就是几何、拓扑、微分方程等合流才得到的结果，以后还会和其他的学科合流。他用自己的经验劝告青年学子："你要多听。在伯克利我听物理讨论班，在哈佛我听应用数学……""我研究生刚毕业时，有一年在纽约大学石溪分校，那里的微分几何第一。但到了斯坦福大学，那里没人做微分几何，但那里有第一流的学生和教授，我向他们学到了他们的好东西，后来开发出一条微分几何的新路。"他认为，好的研究机构并不是要大家做同样的工作。只要旁边的人都在做第一流的工作，就会激励你也去做第一流的学问。

数学可以和许多其他学科合流，也可以说应用到其他学科中。它可以广泛应用到物理、天文、生物、计算机，特别是软件、信息安全、图像识别等领域。一些现代发展起来的学科，像图像处理、医疗及金融等方面用到的数据分析，都需要高深的数学。但是，丘成桐认为，"应用数学"这一名词的出现，是一个遗憾。因为数学是一种普适性的语言，它本身就具有应用性。数学有它作为纯数学的一面，但它在应用中得到的灵感，也可以反过来帮助数学的发展。应用数学家在近十年来没有很大的突破，就在于他们没有把最基本的数学、好的数学功夫学到手。丘成桐讲过，我们期望与自然科学、社会科学和工程学融合在一起，这是我们数学家的使命。

是的，使命感是丘成桐人格的一大特点，也是他人格魅力之所在。他不仅期望着将数学与社会科学、自然科学和工程学融合在一起，他也在实践中将自己的研究工作、社会活动、对祖国文化的眷恋和对中华民族复兴的梦想融合在一起。让我们倾听，在大洋彼岸的漫天风雪中，丘成桐的忧思和心底的呼唤：

> 遥瞻故城阙，惊寒暮，云暗天低，风急声切。萧索冰封无尽处，朽树枯枝都洁，算未抵，世间豪杰。高台饮宴关说黑。醉都门，还待翰林缺。竟仕进，邀名切。
>
> 学士无门空悲咽。望故园，间关万里，忧思难绝。逝水华年心未冷，千秋功业谁说。数流光，壮怀激烈。大国浮沉情何恨，怅年少，德言轻如雪。倩谁唤，中兴业。[1]

数学不仅能和其他学科，如自然科学、社会科学融合在一起，数学的真与美更是我们民族和人类发展不可或缺的一部分。丘成桐把这一点作为他在北京大学百年校庆讲演的结束语：

> 好的数学使你体验到庄子讲的"天地与我并生，

1　这首气势磅礴、格局高奇的《贺新郎》系丘成桐先生 2002 年撰写，修改后收入《丘成桐诗文集》，岳麓书社，2011，第 71 页。原词如下：
　　遥看京城阙，暮色里，天低云暗，悲风声咽。一片冰封无垠处，朽树枯枝都洁。算未抵，人间豪杰。宴饮高台关说黑，醉都门，还待翰林缺，竟仕进，邀名切。
　　众生失路空萧瑟。望家园，间关万里，堆愁难绝。苦恨韶华如逝水，镜里怅然华发。犹自道，丹心仍热。大国浮沉情何恨，德何卑，字字轻如雪。千古事，向谁说。

万物与我为一"的境界，尤其当你取得一个大成就的时候，数学能够带给我们真和美。

最后我讲，不求真，我们没有办法立德；不求美，我们没有办法做到温柔敦厚。这是儒家讲的。数学能够讲真和美，我觉得数学是中华民族需要的基本科学。[1]

一些大科学家、艺术家、思想家，他们深邃的思想往往穿透时空，超越常人。他们有时会感到孤独，他们也会向人们诉说这种孤独。但曾几何时，"孤独"一词却变成时尚人士的口头语。也有人这样问丘成桐："数学家孤独吗？""不孤独。很多朋友在一起做研究，有竞争也有帮助。大数学家不会孤独，我们欣赏大自然。只要我们有自信，就能吸收大自然的美，在数学上有所创造。这时心中会很满意、满足，就不会太孤独。"他更自豪地说自己对什么都感兴趣，人生很美满，世界很有趣。

拥抱人生，奋扬真理，是丘成桐积极的人生态度。他为浙江大学数学科学研究中心成立所写的铭文为这一点作了很好的注释，我们谨以此结束本文。

1　丘成桐：《数学——它的内容、方法和意义》，载《聆听大师：北京大学百年校庆著名华人科学家讲演集》，北京大学出版社，2009，第 106、112 页。

浙江大学数学研究中心志

丘成桐

共和国五十三年仲夏，浙江大学成立数学科学研究中心。蒙校友汤永谦先生之厚赐，筑大楼于杭州湖畔。遂为文以志之。

登楼纵目，望孤山西湖，阅尽古今豪杰。凭栏舒襟，看长空落日，悟得造物真微。美矣尽矣，天地之德。妙哉奇哉，筹学之质。江南贤士，同心立命，将有大造于科研矣。地处古都，接历朝之朱华。水通江汉，挹南国之韶秀。湖广万亩，台高百尺，可以调性情，阅经书，吟辞赋，推数理。夫数之为学也，究宇宙之造化，序人事之脉络，奠百工之根基，不朽之大业也。千禧伊始，万象维新，六合腾欢，八方企望。有司具求才之急，国士有报效之意。岂无感慨，敢用竭诚，奖掖有功，提携后进。垂真理以昭日月，明明德以求至善。推古今之学，聚诸家之言。博雅为怀，科技为用。著述于百代之上，而送怀于千载之下。用是立所，以招来者。君子其勉之哉。其辞曰：天眷厥土兮人怀厚德。构此广厦兮懿彼士吉。永谦其名兮文琴是质。筹学为率兮造化为骨。献我赤诚兮四海同室。奋扬真理兮千载如一。

下　篇

1927 年 1 月，东南大学师生欢送熊庆来（右四）北上清华合影

忆熊庆来先生 [*]

杨乐

1979 年底，山西出版社筹划出版一本书，纪念已故的著名数学家熊庆来先生。当时他们想约我写一篇纪念文章，恰逢我和张广厚同志在美国访问，信息没有及时送达。半年后我们返回北京，才得悉此事。我研究工作较忙，同时才疏笔拙，通常婉言谢绝报纸杂志的约稿，但是没有写纪念熊庆来先生的文章却成了我的一件心事。最近《知识》杂志约稿，内容不限，于是我立即想到写一篇文章，记述我和熊先生相处几年里的一些事情，以作纪念。

顽强的精神 惊人的毅力

我和张广厚同志于 1962 年考入数学研究所，成为熊庆来先生的研究生。当时他已是古稀之年，并且 1951 年初在巴黎时曾患脑溢血致半身不遂，行动不便，步履艰难。然而我们到所后不久，

---

* 本文原载《知识》1981 年 4 月号，《东南大学报》2022 年 11 月 30 日转载。

他便组织我们举办讨论班，报告亚纯函数的基本理论。

数学所距熊先生的家稍远，且位于四五层楼上。由于熊先生坚持每次讨论班都要亲自参加，所以我们在离他家较近的福利楼二层（当时科学院的工会俱乐部）商借一个房间充当教室。有时找不到车辆，熊先生便步行前往。对于普通人来说，这段距离七八分钟就可以走完，可是熊先生迈着艰难的步伐要走上四五十分钟，上下楼更是费劲，几乎一步一停。我们在旁边搀扶的年轻人都感到很焦急，可是他仍然十分坚定地向前走着。

熊先生这种顽强的精神与惊人的毅力也表现在他自己的工作中。他 20 岁时由云南省选送到比利时学习路矿。不久第一次世界大战爆发，他辗转经伦敦去巴黎，改习数学。回国后在东南大学和清华大学担任了多年的教授和系主任。可是当他 40 岁时，仍然决心利用休假的机会再度赴法国从事函数论的研究，并且做出了十分出色的工作，获得了法国国家博士的学位。在他半身不遂后的 20 年中，也一直坚持做研究工作。因为右手已不能握笔，他就用左手写字，右手勉强帮助压纸，有时他用左手非常费力地写了十多行字，压纸的右手却不慎将纸扯破，但他毫不气馁，又重新写起。撰写外文稿时，他缓慢地用左手一个字母一个字母地打字。就是这样，他依然做了很多研究工作，发表了不少学术论文。

严谨的学风　严格的要求

我到数学所跟随熊先生学了几个月后，在亚纯函数的重值上有些心得和体会，便做了一些研究工作，写成文稿，送给熊先生审阅。审完后，熊先生笑呵呵地拿出一束讲稿。原来他一年前曾在北京崇文门旅馆举行的函数论会议上报告过一项研究工作，那次报告的内容与我文章中有一部分讨论的问题相同。崇文门会议时，我还在北大学习，而且适值寒假，我返回江苏，没能去听讲。熊先生一再说明我得到的结果比他精密，方法也不相同。此后，熊先生改进了他的结果与方法，撰写成论文发表在1963年的《中国科学》上。就在这篇论文里，他有三处提到我对他这项研究工作的作用与影响。

熊先生是我国数学界的元老，而我则是刚刚踏上征途的新兵。即使仅以年龄而论，他也比我大了四十七八岁，然而在和我相处时他依然是那样谦逊。在学术上，他对别人的任何一点成果都认真地予以肯定，而对自己却要求很严格，这给我很深刻的教育，给我留下了难忘的印象。

熊先生对我们的学习与研究要求十分严格。例如，当我撰写亚纯函数第一篇论文时，我已写成文稿，熊先生审阅后对于所得的结果比较满意，但是希望我能举出具体例子说明定理的结论是精确的。近代数学发展得十分抽象，理论也很深奥，要举出实例有时是相当困难的。当熊先生刚提出这个问题时，我简直感到束手无策，憋了好几天。如果不是老师的明确要求，对于刚开始学习做研究工作的我来说，也许坚持不下来。后来，经过反复分析、思考，我终于举出适当的例子，对定理作了圆满的说明。

过去法国很多数学家在函数值分布论上有卓越的贡献，许多论文都是用法文撰写的。1963年春天，熊先生要我将一项工作写成法文发表。这对我是一个难题。我在大学里仅读过一学期法文，经过努力勉强能读用法文撰写的数学文章，法文水平距离自己用法文书写还很远。撰写时，几乎每句话我都费了一番斟酌：语法上有无错误？是否符合习惯用法？我有时还去查阅法国学者的论文，看他们是怎样陈述的。一连几个星期，费了很大的劲，才把初稿写成。在这个过程中，熊先生一直热情地鼓励我，最后又十分仔细地批阅，每一页文稿上都作了好几处的批改。作为用左手写字的老师，他该是花费了多大的功夫啊！

当我们用中文撰写论文时，熊先生的要求也非常严格，并进行认真批改。他主张用文言与白话相结合的方式撰写学术论文，以达到陈述精练的目的。他认为完全用文言撰写太"硬"，读起来费力；纯粹用白话又太"软"，不够简练。在熊先生的长期熏陶下，我们逐渐养成了良好的习惯，每次撰写数学论文，从初稿到定稿总要认真修改三四遍，力求使数学的表达方式达到完善的地步。

倡导学术活动　促进学术交流

熊先生十分重视开展学术活动，活跃学术气氛。在他的热情倡导下，北京地区从事复变函数论研究工作的同志每两周在他家里聚会一次，举办讨论班。这个讨论班曾持续多年，一直到十年浩劫前夕才告中断。讨论班里除熊先生外，有庄圻泰、范会国、赵进义等好几位老教授，有中年的副教授、讲师，也有年轻的助教、研究生，济济一堂，切磋学术。从熊先生算起，已经是师生四代，可称得上是数学上的"四世同堂"。

这个讨论班对学术交流起到良好作用。中青年同志常常在讨论班上报告自己的研究成果以及国际上的新进展，老教授们都听得非常认真、仔细，有时还提出问题，发表评论。报告结束后，熊先生、庄先生等经常要讲述一些研究问题的起源、历史背景，这些往往是书籍、论文里难以找到的东西。大家也借这个机会交流近况，互通消息。

在熊先生的积极推动下，20世纪60年代初期的几年间，曾经举行过四次全国性的或北京地区的函数论会议。他每次都认真准备，积极参加，并向会议提交学术论文。

给我留下深刻印象的是1963年在前门饭店举行的函数论会议上，他曾作了长篇发言，阐述了对于数学教育的看法，对教育改革中一些"左"的做法提出了严肃的批评。平时熊先生没有一点架子，平易近人，待人和蔼，而这次发言又使我看到他在原则问题上决不姑息迁就，对我国科学与教育事业的发展十分关切。

辛勤培育　硕果累累

熊先生对我国教育事业有巨大的贡献，很多杰出的数学家、物理学家都曾经得到过他的辛勤培育和帮助。

我国卓越的数学家华罗庚教授早年为熊先生所器重和培养，

已经成为广泛流传的佳话。一直到 20 世纪 60 年代，熊先生还常常赞扬华罗庚教授为我国数学界起了带头作用，是一员冲锋陷阵的勇将与猛将。

熊先生常常回忆起 20 世纪 20 年代初他在东南大学执教时，采用法文书籍和讲义，当时的学生中有后来著名的物理学家严济慈教授。严先生由东南大学毕业后赴法深造，他的学术水平和法文程度都很高。由严先生开始，法国才承认中国的大学毕业文凭与法国大学毕业文凭具有同等效力。

熊先生对我国教育事业的贡献也为海外所熟悉。1964 年我国成功地爆炸了第一颗原子弹以后，法国《世界报》曾载文评述，谈起钱三强教授的贡献，其中并特别提到钱先生为熊庆来先生的学生。

记得当时每逢春节或其他重要节日，在熊先生家里常常能碰到他的学生来看望他，其中很多人是白发苍苍、誉满中外的学者。每当召开人大、政协或其他学术会议时，熊先生在外地的许多学生也借来京的机会到他家致以问候。

熊先生热忱指导学生，提携后进的精神一直持续到他的晚年。当我和张广厚同志跟随他当研究生时，他常常感慨地说："我已经老了，对你们没有多少具体帮助。但是老马识途，我还愿意给你们领领路。"事实上，熊先生不仅在业务上为我们指引方向，同时也不遗余力地帮助我们，使我们打下了较好的基础，较快地走向函数值分布论研究领域的前沿阵地。

这样一位对我国科学与教育事业有卓越贡献的学者，在十年浩劫期间也不能幸免。熊先生备受摧残与迫害，于 1969 年初去世，一直到 1978 年春天全国科学大会召开的前夕，中国科学院才为熊先生重新安放骨灰盒，为他平反昭雪，给予他高度评价。

现在我们正在努力实现祖国的四个现代化，科学教育事业与人才培养都得到重视，这些正是熊先生生前所盼望的。熊先生虽然离开了我们，但是他的精神常在。

黄炎培（1878 年 10 月 1 日—1965 年 12 月 21 日）

祖父黄炎培的印象*

黄且圆

　　黄且圆女士生于 1939 年，1962 年毕业于北京大学数学系，中国科学院软件研究所研究员。她的祖父黄炎培先生，早年参加辛亥革命，是中国现代职业教育的开创者，也是中国民主政团同盟和中国民主建国会的创始人。中华人民共和国成立时，出任政务院副总理。她的父亲黄万里是水利专家，清华大学教授，在 20 世纪 50 年代独立提出反对三门峡工程的意见，不被采纳，历经磨难，他在逆境中坚持真理，成为中国科学界良知的代表。

　　在一个冬天的下午，黄且圆女士在家中向我们述说了长辈的往事。

　　2012 年 3 月 10 日，黄且圆女士因癌症不治，与世长辞，现发表这篇访谈表达对她的哀思。

---

* 本文系口述历史专家丁东、邢小群 2011 年 12 月 6 日采访黄且圆教授的录音整理稿。

他是一个教育家

丁东（下文简称丁）：这些年媒体不时提起您的祖父黄炎培先生与毛泽东在延安的那段对话，而对您祖父其他方面介绍不多。您是黄炎培的长孙女，能不能谈谈和他的接触？

黄且圆（下文简称黄）：关于我祖父，我觉得公众有一些错误的印象。他是中国民主建国会主任委员，大家都认为他代表资本家，甚至说他是中国最大的资本家。其实，他没有任何资本，他只是一个教育家。1949 年以前，中国有三位著名的平民教育家，一个是陶行知，一个是晏阳初，一个是我祖父黄炎培。他一生最主要的事情是办教育，他是中国现代职业教育的开创者。

1958 年，祖父 80 岁，写了一本自述《八十年来》。祖父的父亲是个知识分子，没有土地，没有房屋，终其一生都是租房居住。他的个性是得钱即使，先是做家塾教师，后漫游河南、广东、湖南，当督抚的秘书，三十几岁就去世了，他母亲死得更早。祖父十三四岁就没了双亲，跟着自己的祖母生活，在外祖父家的私塾学经史。他祖母姓沈，出身川沙县一个乡绅大户，家里书比较多。祖母带着他和两个妹妹，就寄住在沈家。现在上海的黄炎培故居，实际上是沈家的房子。沈家和黄家都是大家族，他们之间的通婚比较多。祖父的一个姑父也是沈家子弟，对他影响和帮助比较大。祖父考上川沙府第一名秀才后，经济条件比以前好多了。他的姑父到了上海，对他说，你不要在乡下待着了，应该到上海来学习，他就投考了上海南洋公学（上海交通大学前身）特班（培养"为应经济特科之选,以储国家栋梁之材"的高级班)。姑父、舅舅、表伯父等亲族资助祖父进了南洋公学,师从蔡元培。这个班有不少名人,如李叔同、邵力子、章士钊等。李叔同跟我祖父关系特别好,祖父受他影响比较大。祖父原来不会讲普通话,是李叔同教了他普通话。李叔同不是北京人,祖父的普通话学得也不好,听不出跟他的家乡话浦东话有什么区别。蔡元培的教课方式是,交给学生一张学分清单,如哲学、文学、政治、外交、经济、教育等,让每个人自己选择想学什么,认定一门之后,蔡元培就给他们开出应读的主要书目、次要书目,让他们到图书馆借书、阅读,每天写读书笔记送老师批阅。祖父选择了外交。蔡元培给他开出《国际公法》和《外交文牍》几种书目。他在公学上到一半时,发生了学潮。不知道谁将墨水瓶打到老师身上,老师要开除学生;全班学生反对,学校就将全班开除;全年级反对,就将全年级开除;后来发展到把全校一千多名学生都开除,从此公学解散。

还有一件比较有意思的事。祖父在公学上到一半的时候,他姑父说南京要举行乡试,祖父又去参加乡试。乡试正好考的是外交方面的问题:如何收回治外法权?他把学到的《万国公法》用上了。当时清朝要改革,把八股文改成策论,好些人只会做八股文,祖父因上了南洋公学,会写策论,所以他考得特别好,中了举人。

从南洋公学出来,蔡元培鼓励他们办教育,说必须办学校来唤醒民众。《辛丑条约》签订后,命令各省县办小学。祖父和几个同道商量，认为只有教育能救国，就联名上书县府，把川沙的观澜书院改办成小学堂。他知道川沙县的县官不敢批复，就去找省里的头头，头头正好是张之洞，他说我们要办个小学，张之洞就批准了。书院有田产，充当小学基金。祖父被聘为总理，亲自授课，但只是尽义务，不拿薪水，还自膳。他还做点其他事挣钱家用。后又在老家办了一个开群女学，他也去授课。办学的费用，主要是请上海实业家杨斯盛资助。通过祖父的游说，杨斯盛先慷慨捐银三百元，后来杨老先生发展到毁家兴学的程度。祖父因演说毁谤了皇太后、皇上，被拘捕，杨斯盛为他出钱请律师，又出钱资助他逃亡日本，回国后又是这位杨先生请他出面办学。祖父先后创办广明小学、浦东中学、广明师范讲习所，月薪 40 元。当时，中学校长月薪 100 元。但祖父和他的同道感念杨先生的办学热情，都领薪极少。祖父还说服了当时江苏省的一个头儿，让他们拿出一部分税收办教育。这样一来，教育经费就比较充裕了，教育发展得也比较快。祖父在江苏的时候，江苏教育特别发达，主要是祖父在江苏努力的结果。

1905 年，在蔡元培的家里，祖父加入中国革命同盟会。后来，祖父在江苏学务会（后改名江苏省教育会）被推为干事，成了江苏教育界的名人。

1909 年，清廷筹备立宪，各省设谘议局，祖父当选为江苏谘议局议员。后在全省 120 人的议员中当选为常驻议员。在辛亥革命中，他是教育界推动革命的主力。

祖父担任江苏教育会常任调查干事时，发现中学生毕业后，

20 世纪 60 年代黄炎培（三排右六）大家族合影

只有少数人能升学，大多数苦于就不了业。他就在1918年发起创办了中华职业教育社。思路还是走实业救国的路。办社、办校、买机器、造房子的钱一方面向社会募捐，另一方面到南洋、新加坡等地募集。那时华侨领袖之一陈嘉庚就答应每年给他们社1000元。他们也通过银行担保，发行了教育债券。

祖父也参与创办过大学，像东南大学。我父亲跟我说，他当时为了集资办学，必须跟资本家接触，向他们募捐，所以认识很多上海大资本家，和这些人有比较深的交往。父亲说，有人认为祖父黄炎培是资产阶级代表，或者说在全国是个人物，因为南洋那些最有名的资本家他都比较熟悉，抗战的时候他也向他们募捐过，但祖父自己根本没有任何资产。

1931年日本侵略中国东北，祖父在上海参与发起成立抗日救国研究会。第二年淞沪战事，他们还从军需方面支援了十九路军。抗战爆发，他带领职教社和学校去了四川。这时，职教社下属和委托设计的职业学校、补习学校已有几百所，成为三四十年代的一种风尚。

1940年，为了促成国共两党合作抗日，他们组织了民主政团同盟，职教社是组成单位之一。同盟就是民盟的前身，祖父是第一任中央主席。此后，他才较多参与一些政治活动。

和其他弟妹相比，我接触祖父多一些。记忆中我第一次看见他，是在抗战胜利后的重庆。当时寄居在重庆的人，都想从后方往南京、上海那边走。祖父原来就是上海人，也要回去。但堵在重庆的人太多了，只好等。抗战时期，祖父家在重庆，我们家在成都。抗战胜利后，我家也到了重庆，从那时起，我才对祖父有了印象。

邢小群（下文简称邢）：您当时几岁？

黄：我是1939年生的，大概6岁吧。

我印象里，祖父住的房子没有我们家好。抗战中，父亲所在的水利局发不出工资。他办公司，参加投标，修美军军用机场，赚了一些钱。父亲到了重庆，在巴蜀学校附近买了一所别墅式的房子，巴蜀小学就在旁边，家里住得挺宽敞。我父亲的观点是：花了的钱才是你自己的。结果新房子住了半年，我们就回南京了。他把房子又卖了。我祖父当时住在附近山坡上一个很旧很破的二层楼房里。因我母亲先回江苏，父亲就带着我和弟弟搬到祖父那里住了些天。祖父好像没有什么固定的收入，帮人家做一件什么事，或者促成一件什么事，有人就给他一笔钱。后来中华职教社给他发一些钱。听我母亲说，在抗战胜利的那一段时间，父亲还接济过祖父。祖父当时没有太多收入，参政员好像只算是社会工作。我大伯父是武汉大学教授。当时大学教授特别穷，吃不饱饭，大伯母是个美国人，就自己做一些糖果糕点，让孩子出去卖，后来我大伯父去世了，家里生活艰难，祖父就让我父亲和其他子女，每个人接济我伯父家一些钱，他自己是拿不出什么钱的。其实，祖父生活最好的时候是解放以后，比较安定，而且住的条件比解放前好到不知道哪去了。

另外，我觉得祖父在婚姻问题上，也接受了新的思想，他特别倡导男女平等。他办了小学，就让妻子和两个妹妹去上学，以自己当教师的工资抵三人学费。他又特别恪守旧道德，祖父曾向自己留洋过的朋友提出一个问题：你们是先结婚后恋爱，还是先恋爱后结婚的？他们分成两拨，祖父说自己是先结婚后恋爱的，有人说是先恋爱后结婚的。但祖父对我的祖母特别尊重，让自己的孩子都要尊重自己的母亲。上海管母亲叫"姆妈"，川沙叫"姆娘"，祖父就把方言的"姆"字改成恩爱的"恩"，让他的子女叫母亲"恩娘"，对子女有恩的意思。我父亲让我们对母亲也叫"恩娘"。父亲在美国时给家里写信，祖父在回信中细心地说：你的字太草，又写得比较小，以后要把字写得大些、工整一些，这样你母亲才能看得清楚。可见他对我祖母的体贴和尊重。

有一年我去美国，看到大伯父儿子家有一个祖父写的条幅。前面四句是描写峨眉，最后四句说："功名期望皆身外，天地庄严在眼前。此体此心都付汝，母心纯善体纯坚。"这是他对一个母亲的赞美，是对一个心地善良和身体健康妇女的赞美，表现了他的妇女观，这种思想观念在当时也是比较新潮的。现在的电视剧总是瞎编一气，给我祖父身边编出像"小蜜"一样的人，似乎和我祖父有什么特殊关系。连我表妹都被搞糊涂了，还问过我，到底祖父有没有绯闻。我说没听说过。祖父是一个很严谨的人。其实，他在上海那么多年，20世纪二三十年代，上海有那么多小报，真有"小蜜"早就传遍了。有个朋友对我开玩笑地说，在那个年代，如果他要找第二个太太，他那么有名，要找早就找了，不必弄个"小蜜"什么的。现在一些人不好好去研究历史，研究那个时代人的道德追求和操守，编的东西一看就假。

我的亲祖母是 1940 年或 1941 年去世的。她本来已经到了四川，可能对一些瓶瓶罐罐放心不下，非要回到老家看一看，一回老家，就高血压发作去世了。继祖母跟我父亲年龄差不多。我祖母走的时候，我弟弟刚生不久，是我一两岁的时候，所以那些小叔叔、姑姑（继祖母的子女）都比我小一些。

邢：您祖父兄弟几个？

黄：我祖父家就是他和两个妹妹。我祖父的父亲也是单传。到我祖父，孩子就比较多了。

在北京

黄：我们家是 1953 年 1 月份搬到北京的，以后跟我祖父交往就多了，过节时都要到祖父家。那时候他住在安儿胡同，有一个比较大的四合院，生活比从前好得多了。

那个四合院还是比较讲究的。一进门往右拐，是一个较小的院子，警卫员就住那里。南边有几间大的屋子是他对外的会客室，家里人一般不到那里去。再进一个门，才是正式的套院，是一个大的四合院。套院不算奢华，后头有锅炉房等附属设施，院里也住了十几个人，像祖父的秘书，还有厨师、两个保姆等，都是国家工作人员。

到北京后，听说祖父"五一""十一"的时候可以上天安门观礼，我和弟弟都想跟他去。父亲让我们自己去说。我们先找了继祖母，她和祖父商量后说，我们俩可以去。1953年"五一"，我和弟弟，连同小姑姑、小叔叔挤在小汽车里，和祖父去了一次天安门城楼，晚上看焰火。在小车上祖父兴奋地对我们说，新中国成立了，中国多么好，毛主席多么英明伟大！他说得挺真心。现在的年轻人不太理解那时老人们的想法。祖父年轻的时候讲演，被逮起来要杀头，讲演的内容都是帝国主义怎么欺负我们，瓜分中国。现在终于把帝国主义赶跑了，是个特别值得骄傲的事。我记得在汽车上祖父和我们说了很多关于这方面的话。

毛主席来以前，我们已先到了，就坐在天安门检阅台。那里摆了好些椅子，我记得当时旁边坐着包尔汉夫妇，他们好像也带了俩孩子。祖父坐得比较中间，随便坐的，没有排位。毛主席来了，走到我们面前，操着浓重的湖南口音问我祖父，这都是你的娃儿啊？祖父说是。我们就跑上去跟毛主席握手，毛主席高兴地跟我们一大群小孩握手。毛主席的手很大，又很软，我特别兴奋，握完了又去握了一次。60年代我上了大学，快到饿肚子的时候，我们正下工厂，工厂在城里，放假我就去了爷爷家里，又跟他上了一次天安门，看见了毛主席，又握了一次手，是"五一"还是"十一"记不清了。那一次好像有一些苏联领导人来，记得布尔加宁穿着蓝的军装，特别耀眼，特别漂亮。毛主席走的时候，我又跟着去看了看，他从城楼走下去的时候，有六个警卫围着他一起走下去，都是高个子，前后各一，左右侧各二。

我家的 1957

丁：1957 年您父亲被打成右派，您爷爷五个子女都被打成右派，当时您有什么感觉吗？

黄：当时没什么感觉。我叔叔他们被打成右派我是后来才慢慢知道的。知道我父亲被打成右派，我的负担挺重，在压力下，整天得批判父亲。如果认识不到位，自己就要被划成右派了。我正好刚在北大上一年级，高年级闹腾得厉害，我们低年级还不大懂。父亲兄弟姐妹每个人被打成右派的情况都不一样。"文革"后，他们才说了一些情况。他们说得最多的是，1953 年、1954 年搞统购统销的时候，我祖父是江苏省人大代表，上级让他调查江苏的情况，他回来后写了个报告，说统得太死了，对经济发展不利，对就业也不利。南方很多小店铺实际上是夫妻店，根本说不上是什么资本主义，小店被关门，经济搞得过死会出问题。

我祖父的这个报告被拿到人大的会上批判。当时我刚上高中，住在祖父家。记得那时，祖父还经常给毛主席写信，他拿着毛笔跟我说："你看我在给毛主席写信。"但有一次，我回家听见院子里在放祖父的讲话录音，觉得挺奇怪，问："爷爷怎么在家里还用录音，好像在用扩音器说话？"警卫员说，不是，这是在会上发言录音，现在放。院子里静悄悄的，过了一会儿，祖父出来了，特别生气地在廊檐下走来走去。我想这就是他那次受批判的余波。后来听我小叔叔说过，有一阵他还绝食，要辞职。

据父亲说，新中国成立之初，祖父比较受毛泽东的重视和尊

1937 年黄炎培（前排右一）全家在上海

1963 年黄万里（左）和长子观鸿（右）看望父亲黄炎培

重，毛泽东还比较注意听他的意见，但那次打击以后，我就不太清楚。实际上那时候他七十几岁了，脑子也并不是很灵活了，但他对工作很严肃，不在家办公，还是早晨出去，晚上回来，和别人一样上班。他当副总理的时候，找我谈过一次话，问我喜欢什么，我说喜欢数学。他就拿个小本子记上了，当时也没说什么。有一次我们全家聚会（有一张照片，院里头有一个大缸，有的人在缸里头，有的人在缸外头），他发表演说，内容我觉得挺好。

我们子孙中，大伯父和二伯父是学文的，其他人都是学理工搞科技的。祖父讲，他作为《申报》的特派记者到美国访问时，见到了爱迪生。爱迪生问他从中国什么地方来，他说从中国上海来。爱迪生那时候刚发明了留声机，就说，太好了，你能不能说几句上海话，我用留声机录下来。我祖父讲了一番话，说搞科学要为世界和平，不要把科学拿去发动战争，用上海话录在留声机里了。

他给我们讲这件事，是教育我们不要单纯搞技术、搞科学，要有一个正确目的。他还问爱迪生，你今后最大的希望是什么？爱迪生说，我希望死后，我的实验室还能搬到地下继续工作。这话给我印象比较深，特别感动。为了和平，这是大家经常听到的，但爱迪生是真正热爱科学发明，竟痴迷到这种程度。现在有些人做科学研究，有的为了饭碗，有的为了提级，有的为了名利，我觉得都没什么意思。当然，也能谅解这些人，因为确实有生活问题，提不了级，有好些具体问题不能解决。但一个真正的科学家是什么样子，祖父讲的这个故事给了我启发。

我父亲也持这种观点：祖父受了打击后，就不再提意见，什么都不说了。父亲认为，和其他民主人士比较，祖父在刚解放的时候比较受重视，但他较早受到打击，不再说话，所以"反右"时他没有被划成什么派别，但民盟其他人很多被打成右派，对他也是震慑。父亲认为，他自己被打成右派，跟祖父没关系。我们家其他人被打成右派，可能与祖父有关。在祖父的影响下，叔叔黄大能参加了民盟。黄大能后来也要求参加共产党，可能共产党也跟他说，你还是参加民盟比较合适，他就留在民盟了，后来他也被打成右派，看来这跟我祖父是有关系的。还有，罗隆基和我的二伯父黄竞武是很好的朋友，因为他们都是清华的同学。二伯在临解放的时候被国民党杀害了，是名烈士。在民盟里，除了职教社的人，祖父和张东荪、罗隆基这些留美的人比较亲近。

我父亲坚决不参与政治，祖父动员他参加民盟，他一概不理。

我姑姑黄素回也被打成右派，她在大连一所大学工作，和她先生都被打成了右派。她先生陈锵是一位很有名的内科大夫，他们被分配到内蒙古。改革开放后，陈锵当了内蒙古医学院院长。落实政策时，根本没找到我小姑姑的右派材料，连一个字的记录都没有。人家说，你没有被打成右派。但她确实挨批了，而且是按照右派处理的。他们政治性并不强，小姑姑上高中时，抗战了，到了后方祖父本想让她继续上学，但我祖母去世了，祖父也照顾不了她。她上了两年大学预科，就退学了。她连正式大学都没上过，也没有什么政治观点，"反右"时，什么话也没有说，就被打成右派，最后连材料都没有，所以家里人怀疑这是因为受到祖父的影响，是有一定的道理的。

邢：您家里那么多右派，后来听您祖父说了什么？

黄：他没有对右派的事说什么。祖父毕竟是饱经沧桑的。我父亲被打成右派后，找过祖父谈这件事。他说祖父给他解释的理由是：你技术上的观点，比如三门峡该不该修，你可能是对的；但从政治大局来看，可能你就错了，你要从这方面来想通这个问题。有人说，《人民日报》登了我父亲是右派，我祖父批判我父亲。实际上不是这种情况，是《人民日报》把我父亲的文章放在《什么话》专栏里批判。当天报纸同一版，又登了记者去访问我祖父，我祖父就泛泛地说了几句拥护"反右"，并没有提到我父亲，更没有说拥护把我父亲打成右派。

丁：我问过您父亲：您被打成右派，您父亲对这事怎么看？他说，我父亲对我很同情，但他也没有办法。您前后在祖父家住了多长时间？

黄：为了上学方便，1953 到 1954 年，住了一年，后来就是过节的时候去一下。"反右"以后还有一些来往，直到 1965 年祖父去世。

丁：您父亲被打成右派以前和被打成右派以后，您感觉有什么不同吗？

黄：很难说不同。他是一个性格比较坚强的人，不像别人，一被打成右派就垂头丧气了。我的小叔叔黄必信，估计也是因我祖父的原因被打成右派，他在大连大学，当时比较年轻，是个讲师，被打成右派后有次来北京，就哭丧着脸，特别悲伤的样子。可我父亲不那样，自己该干什么还干什么。1957 年夏，他已经是右派了，还带领全家到颐和园玩。我们坐公共汽车回来下车时，有清华学生在我们背后指指点点地说，你看，那个人就是黄万里。父亲根本没有那种被打成右派就没脸见人的想法。他觉得，我就这些观点，你要说不对就不对，我也没什么办法。他照样研究他的问题，看书。那时候不让他教书和写文章了，不知道他在搞什么，但他生活还比较正常。他始终认为关于三门峡他的意见是对的，并反复论证，不断上书，曾上书给董必武。

祖父教导了我父亲半天，像"外圆内方"这样的做人道理，父亲也没有接受他的意见。当然，父亲还是受到了很大的打击。照我妹妹和我母亲的看法，他是一个快乐的右派。我觉得，快乐不可能。他是一个有抱负的人，想把江河治好，觉得自己有这个本事，他很自信，现在一点都施展不出来，心里肯定非常压抑。那时候，他老在看古诗、作诗，诗中充满着忧国忧民的悲情诗句。1957 年以后，他连教书的机会都没有了。

丁：父亲被打成右派时您 18 岁，对您个人影响大吗？

黄：影响比较大。如果没有父亲的问题，我就没有那么多思想负担。在学校你会受到不公正的待遇，比如毕业分配、别人对你的看法等。另外，遇到父亲又挨批了，又对他怎么样了，我们要跟着应付，母亲让我帮他写检查。我没有真正写出来。比如，我说你不应该这样交代。他说他已经交代了。那我还说什么？

1962年，我毕业后分配到北京工业大学。在工业大学工作倒没有受到特别大的歧视，有也是无形的，因为人家知道你是什么人。

祖父虽然是国家领导人，但他已经不是一个正面人物了。小姑姑有一回问我先生杨乐：我们家出身这么不好，你怎么还会找我们家的人？杨乐跟她开玩笑地说：我家的成分也很高。那次大家一块聊天的时候，那位小姑姑就说：我当时结婚，一个很大目的就是想改变成分。

我没有觉得祖父的背景对我有什么好处，只是不像我父亲对我压力那样大。我当时接受了党的宣传，认为只要自己表现好，就不会有什么影响。另外，在大学里，出身好的人很少。我好好教书，搞我的数学，所以没有那么痛苦。比较痛苦的是搞运动的时候，比如"文革"一开始，我从"四清"工作队回到学校，看到人家给我贴了一张大字报，说黄且圆这个资产阶级小姐，祖父是全国最大的资产阶级，她的父亲是清华的大右派。说了几点都不着边际，我看后觉得可笑，因为他没有说出我本人有什么问题。

黄万里全家福，1953 年春摄于清华园（后排左起：黄万里、
丁玉隽、黄且圆，前排左起：黄无满、黄观鸿、黄肖路、
黄二陶）

回忆父亲黄万里[*]

黄且圆

> 苦忆江南欲住难，羁栖北国少娱玩。
>
> 少时力学图晚成，映水文心盼璀璨。
>
> 镜里莫悲添白发，书成那得知音唤。
>
> 案头埋首甘为牛，恐负江山扶枕叹。
>
> ——黄万里《清华园风雨忆江南》

父亲离开我们已经十年了，今年是他的百年诞辰。对我来说，他就是一个普普通通的父亲，我对他的记忆就像粼粼的波光，只是一段段、一片片地在那里闪耀，倒是别人的回忆、讨论、评价不时地激励着我，把记忆中的片断一点点地连接起来……

我3岁左右时，一次父亲拉着我的手在散步。月光洒在一片光秃秃的土地上，那是父亲在四川三台工作的水利工地，我们家就在工地的边上。父亲边走边对我说："我刚修好了一座桥，这座

---

* 本文系作者2011年8月在清华大学举办黄万里先生百年诞辰纪念会上的讲话，作者会后将手稿赠予编者留存。

桥就用我的名字，叫万里桥。"那时父亲还很年轻，对自己的工作成绩兴奋不已。但事后我听说，祖父对此很不以为然，他批评父亲骄傲了，建议此桥用当地地名，命名为高家桥，并给刚出生的妹妹起名"无满"，以示警戒。就在这个工地上，一次日机来轰炸，一颗炸弹落在我家隔壁的院子里。上天保佑，那颗炸弹没爆炸，当大人们惊魂稍定时，看见我从床底下爬了出来。

三台的工程结束后，我家又搬回成都，父亲仍经常出差，勘查长江上游诸河流。一次看见父亲乘吉普回来，他满脸都是紫红色的小斑点，那是因流血结成的小伤疤。父亲告诉我们，路遇土匪劫车，开枪射击他乘坐的小车，子弹打在前窗的玻璃上，碎裂的玻璃又刺进他的脸部……这太危险了，万一子弹射中父亲的身体那又该怎么办？还有一次，母亲带着两个不到 5 岁的弟弟去看望在野外勘测的父亲。回来途经绵阳，那边正发大水，许多灾民堵在河边准备抢渡，母亲好不容易登上最后一班渡轮，算是逃过了一劫，而父亲还得坚守岗位。在当时险恶的工作条件下，他仍不忘写文章报道沿河的风土人情，特别是少数民族的生存状态，有《金沙江道上》等，见诸报端。

抗战胜利后，全家回到南京，父亲应聘在水利部工作，这本是一个"美差"。但不久，水利部派遣他去江西任职。这里地处江南，河流湖泊遍布，是个可以大施拳脚的机会，也还算是个美差，父亲甚至已到江西察访，准备履新。可是不久部里认为更需要人考察黄河中上游水情，解决甘肃省的干旱问题，于是又改派父亲到兰州，任甘肃省水利局局长兼黄河水利委员会委员。父亲二话没说，就带着全家奔赴兰州。

当时的兰州还很落后，市民的食用水是用牲口架着的木制水车把黄河水拉往各家，倒入缸中。人们再在缸中加上明矾，等到沙石和脏物沉到缸底，河水变清后方能饮用。就是在市内，也能看到一些小孩子，因为没钱买裤子而光着下身。除了看家犬外，还有许多野狗满街乱窜，那时我只有八九岁。一次，天蒙蒙亮我起身赶早上学，被狗咬了一口，还打过一阵子狂犬病预防针。

可是父亲对这一切都毫不在意，他没有忘记改学水利、服务农民的初衷。他甫一到任，就全身心地投入工作。他为该省水利工作拟定的方针是：先改善旧渠，次动新工。他勘测全河西走廊的水资源，以拟定通盘建设计划，很实在，绝不搞形象工程。为勘察地质水文，他曾四下河西走廊向西到达玉门、安西、敦煌，甚至沙漠边缘的不毛之地民勤、红柳园等地。现在去这些地方并不困难，但在60多年前，他得和同事们一起，坐骡车、骑马，甚至经常遇到劫匪。当时，新西兰共产党人路易·艾黎正在甘肃山丹办培黎学校，这是一所职业学校，半工半读不收学费，既吸收贫困家庭的孩子入学，也接纳处于困难境地的共产党干部的子女。父亲对艾黎的政治身份并不知情，但他深为艾黎在中国贫困地区办学的精神所感动，数次去山丹，帮助当地开发地下水资源，同时向学生讲演，并到省府为该校师生筹粮。他从培黎学校买来了学生们制作的羊毛挂毯，那上面是洋式的风景和花草。我非常喜爱这两面挂毯，它们先挂在我家的墙上，旧了以后又移到椅子上，直到破烂不堪为止。

父亲所到之处总是充满生气。他非常注意培养人才，特别是年轻人。在局里，他通常都是亲自授课、编讲义，外加考核学员。有一次，他从上海招来一批中专毕业生，对他们最初的培训就是学骑马。看到这一切，我们这些孩子兴奋极了，我也要求骑马。当一位大哥哥把我抱上马背，马稍稍一动，我便吓得魂飞魄散，惊叫起来，又立即被抱了下来。这些年轻人后来很多都成了工程师，甚至是高级工程师。改革开放后，他们中还有人来看望过父亲。局里的京剧票友们自己排演了《苏三起解》，每次排练和演出，我都挤到台前去看，看多了也能哼哼几句，可是就连其中的第一句"苏三离了洪洞县"，也是长到好大才弄明白的。

记得刚到兰州没两天的一个早晨，父亲就兴致勃勃地带全家去吃羊肉泡馍，并告诉我们，这是兰州最好吃的东西。饭馆的铺面只是一大间屋子，泥土地上放着方桌和窄条凳。端上的食物，只是大块大块的肥羊肉煮成的汤，所谓的馍就是死面烙成的饼子。周围的人看起来都是干体力活的。这种东西最当饱，适合干重活的人吃，父亲就是这样说的。父亲大口大口地吃得很香，可是我只能勉强喝进几口汤，吃了一小块面饼。羊肉泡馍的确很顶饱，一直到晚上我也没吃下任何东西。

每逢节假日，父亲常带我们外出游玩。全家分乘两面羊皮筏子，从黄河边漂流到河中心名为"雁滩"的小岛。所谓的羊皮筏子，也就是在一个长方形的木排下，绑上几只全羊皮（去除了羊毛）吹成的气袋而已。羊皮筏子上既无扶手，亦无栏杆，汹涌浑浊的河水就在你的身旁，我们随着波浪一上一下地浮动、颠簸，可也有惊无险。雁滩是在黄河中心由泥沙淤积成的小岛，岸边有大型的水车在缓缓地转动，岛上树木葱茏，且多为灌木，可以躺在树下，遥望蓝天白云作无边的遐想，也很适于孩子们藏猫猫。雁滩对我来说，是一个神秘的所在，常在我童年的幻想中出现。

兰州附近有一处美丽的桃花园，登上小县城的泥土城墙，可以见到一望无际的桃花，就像站在了桃花海洋的小岛上。一条小溪穿园而过，溪边遍植梨树。微风吹过时，粉色和白色的花瓣纷纷飘落到溪水之上，似梦似幻。真想不到黄土高原上，也会出现陶渊明《桃花源记》中落英缤纷的景象。

最神奇的是兰州附近的兴隆山。那是一片黄土地上矗立着的一个孤零零的山头，远看黑魆魆，近看绿葱葱。靠近山顶的地方总是浮云缭绕，这不就是孙悟空的家乡花果山吗？进到山里，只见古木参天、泉水湍湍、松鼠出没其间。即使山外晴空万里，进山后也会下一两场雨。半山腰有一座寺院式的建筑，里面停放着成吉思汗的灵柩。最让人惊讶的是，那里立着一个粗木桩，从桩顶上散落下一大捧长长的灰白色的鬃毛。大人们告诉我，成吉思汗每杀一个人便拔下一根头发插在这里。这太吓人了，成吉思汗到底杀了多少人啊？

在父母的呵护下，兰州成了我童年最美好的回忆之一。即使到现在，每当我见到黄河，见到黄河母亲的塑像，见到那满是沟壑的黄色高原和脸上刻着同样深壑的高原老人的形象时，我心中都充满无限的感动，眼泪甚至会夺眶而出。

1949 年初，父亲感觉受到国民党特务的威胁，先把我们送往上海（他料到上海会比西北先被解放），自己出走香港。解放后，他又乘香港至上海的第一班邮轮回到上海。其实，父亲是非常眷恋自己的故乡的。他在羁留北方后写过一首诗《清华园风雨忆江南》，其中有句子曰：

> 苦忆江南欲住难，羁栖北国少娱玩。
> 少时力学图晚成，映水文心盼璀璨。
> 镜里莫悲添白发，书成那得知音唤。
> 案头埋首甘为牛，恐负江山扶枕叹。

父亲在上海稍事逗留后，便应东北人民政府之聘，携全家到沈阳的东北水利局任职。从 20 世纪 50 年代起，他先回母校唐山交大（现西南交大），后经院系调整又到清华大学任职，开始了他 50 多年的教授生涯。父亲的思想很活跃，50 年代初他就在交大实行了开卷考试。有一次父亲的老友途经唐山，特地下火车来看望他，一两小时后又要乘车离去，而父亲正在课堂上监考呢，母亲立即派我去通知他。父亲知道后让我坐上讲台，先替代他一会儿。我坐在高高的讲台上，俯瞰着下面的大学生，每人的书桌上都放着几本厚书，但也鲜有人在看，多半书中也没有现成的答案吧，其中也有个别人看了我几眼。正惴惴不安之际，父亲回来了，我才如释重负地离开教室。不久，路遇一个大学生，他对我挥挥拳头说，"看见你这个小孩坐在讲台上，我真想一拳把你打下来"。

到清华后，父亲曾主持过水文教研室。他深感自己和工科出身的教师需要提高基础理论，因此特请了中国科学院的专家到教研室开概率、数理统计课。当时我已经进了北大数学系，他也不时问我一些基本概念的问题。

到大学后，他出差少了，但埋头苦干的工作作风不变。他著书、写论文，每天工作到深夜。有时，我睡醒了好几觉，还看见他书房的灯亮着。冬天，因为夜里冷，他总穿着一件棕色的丝绵长袍，我们就戏称他为"黄袍怪"。夏天天气太热，当时没有空调，他便"赤膊"上阵。到了"文革"，父母三代同堂的家被塞进一间简易的学生宿舍里。那时大家受到压力，都不敢读书、搞业务了。父亲用书架把一间房子一分为二，一半是他和母亲的卧室，靠窗的一面放着他的书桌。除了到系里打扫卫生等体力劳动外，他都雷打不动地坐在自己的书桌前。

"文革"后期，经领导批准，父亲可在监督下进入当时的"三线"潼关以上地区，考察黄河、渭河的地貌和河势，同时在清华水利系驻三门峡的教学科研基地劳动和接受批判。此时，用他的话说是"白天俯首听批，夜晚竭思治黄"，他对研究工作丝毫不肯放松。正因为他几十年不懈的努力，才能拟出改建三门峡水库的方案、全面治理黄河的方案等。更令我惊奇的是，他在被迫告别讲台的20多年后，还能给青年教师开设结合水文、水利应用的概率统计课。

记得还是在我刚上大学不久，一个中学同学带了几个刚考入清华的小女生来拜望父亲，她们想要知道学水利需要什么条件，应当做什么准备等。我事先就把她们的意图告诉了父亲。客人到来之后，父亲从他的书桌前转过身来，带着点调侃，微笑地扫了她们一眼，说道："学水利最重要的一点就是身体要好。"谈话很快结束，同学们也讪讪离去了。

我对父亲的谈话太失望了，他为什么不讲讲水利对社会主义建设的伟大意义，水利需要哪些基础知识啊？这个不满意一直留在我的心里。直到他去世之后，我才了解到，他在勘察长江上游时，曾因患痢疾体力不支而落入江中，险些丧命；在河西走廊奔走时，遇到从祁连山中钻出的土匪的袭击……这些经历使他得出学水利身体最重要的结论确实很实在，是真正的实话实说。

父亲只知道坚持科学真理，无论这真理多么令人不能接受。当别人说"圣人出而黄河清"时，他却说黄河不可能变清，也无必要变清。当别人说在长江三峡上建坝是孙中山先生的夙愿，曾得到美国人的支持，其发电量可以照亮半个中国等，他却屡屡上书中央，高呼三峡高坝永不可修！他只会说真话，不会说假话。对学术是如此，对政治也如此。自从戴上"右冠"之后，他受尽凌辱，但仍心胸坦然。有一次他走在清华园里，被一名貌似工友的路人拦住，指着鼻子批判了整整一个小时。回到家中，他仅仅对我们说："如果他说的都是真话，他这样做也是对的。"

我们在家中受到的最早的教育就是诚实，不可说谎。这个教育实施起来很简单：孩子犯了错误，只要自己承认，说出了真情，就不会受到惩罚，否则定是一顿痛打。有时我并没说谎，但父母不放心，竟让我白白挨一顿揍。时光荏苒，到我们成年后，位置倒转，我们也可以"训诫"父亲了。"文革"后期，母亲就常常让我帮助父亲写检查。

那时他对"批林批孔"运动想不通，便在家中说："你们大伯是搞哲学的，可我对哲学一窍不通。但是孔子的哲学浅显易懂，我从小就接受了。"他更透露给我们，"我见过孔德成（孔子的后裔，1949年后去台湾），你们的外祖父还当过他的老师呢"。我立即告诉他，在会上不可这样说，会引来大祸的。他的回答却是"我在会上已经交代过啦"。果然，为此他又遭到一次特大的批判。

总之，在写检查方面，他从没有接受过我的"帮助"，一如既往地实话实说。父亲至死都是那样天真，像是《皇帝的新衣》中道出皇帝没穿衣服的孩子。而我们，年轻的一代，却变得越来越老成、持重和犬儒。这种可悲的逆转难道不值得我们深思吗？

关于我国的水资源利用，父亲屡屡致信中央领导人，从毛泽东时代起直到他自己去世。他指出，三峡高坝不可修，主要是因为自然地理环境中河床演变的问题，一个大坝建在河中，可以反过来影响河床、河流的水势，以及河流及两岸的地貌和生态等。高坝的建成，会给国计民生带来极为不利甚至是不可挽回的影响。他说黄河是一条利河，水少沙多，历史上南北漫流，形成了25万平方公里的黄淮海平原，是全世界最大的由河流淤积而成的三角洲。中华民族在这里繁衍生息，创造了光辉灿烂的文化。他甚至愤慨地声言："说黄河是一条害河，是中国水利界的耻辱。"他认为中国的水资源丰富，所缺的是水量丰富地区的耕地。因此，以淹地换取电力是不可取的……

父亲的看法常与我国水利界主流的意见相左。撇开具体的技术问题和一些人为的因素不谈，这两种意见的出发点和背景就不相同。在父亲看来，人类赖以生存的河流和土地，都是大自然的赐予，是大自然包括阳光、土地、大海、山脉、河流等，孕育出了人类，所以人类必须适应自然才能生存，必须按照自然规律行事，与自然和谐相处，才能求得自身的发展。而要掌握自然规律，如河流运行和演变的规律，则需要我们长期观察和实践。这与那些为了人类自身的利益或欲望，无限制地向自然索取，提出改造自然、征服自然的人们观察问题的角度截然不同。近些年来，自然灾害频频发生，气候变暖，海平面上升，日本地震引发核污染等，无一不向人们敲响警钟，将人与自然关系的问题再次摆到我们的面前。我想，这才是父亲的观点日益引起人们关注的根本原因。

去年，一个令我们惊喜的消息传来：抗战时期父亲负责修建的涪江航道工程的一部分——高家桥（老人们仍称其为万里桥）——历经70年的地震等天灾及战争等人祸都没有倒塌，仍然屹立在那里，成为三台古堰永和堰的标志性工程之一。关于这座桥，中新四川网记者兰婧在2009年12月22日的报道中这样说：

怀着对这古堰的好奇，记者日前来到了永和堰的标志性工程之一高家桥段。这是地处争胜乡坝南通向新德的一个石拱渡桥。桥体用花岗岩条石砌筑，高50多米，长约150米，宽4米余。由于两岸是滑坡台地，据说施工时用了3万多根青杠树棒（一种很坚实的树木，在水中永不腐烂，常作建材），逐台梯次打桩，编栏护坡。桥中间是渡槽，只两边不足一米宽处可通行人。远远看去，就像两条白色的缎带，搭连在青山绿树之间。走在桥上瞥见石拱下深深的水道，又不免让人心有余悸，只感叹这座出自著名水利专家黄万里先生之手的杰作，感叹当年工程之精妙雄伟、设计者之独具匠心。

黄万里先生是黄炎培之子，在美国主攻水利工程学。1937年回国后，受三台县长郑献徵邀请，设计这座难度极大的渡槽，修成后取名"万里桥"。黄炎培先生认为不妥，改以地名"高家桥"，但当地老人仍称它为"万里桥"。为此黄万里曾赋诗一首以纪念："我尝治水涪关道，三载移家到梓州。凿石开河资灌溉，一桥飞若彩虹浮。"

父亲生前曾对我说过，他是公费出国留学的，花的是老百姓的钱。这座桥建在抗战最困难的时期，为了节约资金，因陋就简，使用的是最便宜的建材，先用一段时期，抗战胜利后还可重建。他还高兴地说，节约的钱就算偿还了留学的费用。他所谓的便宜建材，大概就是指那种青杠树棒了。

70年后的今天，我第一次从照片上看到了万里桥。它朴实无华，谈不上雄伟，更没有"世界第一"。它的桥拱，就像父亲辛劳一生的脊背，驮着水渠。70年了，它把滔滔江水送往耕田，默默地滋养着这方土地上的农民繁衍生息。

万里桥仍然屹立在那里，父亲在天之灵可以安息了。

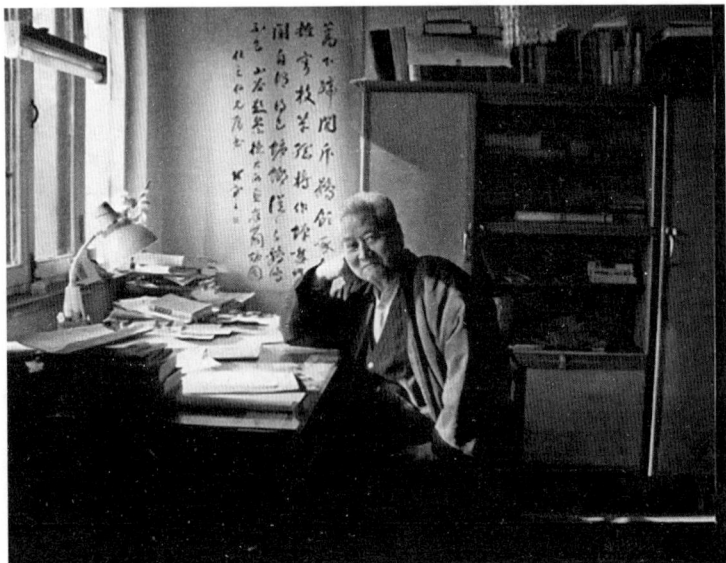

1994 年元旦，黄万里在清华九公寓

黄万里：讲真话演绎的非常人生 *

黄且圆

他受到的健全的教育、他的抱负、他的自信、他的综合素养，使他选择了自己独特的人生道路。

许水涛（下文简称许）：自去年秋天渭河水灾发生后，有关三门峡工程的是非功过成了许多媒体热烈讨论的话题。从水利部门的高级官员、水利专家到一些人大代表、政协委员，都将这场水灾归咎于三门峡工程，对 40 多年前竣工的这项工程采取了基本否定的态度，并进行了认真的反思。您父亲黄万里当初是唯一反对此项工程的，自然引起了人们的关注。

黄且圆（下文简称黄）：这的确是一个值得深刻反思的话题。实际上，苏联专家指导下的三门峡工程，从建成之日起就暴露出一些弊端，与当初的设计要求大相径庭。这是过去不便深谈的话

---

* 本文系作者 2004 年接受《纵横》杂志主编许水涛的访谈录。原文题为《黄万里：在执着和无奈中跋涉——黄万里之女黄且圆访谈录》，刊在《纵横》2004 年第 7 期，编入本书时略有修改。

题，现在大家却能够平心静气地讨论，这说明了历史在进步。

许：黄万里的人生因这项工程发生重大的转向，其中的具体情况却不大为外人所知，请您粗略介绍一下他的人生经历。

黄：好的。先父黄万里 1911 年 8 月生于上海，是著名民主人士黄炎培的第三个儿子。早年在唐山交通大学学桥梁建造，1932年毕业后任铁路工程师。1931 年和 1933 年分别发生在长江、黄河的洪灾促使他改学水利，以求造福于民。1934 年赴美留学，潜心学习天文、气象、地理、水文等学科，驱车考察美国各大水利工程工地，钻研治理江河之道，获博士学位。1937 年抗战爆发前夕学成回国，先后任全国经济委员会水利处技正、四川省水利局工程师、涪江航道工程处处长。1947 年至 1949 年任甘肃省水利局局长兼总工程师，1949 年应邀任东北水利总局顾问。1950 年 6月回母校唐山交通大学任教，1953 年因全国高校院系调整奉调至清华大学任教。1957 年，他批评苏联专家提出的三门峡水库规划得不偿失，认为建库会严重破坏泥沙的自然运行，建库后泥沙淤积将使渭河两岸遭殃。接着，他又有感而发，发表了小说《花丛小语》，因而被打成右派，从此不能从事教学工作，失去了发表文章的权利。1964 年，面对三门峡工程的严重后果，他上书董必武副主席，积极提出改建方案，未得采纳。"文革"初期，他作为"牛鬼蛇神"受到批斗，被赶出清华新林院的教授洋房，每月仅领 20 元生活费。1969 年，随清华大学员工下放江西鲤鱼洲农场劳动，接受批斗。1972 年到清华大学三门峡基地继续接受劳动改造。1978 年 2 月，他的右派帽子终被摘掉。1987 年曾应邀赴美国 12 所大学巡回演讲，2001 年 8 月辞世。

许：我在阅读有关黄万里先生的资料时，深感早年所受的教育，特别是家学对人一生命运的重要影响。您祖父黄炎培"实业救国"和"教育救国"的理想在您父亲身上的影响，可以说是终身的。我首先想问的是：祖父对父亲的教育和影响体现在哪些方面？

黄：祖父在"实业救国"和"教育救国"方面的贡献较大，也很有政治上的远见，参与过一些政治活动。他不像普通家长那样对子女关怀得那么多，那样重视亲情。因为他忙于政治活动和社会活动，没有什么时间和精力在家照顾孩子。父亲上小学时就住校，没人照顾，很艰苦，放寒暑假也不能待在家里，而是转住亲戚家，缺少家庭的温暖。他后来对此好像不满意，对我祖母说，为什么那么早就把我塞到学校？他的执着性格和暴躁脾气的形成与此有关。但从另一个角度，父亲也沾了祖父的光，接受了良好的启蒙教育。祖父是社会名流，在上海认识很多人，如祖父的英文秘书邹韬奋，曾辅导过父亲的中文和英文。父亲学的是工科，但历史知识丰富、文学功底深厚，毛泽东曾表示很欣赏我父亲的诗词作品。我印象很深的是，"文革"时，"梁效"写作班子撰写的大批判文章，经常弄点历史故事、典故来说明问题，我就发现父亲对他们讲的那些东西很熟，甚至还能举出更多的例子。他们这一代人中，许多人的人文素养特别好，视野比较开阔，父亲在这一点上得益于他的家庭教育。

许：从小较深地受到中国传统文化的熏陶，大概是他们这一代知识分子的共性，您父亲可能没有什么特殊的地方。从您的叙述看，您祖父对父亲的教育不是耳提面命的那种。

黄：是的，但祖父拓宽了他的视野，在关键的时候提醒和帮助他。父亲改学水利就征求了祖父的意见，并得到了支持。对于父亲应该学什么，祖父咨询沪江大学校长刘湛恩博士，刘博士在美国的博士论文是《从孩子在学习中最有兴趣的科目考查出其应日后长期从事的专业》，结果刘博士得出我父亲宜专习文学的结论。其时祖父正创办和提倡职业教育，因父亲门门功课均列榜首，遂商定并取得刘博士同意，以桥梁工程为其今后学习的专业。这说明了祖父对孩子前途的关心。父亲在美国读书时，祖父给他写过一封长信，讲到在国外的注意事项，说："吾人处世，遇好教训好模范，须诚心接受，如此进德修业，才是前程远大之始基。儿能秉志坚强，不为环境转移，自为父母所欢喜。"并说为父感到满意的地方，"为来函中'牺牲好待遇，为救几千万河上人民'一语，此等处本不求人知，但望儿放出力量来将此一念把握住"。

谈到祖父的影响，父亲在临终那一年，曾写下了这样的回忆文字：

> 我父对我教育甚严甚深，括及其要点凡三：一是必须尊重农民。我两次闻其教育下属曰：我国自有历史以来，劳动的农民从来没有对不起他们的统治阶级。这实际

上指出为社会效力应持的立场。二是必须喷出热血地爱人！"爱"乃是道德的根基，所谓"真善美"实皆包含在"爱"中。爱之甚且及于一切动物。故我家中父不准杀生，父自己则茹素，但父食蛋饮奶，却从未闻其劝人学他也茹素。三是父曾多次诫我骄傲，父曾多次垂训：古人云"虽有周公孔子之德之能而骄者，则其人决不能称贤"。戒骄不是仅求戒在言行，乃是要求从内心出发。自己纵有所得，乃必然之事，不足骄也，如此乃能彻底去掉傲气。

祖父拜访一些名人如叶剑英、董必武等时也带父亲去，这样就使他比别人站得高些，所以父亲往往会采取写信的方式，表达自己的意见，他给周恩来、邓小平、董必武等领导人都写过信。他认为与董必武相识，就于1964年写信给董，陈述改建三门峡工程的意见。"文革"初起时，他写信向周恩来反映清华武斗升级的情况。刚改革开放时，他就对外交往时应注意的地方给邓小平写信，提出自己的看法。

许：也就是说，对自己困惑的地方，他要通过自己特殊的方式来表达。

黄：对，他没有平常人们所认为的那些领导同志高不可攀，写信给他们是不是合适的想法。

许：这实际上表现了知识分子的个性，因为在真正的知识分子心目中没有等级森严的概念。

黄：但并不是所有的知识分子都是这样，有些人会考虑到说出去会不会对以后有坏处。他就没有，这与他跟我祖父见过一些世面、受到潜移默化的影响有关。

许：远赴美国学习水利，将治理江河锁定为自己的人生目标，充分说明他的人生选择具有强烈的经世致用的色彩。那么，中西两种文化影响下的您父亲形成了什么样的价值观？

黄：我觉得他重视科学和民主，很早就有强烈的公民意识，形成了现代政治的理念。他认为一个民主的、宪政的社会才是健康的，这一点的确受到了祖父的影响，就算自己虽然没有搞政治，但还是要通过自己的工作报答国家和人民，对国家和人民负责，尽一个公民的责任。

受中国传统文化熏陶，他对贫弱的祖国和苦难深重的人民有深厚感情。中国文化对他的影响主要在做人方面。一是诚实的品质，他一辈子不虚伪，从不说假话。二是孝顺，祖父叮嘱他留学时不要娶外国人，以便将来照顾祖母。因为大伯娶的美国人，与我祖母合不来，二伯夫妻关系不好，父亲晚年回忆说留学时有外国女孩对他挺好，但他因为父亲的叮嘱而坚决拒绝了。

许：他对父母的孝顺、对家庭的责任与他浓厚的报国思想是不是相通的？

黄：中国文化传统中，这两者是有内在联系的。

许：您祖父在辛亥革命前后曾在官场一段时间，他似乎希望孩子更多地学习自然科学，不愿意孩子们从政，是不是有这个倾向？

黄：不一定，祖父有5个儿子，分别是黄方刚、黄竞武、黄万里、黄大能、黄必信，还有4个女儿。他倒没要求孩子们从政，后来只是希望孩子们参加一些民主党派的活动。黄竞武就参加了民盟，黄大能参加民盟肯定受到了祖父的影响，黄方刚、黄必信都是做学问的，我父亲对自己的定位就是搞工程技术的，正如你所说的有强烈的经世致用的色彩，而对政治不怎么感兴趣。

许：您父亲和几个兄弟所选定的人生道路有很大的不同，他们之间互相影响的程度有多大？

黄：四叔黄大能和五叔黄必信实际上不能影响他，而大伯黄方刚与二伯黄竞武去世得太早。黄方刚是哈佛大学的毕业生，早在抗战时期就去世了，他当时是武汉大学哲学教授，去世可能是与生活困苦、心脏病比较严重有关。他研究老庄哲学，认为搞政治没有多大的意义，这一点对我父亲影响很深。据我母亲讲，父亲与二哥黄竞武的关系很好，但是思想上受到什么影响，我不大清楚，可惜黄竞武在上海即将解放之际，被国民党特务杀害。五叔黄必信在大连工学院教书，曾被打成右派。他比较认真，有一次考试，他给一个工农学员判不及格，所以"四清"时，就说他迫害工农子弟。他原来不叫这个名字，有一次说了谎话，祖父说你应该取信于人，就给他改成这个名字。"文革"开始后，他作为资产阶级知识分子遭到批判，就有点顶不住了。到北京时，我看他老皱着眉头，他觉得没希望了，最终走上了自杀的道路，父亲为此哭了好几次。弟兄之间处世态度上的差距是很大的。父亲是一个很刚强的人，很重视亲情，经常去看黄大能和几个姐妹，他们关系比较好。

许：从抗战爆发到新中国成立的整个战乱时期，您父亲选择在长江和黄河边一门心思地进行水文、地质、泥沙等方面的科学考察，好像比较超脱。这大概缘于他对科学的痴迷、对民生的关注和治理黄河的人生理想，他在这一时期相信战争总有结束的一天，自己从实践中学来的知识将来能够派上用场。

黄：我认为不是你所说的，他相信今后会变得更好。他已经学习水利，他的基本出发点是报国和为农民服务。在抗战刚开始时，他和大多数人都认为，单靠中国根本打不过日本。他撤退到大后方，就尽量干自己力所能及的事情。整个抗战时期，他不辞劳苦，带领水利工程技术人员修水利，后来都有点混不下去了，生活非常困难。在他看来，他只能以水利工程报效国家和人民，他更多的是从现实的角度来考虑问题的，实际上是超脱不起来的。他不一定非要从政治上作长远的考虑，只是注重发挥知识分子的作用。

许：我的理解不知道是否准确。从做学问的人生追求来讲，他想远离政治；可是一方面，他早年就形成了现代的政治观点，另外水利学的研究是一个经世致用的学问，必然要与现实的政治发生各种各样的联系，这会给他造成矛盾和苦恼。

黄：这点他说得并不多。但从经济的观点来说，从治河的角度考虑，他比较倾向于社会主义制度，如黄河、长江的治理就必须做到全国的统筹规划。他觉得，计划经济、社会主义有利于水利建设，他的日记记载着他给国民党省政府官员讲解这个道理，他也跟我讲过这个意思。另一方面，他觉得国民党太腐败了，我多次听他说过。他对未来、对共产党充满了期待，这与我祖父的影响有关。

许：他在国民党统治的时期和共产党执政的年代，都当过水利方面的行政官员，但时间都比较短，是不是以他学问家的个性和正直的性格不大善于处理行政方面的事务，更不大适应官场的各种规则？

黄：在共产党执政时期，他短期地担任过东北水利总局的技术顾问，没有行政方面的权力，不能算作官员。据在甘肃任职时的一个下属回忆说，我父亲坚决不参加国民党，一门心思搞水利，在甘肃各地跑来跑去，认为用不着和国民党党部派来的人联系，就把那个人晾在一边。那个人觉得待下去也无趣，就走了。他有一定的经济头脑，因为管理水利局人员的生活而又担心法币贬值，就把作为工资的法币都改买了银圆，有两木箱，我清楚地记得就放在我家的客厅里，后来支付员工工资就改发银圆，我家和水利局的员工占了很大便宜，不用怕法币贬值。这件事情被汇报上去了，省政府认为我父亲此举是不相信政府，扰乱金融。父亲辩解说这样做是为了保证下属有饭吃。这件事最后不了了之，但父亲在日记上表达了不满。另有，省政府经常开会，他作为水利局局长是要参加的。但他对此不感兴趣，认为这会浪费太多的时间，就向省主席请辞，只是没有得到批准。

在东北干了 10 个月的技术工作，他的技术级别在当地是最高的，还配有小勤务兵。有些技术人员遇到问题老找他谈，引起局长的不满。他当时想把兰州工作时培养和训练的一批技术人员调到身边工作，也没有实现。在这种情况下，他就调到唐山交通大学任教了。怎么看待这件事情？我姑姑对他的做法持批评态度，意思是他太狂妄了，他怎么就要按自己的意愿调自己人去工作，这是当时的体制所不允许的。当然要说他这样想有什么错也谈不上，他只是想要找一些自认为得心应手的技术人员做好工作，但这被认为是不尊重党的领导，社会上也这样流传，所以他就想换一个环境。

他这个人就是比较天真。像水利工程技术方面的问题，对就是对，错就是错。但中国文化传统里有一点不好，比如如果你是我的老师，我和你讨论学术问题，我就要尊重你，顺着你说，先要来点客套。他很尊重老师，但没有这些客套，特别是在技术问题上更相信自己的分析、论证和判断。

许：他从任教唐山交通大学、清华大学直到中央决策修建三门峡大坝之前的这段时期，心情想必是不错的。他是不是觉得教书育人这个行业是一个理想的归宿？

黄：1949 年至 1956 年，他的心情挺好。在唐山交大时，他也受到小小的打击，"三反""五反"时要打经济上的老虎，在学校就发展成打思想上的老虎，批判"亲美""崇美""恐美"的思想，这个过程中不讲什么道理。曾经留美的父亲大概在平时的谈话中，说了一些在美的见闻，就被作为一个重要的代表拉出来大批了一顿，我们学校还让我写了一份批判稿。

从唐山到清华，主要是高校院系调整的缘故。到清华之初，他作为年轻的教授是很受重视的，但对政治的兴趣仍然不大，组织上希望他入党。党支部书记找他谈话，他说不想入党。他又不愿意参加民主党派，他太直率了，说话一点也不设防。

我觉得，他自认为在实践经验上已经有了丰富的积累，应该在理论上有所提高。在学校教书，可以更深入地考虑一些问题，又可以带领学生在外面实习、勘察，这样的活动还可以继续。我不认为到清华教书就是他的归宿。他是一个对科学有着无尽兴趣的人，在那个时候不会想到归宿，只是觉得在大学里教书是很不错的选择，比较符合他做学问的志向。

许：党中央决定按照苏联专家的意见修建三门峡大坝，首先应被视为一个政治目标。而您父亲坚决反对，却无人理会。那个时期，不太清醒的积极性、浪漫主义的激情和经济建设上急于求成的心理，非常容易淹没这种反对的声音。他肯定意识到自己的反对难以左右当政者的决策思路，也不会改变既成的事实，那他为什么还要坚持？他当时在家里的情绪怎么样？他后来反思过反对三门峡大坝会必然失败的结局吗？

黄：最重要的事实是，对于科学的真理，他认为必须坚持，这是没有商量的余地的，不可折中，也不可有退路。他永远不会因为各种外在的压力而退缩，他一定会坚持。他认为，三门峡水利枢纽工程是建立在一个错误设计思想基础上的工程，因为它违背了"水流必须按趋向挟带一定泥沙"的科学原理。不用说这一科学原理不能违背，就是从水库流出的清水，由于其冲刷力要比夹带泥沙的浊水强大，将猛烈冲刷河床，河床必然要大片崩塌，清水也必将重新变成浊水。"黄河清"只是一个虚幻的政治思想，在科学上是根本不可能实现的。可惜这种呼声被漠视了。

他被划为右派后，受到的压力很大，最大的压力来自对子女的影响和自己的才华得不到施展，最主要的是对我妹妹的影响。有时他太难受，也对我们发脾气，但基本上还能保持健康平和的心态。他只是晚年癌症做手术时，因为肉体上的痛苦才悲叹自己的人生，说我怎么这么倒霉啊，受到这么大的惩罚之类的话。

我大弟是 1957 年高中毕业后考入北大的，那时候右派问题还没有处理，等于是躲过了。我当时在北大数学系。到我大妹就不行了，她的功课很好，因为家庭的原因被二次录取到一个机械学院，二弟的学习也挺好，却未被任何高校录取，还到农场劳动了一年。父亲为此特别苦恼，特地找到清华党委了解情况，学校领导对我父亲的为人倒没什么意见，刘冰还安慰父亲，让孩子来年报考清华。第二年，我二弟没做任何准备，就从农场回来参加考试，据说考得不错，被清华录取了。1965 年，我小妹妹高中毕业，成绩本来不错，但什么学校也没录取。这件事情对父亲的打击非常大。我记忆深刻的是，父亲的头发几乎一夜之间就全白了。因为小妹妹是我母亲最喜欢的孩子，来自母亲的埋怨和压力比较大。她责怪父亲不该不及时作检查，而要强的父亲只能在那儿硬扛着，经常用念诗、写诗的方式来发泄心中的不快。他虽然在我们面前没有表露出负疚的情绪，也很少说这类事，但他内心的这种情绪是很强烈的，在行为上的表现就是在一般的情况下，对我小妹妹的要求尽量予以满足。

他确实属于高风亮节的人。他关于三门峡工程的意见不被尊重，我看他的情绪并没有受到太大的影响，还在我们面前讲有关的观点和他舌战群儒的情况，表达了坚持到底的态度，有时还很激动，也有气愤的情绪。

他从来没有反思自己的反对会必然失败的结局。对他来讲，即使失败也要坚持。三门峡改建工程开始后，实践证明他是对的，他又很兴奋地提建议，一直采取积极的态度，没有后悔过。

许：三门峡工程从建成之日起，就暴露出弊病，您父亲的许多预言不幸被言中，那他是通过什么样的途径关注这个工程后来的情况的？

黄：从泥沙运行的原理说明修建三门峡水库的弊端，他的这一科学分析和预见，一开始便被一一验证了。看到报纸上报道三门峡莺歌燕舞的场面时，他会嗤之以鼻，认为完全是假的。他的朋友里有一些水利学教授和水利界的高层人物，因此他知道有关工程的消息是比较及时的。

许：我在阅读您父亲和三门峡工程的有关资料后，感觉他的三门峡情绪非常浓厚也非常沉重，几乎贯穿了他的后半生，尤其表现在大量的诗作上。他后来不幸得癌症可能与长期压抑的情绪有关。我记得有人回忆胡乔木时，说胡一辈子都少有开怀大笑的时候，你父亲是不是也是如此？

黄：他的情绪受到很大冲击，但不像有的人那样成天哭丧着脸。他没有表现出特别明显的压抑和苦闷。他属于生活中的强者，能想得开，认为自己做得对，对得起自己的良心。他是教研室很受尊敬的教师，很多年轻教师因为支持他而被打成右派。我听见他就跟这些年轻教师说，我已经是教授了，把我打成什么都没有关系，你们就把所有责任都推到我身上，在检查时就说受到我的影响。他跟我也是这么说的，让我批判他。我是 1956 年上北大，北大的右派太多了，一年级的我还轮不上，要是在一个小学校可能就被划为右派了。因为我在同学们中讲解过三门峡工程决策过程中的情况，后来我为此作了多次检查。

他受到多年的批判，不能从事正常的教学活动，不能发表文章，被冷落，在家赋闲，有时被下放劳动，有时干实验员的活，但他对生活还是有信心的，性格开朗，不像胡乔木那样沉重。

许：《花丛小语》直接导致了您父亲被定为大右派，实际上您父亲是因为对三门峡工程的错误决策有感而发才发表这篇小说的，两者之间密不可分。这篇小说虽只有短短的 3000 字，却包含着许多现代民主政治的思想，融进了一个知识分子的独立思考，可以视作您父亲政治观点的集中表现。

黄：他写《花丛小语》是因为三门峡工程有感而发的。它通过当时发生的一些事件，如马路翻浆、节制生育政策的反复和三门峡水库设计方案的确定等，指出人民监督政府工作及政府决策民主化的必要性，认为应该建立民主决策的制度。

许：向苏联一边倒的外交政策，直接导致了三门峡工程的决策失误。您父亲有美国留学背景，对这一现象肯定有自己的看法。

黄：你提的这个问题很有意思。当年支持苏联专家意见的人，现在却把三门峡工程的失误都推到苏联专家头上，可是我父亲从来没有埋怨过苏联专家。他能够比较客观地看问题，觉得这样认识问题没有多大意义，这是一个好的品质。他跟我说，新中国成立初期，苏联对中国的援助还是比较大的，156 项大型工程的援助是中国工业化的基础。他没有从个人恩怨出发，情绪化地考虑问题，而是采取实事求是的态度。他对政治上、外交上的一边倒政策不大满意。新中国成立初期，大力推行苏联的教学方法，他似乎不太理会这些，我行我素，并不热衷引进苏联教材和强调专业化设置课程，而是强调要培养一名优秀的工程师，知识要宽博，基础要深厚，思路要开阔，要想人之所未想，有自己独立的见解。但在"反右"以后，他对政治问题的议论，还是有所收敛的。

许：1964 年，他上书董必武副主席，尔后受命花了两个月的时间提出改建三门峡方案，可惜被束之高阁。两次改建三门峡时，同样没有尊重他的意见和建议。他是如何面对的？他对自己的意见得到采纳抱有很高的期望吗？

黄：只要有机会影响决策，他就会争取，这就是他的态度。至于能否得到采纳，抱多高的期望，我不觉得他更多地从这方面考虑问题，他只是考虑去争取。我认为他是一个积极向上的人，本来确实兴奋了一阵子，没被采纳，心里当然难受。

许：第几次提出改建方案正值炎热的七八月份，您还记得他投入工作时的情形吗？

黄：不管什么时候，他总是坐在书桌边。除了跟我们说话，我看到的总是他读书的背影，那个夏天，我也没有什么特殊的记忆。

许：他在心情郁闷的时候写了许多有关黄河的诗词，以排解愤懑的情绪，我看了以后很受感动。

黄：一方面有发泄郁闷的情绪，这是他注重的。他曾告诉记者："我研究黄河的治理，是怀着深厚感情的。科技研究这种工作，尽管埋头深入，它本身总是枯燥乏味的；而作为人，多少总有情感的，特别是当人们处于不利的环境下，最宜于玩赏些文艺。文艺是有血有肉的，它会激发那些死板无情的 X、Y、Z，使之活跃起来，使人们的精神从沉郁转为开朗，而抖擞起来，从而文思大进。"另一方面在诗中表达了一些"治黄"的观点，基调还是比较积极的。

许："文革"风暴袭来之后，他的生活状况是怎样的？

黄：1966年8月"文革"刚开始时，清华大学进行横扫"牛鬼蛇神"的活动，很恐怖。他们将我父亲和其他教授剃了阴阳头，鞭打了一顿，让他们干重体力劳动。我看到他到家时背上都是血。但他胆子比较大，回家后把自己和其他"牛鬼蛇神"的头发都剃光了。不久，学校又将一些"牛鬼蛇神"集中关起来，实施更厉害的迫害。当时，他们都住在楼房里，我父亲不喜欢住楼，而是住在一个偏僻的洋房里，抓人的人没有到这个地方，他和我母亲、妹妹就吓得躲在一个桥洞下，算是逃过了一劫。他为此写信给周恩来，要求保护。后来，清华的暴力事件没有升级，形势有所好转，他认为跟这封信有关，这是一件没法考证的事。

"文革"期间，所谓"革命群众"勒令他在校园扫地，他认认真真地扫，从不自怜自艾。他认为扫地也是为大家做好事，说不上斯文扫地。武斗时期，我们怕他遇到危险，劝他别去扫地了。他不听，仍然天天尽职，还说：现在我扫地扫惯了，一天不扫，我就觉得身上不舒服。所以像他这种人是根本整不倒的。

"文革"中，学校里的一些员工占了我们家的房子和大院，在那儿搭建许多房子，把我们赶走。全家住在只有20多平方米的一个小屋子里，他给弄了个隔断，三代同堂，共5个人。我去看父亲时，除非他闲下来同我聊天，不然就永远坐在书桌前看书。

他白天扫地，生活很艰苦，政治上受歧视，但每天晚上还是在看书，求知欲很强。读书做学问对他来讲太重要了，因而他不是太在乎外面混乱的形势。

1969 年父亲到江西鲤鱼洲劳动改造，这是一个很苦的地方。去车站送他的时候，我就认为要永别了，校方也说了永远不让他回来。在清理阶级队伍的时候，他被指为"特务"，一方面从事着繁重的稻田劳动，不能适应又蒸又热的气候，另一方面还要接受无休止的批斗。他跟我说，当时最舒服的时候，就是躺在稻田的沟里头。他白天劳动，晚上连轴转地被迫交代问题，但他怎么也交代不出特务的事情来，好几次因为中暑而晕倒了。修堤坝时，他为了省力，也可能是确实干不动，就用自行车拉土，别的人也跟他学起来，工宣队领导就出来表示：这不行，你们是来改造的，怎么累，你们就怎么干！因为你们的目的是改造思想！这样又把我父亲大批了一顿。后来他的思想都被整得有些糊涂了，神经有些错乱了，就写信问我，说你想想看，我到底当过特务没有？我回信比较策略，说有的话你隐瞒就是有罪的，没有的事情你瞎编也不行。整他的人整不出结果，后来也有些下不了台，不好结案。最后他跟人家表白：如果我是特务，就会千方百计地钻进党内去搞破坏，可是上级让我入党我都不干，我这样的人能当特务吗？整他的工宣队最后相信了这样的解释，这件事情就这样了结了。

许：1972 年，为什么要单单安排您父亲到三门峡地区继续劳动改造？当时是基于一种什么样的考虑？

黄：1971年发生九一三事件，加上在鲤鱼洲发现了血吸虫病，清华的大部分人就回京了。父亲作为反面教员不可能享受这样的待遇，所以组织上又把他弄到三门峡，一个人住在集体宿舍里。1973年初，父亲被准许在监督下进入当时的"三线"潼关以上地区，考察黄河、渭河的地貌与河势。他为什么一个人被派到三门峡？那是因为"文革"中搞教学改革，清华在三门峡有个教改小组和"三结合"的基地，学生都要到那儿实习，没有什么特别的用意。

许：这倒是个巧合。他从鲤鱼洲、三门峡回北京方便吗？

黄：不方便，对他这样的反面教员当然要控制了。有一次回京是因为治病，还有一次回京则纯粹是为了接受批判。他因为承认自幼受到儒家思想的影响，而被作为批林批孔的典型。侮辱人格的批判，让他非常难受，我妹妹为此还大哭了一场。他那时的境遇的确非常糟糕。他的独立生活能力比较差，当然渴望和家人在一起，但是他能坚持下去。

许：他一个人到鲤鱼洲、三门峡，的确很苦的，他后来向您讲过当时的情形吗？

黄：他自己说得并不多，给我的感觉是不愿提及这段经历，我是从别的渠道知道他的情况的。同他一起去江西的母亲倒是老提这段不幸的经历。母亲在那儿养鸡，但按照军事编制，他们并未住在一起。我母亲回京后兴奋得不得了，好像是死里逃生似的。

确有一些老知识分子在鲤鱼洲死了，有的人得了血吸虫病，那是个血吸虫的重灾区。父亲没有得，还达观地说："你看我老了，连血吸虫都不喜欢我了。"他自己倒是挺能苦中作乐的。

许：您父亲是清华最后一个"摘帽子"的右派。70年代末80年代初，他为自己的平反昭雪都做了哪些努力？他对于自己此后的处境比较乐观吗？

黄：摘了"帽子"后，他挺乐观的。他自己从来没有自外于人民，这是他特别好的一面。当时知识界的许多朋友还是帮他说话，向上反映他的问题。我为他改正的事也曾找过人。何东昌就说了父亲的一些好话，清华的领导对我父亲的为人倒没提出什么意见，与父亲个人的关系也不错。迟迟未摘右派帽子，一是我父亲从未承认错误，二是他老说别人不爱听的大实话。除了因为水利方面的学术观点与别人发生争执外，父亲的人缘始终挺好的，只是个别人可能认为他太狂了。他成为最后摘帽子的右派，主要不是因为他的观点，而是因为他的态度。

许：我有一个比较，就是您父亲和祖父的人生道路是不一样的。您祖父从小的时候就遇到家道中落的不幸，父母很早去世，寄养在别人家，他对社会的观察和对人生的感悟可能更早，也更透彻一些。您父亲小时候的环境远远强于祖父，有较高的政治地位和经济地位，受到了健全的教育，这也导致了他俩之间的一些区别。他向您祖父表白过自己的焦虑和痛苦吗？祖父对他被打成右派是什么态度？兼具政府高级官员和父亲的双重角色，一向主张"外圆内方"的祖父是不是面临两难的困境？

黄：我觉得，他不会向我祖父表达自己的苦闷和不解。父亲怀念祖父的诗句"时平归大隐，何用鲁连篇"是有真情实感的，表达的是对祖父晚年处境的理解。我知道的情况是，1953年，祖父因为统购统销的问题，受过一次很厉害的批判。他作为江苏的全国人大代表，经过调查后，认为不该取消小工商业主的经营权，认为这对繁荣经济、解决就业没有好处。这一年我正好在祖父家居住，就看到祖父在家里大发脾气，情绪很差，从此他就开始保持沉默了，失去了参与政治的热情。

我觉得祖父是资深的政治活动家，比父亲懂得多。父亲认为自己被划为右派，与祖父没有关系。我的姑姑、叔叔几乎都被划为右派，这实际上是给我祖父施加压力。我有四个姑姑，基本上没有什么政治观点，一个正好出差，躲过一劫；一个是信教的，与右派不可能有牵连；一个差点被打成右派，组织上让她或选择当右派，或选择下去劳动，然后退职，结果她当然选择退职；小姑姑在运动中没说一句话，就被打成右派，一家人从大连到内蒙古劳动去了。我的叔叔黄大能、黄必信都被打成右派，受到迫害。

父亲很孝顺，不可能向祖父诉说自己的处境。祖父知道父亲的情况后，曾对父亲说，从具体的技术观点上看，你可能是对的。从整个政治形势上看，你这样做就带来了不好的影响，就是错的，要从这方面想通这件事。"反右"后，父亲不时去看望祖父，祖父在1953年遭受个人的打击，在1957年遭受家庭的打击，晚年的生活很不好，经常与我祖母闹矛盾，其实未必是对我祖母有什么意见。

其实，祖父说的"外圆内方"有保护作用的同时，也有积极的意义。他给我父亲的信中讲，无论你做什么工作都要与人打交道，要学会与人打交道，不要光谈技术上的事。我认为祖父讲的是有道理的。

许：我也是从积极的方面评价"外圆内方"的策略的，就怕"外圆内圆"。

黄：对！"外圆内方"是有原则的，还会减少工作上的阻力。祖父认为，你如果与社会上的那些东西不合拍，你的抱负就没法实现。但父亲并没有接受这样的劝导，家里人都说他是外方内方，我觉得这跟他的个性和性格有关。

许：我刚才比较您祖父和父亲不同的人生道路所形成的区别，最明显的就是父亲坚决地舍弃了祖父所信奉的"外圆内方"的处世哲学，这是不是还与他所从事的职业有关？

黄：有可能，他认为在专业的范围内努力工作就行了，没有必要在"外圆内方"这样的问题上费脑筋。

许：作为一位具有真知灼见的科学家，您父亲公开发表的著作并不多。《黄万里文集》为什么迟迟不能正式出版？

黄：一是其中有不少给领导同志的信不便公布；二是关于三

门峡话题的放开，实际上是从去年渭河水灾后才开始的，此前大家都有些忌讳，尤其是在清华大学那样的环境中。父亲并没有积极争取出版的事，是他的几个学生在他90寿辰前夕主动做这件事的。

许：他晚年的最大愿望和最大遗憾是什么？他有过撰写回忆录的想法吗？

黄：他有过撰写回忆录的想法，但已经很晚了，最终并没有写成，只是起了个头，就因为身体上的缘故停下来了。前几年他的兴奋点是关注正在发生的事情，如三峡工程等。三峡工程上马是他最大的遗憾，他是反对这个工程的。他晚年的最大愿望，也可以说他终生的愿望是充分利用大江大河，很好地为老百姓服务。

许：有人认为，三门峡工程终将退出历史舞台。只是到现在为止，还没有人为此承担过责任。我想，您父亲和三门峡工程悲剧性的结局将永远铭记在历史中，其中的警世作用将会被人们一再提起。您是如何看待这件事的？

黄：它再次提醒我们，民主决策是非常重要的。尤其是涉及水利部门和水利工程的民主决策，应该上升到国家利益的高度来考虑。父亲长期陷在三门峡工程的旋涡里，为了他的问题，我也看了有关水利的书籍，多少知道一点相关的知识。父亲为什么学水文？就是水利界的老前辈许心武提出，搞水利工程的人多，学习水文知识和水文规划的人少，恰恰是水文、气象、地理等知识是水利规划的基础，在哪儿修水坝和怎么修水坝是两回事，但现在老是把这两者混为一谈，这就会在决策中造成比较大的问题。我认为三门峡的教训，远远没有被人们接受，三门峡和我父亲的悲剧并没有终结。从技术层面和决策方式上，我们应该好好地总结和吸取三门峡的教训。

许：父亲的经历和个性对您的成长有什么影响？在为人处世和职业选择方面，父亲给您提过什么建议？

黄：在我的职业选择方面，父亲还是强调学习经世致用的学问。在我很小的时候，他就希望我学药学，为人民的生命健康作出贡献。他举出居里夫人发现镭的事例，说用镭的放射性照射可以治癌症，我由于个人的兴趣爱好，没有按照父亲的意思做。

在为人处世方面，他是身教重于言传，对我的影响主要有：

一是讲真话，对我影响非常深。在庆祝父亲90周岁寿辰的大会上，我在发言中说："他只说真话，不说假话；他只会说真话，不会说假话。对学术观点是如此，在政治观点上也是如此。对有利于自己的事是如此，对不利于自己的事也是如此。从小我们子女在家中受到的关于诚实的教育很简单：孩子犯了错误，只要自己承认，说了真话，就不会受到严厉的惩罚，否则定会招来一顿痛打。"

通过他的人生经历，我非常希望能够有一个讲真话的环境，也把讲真话作为对自我的要求。我曾经经历过一个大家都讲假话的小环境，我觉得在这种环境下我都快疯了，神经都要出现问题，讲假话是人性所无法忍受的。

二是有比较开阔的视野，能有比较大的历史的眼光，能够跳出个人的圈子，能从广大劳动人民的根本利益上考虑问题和辨别是非。

三是活到老学到老，把追求知识作为自己的终身需要。我退休后仍保持求知欲和对新鲜知识的浓厚兴趣，能够适应社会的发展。父亲很有抱负，80多岁了还认为自己不是老头，还要我教他计算机，他认为计算机是一个特别先进的东西，可是我知道他太老了，身体虚弱，连稍微复杂一点的照相机都摆弄不了，肯定学不会计算机，我又没什么耐心，就老躲着他。后来他孙子给他买了一台计算机，我大弟弟从美国回来还曾经教过他一段时间，他虽然不甘心，但已经力不从心了。可见，追求科学真理、解决科学问题，是他最关注的，始终是他生命的一部分。

我记忆深刻的一件事是，"文革"期间，工宣队进校开始整我们。我刚生完双胞胎，我的丈夫杨乐研究生刚毕业，孩子才一个月，他就下去劳动了，两个孩子都归我带，我就找人在家帮忙，每天晚上还要回中关村的家里照看孩子。工宣队找我谈话，说你不能每天晚上回家，必须搬到学校里住，我真是感到走投无路，只好到处找幼儿园，看有没有幼儿园收这么小的婴儿，结果是根本没人收。但工宣队的一个积极分子也有个小孩，工宣队派人专门给她找幼儿园，给予妥善安排。我就在母亲面前发牢骚，说这太不公平了。正在看书的父亲就转过头批评我这样看问题不对，说你怎么看重这么小的问题，你的这个同事将来肯定没出息，你怎么跟这些人一般见识，你应该自己解决问题，而不该羡慕那些人。

许：他在批评你的时候，自己实际上也是很痛苦的。

黄：但我还是觉得挺受教育的，对我有很好的影响，就是看问题不要从一己的私利出发，不在小事情上纠缠。他看问题比较理性、客观，自我要求很严，他从来没有跟我们议论评职称、涨工资一类功利的问题。

许：您父亲长期在强大的政治压力下生活，还能活到 90 岁，与他乐观的人生态度肯定有关系。我有一个明显的感觉，您同父亲一样，在陈述父亲沉重的历史时，采取的是历尽沧桑后的达观态度。

黄：他得了胃癌、肠癌、前列腺癌，有一次手术后大出血，差点死了。每次看到他被病魔折磨的样子，我就担心他过不了关。他的病是从 70 多岁开始得的，但他每一次都能挺过来，又重新开始生活，这给了我一种莫大的精神鼓励。他去世后，我越想越难过，越想越难过。我老是觉得，像他这么乐观、这么热爱生活的人应该好好地生活在世界上，不应该遭那么多的罪。他的一生很可惜，没有很好地生活和很好地发挥才干，我太难过了，想起他的时候就真想痛哭一场。

许：表面的乐观背后往往有深刻的悲痛，我理解您的心情。

这么多年来，与父亲交往的朋友多吗？

黄：他能够跟老百姓打成一片，到哪儿都有朋友。解放前调查河流泛滥的情况，他到农民家实地了解情况。1958年至1959年，他去修密云水库，与民工同吃、同住、同劳动，大家同情这样一个知识分子干繁重的体力劳动，对他特别好。在三门峡，他白天开完批斗会后，晚上利用业余时间研究治理黄河的问题，结交了理发员、看门人等普通百姓，依靠这些人的帮助，他度过艰难的岁月。

他在清华和水利界的人际关系挺好的，没有和任何人之间过不去，包括与他观点相左而人品高尚的同行。这种只记恩惠不计前嫌的善良，表现了他的人格魅力。他在纪念水利专家汪胡桢的文章中说："我与先生等前辈水学者私交甚密……我回国任职水利工事晚于先生等10年，其间国内外水利学术进展甚多，先生等每天不耻下问，讨论频繁，或意见相左，辄面红耳赤，争论不休，然从未有损于私交……我反对黄河修三门峡坝，而先生则主其工事……盖有关技术之争论，乃吾人各竭智谋，尽忠为公也，难免所见不同，与私情无涉焉。"

许：这真是反映他的大度，做到这一条很不容易。

黄：在我看来，作为一个正直的知识分子应该是这样的。

许：您在黄万里教授九十寿辰祝贺大会的发言中讲道："他古道热肠，对要求帮助的人，总是伸出援助之手。"可不可以稍微展开一下?

黄:可以。解放前在甘肃时,他的一个老同学去世,爱人带着四个孩子,生活没有着落,就投奔我父亲,让我父亲帮忙。父亲立即就给他们安排了,将大儿子安排为水利局的工作人员,并着意培养;送两个孩子到路易·艾黎办的工合学校里半工半读;又介绍这位同学的爱人带最小的孩子到别人家当保姆。这一家人后来还常看望我父亲。

在三门峡,普通百姓希望他回北京时,给他们买布匹等紧俏商品,他都是非常认真地对待的。他在北京医院住院治疗癌症后,热情地为清华的同事介绍医生、医院和医疗知识,其中还包括一位工友。

许:您的父母同甘共苦,堪称典范。您母亲如何面对逆境?用怎样的方式帮助您父亲承受那么长久的苦难?

黄:人在逆境中更需要家庭的温暖和亲人的关心。我的母亲出身名门,她早年在日本学医,七七事变前因中日关系紧张而回国,没能读成一个专业。解放前因小孩多,她没有工作。解放后她在清华大学校医院工作,虽然"出身"很不好,但她勤勤恳恳地工作,人缘很好。她天生地觉得应当善待丈夫和孩子,照顾家庭的职责心很强,对政治不怎么感兴趣。父亲被划为右派后,母亲很害怕,就让我去看大字报,她对父亲也有一些怨言,就是认为他不好好写检查过不了关,而影响孩子们的前途。她希望早"摘帽子",还让我帮父亲写检查,但父亲并没有听我的,为此闹出一些矛盾和冲突。

父亲晚年住院时，母亲始终陪护，照顾得无微不至。父亲在2001年2月撰写的自述中称："我夫妇被清华同事一致誉为模范夫妻。我曾四次癌症动手术，无恙，得力于我妻看护得当。"

许：您父亲这一辈子活得很艰难，很沉重。这种艰难和沉重直接来源于他对国家、民族和百姓的责任，来自他对真理、对科学的坚持。对此，您的感觉可能更深、更直接。萨特讲过："是真正的知识分子，就应对一切未能挽回的事实负责。"您父亲的一生是对这一论述的最好注解。他是抱憾辞世的，给家人留有什么遗嘱吗？

黄：遗嘱就是关于治河的。2001年，在他病重住院的最后日子里，他仍十分兴奋地准备迎接自己90岁的生日。8月8日，当预感到将不久于人世时，他没有给家人、子女留下只言片语，却用颤抖的手，向前来看望他的学生写下了这样的遗嘱：

治江原是国家大事，"蓄""拦""疏"及"挖"四策中，各段仍应以堤防"拦"为主，为主。

汉口段力求堤固。堤临水面宜打钢板桩，背水面宜以石砌，以策万全。盼注意，注意。

万里遗嘱

2001—8—8

他有一句名言，就是"一个读书人，用错误的知识去误国误民，是最恶劣不过的"。很多人为此很感动。他认为我们子女都挺好的，用不着用遗嘱的方式告诫我们什么。

许：他有个性，有棱有角，决不随俗，在他经历的岁月中没有很好地发挥才干，怎么理性地分析这种情况？

黄：在一个正常的、宽容的社会里，他是能够发挥他的长处的。他在清华还算幸运，因为这是块众目睽睽的地方，不能做得太过分。

许：父亲晚年是在癌症的折磨中和不被理解的痛苦中度过的。可是他仍然克服重重困难，醉心于他一辈子都无法割舍的长江黄河研究，写出了很多有分量的论文，对黄河断流表示深深的忧虑，这应该被视作他晚年的精神支柱，他的这种执着令人钦佩。作为女儿，您能理解父亲的这种执着吗？他的充满追求却坎坷多难的一生给了我们什么启示？

黄：父亲晚年除了同癌症作斗争，就是看书、剪报，考虑治理江河的事情。很多人认为我父亲这一辈子不容易。我觉得，他受到的健全的教育、他的抱负、他的自信、他的综合素养，使他选择了自己独特的人生道路。他是一个很好的人，应该能为国家、民族和我们这个社会作出更多的贡献。他的人生是遗憾的，经历了太多的曲折，但仍然是不屈不挠的，显示出难能可贵的韧性。每一种文化都有其精华和优秀的东西，父亲的韧性就是中国传统文化熏陶的结果。

父亲于 1969 年作的《国子监教授拥彗吟》中有这样的诗句：

> 辄从扬子谋江利，忍对黄河哭禹功！
> 有策犯鳞何足忌，临危献璞平生志。
> 此生哪值五羖皮，倘济苍生秦豫冀。
> 欲趋彤庭奉拾遗，书生一得容生计。
> 非关傲世玩才智，总是挈情忧国泪。

这表现了他诚挚坦荡的胸怀。"临危献璞"是他的宿命，表达的是对国家的士大夫情怀，我真诚地希望社会不断进步，不要重复"临危献璞"的悲剧。

许：但愿他的坎坷人生能成为我们观照历史的一面镜子。谢谢您接受我的采访！

2022 年 4 月 20 日，杨乐在丘成桐清华大学讲席教授聘任仪式上讲话

丘成桐与中国数学发展[*]

杨乐

1979 年是很值得怀念的一年。夏天，我在北京接待丘成桐先生，那也是他第一次回国访问，出面邀请的是中国科学院副院长华罗庚先生。丘成桐先生应邀在中国科学院数学所作了一系列演讲。那时的数学所还在中关村老楼里，设施十分陈旧和简陋。然而如此环境丝毫没有影响丘成桐先生演讲的激情。他每次都滔滔不绝地给大家讲授国际最前沿的研究成果。当时他刚 30 岁，已经是国际数学界冉冉升起的一颗新星，许多学校请他演讲，我也曾多次主持过他的演讲，与他交往频繁，相当熟悉。

---

* 2022 年 4 月 20 日上午，丘成桐院士全职受聘清华大学讲席教授，本文作者出席活动并致辞，回顾了丘成桐在推动中国数学事业发展和数学人才培养、领军学者引进等方面付出的心血和作出的贡献。本文根据演讲稿整理而成，由清华大学丘成桐数学科学中心韩扬眉、王一婷供稿，曾以《丘成桐推动中国数学发展"二三事"》为题，刊登于 2022 年 4 月 21 日"数理人文"微信公众号（订阅号：math_hmat）上。编者略有修改，重制标题。

70 年代的数学成就

丘成桐先生在加州大学伯克利分校仅用了一年时间，就完成了博士阶段的学习和主要的研究工作。他的导师陈省身先生当时在外休学术年假。他自己非常努力。当时 Charles Morrey 教授在加州大学伯克利分校开设了偏微分方程课程，最后只有丘成桐先生一个人坚持了下来。

丘成桐先生在几何分析领域下了很大功夫。几何分析是综合了偏微分方程和微分几何的一个新兴领域。陈省身先生休假回来后看到他的成果，认为他已经可以拿博士学位。但综合考虑一些因素，还是建议他下一年再从伯克利毕业。博士毕业后，他依然非常努力。特别是在 1976 年，他成功地证明了卡拉比猜想。在研究卡拉比猜想的关键阶段，他花费了大量的时间和精力，甚至下定决心"如果做不出来，就要离开数学界"。最后在他的坚持下，在 1976 年底彻底攻克了这个问题。

1978 年，丘成桐先生受邀在赫尔辛基的国际数学家大会上作一小时演讲，这既是他个人的殊荣，也是国际数学界的一件大事。在丘成桐先生之前，华人数学家中只有陈省身先生两次受邀在大会上作一小时演讲。通常来说，在这个四年一次的国际数学界盛会上，一个学科分支一般只有一位学者作一小时演讲，机会非常难得。这一年他只有 29 岁，相当于现在博士生刚毕业的年纪，还是科研工作征途上的新兵，这足以证明他已经被国际数学界广泛认可。

1983 年，丘成桐先生获得了菲尔兹奖，在国内外引起不小的震动。那时中国人得到菲尔兹奖，不仅对中国的科技界，而且对整个中国社会，我觉得都有相当大的鼓舞作用。还记得物理学家周培源听到这个消息后，非常感慨。他认为这次得奖的意义甚至超过诺奖，诺奖每年颁发一次，而菲尔兹奖每四年才评选一次，一次最多四人，相当不易。当时，国内数学界是很振奋的，报纸上也专门刊载文章来介绍丘成桐先生获奖的情况。

80 年代为中国数学做的三件事

我国学术界在改革开放之前，几乎与外界隔绝。数学高等教育招生生源数量和质量十分有限，数学教学难以为继，高等教育和科研亟待重启。1972 年尼克松访华以后，国际学术交流逐渐打开，开始有一些数学家访问中国，其中就包括陈省身先生和丘成桐先生。80 年代丘成桐先生积极参与陈省身先生召集的微分几何与微分方程会议，开设暑期学校培养后备力量，选拔并培养中国学生赴美深造，他们师生共同为中国数学解决了改革开放之初面临的一系列严峻问题。

1980 年，陈省身先生提出在中国举办双微（微分几何、微分方程）会议，之所以选择这两个学科，也是受丘成桐先生工作的启发。陈省身先生认为，这两个学科间存在更密切的联系，有待整个数学界挖掘。双微会议在推动国内数学研究与学术交流方面起到了至关重要的作用。

1982 年前后，国内有了正规的数学专业本科毕业生，其中很多学生十分认真、努力，成绩优秀，并且有继续深造的想法。国内研究生的招考和培养虽已同步恢复，但数量很少，水平也不够理想。一方面，本科毕业生想出国学习，但对国外申请研究生入学的渠道不十分清楚。另一方面，国外大学也不大了解我国的具体情况。基于此，陈省身先生启动了"陈省身项目"。这个项目类似于李政道先生的"中美联合招考赴美国留学物理研究生项目"。由国际上的学者来北京面试挑选学生，并根据他们的领域、兴趣和水平，协助联系相应的国际一流高校，攻读硕士和博士学位。丘成桐先生在其中做了很多工作。

另外一项重要活动是开办暑期学校。当时的学术界由于长期停滞与封闭，无法给研究生开设前沿课程。于是，陈省身先生提议在暑假时请一些有名望的国外学者，为优秀研究生开设课程。第一届暑期学校是 1984 年在北京大学举办的，请了四位主讲人：伍鸿熙、萧荫堂、项武义和莫宗坚。丘成桐先生指出，一些国内学者也可以担任主讲。于是，钟家庆等也就加入授课行列。这些安排不仅为研究生们打下了较好的基础，丘成桐先生的提议也为国内青年学者建立了极大的信心。

从晨兴数学中心谈起

1995 年，时任中国科学院副院长的路甬祥约见丘成桐先生，希望他能帮助中科院办一个数学中心，培养祖国的数学研究型人才。丘成桐先生与路甬祥的理念是一致的，希望充分发挥中国科学院的作用，建立类似普林斯顿高等研究院的研究中心。通过丘成桐先生在香港募集资金，1996 年，中国科学院晨兴数学中心建成了。虽然当时从香港募集的资金不是很多，中国科学院的资金也十分紧张，但还是坚持把中心运行起来。

最初，晨兴中心的运行模式主要有两种。其一，邀请国内几个重要的相关领域的学者，如南京大学、中山大学的一些优秀学者，集中做半年的研究工作。其二，邀请国外相关领域研究工作活跃的学者，来作系统的演讲，分享国际最前沿成果，带动国内优秀的年轻学者。这些国外的教授就包括张寿武先生。国内很多院校的学生都来听课、参与交流，氛围热烈。当时，由于资金限制，没有条件邀请国外学者回国长期任职，也很难建设固定的高水平教师队伍。

经过多年的积淀，晨兴中心目前形成了一个顶尖的代数算术几何研究团队，青年学者恽之玮、张伟等一批优秀的学者，也都在晨兴中心受过较长期的培育，这是晨兴中心做得非常成功的一个方面。

40 多年来，丘成桐先生将自己的时间与精力专注于中国数学的发展，尤其专注于培养青年人才，在海峡两岸建设了不少数学研究机构。除中国科学院晨兴数学中心外，在大陆先后设立了浙江大学数学科学中心、清华大学丘成桐数学科学中心、北京雁栖湖应用数学研究院、东南大学丘成桐数学研究中心、南京应用数学中心等。同时，他发起的华人数学家大会（ICCM）每三年一届，颁发被称为华人菲尔兹奖的"晨兴数学奖"，邀请国际知名数学家担任评委。为激励年轻学者学习和研究数学的热情，还设立了面向杰出博士与硕士的最佳毕业论文奖（原新世界数学奖）；面向大学数学高年级同学，内容较接近美国名校研究生数学资格考试的丘成桐大学生数学竞赛；培养中学生对数学的兴趣以及引导他们开始走上研究之路的丘成桐中学数学竞赛。

他刚开始做这些事情的时候，我是有顾虑的。通常，竞赛应以机构冠名并由机构支持。我很担心能不能持续下去。但现在看来，一切都做得很好，国际评委参与评选做得很公平，也得到了国家各个单位的支持，对培养年轻人才起到了非常好的作用。

丘成桐先生经常举办学术会议和活动，倡导和推动数学研究，培育青年数学人才，开展国内外学术交流。这些都是我国实行改革开放基本国策以来在数学上取得的丰硕成果。只要我们沿着这条康庄大道继续前进，定能成为世界上的数学强国。

长期的勤奋是成功的重要原因

丘成桐先生是一位数学天才，但能发展到今天的水平，和他的勤奋、努力息息相关。丘成桐先生的学术成果非常惊人，一些长期不能解决的问题，在他那里都能迎刃而解。他的研究成果不仅对自己的领域有很大突破，还给其他数学分支带来全新的思路和方法。

研究工作需要长期钻研与十分专注，不断思考，反复揣摩，克服种种困难和挫折，最终才有可能有所突破和创新。丘成桐先生长期坚持不懈地勤奋工作，是他成功的非常重要的原因。丘成桐先生非常了不起的地方在于，他始终保持着一种拼搏精神，并不会因为获奖就对自己放松。他的身体也并非最好的，但他的能量十分巨大。

年轻时，他常常在北京与美国之间跑，刚开始没有直航，要飞 20 多小时，非常辛苦。让我印象深刻的是，他前一天晚上 11 点多下飞机到宾馆，第二天很早就起床正常安排学术活动，一直到深夜才返回休息。这种情况不是出现一次两次。他不但没有表现出疲劳的状态，反而永远充满能量。他的研究生也常常劝他周末适当休息，但他坚持和他们一起讨论、作学术报告。他重视学术、重视年轻人才的培养，这种精神是一贯的。他的学生们也常常受到他的熏陶，一些原来不太用功的学生也变得很努力。

丘成桐先生凭借一己之力发展中国数学，做了很多工作并且取得了非常傲人的成绩。他自幼在香港长大，青年时期到美国求学，在这种成长经历下依然对祖国有这么深的感情，并且做了这么多贡献，是非常难得的。他对文学、哲学、中国历史也都有研究并且很有造诣，促使他做更多更有意义的事情。他是真的希望中国数学能有好的发展，希望中国青年数学人才大批涌现出来。他做到了，并仍在继续努力。

丘成桐先生作为在国际上有影响力的大数学家，决心未来把时间和精力全部放在清华大学十分难得，这对于清华来说也是很大的收获。清华大学的平均水平与国际一流大学还是有差距的，清华应借助他的力量，把数学学科扩展开来，让丘成桐先生的影响辐射至更多的领域，使清华教育乃至中国教育早日比肩国际先进水平。

1978 年杨乐在英国伦敦

改革开放前夕和初期
我国对外数学交流琐忆 *

杨乐

尼克松访华开启了学术交流的序幕

问：杨先生，请您谈谈改革开放初期中国数学界与国际数学界开展的交流及其影响、作用。

杨：我大致按照时间顺序来谈。"文革"时的乒乓外交以后，中国开始恢复对美国和西方其他国家的外交活动，先是 1972 年 2 月尼克松访华，然后有个别的学者来访问。我想从这里开始到 80 年代初，先把这一段我现在记得较清楚的外事活动说一说。

"文革"期间的荒唐程度可以说是难以想象的。几乎所有从国外回来的人，比如留学美国、西欧或日本后回来的学者都被怀

---

* 本文根据 2015 年 5 月 15 日作者接受高等教育出版社《数学与人文》丛书编辑组访谈的内容整理而成，发表在《数学与人文第 24 辑：改革开放前后的中外数学交流》（高等教育出版社，2018）上，2018 年 12 月 13 日"数理人文"微信公众号转载。经高等教育出版社授权，编入本书，编者略有修改。

疑成特务，理由是国外的物质条件更好，他们为什么不待在那儿而要回来。其实，1949 年之前出去的人，国家与家庭观念很重，而且在和平时期，教授的生活条件在社会上是相当高的，所以这些人大部分都回来了。可是，"文革"期间怀疑一切，尤其认为这些人都是资产阶级知识分子，甚至是反动学术权威，必定留恋国外优越的条件，回来就是另有企图，很有可能是潜伏的特务。

"文革"开始以来最早的外事活动是 1971 年春天的乒乓外交。同年夏天，基辛格来为尼克松访华打前站。当时他的行动十分机密，因为美国要跟共产党领导的中国接触，是很敏感的事情。基辛格肩负了重要使命，所以要避开各方，他先访问巴基斯坦，并在那儿装病休养，然后秘密地乘专机进入中国。在飞机上，有人坐在前舱，有人坐在后舱，他们开玩笑地争论谁是第一个进入中国的。

至于数学方面，王元院士的文章里 [1] 回忆有一位美国数学家 C. Davis，曾经给美国政府写过所谓"Davis 报告"，据说他是乒乓外交后第一个来中国访问的数学家，但我没有清晰的印象了。我记得的差不多最早的有陈省身。陈先生是尼克松访华以后，在 1972 年秋天到中国来访问的。

我对陈先生的来访有较深的印象。他当时 60 岁出头。为了到中国来，他特意做了深灰色的中山装。那时他还相对年轻，很精神，跟经历过"文革"的国内知识分子不一样，有点气宇轩昂的样子。他能来一方面当然是因为他在国际上的威望，另一方面他

---

1 王元：《回忆我的初期数学国际交流》，载《数学与人文第 24 辑：改革开放前后的中外数学交流》，高等教育出版社，2018，第 29—41 页。

是应中国科学院的邀请来的，中国科学院的院长、副院长对他都是熟知的。一旦中国的政治气氛有所松动，华人学者会比较优先前来，像陈省身这样的水准高、影响大且为上层领导熟悉的学者，是最早来中国的。从那时起，我印象中陈先生差不多每年都来，而且每次回来都作一些演讲。

问：那时陈先生主要是到中国科学院吗？

杨：主要是到中国科学院。尤其是在 1976 年"文革"结束以前，那时北大和清华还是工宣队、军宣队在领导，迟群和谢静宜极"左"地跟着"四人帮"跑，没有中国科学院稍许松动的气氛。

问：那时他到南开大学去也没法做什么事。

杨：不能做什么，在南开做事情是比较晚了，而且基本上是陈先生在美国已经退下来以后。当时美国大学教授的退休年龄一般是 70 岁，不像现在没有年龄限制，你只要身体比较好，能教课，就可以不退休。陈先生第一次回来时才 60 岁刚出头，确实显得精神抖擞。

陈先生那时演讲的内容，都是当时国际上一些比较重要的成就。比如 Atiyah-Singer 指标定理[1]，这是他重点讲的，当然也包括

1　阿蒂亚 – 辛格指标定理（Atiyah-Singer Index Theorem）是微分几何和拓扑学中的一个重要定理。此定理由英国数学家迈克尔·阿蒂亚与美国数学家艾沙道尔·辛格于 1962 年给出证明。该定理指出，对于紧的可定向的流形上的线性椭圆微分算子，其解析指标等于拓扑指标。阿蒂亚与辛格在 2004 年获得阿贝尔奖，颁奖辞上这样阐述这一定理："我们以随时空改变的力与测量量

他自己的工作，像 Gauss-Bonnet 公式的内蕴证明[1]。那时国内这一类的学术演讲很少，虽说中国已经开始与国际交往，但是外宾能来是很不容易的。陈先生演讲，数学各个领域的人差不多都去听了，不仅有做微分几何的，也有做分析、代数、方程和应用数学等方向的。

问：当时陈先生来，主要的邀请人是不是华罗庚先生？

杨：应该是由华先生出面的。另外陈先生在一次演讲中间提到了丘成桐的名字，并把名字写在黑板上，而且还说"丘"的英文写成"Yau"是广东话的原因。此事我记得很清楚，至于到底是哪一次演讲，我的印象就比较模糊了，因为 70 年代陈先生几乎每年都来，但应该不是最开始的一次，我的印象是大约在 1974 年，丘先生已经有相当突出的工作了。

问：丘先生证明卡拉比猜想是在哪一年？

杨：那是在 1976 年，比陈先生在演讲中提及丘先生名字稍微晚一点。不过，1974 年丘先生已经成了斯坦福大学的终身教授。他拿博士学位是在 1971 年，那时其实陈先生已经对他比较了解，知

　　描述世界。自然律以这些量的变化率表示，称为微分方程。这些方程可以有个'指标'，这是方程的解数减去对所求值的限制数目。阿蒂亚－辛格指标以空间的几何性质描述这个量。"

1　或称陈定理（或陈－高斯－博内定理），由陈省身 1945 年给出完美证明，即 2n 维黎曼流形的欧拉示性数可以从曲率计算出来。该定理是高斯－博内定理（n=1）的推广，在数学和理论物理学中有许多应用，将全局拓扑学与局部几何连接起来。

道他的工作很不错。可是陈先生大概还没有想要在大庭广众下说他水平很高，毕竟陈先生是大数学家。大约到了1974年，虽然丘先生还没有解决卡拉比猜想，至少从丘先生的潜力来看，陈先生觉得他已经很厉害了，值得在那样的场合提出，引起大家对他的重视。

问：丘先生这段的工作，当时在国内的人可能都不太了解。

杨：对。"文革"期间国内能得到的信息很少。例如国内所有的数学期刊和书籍都不出版了，出版的只有《毛泽东选集》和《毛主席语录》，你们（年轻人）对那段（历史的）情况可能还不太了解。

1973年恢复学术期刊

问：当时《数学学报》是不是还在出版？

杨：不是。《数学学报》从1966年6月份以后停刊，停到1972年。1971年9月13日林彪事件后，有一段时间是由周总理主持工作。总理明确地认为林彪是极"左"，所以他就要调整一下政策，其中包括科学研究。《中国科学》和《数学学报》从1973年开始复刊，《中国科学》最开始是季刊，而且它是包含数学、物理、化学、天文、力学、地理、生物、技术等领域，其中数学所占的比例较大，在每一期150—160页里，数学常常占两篇文章。《数学学报》更受极"左"的影响，从1973年复刊，每一期96页左右，前面大概40—50页是"两报一刊"社论和大批判的文章，都是与数学毫无关系的；后面的数学论文，大约是 5 至 6 篇，一年 4 期，共 20 余篇，后面我还会再谈到。

从 1966 年到 1972 年，中国没有任何的学术杂志，更不用说学术书籍。因此《数学评论》（*Math Review*）当然就认为中国根本没有数学方面的出版物。1966 年"文革"以来，《数学评论》未对中国发表的论文进行评论，这种情况一直持续到 1977 年的上半年。虽然《数学学报》和《中国科学》已经在 1973 年复刊，可是这并不能责怪《数学评论》，因为他们根本不知道。

问：我印象里现在很多重要数学分支的亮点或理论就是在 20 世纪 60 年代产生的。

杨：比如 Atiyah-Singer 定理是在 1964 年，当时代数几何也有了很大发展。

问：对，代数里很多重要的理论也是在六七十年代提出的。而我们正好在那时停止了研究和交流，因此我觉得这是我们现在赶起来特别累的一个原因。

杨：是的，这是很重要的原因。像美国和西欧，他们也经历了第二次世界大战，比如说 40 年代，学术就会受到影响，因为主要的精力投入到战争中。

问：不过好像跟我们还是有点不一样，第二次世界大战时，西方数学家也并不是不能做数学。

杨：能做，但教育受影响了，培养的优异年轻学者不多。而且这个影响会稍微滞后一点，比如那些年轻人的成长，学术环境的产生，所以我觉得差不多要到50年代才又陆续冒出一些优异的年轻学者，他们做出了很好的工作。当然这只是大致的情况，不包含少数的特例。

问：您和张广厚先生主要的工作后来发表在《数学学报》或《中国科学》上了吗？

杨：是。当时发文章不是你要投稿就能投稿的，跟现在完全不一样。那时中国科学院算是受限制最少的地方，大学里的限制就更多了。我们的科研工作做完后要交给数学（研究）所业务处，由他们决定要不要投稿发表，而且当时不可以把文章拿到国外发表。

问：你们主要的工作是在60年代还是70年代做的？

杨：我们60年代做研究生期间就发表论文。我1962年从北大毕业，1962—1966年在科学院做研究生，在研究生期间发表了5篇论文，其中4篇论文发表在《中国科学》上，有些工作在国际上较有影响，30年后仍有引用。"文革"时研究室撤销了，按照军队的连排编制下放参加劳动。1971年九一三事件以后，中国科学院从1971年底到1972年初开始恢复研究室。但是，那时整个舆论依然是由"四人帮"操纵，也就是说谁做科研工作似乎谁就是走资本主义道路，而走资本主义道路跟反革命几乎是等同的，随时会被批斗和进"专政队"。

幸好数学是以个人思维与工作为主的。比如当时每天要学毛主席著作，一位数学家可以手上拿一本《毛泽东选集》，而心里想的是一个数学问题，这样他们也没办法。可是搞物理或化学研究的人，他们需要做实验，而且做实验不仅一个人就可以做，有的要一组人，七八人或者十几人。他们一起走"资本主义道路"、一起当"反革命分子"而中间没有人去报告，那是不可能的。这就是为什么刚粉碎"四人帮"，所谓"树典型"的陈景润或者我和张广厚都是做数学的，因为其他学科不可能像数学这样做研究，他们的科研工作都全部停掉了。

说到国际交流，刚才也说了，那次陈省身来访还是极个别的。我当然去听了陈先生的演讲，还有其他华人数学家的演讲，如王浩、王宪钟、钟开莱、萧荫堂等。

英国数学家造访

杨：在我们这个领域，我亲自见到的最早的来访外宾是一位英国皇家学会会员，叫 A. C. Offord，做复变函数的，他是 1907 年出生的，属于哈代－李特尔伍德（Hardy-Littlewood）学派，并且做得很不错。他 1974 年 10 月到中国来访问，作为一个教授，同时担任英中了解协会的主席，相当于我们的对外友协，但在英国他不是作为专门的政治家来做这个事情。他以英中了解协会主席的身份，受我国对外友协的邀请访问中国，但他同时是一个数学家，并且已经看到我和张广厚在 1973 年《中国科学》上发表的文章（我

1972 年，陈省身（左一）首次回国讲学，左二为吴文俊

1978 年，杨乐（右二）、张广厚（右一）在洛桑与瑞士学者交流

们上一次发表文章还是 60 年代"文革"没有开始的时候）。

问：杨先生您那时才 20 多岁吧？

杨：我是 1939 年 11 月出生，1956—1962 年在北大念本科（当时北大理科是六年制），然后考进科学院数学所做研究生。当时大学的研究生是三年制，中国科学院的研究生是四年制，我到 1966 年毕业。所以从某种意义上讲，我是很幸运的，可以在"文革"之前完成整个受教育的过程。但从另一个意义上看也是很不幸的，就是到了 1966 年做好一切准备以后就发生了"文革"，什么工作都不能做，尤其像在科研和教育岗位上。

问：您可以悄悄地在家里做吗？

杨：不行，因为我住集体宿舍。那时有家的人也搞得很狼狈，比如像吴文俊先生。他是接近关肇直的，而关肇直在数学所是被树为毛主席革命路线的代表，所以关肇直在"文革"期间的日子算是较好过的。但即使吴先生比较少受到批判，他原来是住一个单元——连客厅的五小间房子，"文革"期间就变成两间房子了。同一个单元要住好几家，厨房厕所都是共用。熊庆来先生也是这样，而且熊先生还受批判，说是敌我矛盾，因为他在民国时期做过大学校长，社会地位比较高，还挂了一些有政治色彩的头衔，这些就暂时不说了。

Offord 本来跟我们没有关系，因为他是英中了解协会主席，但他本身是个数学家，而且看到我和张广厚的文章，他就提出到北京来时要访问我和张广厚。就像那时杨振宁来北京提出要见熊庆来的夫人，当时熊庆来已经去世了。这一类外宾提出来的访问要求很少，上面就比较当回事。

会见 Offord 大概是在 1974 年 10 月 23 日这一天。我记得比较清楚的是，那天天气虽不算很冷，但相当凉了，Offord 也觉得有点凉。我们过去并不认识，别的没什么好谈的，就由我给他介绍我们近期做的研究工作。他虽然是位老先生，还很认真地听。我在黑板讲什么内容，他都很详细地记录下来，而且中间也表示很感叹，他形容我们的工作是"惊人的"（striking），因为除我和张广厚以外，还有吴文俊先生和戴新生（戴从中国台湾到美国念博士学位并在那儿工作，后来因为"保钓"的问题，他比较向往大陆，70 年代就回到国内了。起初在南开大学，可能在南开待得不太舒服，1974 年调到我们这儿来，中国科学院这边比大学相对宽松一点），人并不多。Offord 说"惊人的"，当时吴先生和戴新生认为英国人通常不像美国人那样说话比较随便，他能这么说应该是真的有点受震撼。

他来中国访问时是伦敦帝国理工学院的教授，那可以说是国际名校，在英国是与剑桥、牛津相提并论的学校，而且是伦敦地区以 Walter Hayman 教授为首的复变函数讨论班的所在地。Offord 说他回到伦敦以后，要在 Hayman 的讨论班上，报告在北京见到的情况。他回去以后就介绍了我们的工作，从 1974 年 10 月他来访以后，Hayman 就跟我通信联系，中间再过了一年，到 1975 年大约秋天的时候，Hayman 就邀请我到帝国理工学院去访问。可是那时"文革"还没有结束，我根本去不了。这就是我经历的最早的一次复分析方向的外宾来访，其他没有参加的人都不太清楚，因为范围很小，Offord 的来访是非数学的。

问：在这之前，您跟张广厚是怎么跟国际同行交流的？

杨：那时没有什么国际交流。

问：但您需要看些最新的文献，那么您怎么得到呢？

杨：60 年代我们当研究生时，数学所的图书馆是比较不错的。1966 年 6 月，从广播北大的第一张大字报开始，"文革"期间有相当一部分杂志就停订了，但最重要的杂志还继续在订。1966—1971 年国外出版的一些重要的书籍，我们差不多都没有进口，我们的业务在这段时间基本上也停止了。以后数学所的图书馆曾增补了一部分书籍和杂志。

问：那时候从国外买来的杂志是原版进口的还是影印的？

杨：基本上都是影印的。那时根本不管国外的版权，闭关锁国，愿意怎么干就怎么干，完全不讲章法。一本国外的期刊出版以后，是先到四川的一个情报研究所，这可能就需要将近半年的时间，因为不是空运，而是海运，然后情报研究所把它影印出来，再分发到各地。

美国数学代表团来访

杨：下面谈谈比较大的事情，就是美国数学代表团的来访。

美国数学代表团是 1976 年 5 月来访的，当时"文革"还没有结束。美国数学会做事非常认真，中国科学院外事局事先也跟我们说他们来之前要做准备工作。外事局的领导告诉我们，这次人家来是很认真的，是来摸底的，看看我们发展到什么程度，因为外国人通过媒体根本得不到中国任何有用的信息。而他们派数学领域的人来摸底，也是经过中国允许的，因为当时中美对峙得很厉害，而数学离实际较远。中国要摆出一副样子来，说我们不仅"革命"搞得很好，其他各项工作也做得很好，所以准备了 60 多个报告，数学所占的份额不少，至少有十几到二十个，高校也有一些，还有厂矿的比如推广优选法的。

美国人很认真，派了 10 个人来，其中有 9 位数学家，一位随行工作人员，其中纯粹和应用的数学家各占一半，身份也是比较高的，就像 Saunders Mac Lane[1]，他岁数比较大，是团长；还有做

1　桑德斯·麦克兰恩（Saunders Mac Lane，1909—2005），美国数学家，美国科学院院士，曾任美国数学会主席，历任哈佛大学、芝加哥大学教授。1974—1980 年担任美国政府科学顾问，1976 年 5 月作为美国数学家代表团团长访问中国，1989 年获得美国国家科学奖。与赛缪尔·艾伦伯格合作研究公理化同调代数，一同创立范畴论。

单群分类很有名的 Walter Feit[1]，普林斯顿大学的 Joseph J. Kohn[2]、伍鸿熙；应用数学也有几位身份很高的。代表团的正式名称是美国纯粹与应用数学代表团。他们在中国待了大概三个多星期，回去也做了认真的讨论和小结，最后把那次对中国访问的情况写了一本报告，这本报告印成了一本 100 多页的书，给我们寄过来，而中间最重要、最实质性的，涉及数学交流的内容，大约有 5 页，1977 年在期刊《美国数学会通讯》（*The Notices of AMS*）发表了，我们《数学与人文》丛书翻译的就是这个 5 页的报告。[3]

问：100 多页的报告还能找到吗？

杨：当时有 3 本，收到以后就放在研究室，大家轮流传着看，过了几个月就不知道在哪儿了。不过最主要的内容就在 5 页的文章里。其中，无论在报告的当时还是后来，他们对奈望林纳理论——就是我作的那个报告，反应是十分强烈的，伍鸿熙比较了解这方面的内容，他自己对这方面也有一些接触。按国外的习俗，当时他们 9 个人签名并要我也签名写了一张明信片寄给哈佛

1　瓦尔特·法伊特（Walter Feit，1930—2014），美国数学家，美国科学院院士，曾任国际数学联盟副主席，主要研究领域为有限群论及表示论。与约翰·格里格斯·汤普森合作证明了法伊特－汤普森定理。该定理叙述，所有奇数阶的有限群都是可解群。该证明是史上曾出现过的最为复杂与困难的数学证明之一。

2　约瑟夫·科恩（Joseph J. Kohn，1932—2006），美国数学家，美国科学院院士，出生在布拉格。曾任普林斯顿大学教授、校长，1976 年 5 月随美国数学家代表团访问中国。

3　详见《中国的一次数学访问（1976 年 5 月）》，《数学与人文第 8 辑：数学与求学》，高等教育出版社，2012，第 138—145 页。

大学的 Lars Ahlfors[1] 教授——复分析的权威，说他们在中国听到了很优秀的复分析的研究工作。

问：除了复分析，还有哪些比较好的工作？

杨：有陈景润的哥德巴赫猜想的工作，和我们的工作是两个评价最高的。在书面的 5 页报告里，将这两个工作相提并论。

除了这两项工作以外，报告对数论在近似分析中的应用（就是高维数值积分近似计算的数论方法）也有好评。关于其他应用的方面，报告也做了些介绍，虽然那几位搞应用的数学家实际上对中国在应用方面的工作和科研的方针还是有点看法的。

以上是"文革"期间数学对外交流中发生的比较大的事。美国数学代表团是 1976 年 5 月来访的，由于有比较好的影响，同年 7 月中国科学院关于我和张广厚的工作出了一期内部简报，但这个简报在当时没有产生大的影响，因为简报出了不久就是唐山大地震，然后毛主席去世，再后来就是粉碎"四人帮"，所以其他事情都顾不上了。

另外，我留下比较深印象的就是著名数学家 André Weil 来访问，我记得时间应该是 1976 年 10 月上旬，粉碎"四人帮"是 10 月 6 日，Weil 到数学所来大概是 10 月 3 日。Weil 的水平很高，十分有经

---

1 阿尔福斯（Lars Valerian Ahlfors，1907—1996），芬兰裔美籍数学家，哈佛大学教授，1953 年当选为美国国家科学院院士。主要贡献在单复变函数论方面，1935 年建立覆盖面理论，获得 1936 年首届菲尔兹奖。后转向黎曼曲面的研究，1981 年因在几何函数论方面的有效新方法的创立和根本性的发现，荣获沃尔夫数学奖。主要著作有《复分析》《拟保角映射教程》。

验，同时他很实在，明确地指出我们要对理论工作给予重视。

另外，接待 Weil 时陈景润的表现也给我较深的印象。陈景润在"文革"时期 1973—1974 年已经第一次被宣传了。当时新华社记者顾迈南写的一份内参被江青看到，她知道陈的身体不好，所以转给毛主席看说要救救陈景润。实际上那时尽管陈景润身体很不好，但并没有到病危的程度。不过，对于江青批示的这句话，下面的人就很重视，陈景润 1975 年成为全国人大代表。Weil 教授来的时候，本来按理应该是华老出面接待，但华老那时常常在外推广优选法，根本不在北京，于是数学所就请了北大段学复教授接待 Weil，陈景润也是一个重要的人，我们也受到重视，参与接待，因为 5 月来访的美国代表团对我们的工作非常重视。

《数学评论》恢复评论中国数学

杨：下面说说粉碎"四人帮"以后的事情。"文革"期间对知识分子的政策绝对是错误的，尤其对于像上海的苏步青和杭州的陈建功这些著名学者。苏老的日子很糟糕，被批得比华老厉害得多，因为在中国科学院的都是年龄稍大的人，造反行为尚不十分过火，但大学里那些一、二年级学生把教授批斗得简直猪狗不如。

问：当时谷超豪先生是什么状况？
杨：谷超豪先生在"文革"之初，也受到冲击。他转得较快，同时由于他是地下党，得到了造反派的宽容。那时上海是张春桥、姚文元直接掌控的地方，那里有一个类似北京"梁效"的大批判组，复旦大学有几位老师与谷先生受到这个大批判组相当的影响。我 1977 年春天到复旦时，苏老由于"文革"期间受到非人的对待，因此对谷先生意见很大，在小范围内提出了十分严厉的批评。不过，谷先生毕竟是苏老的得意弟子，很快苏老就改变了态度。谷先生与大批判组在"文革"中曾和陆启铿先生有瓜葛，听说是整了陆的材料。陆先生对此意见很大，一直耿耿于怀。

自从 Offord 到北京访问以后，Hayman 教授也一直想来北京。他 30 岁时就被选为英国皇家学会会员，是 Hardy-Littlewood 学派的传人，功底相当好。虽然他有来中国访问的愿望，可是在"四人帮"时期，他邀请我去英国访问我不可能成行，他要来访也根本不可能。1977 年，"四人帮"被粉碎了半年多以后，他正好要到香港。因为香港当时是按照英国的制度，每隔一段时间，就要请几位外面的专家来评议科研水平和办学效果如何。Hayman 去香港就是担任这种评议委员。他到了香港当然就很希望到内地访问，但我们这里迟迟没批，最后他提出自费来。于是 1977 年 6 月，他来北京访问了几天，名义上是他自费的，到了北京以后，大概因为我和张广厚的工作比较出色，而且当时这样的外宾也非常难得，所以他在北京就由中国科学院招待，而香港到北京的旅费由他自理。

问：那时招待要用自己的钱吗？可否用科研经费支付？

杨：不，那时就是数学所招待的，而且事先要向中国科学院请示获得批准。差不多到 1979—1980 年，包括发表文章，我们都要先将文章交给所里，不能自己寄出去，否则是违反规定的。

从 1973 年开始，我们几乎每年都在《中国科学》上发文章，有时也在《数学学报》上发表，因此 Hayman 教授对我们的工作已经比较了解。他来访时，我们还报告了一些我们没有发表的文章，他当然对这些工作都非常称赞。最后有两个结果：第一个是他继续邀请我和张广厚到欧洲去访问，告诉我们这两年在西欧有哪些跟复变函数论有关的学术会议，问我们能不能去参加，以及到他们学校访问；第二个是他知道《数学评论》没有我们 1973 年以来好几篇文章的评论（过去 60 年代都是有的），他回去以后就给《数学评论》写了一封信，而且把信复印给我了，可是我的东西太乱了，已经找不到了。那是一封很长的信，主要的意思是《数学评论》现在为什么不评论中国的文章，中国在复分析方面有非常好的文章。实际上，关键问题并不能怪《数学评论》，因为 1966—1972 年中国没有任何学术期刊，一篇数学文章都没有发表。我们 1973 年复刊，人家可能并不知道，文章也不多。但 Hayman 写信后就马上恢复评论了。

问：1966 年以前的文章都有评论吗？

杨：是的。而且曾经有一段时间美国数学会用机器（计算机）翻译的办法，把每一期《数学学报》都翻译成英文出版。我 1964 年在《数学学报》上发表过一篇文章，我看了他们的翻译，虽然稍微有点生硬，但基本上没问题，完全不懂中文的外国人也可以看得比较清楚。说实在的，那时《数学学报》的文章应该算是不错的，说不定比现在《数学学报》上的文章质量还好。

问：那时《数学学报》上的文章代表我们国家最高水平的数学文章了。

杨：对。那时候像陆启铿、王元等的文章主要在《数学学报》上发表。我算是个例外，因为熊老的资格很老，权威性很强，而且三次到法国，在法国住了十六七年。在他的概念中，觉得用中文发表文章不方便交流，所以让我们主要用法文写，他来修改，以他推荐的名义送到所业务处。我们做的这个方面，长期以来法国很强。第二次世界大战前，美国的数学还不十分先进，后来德国排犹，一大批高水平的犹太学者到了美国，再加上包括欧洲、中国、印度等一批很出色的学者到了美国，他们的数学才强大起来。

首次出访欧洲

杨：1978 年 4 月初，我和张广厚去欧洲访问。1978 年 3 月下旬刚开完全国科学大会，十一届三中全会还没召开，所以我们出去的时间确实还比较早。我没记错的话，我们大概是 4 月 4 日或 6 日从北京出发的。1977 年 Hayman 来访问时，他希望我们出去参加一些会议，其中一个规模比较大而且比较重要的会议在瑞士举行。我们这次出去是我国从 1966 年"文革"开始以后，科研人员第一次以学者个人的名义到国外进行学术交流，中国科协有记载。有一位叫张泽的院士，他原来是物理所研究员。周光召在中国科协任主席时，张一度被调到中国科协当书记处书记，负责国际交流工作。他说根据中国科协档案的记载，我们是自1966年后，第一次以个人身份去国外进行学术交流的，不单是数学领域，而是所有学科中的第一次。

除我和张广厚外，还去了一位翻译朱世学（也是数学所的），兼顾照料我们。Hayman从中国回去以后，接着就跟欧洲的会议联系，给我们发来邀请，我们收到邀请当然就要上报。中国科学院外事局据此打了一个报告上去，这个报告首先要经过方毅院长，他当时已是政治局委员了。他批了一段话支持我们出访，意思是说我们的研究工作做得很不错，出去可以发挥我们的影响。后面附着中国科学院外事局（国际合作局）的报告，这个文件要把当时所有政治局委员的名字列上，每一位政治局委员都要看这个文件。你们现在也许很难想象，我们当时也没想到会这样。所以你就能想象到，没有粉碎"四人帮"时，Hayman想让我去访问，尽管我把他的来信报告给中国科学院了，但当时根本不可能得到批准。在这个文件上，我发现所有政治局委员的名字，除了有极个别可能不在北京没画圈的，其他的人都圈阅了。外事局在1978年1月20日左右把我叫到院部去看这个文件，让我们准备出国。

问：这份文件还在吗？

杨：我不知道中国科学院有没有保留。因为很多年了，而且中国科学院办公的地方也重新装修过几次。

1978 年到瑞士和英国是我们第一次外出访问。在这之前，我和张广厚连飞机都没坐过。我们在数学所当了 4 年研究生，从 1966 年名义上转成工作人员，到 1978 年也 12 年了，可是在这期间都没有学术交流，国内的学术会议也完全没有。当时数学所没有什么出差的任务，那时即使国内出差也不坐飞机。这期间，我记得的唯一一次出差是 1977 年春天和几位学者去调研，我在上海见到苏老，赴沪前还去了南京。

下面谈谈在瑞士和英国的访问。苏黎世的国际函数论会议是个规模很大的会议，大概有 100 多位学者参加，那个会议名义上是为瑞士联邦高等工业大学里一个搞分析的老教授举办的，他叫 A. Pflüger，我印象中他是 70 岁，在这个会后就退休了。Pflüger 是个很好的人，学术水平也很不错。在那个会上，有一些复分析领域很权威的学者：R. Nevanlinna 来了，那时他已经八十二三岁了，虽然已经白发苍苍，但身体还相当好；还有他的学生 L. Ahlfors，他在国际上很有地位，是哈佛的讲席教授，也是首届菲尔兹奖得主；Hayman 当然也来了；另外，瑞士联邦高工那时的系主任 Huber 也是搞复分析、函数论的，水平也很不错；还有其他西欧做函数论的学者，比如后来做国际数学联盟秘书长的 O. Lehto，长期在赫尔辛基大学担任数学系主任和学校里的院长。英国除了 Hayman 以外，还有一些学者；离瑞士较近的德国也去了较多学者，我们比较熟悉的有 G. Frank，E. Mues；还有意大利的 E. Bombieri，他那时已经拿到菲尔兹奖，但还没有到美国去；美国的学者有密歇根大学的 F. Gehring。中国有我和张广厚两人，而且刚开始参加会议的时候，会议上很多人都没想到会有两个中国人，有人误认为我们是日本人。

问：有没有海外的华人参加？

杨：没有。在我们的研究领域，当时海外并没有很强的华人学者。在这个会上跟这些学者接触，我们开阔了眼界。我和张广厚还约了 Nevanlinna、Ahlfors 和 Hayman 一起到外面去吃了顿饭。另外，我们跟 Bombieri，前面提到的两位德国学者和瑞士的同行都有一些交流。我和张广厚作了演讲，反应都很好。有一位新华社驻瑞士的记者陆明珠也和我们一起去苏黎世访问，做了报道，她平时在瑞士首都伯尔尼。

那时从中国去瑞士没有直达的航班。我们先到布加勒斯特，在那里的大使馆住了一天。到瑞士后离开会还有四五天，在开会之前我们先被接到伯尔尼，住在大使馆里最好的两个客房。大使馆也没有碰到过这样的访问，同时我们在 1977 年 2 月已经被《人民日报》、新华社比较郑重地报道过，所以大使馆十分重视，大使还召集了两位参赞与其他领导，和我们开了两三次会。这实际上是很不正常的状况，本来这种事应该司空见惯，不应该这么紧张的，但他们好像还考虑了各种各样的可能；同时他们也没经历过，怕出事情，他们的警惕性比我们高，比如知道国内外待遇的差距大，他们要把各种情况都照应好了。因此我们这次出去，似乎跟他们外交人员一样，必须二人同行。

无论如何，苏黎世之行对我们来说是开阔了眼界，而且效果比较好。记者也发了一些报道，那时在内地和香港的报纸都登了我们的消息。1979 年，Lehto 率领芬兰教育代表团访华时，就特地要会见我和张广厚。

　　苏黎世的会议结束以后，我们又回到大使馆。然后又去了瑞士的其他几个城市和日内瓦，每个城市都待了一两天，访问了当地的大学，接着就从日内瓦直接乘飞机去伦敦。在瑞士访问了两周，因为 Hayman 教授的邀请，我们到伦敦顺访一周。在伦敦时也是一切都搞得很正式，比如到伦敦机场，是中国驻英国使馆去接我们，送到驻英使馆一个专门给学者提供的住地。在帝国理工学院访问的一周期间，Hayman 安排我们去剑桥大学访问了一天，又到伦敦东南一个叫坎特伯雷（Cantbury）的城市访问了一天。

　　这就是我们的第一次出国访问。访问结束后不久，当年 5 月正好国内的函数论会议在上海举行，那算是"文革"结束后第一次函数论的学术会议。

　　问："文革"结束后，国内数学哪个方向最早举行学术会议？
　　杨：我不记得了，但函数论应该算是比较早的。我们刚从英国回来不久，在北京待了十几天就又到上海去，我们在这个函数论会议以及上海科协的会堂报告了那次出访的经过，苏老都来听了。苏老的资格是很老的，但经过十年"文革"，他了解的主要是过去日本的情形，所以看起来他也对我们的报告感到新鲜。

至于您刚才问"文革"结束后，国内数学哪个方向最早举行学术会议，我估计函数论会议是很早的，因为中国数学会在"文革"结束后恢复活动的第一次会议，是 1978 年 11 月在成都举行的代表大会，而上海的函数论会议比这还要早半年。

我下一个涉及外事的重要活动是 L. Bers[1] 来访。Bers 是一个有相当影响的数学家，在复分析领域除了 Ahlfors 外，他是比较权威的学者。他访华的时间是 1979 年 5 月，是陈省身先生介绍的，因为 Bers 在美国数学界是很有权威和影响的人，大概陈先生了解他的访华意愿，同时也希望促成这个事情。Bers 访华首先是在中国科学院数学所，可是那时对来访的外宾，即使他作一系列演讲或地位很高，也不给他们任何报酬。不过当时的外宾数量很少，在北京访问结束后，我们一般都安排他们到其他地方去，一方面做点交流，另一方面是安排他们适当游览一下。Bers 来北京后，他就想约人陪他到外地去看一看，最好就是要专业相同，英语也能应付，没有什么合适的人，所里只好把这个差事派给我。因此 Bers 在北京待了十几天以后，我就陪他到西安，然后到上海、杭州，再到广州，每个地方都待两三天。最后他就在广州出境，从

1　李普曼·贝尔斯（Lipman Bers，1914—1993），出生在拉脱维亚的美国数学家，美国艺术和科学院院士，1938 年获得布拉格大学数学博士学位，1940 年后旅居美国，1975 年获得美国数学会颁发的斯蒂尔奖。他发展了伪解析函数理论，研究椭圆型偏微分方程。20 世纪 60 年代，他为拟共形映射和 Teichmüller 空间参数化的工作奠定基础，引入 Bers 紧致化概念，提出 Bers 密度猜想。他还探索克莱因群，引入 Bers 切片概念。

香港回美国了。那时北京、上海还没有直达美国的航班，香港才有。我就这么陪 Bers 夫妇在国内走了一趟。

Bers 访问后不久，陈先生又介绍了约翰·霍普金斯大学的多复变函数论学者 B. Schiffman 教授来访。这前后有不少其他的学者来访，例如柯朗研究所的著名教授 L. Nirenberg，普林斯顿大学的 E. M. Stein 等。

第一次赴美访问

杨：1979 年 10 月初，我和张广厚应邀到美国访问了一学年，先是到康奈尔大学访问一学期，然后到普渡大学访问一学期，主要是因为这两个学校都有函数论方面做得很好的学者。

在康奈尔大学，有一位叫 W. H. J. Fuchs 的犹太裔教授，他原来是德国人，1914 年出生，在第二次世界大战爆发以前，未等到希特勒排犹就随全家迁往了英国。我不清楚他是在剑桥还是牛津受的教育，但他是受到 Hardy-Littlewood 学派影响的。第二次世界大战结束不久他就去了美国，而且长期在康奈尔大学。他为人非常好，有中国情结，还会说一点中文，因为他告诉我，他的父亲在 20 世纪 20 年代曾经在中国待过，认为那时的北京是世界上最美好的城市，曾打算全家搬到北京，就是这个原因他学了一点中文。

Fuchs 教授希望到中国来访问，而且很早之前就表达过这个愿望，那是在 1977 年秋天。当时在北京友谊宾馆召开了一个规模很大、历时一个月的学术规划会议。各个学科都派了许多学者参加，总共大概有一千多人，数学方面有五六十人，其中数学所有七八位，其他都是外地院校的，像苏老、柯召、李国平、吴大任、谷超豪、夏道行等都来了，所有人都住在友谊宾馆。开始的全体大会在友谊宾馆大礼堂召开，而且很正规，主席团中有三位数学家：华老、苏老和我，当然这个会议主要是中国科学院在里面起作用。中国科学院副院长吴有训先生知道 Fuchs 是复分析专家，所以他在主席台上见到我说，王宪钟对他说一位康奈尔的同事（就是 Fuchs）想到中国来访问，可能还有一些文字的材料交给了他。因此我知道 Fuchs 很早就想来中国。另外，这也可以看出当时要来访问是多困难的事情，连吴有训这样身份的学者都不能决定。虽然那时"四人帮"已经被粉碎了，但国际交流还在慢慢恢复的过程中。

不过，后来反而是我和张广厚应 Fuchs 的邀请先去美国访问，过了一年以后，即 1980 年的夏天，他才到中国访问。他来访问时也有点像刚才我说的 Bers 那样，北京访问结束后去各地访问并游览。当时浙江大学与中国科学院有一定的隶属关系，所以我们当然就介绍 Fuchs 到浙大访问。Fuchs 在杭州时，路上偶遇林芳华，对其复变函数方面的知识很欣赏，想收他做研究生。那时郭竹瑞先生很积极，希望把浙大数学系办好，他觉得励建书学得不错，就把励建书介绍给 Fuchs。于是阴差阳错，励建书通过 Fuchs 被推荐到康奈尔大学了。后来，林芳华到明尼苏达大学攻读，而励建书的导师回以色列工作，励就转到耶鲁大学了。值得庆幸的是，后来两位都成了十分成功的学者。

这时候，Hayman 教授又来华访问，并作了系列演讲。

我和张广厚实际上在康奈尔待了不到一个学期。我们离开北京已经是 1979 年 10 月 6 日，那时去美国没有直达航班，得先飞到巴黎，中间又在巴基斯坦和阿联酋停留，在巴黎休息了两天，到纽约是 10 日左右。当时纽约下了相当大的雪，我们住在纽约的中国驻联合国代表处。因为半年前我们接待过 Bers，所以在纽约期间他带我们去逛博物馆，并且为了尽地主之谊，把我们接到他家里住了一晚。因此我们到康奈尔已经是 10 月中旬了，在那儿一直待到 12 月圣诞节前夕，差不多两个半月的时间，主要的东道主就是 Fuchs，他非常友好，给我们很多照应。尽管他水平很高，不过那时年纪已经比较大了，我们在康奈尔主要还是自己做一些研究工作。在康奈尔的一学期里，有不少学术活动。例如，那里的教授很关注丘成桐先生的研究工作，并想聘请他，为此曾邀他来作学术演讲。

在康奈尔停留期间，我们去了纽约州的雪城（Syracuse）大学。它在美国也算是资格比较老的大学，那里有位函数论做得很不错的学者 A. Edrei，跟 Fuchs 有很多的合作论文。此外，我还到哥伦比亚大学、普林斯顿大学、约翰·霍普金斯大学和马里兰大学去访问和演讲。其中在哥伦比亚大学的活动是 Bers 邀请与主持的，那次演讲比较成功，结束以后他们就约我吃饭。这在美国都是自愿参加，除了演讲人的费用由系里付，其他人都是自己付餐费，那次有 20 个人参加聚餐。一方面因为 Bers 比较有影响力，另一方面他们对演讲的内容相当感兴趣。在普林斯顿大学的活动则是由 J. J. Kohn 教授邀请与主持的。

此外，值得一提的是，在约翰·霍普金斯大学演讲的时候，周炜良也来了，他是约翰·霍普金斯大学的教授，尽管那时已经退休了，他知道我去演讲，特意来听，还跟我聊天。他在国外生活了很久，从 1949 年到那时已经 30 年，而且 1949 年以前他在欧洲也长期待过，可是他的扬州口音还相当浓重。他说对我讲的那些还比较熟悉，因为抗战期间他在云南大学做过庄圻泰先生的助教，那时庄先生就讲一点 Nevanlinna 理论的基础内容。周先生对人非常友好，他的学术成就非常高，但没有什么架子。

我们结束在康奈尔的访问以后，80 年初到普渡大学。那儿有两个比较年轻的学者，跟我的岁数相差不多，做得很不错。其中一位就是 Fuchs 带出来的学生，叫 David Drasin，是位犹太裔的学者，很年轻，已在普渡大学做了几年正教授。另一位教授是 A. Weitsman。他们为我们的访问向美国科学基金会申请了经费，办了一个大型国际会议，有一百余位各国的学者前来参加，我在会上作了演讲。许多参会者是刚在德国的会议上见到的学者，我们感到十分亲切。我印象很深的是 Drasin 主持我的演讲时，除了盛赞我们的研究工作外，特别推荐了发表我们论文的期刊《中国科学》，大意是它很价廉物美。

在普渡大学期间，我们到密歇根大学、威斯康星大学和位于圣路易斯的华盛顿大学访问和演讲。在密歇根大学有复分析的著名学者 Gehring 和 P. Duren，在威斯康星大学有两位同行 S. Hellerstein 与 D. Shea 教授，还有分析方面的大家 W. Rudin 教授，在华盛顿大学则有十分优秀的青年学者 A. BaernsteinII 教授，还有调和分析方面的大家 Weiss 教授。

虽然那次我们未去伊利诺伊大学，但我们在普渡大学的国际会议上与该校学者有很多交流。以后，我还多次去伊利诺伊大学开会和访问，因为那里有 S. Bank、J. Miles、L. Rubel 和 J. M. Wu 等优秀的复分析学者。

我们在普渡大学一直待到 5 月学校放假才离开，途经加州、香港回京。途中我在斯坦福大学、加州大学伯克利分校以及香港中文大学都作了演讲。

德国之行与上沃尔法（Oberwolfach）会议

杨：在普渡大学期间，我还去了德国访问。因为 1978 年我在瑞士的会议上认识了一些函数论的德国专家，其中有一位是 Frank，他负责主持 1980 年 2 月在上沃尔法的函数论会议，于是他邀请我参会和作演讲。会议付给我的钱基本上够来回旅费，但他为了让我的经费更充裕一点，同时也觉得我应该去跟德国的函数论学者交流，因此他又介绍我到六所大学访问，其中包括他所在的多特蒙德大学，我在每个学校各待两天左右。每次演讲他们都付我一笔演讲费，这就使得我的经费相当充裕，同时让我更了解德国同行的情况。

我的行程是这样的：普渡大学离芝加哥不太远，开车的话三个小时左右就到，然后从芝加哥的机场起飞，八九个小时就到法兰克福。从法兰克福机场坐火车，沿着莱茵河往法国边境的方向走，就到了亚琛工业大学——路甬祥[1]院长的母校，这是我到的第一所德国大学。一个比较深刻的印象是从法兰克福到亚琛中间要在科隆（离波恩较近的城市）换一次火车。当火车沿法兰克福到科隆这一段行驶的时候，往车窗外看，一边是莱茵河，一边是群山，风景非常优美，这是我在其他地方没有看到过的。虽然在芝加哥到德国的飞机上一夜没有休息好，但窗外的美景让我眼前一亮。

到亚琛时已是中午了，来接我的是数学系主任。他就拿着施普林格（Springer）的著名数学丛书 *Lecture Notes in Mathematics* 的一本作为接头的标志。不过他更容易认出我，因为我是中国人。他中午接我到旅馆后，接着就陪我到学校参观。我演讲定在下午六点开始，但实际上德国的演讲都比规定时间晚一刻钟，所以到六点一刻才开始演讲，讲到七点一刻，然后吃完饭时差不多九点，再进行派对，回到旅馆都十二点多了。不过那时我还年轻，精神很好，虽然前一夜乘飞机时基本上没有睡。

前面提到，这次德国之行主要是参加上沃尔法会议的。上沃尔法是在德国南部的黑森林地区，那里形成了每个礼拜开一次会的制度。所有参会的人周末到达，从星期一开始到星期五结束，散会后接连又是下一个会。每年除了像圣诞这些重大节日外，一年大概

1　路甬祥（1942—　），浙江宁波人，流体传动与控制专家，中国科学院院士、中国工程院院士、第三世界科学院院士，1981 年获得德国亚琛工业大学博士学位。1988—1995 年任浙江大学校长，1997—2011 年任中国科学院院长，2008—2013 年任第十一届全国人大常委会副委员长、党组成员 。

开 40 多个会。每个会的规模差不多就是 50 人上下，因为他们的硬件设施只能容纳这么多人。他们有两栋楼，一栋是供吃饭与住宿用的，一栋是图书馆和会场，条件还是很不错的，周围的风景与环境也很好，而且这形成了制度。也许我是国内第一个去上沃尔法的人，时间是 1980 年 2 月，至少那时国内的人好像还不太清楚上沃尔法。

我在上沃尔法跟一些学者交流了一个星期，比如跟之前就认识的 Hayman 教授。我在 1979 年曾与他合作过，因为他在整理 Littlewood 遗物时发现了一个笔记本里有一个猜想，是 Littlewood 在 1930 年左右提出的，到那时已经差不多半个世纪了，还没被解决。Hayman 写信向我提了这个问题，我看到后就觉得能做一个正面的答案，做了几天就把证明寄给了他。他看了以后，认为这个正面答案实际上在附加了一个很弱的条件后，就能说明 Littlewood 的猜想成立，但他不知道这个条件是否必要。于是他设法举了一个反例，确定没有这个条件是不行的。举出这个反例十分费事，也是很见功夫的。他的功底很深，我们那次合作的文章发表在 1982 年的《伦敦数学会学报》（*Proceedings of London Mathematical Society*）上。同一年我自己也有一篇文章在《伦敦数学会期刊》（*Journal of London Mathematical Society*）上发表。

还有一个印象比较深的地方是在德国访问的最后一站——吉森（Gießen）大学，在法兰克福北边大概 100 公里的一个城市，那个大学很古老。那时他们的数学系主任叫 D. Gaier，也是搞复变函数论的，做得很不错，而且为人很好，他终身未婚，把一生都贡献给了数学。那时他将近 50 岁，现在已经去世了。他觉得吉森大学最好的是数学系的图书馆，收藏很丰富，有中国 1949 年以前的《数学学报》（当时是苏老任主编），我印象中那时我们数学所图书馆都没有老的《数学学报》，但我知道熊老家里是有的，因为他曾当过编委。

在吉森大学访问后，Gaier 邀请我乘他的车去上沃尔法开会。他说他每五年左右就要换一辆车，这当然给我的印象很深。因为我在国内已经算是待遇比较高的了，那时每月拿 100 多元工资（原来科学院研究生毕业生的工资是 69.5 元，比本科毕业生要高两级，因为我们是四年制的，在当时也已经算不错了。粉碎"四人帮"后，1977 年 10 月开始有所谓的津贴，那时津贴的范围很小，陈景润、张广厚和我每月有 50 元的津贴），但我们从来没想到拥有私人汽车。以前在美国康奈尔访问时，我们租了一个意大利裔美国人的房子，他自己住一楼，把二楼租给张广厚和我。他跟我聊天时说过去他遇到一个波兰人，波兰人告诉他说要节约生活五年才能买一辆轿车。他的意思是波兰人的日子真不好过，我们非常感慨，其实那时我心里想我们节约生活五年也远远买不到轿车。刚开始到美国时，我们连洗衣机也不会用。不过，现在已经发生了根本的变化，比如学校里的教授，也许只要节省一年的生活费就能买一辆普通的小轿车。

这次德国之行，还有两件事情可以讲一下。在我去德国之前，我就问 Fuchs 教授从德国回美国的签证有没有问题，Fuchs 也帮我问了，并且有关方面也回信说不会有问题。但当我在法兰克福申请回美签证时就遇到困难了，因为当时西方对共产党非常敏感，他们觉得我能单独出来旅行，必定有政治背景。我那时还年轻，就约见美国驻德国法兰克福的总领事，谈了较久，并和他辩论起来，但是没有作用。最后费了很大的劲，Fuchs 通过美国国会议员的帮助，才将事情解决。

另外一件事是，在西柏林访问时，当地函数论的教授周末请我去东柏林游览。我们事前不知道持中国护照到东柏林要不要签证。到了边防后，他们也没碰到过这种情况，当时我拿的是公务护照，所以签证官打电话请示，结果我不仅能过去，而且还有优待，因为他们把中国放在同一个阵营里，西德的人那时规定必须按 1:1 的汇率换一定数量的马克，其实当时东德的马克不值钱，西德人最后离境时一般会把换来的东德马克再捐献给东德，而我拿着中国的公务护照则不需要兑换这笔钱。在那里，印象很深的是柏林墙，我从西侧可在很近距离内仔细地观察，而在东侧则要隔相当的距离了。

我在德国跟当地数学家聊天的时候，他们说想加强跟中国数学家的联系，希望授予一位中国数学家名誉博士。问我授给谁最合适，我说当然是华老了。

我们第一次去瑞士以及后来去美国，每次出国之前，钱三强副院长都找我们谈一次话，我们回来以后都要向他汇报。当时钱先生是主管数理方面的副院长，我们汇报的内容一方面是国外的科研教育体制，另一方面是我们专业的工作情况。因为毕竟在美国待了一个学年，所以我们把美国一些优秀之处看得很清楚，不仅是我们，后来王元院士他们去国外访问后也看到这些优点：首先是国外科研机构的非行政化。他们数学系是教授，尤其是水平、威望比较高的大牌教授起主要作用，秘书等行政人员只起辅助的作用，且人数很少。而当时国内科研单位的领导，几乎都是行政人员和老干部，而且行政人员的比例很高。其次是国外的学术气氛非常浓厚。有些大学数学系会邀请学者去访问，每个大学都有比较多的学术演讲和活动。凡是交通比较方便或很有名望的大学，差不多每天都有学术演讲，而那时的中国几乎没有这些活动。还有一个是不能近亲繁殖，即在一个学校拿到博士学位后，不能即刻留在该校的制度。这些我们都向钱三强报告了，钱先生听了我们的体会后十分赞同，并要求我们向全院作报告，其实他应该也了解国外的情况。实际上，当时我们看到的问题有不少一直到现在也没有完全解决。

加入国际数学联盟

问：可否讲讲中国加入国际数学联盟（IMU）的事情？

杨：我记得最早是在 20 世纪 80 年代初，我们跟国际数学联盟的秘书长 Lions 通信。其中按照中国科协的原则讲到要坚持一个中国的原则——台湾是中国的一部分，不能支持在台湾举行重要的国际会议。Lions 回信说，他们不仅不会支持在台湾举行国际数学会议，而且设想在 20 世纪末之前，应该在北京举行一次国际数学家大会。

1982 年时，王寿仁是中国数学会副秘书长，我是常务理事，国际数学联盟约我们参加在华沙举行的各国代表会议（General Assembly），但那一年没能在华沙举行国际数学家大会。实际上，我们到华沙并不能正式参加各国代表会议，因为中国还不是国际数学联盟的成员。我们利用会议以外的机会，跟他们谈谈中国加入国际数学联盟的问题。我们跟国际数学联盟的主席和秘书长做了一些联络，各自阐明了观点。

　　1983 年，我去瑞典 Mittag-Leffler 研究所访问。当时的所长是 L. Carleson，他是很有影响、有威望的数学家。他也请 F. Hirzebruch 到 Mittag-Leffler 研究所访问，Hirzebruch 时任国际数学联盟主席，我跟他谈了关于中国加入的问题。另外，赫尔辛基大学的 Lehto 那时是国际数学联盟秘书长，因此我又趁他邀我去赫尔辛基大学演讲时跟他具体地谈，但有关的条件没完全谈好。

　　我在 Mittag-Leffler 研究所访问了两个月，跟 Carleson 比较熟悉。他曾是国际数学联盟主席，对我们的情况也有所了解。他认为一些政治问题有时是会随时间而改变的，比如芬兰曾经是瑞典的一部分，但现在是两个独立的国家，所以他觉得国际数学联盟最好不要牵涉政治问题。那时台湾地区已经是它的成员（member），如果我们要把台湾驱逐出去，他们当然会感到为难。后来我国外交部稍微往后退了一点，不驱逐台湾也行，但需要修改会章，因为会章原来假定一个成员就是一个国家，必须改成"国家或地区"。不过，国际数学联盟说这样需要修改的地方太多，他们还是表示为难。为了这个问题，我们一直讨论，后来由于很多方面都在做工作，我觉得让国际数学联盟感到有压力的是，当时中国大部分学科都加入了相应的国际组织，最后发现只有数学和地理两个学科的问题没有解决，上一级组织国际科学联盟理事会（ICSU）施有压力，因此国际数学联盟也要后退了。

1986年，吴文俊是中国数学会理事长，我是秘书长，中国科协就找我说国际数学联盟后退了。于是吴先生和我作为观察员去参加在伯克利附近的奥克兰举行的各国代表会议，在会上提出了中国加入国际数学联盟的问题，当然之前已经进行了长时间的商讨。最后决定中国的大陆和台湾作为一个成员，统一用中国这个名义加入，中国下面分两部分：中国数学会和位于台北的数学会，我们是接受这样的说法的。而那时台湾数学会会长是赖汉卿，他为人比较实在，在会上没有反对。

国际数学联盟给了中国最高的5票表决权，这个表决权其实是没有很大意义的，主要就是决定每届的国际数学家大会在哪儿开，这并不是什么大问题。而我们和台湾作为一个成员，分配表决权的办法只能是两种：一种是我们4票他们1票，一种是我们3票他们2票。我想既然台湾代表在会上表现得较好，我们也应该把姿态放高一点。我就主动提出我们3票他们2票的方案，他们当然接受了。实际上这个表决权决定不了什么。

问：那么后来香港是怎么处理的？还有澳门呢？

杨：香港原来就是国际数学联盟的成员，是单独参加的。原来也有点含糊，实际上是以地区的名义加入，他们有1票表决权。

澳门当时没有加入。

陈省身、丘成桐与中国数学的二三事

杨：下面谈谈陈省身和丘成桐先生的几件事情。

正如之前说的，丘先生因年轻，来访大陆实际上并不算很早。他最早于 1979 年夏天到中国科学院数学所访问，是华老邀请的。因为丘先生 1976 年解决了 Calabi 猜想，1978 年被邀请在赫尔辛基的国际数学家大会上作一小时演讲，所以华老马上就邀请他来中国。他那次做了比较长时间的讲学，我也去听了。

1980 年，丘先生应邀来参加第一次的"双微"（微分几何、微分方程）会议，那是由陈省身先生主持的，在北京举行。据说陈先生之所以要举办双微会议，是因为物理界由杨振宁和李政道发起了 1979 年在广东从化举行的会议，非常成功，而且规格也很高，详细的情况在陆启铿先生的文章里已经提到。1979 年时丘先生是一个人来的。而 1980 年双微会议时，他和夫人一起来，他夫人当时已经怀了第一个孩子，而且反应比较大。

在这里我们要提到在粉碎"四人帮"后陈先生主持的几次重大的活动。一个是双微会议，这又要提到苏老了。苏老是不太赞成双微会议的，因为他觉得双微会议没有把他与国内学者放在重要的位置上。中国数学会 1978 年 11 月底到 12 月初在成都召开代表大会，会上选举了理事会。但因为时间关系，没有选举常务理事会和正、副理事长，所以就定了 1979 年 3 月在杭州举行理事会议，选举常务理事会和理事长、副理事长，结果还是华老担任理事长，苏老、江泽涵、吴大任、柯召、齐民友担任副理事长。齐民友教授当选的重要原因是他从1958年到"文革"期间一直受到批判。那时武汉大学搞得很"左"，上面湖北省委也很"左"，齐民友被批得很厉害，曾在《人民日报》上作为重点批判对象，因此得到大家的同情。

在杭州召开理事会议期间，苏老和我被浙大邀请去作演讲。苏老就在浙大演讲时公开表示了他对双微会议的一些看法。他觉得请外国人来讲，我们在下面听不太好。为什么不讲讲我们擅长的研究方向？虽然他的看法并不是一点道理没有，但我们不得不面对中国数学停顿了十年以上的现实问题。陈先生搞的双微会议还是能起到积极作用的。不过，对于苏老而言，他有很强的民族自尊心，因为他长期处在国内权威学者的位置上。

陈先生倡导的另一个重要活动是暑期学校。第一届是1984年在北京大学举行的，当时请了四位主讲人：伍鸿熙、萧荫堂、项武义和莫宗坚。以后每年由一所重点大学负责举办暑期学校，讲授的老师有国内外的学者，这就使研究生可以打下较好的数学基础。

还有一个是陈先生的项目，这个项目从1983年开始，由一批美国的数学家到中国来找一些好的学生。因为中国的教育和科学研究在"文革"期间停顿了多年，从1977—1978年开始恢复高考，1982年左右有了好的毕业生。但是他们对出国深造的渠道不怎么清楚，国外也不了解中国的情况，所以就由几位美国的数学家负责到北京来面试一些学生，帮助他们到美国的大学去申请读

1979 年丘成桐首次访问中科院数学所

博士学位。这些学生有的能在美国找到资助，有的就由中国教育部给予资助。1983 年开始是由 Griffith 负责，后来丘先生提出不同的意见，他觉得这个事情应该由华人学者自己来管，所以 1984 年就由丘先生和 Griffith 共同负责。

以上就是改革开放之初，陈先生在中国倡导的三项主要活动，是由丘成桐、伍鸿熙、萧荫堂等当时的青年学者协助实现的。

丘先生第三次来访问是 1983 年 12 月。那年夏天在华沙的国际数学家大会上，他获得了菲尔兹奖。中国科学院数学所也拟聘他为名誉学术委员，我们报到上面去请国家领导人会见丘先生。主持科学技术领域工作的国务院副总理方毅会见是没有问题的，但上报请国家领导人会见时，刚开始领导考虑由国务院总理会见。

但我们当时希望最好是由一把手会见，故提议由胡耀邦总书记会见，最后胡耀邦总书记接见了丘先生。会见十分严谨，在会见之前先要由中国科学院向胡耀邦总书记报告外宾的基本情况，以及可能会提出什么问题和建议，让领导人有思想准备。我记得那天会见时间是下午四点半，地点在人民大会堂，于是我们四点钟要先去给胡耀邦总书记汇报丘先生的基本情况和他估计要谈的内容。当天出席活动的有胡耀邦总书记、中国科学院院长卢嘉锡，以及一位负责外事工作的副秘书长。我们这边有吴文俊、陆启铿和我。会见结束后，本来是数学所宴请，后因卢嘉锡到场，改以卢院长的名义宴请，卢先生笑称他做了"不速之主"。

在丘先生没有去哈佛大学之前，许多大学都希望聘任他。1987年夏天，他决定去哈佛，就在这之前，他再度来我们这儿访问。我那时已经当数学所所长了，所以前后的事情完全由我来负责。但中间发生了一个插曲，丘先生来访时住在北京饭店，中国科学院外事局的一位处长送行来晚了一点。我在丘先生访问时，特地把以往华老用过的车借来（当时数学所和应用数学所属于不同的单位，华老因为搞"双法"，主要在应用数学所，他的车和司机编制也在应用数学所；那时数学所只有比较差的上海牌小轿车，为了提高规格，所以就把华老的红旗三排座的车借来）。华老的司机是位老司机，开车以安全为主，虽然时间已经比较紧了，但他还是开得很稳当，结果到了机场时只剩不到半小时，已经不能办理登机手续了。

丘先生当时很着急，他要搬家到哈佛，若弄得要他夫人一个人搬，她就要埋怨丘先生了。我也没什么好办法，只好临时找机场的人。机场的人说他们好办，但检查护照那里可能有问题，让我先去海关看看。我就告诉海关人员我的名字，并拿我的证件给他们。他们还知道我，签证官拿着图章陪着我和丘先生，到连接飞机通道的地方，先看看能否上飞机。结果还可以，就临时在那里为丘先生盖了海关的章。而丘先生的行李还在外面，但那时已经来不及。丘先生就先走，委托我保管行李。我并不知道行李里有什么东西，拿回去一直放在我办公室。等过了一年半后，我去美国时才帮他带过去。原来行李里有较贵重的东西，丘先生都忘记了。

1979 年时，萧荫堂也是第一次来我们这里访问，他作了一系列关于多复变的演讲，而且他跟陆启铿教授正好是同行，后来他们对国内多复变函数的发展起了作用。那时华老依然将精力放在推广"双法"上，所以数学所主要的事情由陆启铿张罗。陆先生担任的职务是副所长，但实际上相当于常务副所长，主持了后来1981 年在杭州举行的多复变函数会议，这在陆先生的文章里有详细的记载。虽然那次是多复变函数的会议，因为那时会议比较少，难得有机会，大家都去了，除了华老和陆启铿外，吴文俊、龙瑞麟、张广厚和我都去参加了。我还在会上作了一个演讲，尽管不属于多复变的内容。会议期间我们一起去了钱塘江观潮，开会的地点在汪庄，是毛主席去杭州住的地方。

以上主要谈了尼克松访华至 20 世纪 80 年代初的 10 年间，我国数学对外交流的概况。从那以后，我国的国际学术交流日趋频繁。仅以复分析为例，80年代便有 P. Duren、Gehring、P. Jones 等学者来作系列演讲。80年代及以后，在西安、北京、天津、银川、上海、杭州、合肥等地都举行过国际复分析会议，每次会议有十余位或更多的外国学者参加。

国际学术交流的重要性

问：您对王元院士的回忆文章，有何看法？

杨："文革"期间国内所有地方的科研都停顿了10年，甚至很多地方都超过10年。一方面，动乱并不是1966年才大规模展开的，之前已经有"四清"运动、姚文元批判吴晗的文章等；另一方面，也不是刚粉碎"四人帮"就能马上恢复研究工作，很多地方都是等到十一届三中全会后才有较大的改变。

我是"文革"结束后较早参与对外交流的。跟外国人接触时，他们往往问起"文革"的情况，当时我们会尽量轻描淡写。比如1979年张广厚和我第一次到美国，因为待的时间比较久，所以必然遇到一些学者谈起中国"文革"的情况。那时思想没有像现在这么开放，我们尽量把那时的问题稍微淡化一点，但客观的事实还是要真实的。例如工农兵学员，"文革"前五年完全没有大学生，后五年收的工农兵学员虽然要求是初中毕业，但并不是当年毕业的，所以实际上那些学生的程度可能连初中都达不到。工农兵学员仅学习三年，而且不能完全在课堂里学习，要"开门办学"，能学到"文革"前比较正式的高中毕业水平应该算不错了。

钟家庆是华老的研究生，原来编制在数学所，后来华老将他和其他研究生带到中国科学技术大学。"文革"期间钟家庆结婚，因为他的夫人是清华大学的，他那时也不能留恋数学研究，反正到处都一样。当时他要去五七干校，就调到清华去，"文革"结束才又调回数学所。他说实际上对工农兵学员要从初中课程教起，因为学员在初中毕业后要去生产实践一段时间，到做工农兵学员时都 20 岁左右，之前学的东西已忘掉了。"文革"10 年对绝大多数的人而言，都是影响巨大，像陈景润是非常例外的。他当然也受到过很多冲击，但因为他身体不好，除了被关进"专政队"以外，其他时间都可以要医生给他开全休的病假条，他就不用参加政治学习和劳动了，也不必去干校和解放军农场。

我们刚开始出国交流时，外国人听到这些情况后都感到十分担忧，非常怀疑我们能不能接得上去。因为照理来说，这样停顿了十几年后当然会出现很大的空缺，不仅那一代人毁了，而且还无法教下一代，应该需要很长时间才能赶得上来。到了 1983、1984 年后，情况才慢慢清楚，大家有了信心。

1978 年十一届三中全会提出以经济建设为中心，能不能接得上的问题被提出来，并且国家派了一些人出去学习。派出的人基本上就是王元院士文章中提到的三种类型：第一种是按照国际通用的惯例来邀请，邀请方要知道你和你的研究工作，愿意支付全部的费用。因此被邀请人的水平必须要够，王元院士就是属于这一种，我和张广厚也忝列这个行列，主要是因为美国代表团认可。第二种是国家出钱送出去的访问学者，很多现在较有名的学者都是这一种。第三种是对方邀请，但费用由我国支付。第一种仅是个别的学者，原因是前面提到的"文革"的情况，比如北大和清华就是重灾区，他们完全没有条件搞业务。数学所有条件搞，也仅是1971年林彪垮台后名义上可以搞，但许多人认为这是在走资本主义道路，尤其是运动一来马上就得停下来，又开始批判了。因此大部分人就干脆去装收音机、打家具，那样风险较少，而且还有点实惠，因为当时根本买不到家具。正是"文革"的特殊原因，后来绝大部分出去的人都是第二、三类，我想今后应该不会有这种情况发生了。

问：当时做得出色的人分两种，一种是在"文革"时已经崭露头角，所做的工作在国际上有了一定影响；另一种是反应比较快，刚改革开放就开始做研究，并利用国家开放的政策头一批出去，回来后走的路就比较顺利。我觉得大部分应该都是后者。

杨：现在有人讨论改革开放的必要性，尤其是我们今天讲的国际交流的必要性。王元院士从陈景润以及他自己搞的解析数论看（他的文章里也提到他不太适应国外的生活，改革开放时他已经将近50岁），觉得在国际上进行学术交流不是一个重要方面。但我觉得王元的观点不太全面，因为对于解析数论以及我和张广厚搞的 Nevanlinna 理论，主要可以靠自己刻苦攻关、靠证明和运算技巧，其中并不牵涉太多新的概念、理论以及许多别的方面的知识。"文革"前中国也处于闭关锁国的状态，跟西方没有什么交流，只有西方的期刊可以参考。如果有条件，而不是像"文革"

那么动乱，中国还有可能搞得上去，陈景润就是一个例子。但是，如果是一些需要用到很多新的概念、理论和很多方面知识的领域，那就需要交流，相互讨论想法，个人就很难搞了。

问：实际上，也许可以说解析数论本来也是得益于国际交流，因为主要是华先生从国外带回来的。如果不是得益于国际交流，华先生也很难在这方面有很好的工作，以及后面带出这些好的学生。是吧？

杨：是的。相对来说，解析数论这个方向还是可以个人搞，例如最近的张益唐，除了看一些文献和资料了解最新的进展，他并不在活跃的学术中心，既不在哈佛也不在普林斯顿这一类的中心。而对于很多研究方向，光看资料还不太够，还需要面对面的交流，从别人那里学习一些新思想，比如从 20 世纪六七十年代发展起来的指标定理、算术代数几何等，我们那时差不多是完全空白。又比如 Andrew Wiles[1] 证明 Fermat 大定理，如果他没有很广博的知识，没有在学术交流的中心，恐怕就很困难了。

譬如做庞加莱（Poincaré）猜想[2]，这里我要说点当时的史实

---

1 安德鲁·怀尔斯（Andrew Wiles, 1953— ），出生于英国剑桥，英国数学家，美国国家科学院外籍院士，牛津大学教授。1974 年牛津大学毕业，1977年获得剑桥大学博士学位，1982 年担任普林斯顿大学教授。1994 年证明了费马（Fermat）大定理，1998 年获得国际数学联盟特别制作的菲尔兹奖银质奖章。主要从事数论研究，对数论和相关领域作出巨大贡献，推动了非数学猜想的重大进展，通过半稳态椭圆曲线的模块化猜想完成费马大定理的证明，开启了数论新时代。
2 庞加莱猜想（Poincaré Conjecture）是法国数学家亨利·庞加莱提出的一个猜

了：中科院晨兴数学中心是 1996 年成立的，1997 年就开始运作第一批项目，丘先生的几何分析当然要列进去（另外还有算术代数几何、偏微分方程等），当时丘先生很明确地告诉国内的一些年轻学者要钻研 R. Hamilton 的 Ricci 流。过了一段时间后，他就几次打电话跟我说这些学者并没有按照他的建议去搞 Ricci 流，还在做调和映射，让我去问问是什么情况。一开始我不太愿意去，因为我不是做这方面的，后来因为他提了好多次，于是我就去问。这些年轻学者说研究所的几何分析学术带头人告诉他们 Hamilton 的文章很难懂，教他们不要念，并认为即使念懂了也做不了什么，调和映射倒还可以做点东西。

这就是说，即使是国内几何分析做得不错的学者，其眼界还是跟丘先生没法比。国内的专家教授只看到调和映射还可以写几篇文章，而丘先生着眼的是要解决重大的问题，认为 Ricci 流这个方向可以用来做 Poincaré 猜想，气势与豪情完全不同。后来国内就只有广州的朱熹平在做，因为他不时去香港交流，并受到丘先生的熏陶，最终参与了解决 Poincaré 猜想的潮流，发挥了作用。当然其中 Perelman 的贡献是最重要的，因为是他最早给出较详细的证明提纲，克服了主要困难，但当时没有人承认他的提纲的正确性，结果由三个组分别验证了。朱熹平、曹怀东这一组做得很

想，即任何一个单连通的、闭的三维流形一定同胚于一个三维的球面。俄罗斯数学家格里戈里·佩雷尔曼 2003 年给出证明。2006 年，数学界确认佩雷尔曼解决了庞加莱猜想。庞加莱猜想是一个拓扑学中基本意义的命题，将有助于更好地研究三维空间，深化人们对流形性质的认识。

不错，他们很早完成了长篇证明，不仅验证了 Poincaré 猜想，而且还验证了几何化猜想。同时，他们总体上是按照 Perelman 的框架做，但在一些地方有自己的处理方式。

因此，不同的学科情况还是不一样。有些是国际学术交流起的作用很大，而且这种交流最好是在活跃的研究基地，经常地围绕中心课题不断讨论。不同学者的侧重点不太一样，相互交流能学到不同方面的知识，一些重大问题的解决正是需要用到广博的知识。

总之，那个时候的开放和派遣留学生还是起到很好的作用，把我们原来担心的"到底能否接得上"的问题解决了。这批出去的人在某一方面恢复了他们专业领域的知识，而且还比原来有所提高，在自己的领域学到一些新知识并开展相应的研究工作，有些工作还不错。另外，也有不足的地方，因为这些最早出去的访问学者不可能在外面重新接受本科和研究生的教育，从而把基础打得很宽，然后去做新的研究。实际上绝大多数学者都是延续原来的工作方向——可能是一个三级学科或研究领域，并没有学一些很新的东西与广博的知识，尤其是跟自己领域有较大距离的内容。不过，他们出去的时间比较短，只有两年，这些人原来在学校和院系里都是骨干，他们当然会想要有点东西交账，要是学很新的东西，风险就比较大了。此外，当时他们年龄都不小了，有的四十多岁，再大一点的就是五十岁，四五十岁的人很自然会沿着老的方向走，而且访问的时间本来就不长，刚到国外还有一个在生活和语言上适应的过程，这是当时比较现实的情况。

问：我觉得现在的交流还有这种问题，不管是出去还是请人过来。一个很好的方向或问题，最后真正能跟上的往往都是学生，而大部分的老师还是会延续他习惯的东西，很难脱胎换骨地改变。比如做几何的，丘先生说应该做 Ricci 流，但马上下决心做的人是很少的，因为一般人不会看那么远，可能考虑的是为了把"杰青"[1]评上，先发两三篇像样的文章，所以他不敢做真正有价值且较长远的东西。

杨：这个跟我们大学里评职称的制度有关。美国的大学要好一点，他们不会太过分地考察一些指标，因此往往他们做新的东西比我们好。

问：我觉得改革开放以后之所以没有出现像王元所希望的那样的工作，是由于我们开放的同时功利心也出现了，不像您原来做研究那样，尽管交流不多，但却能很安静地、踏踏实实地做。现在能静下心来做的人挺少的，而且越是突出的人，他的环境越复杂，面临的竞争越多，他必须对付很多场面上的事情，于是他就没有心情做大学问了。王元先生的看法也是有道理的，尽管开放带来的好处更多，不过急功近利问题还是挺严重的。

杨：另外，刚改革开放时的学术交流和现在的很不一样。我之前已说过，当时虽然国门已经打开，但交流活动是很少的。比如，1981 年在杭州举行多复变函数会议，吴文俊先生、龙瑞麟等

1　即国家杰出青年科学基金。

都来参加了，尽管他们不是做多复变函数的，因为当时的会议很少。而现在同一个学科的会议就有很多，林芳华教授曾告诉我，他有时一年会接到国内七八个会议的邀请，根本没法都去参加。而且不少会议重复，各个单位之间也很难协调。

问：现在办会议有点像市场行为，只要有钱就能开。若别人不愿意来，名人就请不到，结果就没有影响力。另外，有些会议并不是搞数学的人想开的，比如一个小学校，他们想扩大影响或申请学科点，领导就要求他们数学系必须搞一个大的会，这种情况也蛮多的。

杨：1985 年，中国数学会成立 50 周年，我们在上海举行庆祝活动和会议。50 周年是个大庆，所以我们请了国际上比较有名的数学家来。虽然已经到了 1985 年，但当时要开个会还是很不容易，因为在 90 年代之前，国内能住几百人而且又有好会场的大宾馆并不多，国内代表还要承受得了其费用。我当时是中国数学会的秘书长，很清楚这些困难。

那次祝贺中国数学会成立 50 周年的会议，Henri Cartan[1] 代表

1　亨利·嘉当（Henri Cartan，1904—2008），法国著名数学家埃利·嘉当之子，1980 年荣获沃尔夫奖，是法国布尔巴基学派的代表人物之一。1967—1970 年任国际数学联合会主席。研究代数几何、层论和同调代数，重要工作有上同调运算、基灵同调群和群上同调。1945 年在巴黎开设研讨班，主要题目有多复变分析、层论和谱序列，对让 - 皮埃尔·塞尔、阿尔芒·波莱尔、亚历山大·格罗滕迪克和弗兰克·亚当斯等后辈数学家影响深远。和塞缪尔·艾伦伯格合著《同调代数》（Homological Algebra）。1985 年 12 月，应邀来到上海参加中国数学会成立 50 年年会，并以《佩尔 - 费马方程》为题作了报告。

法国数学会来参加了。吴文俊先生（当时的数学会理事长）和我就想趁此机会争取在中法之间达成一些协议，以后可以进行实质性的交流，比如两国互派访问学者或合办学术活动之类。既然要会谈，当然要找个比较正式的地方，会议住地是复旦大学附近一个属于空军的宾馆，叫蓝天宾馆，每一房间里只有两张床和两把椅子，总不可能让 Cartan 坐在床上和我们进行中法会谈，而租一个小的会议室要 50 块钱，当时来看是不便宜的。

后来我想了个简单的办法：那里有个喝咖啡的地方，里面其实没什么人，收费是每人一块钱，我和吴先生这边另外有一两个中方的工作人员，Cartan 那边加上两三个法方的人，这样最多也就七八个人，我们一个人喝一杯咖啡才七八块钱，而且这也很符合国外的情况。那时我们中国数学会没带财务去上海，用的是复旦的会计。结果复旦的财务人员对这样的报销似乎不满，他们不知道我们是在为中法数学交流开会，以为我们纯粹是去喝咖啡，底下议论这个报销到底是什么范围。其实本来我们自己掏钱也没关系，但我事前根本没有考虑到这些情形，还觉得我们是省了钱。后来苏老和谷先生都知道了，他们就叫复旦负责会议后勤的人到我这里来，让我比较严厉地批评他，我就说："不要说我们这个决定是对国家最有利的，就算中国数学会理事长和秘书长的决定不当，也就是七八块钱，不应为这点小事计较。"这可以作为当年国际交流中的一点花絮。

对 20 世纪 70 年代初至 80 年代初的国际学术交流，由于国门初开，我的印象深刻。80 年代中期以后我国对外交流逐渐常态化，我们数学所对出国访问一般没有限制。但由于当时经费很紧，研究所不提供经费支持。如对方可以提供国际路费和当地费用，则没有问题。我作为所长，决不使用中国科学院和研究所的任何费用，也决不使用中国科学院与国外学术机构签订的协议名额。当时，我每年出访一两次，曾赴美国、欧洲各国、日本等十多个国家，访问了五六十所知名大学及作学术演讲，或参加学术会议并作大会演讲、邀请演讲。新世纪以来，国家对科研与教育增加了支持，数学所已将对方是否处于该分支领域国际领先地位作为出访的首要条件。现在的中青年学者对国际学术交流也已习以为常，详细情况就无须赘述了。

1977 年，杨乐（左）和张广厚在一起讨论问题

我与中国科学院的不解之缘[*]

杨乐

从 20 世纪 60 年代初来到中国科学院，迄今已半个世纪。我现已年逾古稀，可以说与中国科学院结了一辈子的缘分。几十年来，风风雨雨，中国科学院在曲折中前进，我也逐步成长。

"中科"的秘密

我上小学比较早，学习成绩尚好，然而年龄幼小，混混沌沌，完全不知道用功。复杂的算术应用题，老师讲解时似乎明白一些道理，但是自己分析时却说不大清楚。

1951 年秋天，我快 12 周岁，在江苏省南通中学上初二，新添了代数与平面几何两门课程。在代数课里，用英文字母可以表示数，数字与英文字母构成了代数式，并且可以进行加、减、乘、

---

* 本文系作者 2012 年 11 月做客《光明日报》光明讲坛所作演讲的内容，刊在《光明日报》2012 年 11 月 7 日第 15 版。标题为编者所加，收入本书时，编者略有修改。

除的运算，我感到十分新鲜。再学了一段时间以后，我发现在算术里很复杂的应用题，现在只要设未知数便可以列成代数方程，能比较简单和规范地解决问题。平面几何课上，则教我们极其严谨的逻辑推理，从假设的条件经过逻辑推导，得到要证明的结论。同时，几何课上也出现了有趣的几何图形。

代数与平面几何这两门课程深深地吸引了我，我上课听讲很专心，当堂便较好地掌握了学习的内容。老师布置的作业在课间休息时即已做完，因此课后留下大量时间，自己找了许多课外书籍阅读，也做了大量习题，对数学逐渐形成了浓厚的兴趣。

还在初中三年级时，我就有了朦胧的想法：以后进大学读数学系，并且一辈子从事数学工作。高一时，发了新的教科书，我包上书皮，并在上面写了"中科"的字样。当时，我已经听说了中国科学院是我国最高的学术机构，其中的数学研究所就是专门从事数学研究的。我在书的封皮上写下"中科"两个字，其含义是今后要进入中国科学院专门从事数学研究。这成为隐藏在我这个 14 岁少年心中的秘密。

伴随着心中的秘密，我在高中阶段对数学的兴趣更趋浓烈。课余的时间几乎全部用于阅读课外书籍，其中绝大部分是数学书籍，做了大量的数学习题。1956 年夏天，我结束了中学阶段的学习，考入北京大学数学力学系，离"中科"的梦想前进了一步。

老马识途

1960年，中苏关系发生了重大变化，苏联撤走了在中国帮助工作的全部专家。中国决定将北大与清华两所大学的理工科专业的学制由原来的五年改成六年，以培养自己的高层次专门人才。我与班上同学的毕业时间由原来的1961年推迟到1962年。

新中国成立以后，曾在50年代中期开始试行研究生制度。刚试行了两届，就遇到对知识分子冲击极大的反右派斗争，以及"大跃进"与教育革命运动，各大学与研究机构不仅没有再招收新的研究生，原来的研究生培养计划也终止了。60年代初期，国家实施"调整、巩固、充实、提高"的八字方针后，才又重新开始研究生的招收与培养工作。我们1962年毕业时，正好赶上各大学与研究机构在60年代首次招收研究生。经过严格的考试，我与张广厚成为中国科学院数学研究所的研究生，导师是熊庆来教授。

1962年9月份，我们到数学所开始研究生阶段的学习，当时中国科学院刚刚给熊庆来教授举行了庆祝70岁生日的仪式。熊先生对我和张广厚说：我已年逾古稀，难以对你们有具体帮助，但是老马识途。若干年以后，回顾我们成长的历程，深切地感到熊先生的话是很正确与实在的。

事实上，函数值分布论有着十分悠久的历史，19、20世纪许多大数学家均曾致力其研究工作，优秀成果、重要论文、专著难以计数。熊先生首先让我们研读值分布现代理论奠基人奈望林纳的论著《毕卡－波莱尔定理及其推广》，该书虽然只有一百多页篇幅，却提纲挈领，使我们很好地掌握了值分布现代理论的核心内容，迅速走向了研究的前沿。随后，熊先生又要我们认真研读法国著名数学家瓦利隆的论著《亚纯函数的波莱尔方向》，这是由瓦利隆开创的函数值分布论中一个十分深入与艰难的研究领域。熊先生为我们的研究指明了很好的方向与途径。

我们在讨论班上十分认真地报告熊先生指定的这两本论著，同时阅读一些相关的论文，其中有的论文曾获得优秀成果，有的论文提供了重要方法或发挥了重大作用，还有新近发表的国内外该领域的论文。我们分析这些学者的主要思想，思考他们的研究未能解决或者引出的重要问题，从而开始了自己的研究工作。

研究生阶段，我们就在函数模分布论、辐角分布论与正规族理论方面，作出了引人注目的成果。例如，在正规族里，我们1964年下半年所获得的一项研究成果，已经解答了国际上函数论权威学者海曼教授在同一时期提出的一个研究问题。由后来的信息得知，1964年9月在伦敦举行的国际函数论会议上，海曼收集和提出了一些重要的研究问题。而当时我国处于十分封闭的状态，我们并不知道在伦敦举行的会议，更不知道会议上的报告内容与提出的问题。然而我们那时的工作却能圆满地解决国际上关注的一个重要问题，发表的论文被当时及以后几十年里一些著名的函数论专家不断引用。

那时，研究生人数很少，分别隶属于有关的研究室，与年轻的工作人员没有多少区别。偶尔有全院（中国科学院京区）活动，大家对院领导张劲夫[1]、杜润生[2]的报告很感兴趣，因为报告内容十分精彩，分析问题非常透彻。研究生也有少量自己的活动，例如全院研究生上一门公共的哲学课，请了一些著名的哲学家和科学家来作专题讲座。艾思奇、冯定、彭桓武等学者都来作过演讲。研究生还被组织起来参加体力劳动，1965年初我们曾去京西的木城涧煤矿参加劳动。1965年下半年，我们还和数学所的许多研究人员去安徽六安参加农村的"四清"运动，关肇直、吴文俊等教授和大家一样，在农村和社员同吃、同住、同劳动，并且被要求改造思想，提高觉悟。

1966年初夏，正当我们结束研究生四年的学习与研究阶段，打印了毕业论文准备答辩时，史无前例的"文革"浩劫开始了。

"文革"浩劫

从1966年至1976年，我国的科研工作与高等教育遭到彻底的破坏，大学与研究机构都是如此。中国科学院在后期比较幸运一些，获得了周总理的指示和爱护。1971年发生林彪折戟沉沙的九一三事件，1972年，一些国内外专家提出加强基础研究的呼

1　张劲夫（1914—2015），安徽肥东人，1935年冬加入中国共产党。曾任中共中央顾问委员会常务委员、国务委员。1956—1966年，任中国科学院党组书记、副院长，主持日常工作。

2　杜润生（1913—2015），山西太谷人，1936年夏加入中国共产党。党内资深农村问题专家，农村改革重大决策参与者和亲历者，被誉为"中国农村改革之父"。1956—1966年，历任中国科学院副秘书长、秘书长，兼院党组副书记。

吁，周总理对此作了相应的指示。中国科学院的研究所告别了连、排、班的编制，恢复了研究室的建制；不再强求科研人员参加"文化大革命"，可以从事研究工作。

尽管如此，当时真正从事研究工作的科研人员可以说是凤毛麟角。因为早在"文革"初期，这样的科研工作已被批得体无完肤，被说成是走资本主义道路，是培养修正主义苗子，是一条反动的黑线。在70年代初期，由"四人帮"掌控的报刊、广播、电视等舆论工具，依然是如此的论调。这就难怪大家裹足不前，生怕成为革命的对象。只有个别学者像陈景润、张广厚和我，对以往的研究有着强烈兴趣，同时又有些不识时务、不知进退的，才在认真从事研究工作。在大多数人的眼里，我们这几个人只是"傻子"而已。大部分人有时间宁可去装配收音机、打制家具，也觉得比做研究工作有用得多，不会带来什么风险。

在我们被迫与科技书刊、文献隔绝期间，国际上相应的研究工作却在迅速发展。美国、英国、苏联、德国等，原有的资深专家与一批青年学者的优秀研究成果竞相涌现。当时，张广厚患视网膜炎，不能多看书刊，就由我认真阅读这些论文，然后进行报告，听众仅他一人，所以报告与讨论在我们两人间进行得非常充分和透彻。我们很好地掌握了欧美新发展出来的研究工作的思想与方法，再结合在研究生阶段曾认真学习的法国学派的经典理论，下了一番功夫进行分析研究，克服了重重困难，得到一个令人满意的结果。我们将以往由法国著名数学家瓦利隆与英国专家卡尔特莱梯获得的重要定理的适用范围扩大了很多，撰写与发表了一篇优秀的学术论文。

由于获得了优秀的成果，这个课题的研究似乎可以告一段落。然而，我们依然坚持不懈地在这方面下功夫，深入分析，反复揣摩，终于发现我们的方法还可以获得更加突出的崭新结果。该结果在函数值分布论两大领域——模分布论与辐角分布论——的基本对象间，建立了直接与简单明了的联系，从而获得了国际上同行专家的高度关注与评价。

1974 年秋天，英国皇家学会会员、著名函数论专家奥福特教授访华时认为我们的研究结果是"惊人"的，并在返英后，在伦敦地区的函数论讨论班上对其进行介绍。1976 年春天，包含 9 位著名专家在内的美国纯粹与应用数学代表团访华，国内做了精心准备，向代表团作了 60 余个学术演讲。在该代表团后来发表的专著与论文中，十分突出地将我们的研究与陈景润关于哥德巴赫猜想的研究，评为"国际一流"的，并说我们的研究成果"既深刻又新颖"，是"十分杰出"的。几十年间，我们这方面的研究工作为百科全书、专著、论文广泛引用。

十年浩劫是我国历史上不堪回首的特殊时期，陈景润与我们的成果仅在中国科学院里产生，看来并非出于偶然。

拨乱反正

1975 年，胡耀邦、李昌[1]等受中央委派，到中国科学院担任领导工作。当时，他们深入基层，认真调查研究，了解科研战线的真实情况，摸清存在的问题，提出解决办法。在大量工作的基础上，他们撰写了"汇报提纲"，成为科技界拨乱反正的重要文献。然而，"四人帮"窃据着重要地位，把握着舆论阵地，他们丧心病狂地阻挠与抵制"拨乱反正"的举措，以反击右倾翻案风为名，大肆批判胡耀邦、李昌，对科研工作大加鞭挞。

"四人帮"被粉碎后不久，中央委派方毅[2]来中国科学院主持工作。方毅召开座谈会，肯定科研人员从事研究工作的积极性，旗帜鲜明地指出我国知识分子是工人阶级与劳动人民的一部分，对十年浩劫期间破坏党的知识分子政策的种种谬论与错误做法进行了无情的揭露与批判。

许多老一辈的专家学者，在十年浩劫中受到冲击与迫害，有些甚至悲惨地去世。如著名科学家赵九章、熊庆来等，中国科学

1　李昌（1914—2010），湖南永顺人，土家族。曾任中共中央顾问委员会委员，中共中央纪律检查委员会书记，中国科学院党组书记、主席团执行主席，国务院对外文化联络委员会副主任、党组书记，哈尔滨工业大学校长、党委书记，第八届中央候补委员，第十一届中央委员，第五届全国人大常委会委员，第四届全国政协常委。

2　方毅（1916—1997），福建厦门人。先后担任中国科学院院长、国务院副总理、国务委员、中央政治局委员、中央书记处书记、全国政协副主席等职。中共第八、九届中央候补委员，第十、十一、十二届中央委员，第十一届中央政治局委员、书记处书记，第十二届中央政治局委员。

院为他们平反昭雪，肯定了他们的爱国情怀与历史功绩，赞扬了他们以往在研究工作与培养人才上的贡献与作用。

为了调动广大科研人员的积极性，中国科学院获得中央批准，率先恢复了学术职称，并晋升一些作出优秀科研成果的学者的学术职称。例如，1977年10月，陈景润由助理研究员越级晋升为研究员，我与张广厚由研究实习员越级晋升为副研究员。1979年1月，我和张广厚两人又进一步晋升为研究员。国家为了让我们安心从事研究工作，还按月发放科研津贴。

1978年，中国科学院恢复了研究生的招考与培养工作。当时，数学所准备招收30名研究生，结果报考的人员超过了1500人。20世纪80年代初，国家设立学位制度，中国科学院发挥了重要作用。例如，在国家学位委员会第一届数学学科评议组里，中国科学院的成员约占了一半。

国内外的学术交流开始恢复与不断发展。1978年4月，我与张广厚应邀赴瑞士苏黎世参加国际分析会议，并顺访英国帝国理工学院等校，成为十年浩劫后学者个人出访的首例。这次出访就是由中国科学院大力支持的，并获得了圆满成功。

1980年，中国科学院的各学部恢复了活动，增选了一批新的学部委员。次年5月召开了学部大会，会上，许多学部委员签名并倡议成立自然科学基金委员会，支持自然科学的基础研究。1982年，中国科学院自然科学基金委员会成立，卢嘉锡院长兼任主任，我忝列为委员，参加工作。1987年，该委员会独立为国家自然科学基金委员会，以后不断发展壮大，成为我国自然科学基础研究的主要支持机构。

改革开放与知识创新工程

中国科学院从成立开始，努力贯彻"出成果，出人才"的方针，以我国各门学科与高新技术的国家队为奋斗目标，在我国科技发展与高层次人才培养方面发挥了重大作用，作出了十分卓越的贡献。然而，在早期的 30 年间，封闭、孤立、缺乏朝气、论资排辈等问题，在这里都不同程度地存在着。

1978 年，我与张广厚应邀赴瑞士与英国参加学术会议与访问。1979 年我们又应邀到美国康奈尔大学与普渡大学访问了一学年。其间，我还到普林斯顿高等研究院、斯坦福大学、哥伦比亚大学、加州大学伯克利分校、密西根大学和约翰·霍普金斯大学等 10 所院校作学术演讲，参观交流，有很深的感受。

每所大学的数学系都是由教授，尤其是作为学术带头人的大牌教授发挥主要作用。行政人员极少，一般作为秘书使用。一些名牌大学有相当数量的来自世界各地的访问人员。学术与研究气氛非常浓郁，学术交流十分活跃，讨论班与演讲从周一到周五，几乎每天不断。名校对本科生与研究生的教育十分重视，开设较多的课程，为学生们打下较为广博的基础。研究生期间，学生们便受到从事研究工作的完整训练。刚获得博士学位，不能留在原校任教，必须在研究工作中有出色表现，才能受聘永久岗位。即使是终身教授，很多也不断地流动。

1980年访美回京，我们向钱三强[1]副院长汇报了美国大学的一些值得借鉴的地方。钱副院长深表赞许，并拟安排全院会议进行报告。之后，我到美国普林斯顿高等研究院访问一学年、到哈佛大学访问一学期，并到许多大学作学术演讲，再次感受到美国学术机构的这些特点。现在，这些情况虽然为我国科技界普遍了解，但对比国内科研院所与大学，依然存在较大差距。

1985年，王元与我在主持数学所的工作时，提出将数学所办成开放型研究所，即在研究工作、学术交流、培养人才等方面实施开放、流动的方针，借鉴国外成功的做法，克服我们的一些弊病。周光召[2]对此大力支持，并要求理论物理所也和数学所一样，成为开放型研究所。

上世纪八九十年代，数学所在开放办所的试验中，取得了十分显著的成绩。然而，当时我国迅速向社会主义市场经济转型，

1　钱三强（1913—1992），浙江湖州人。著名核物理学家，中国原子能科学创始人，"两弹一星"功勋奖章获得者，中国科学院院士（1955年）。早年从事原子核物理研究，是许多交叉学科和横断性学科的倡导者，参与筹建中国科学院。1936年赴法师从居里夫人，1940年获得法国国家博士学位，1947年任法国国家科学研究中心研究员、研究导师，1948年回国任清华大学物理系教授。1951年任中国科学院近代物理研究所所长，1978年任中国科学院党组成员和副院长，1978—1982年兼任浙江大学校长。

2　周光召（1929—2024），湖南长沙人，理论物理学家，中国科学院院士（1980年），美国国家科学院外籍院士，英国皇家学会外籍会士，"两弹一星"功勋奖章获得者。曾任中国科学技术协会主席（1996—2006）、名誉主席，第九届全国人大常委会副委员长，中国科学院院长（1987—1997）。主要从事高能物理、核武器理论等方面的研究并取得突出成就。1958年，周光召在国际上首先提出粒子的螺旋态振幅，并建立了相应的数学方法。1996年，国际编号为3462号的小行星被命名为周光召星。

对科学研究的投入严重不足。以数学所为例，经费仅能用来维持员工很低的薪酬和图书馆专业书刊的订阅，几乎再无剩余。当时社会上私营公司与企业已大量出现，待遇优厚，即便是出租车司机的收入，也远高于研究员与优秀博士，长此以往势难稳定与吸引青年才俊从事基础研究。所里亦无经费支持研究工作与国内外学术交流。

1998 年，以路甬祥为首的中国科学院领导提出了实施知识创新工程的计划，受到国家的大力支持。中国科学院首先要求数学所、应用数学所、系统科学所和计算数学所整合改革，建成了数学与系统科学研究院。在整合改革的过程中，我们凝练了研究方向，使其更为集中与符合学术发展的潮流：四个研究所完全成了学术单元，将组织管理工作放到研究院的层面上；一批创新力强、年轻优秀的研究人员获得重点支持，研究生教育得以加强；大幅减少了行政处室，将二线人员精干化；实行基本工资、岗位津贴与绩效津贴相结合的分配制度，较大地提高科研人员与研究生的待遇；园区建设改变了环境的面貌，学术与创新文化的气氛大大增强。总之，知识创新工程使数学与系统科学研究院的研究工作、青年人才的培养与学术交流有了很大的发展。

前途光明

知识创新工程在中国科学院的推进下，取得了很大成绩。院里又制订了"十二五"期间科技发展规划以及到本世纪二三十年代乃至更为长远的中长期发展蓝图，为今后的发展指明了方向。

科学研究是探索未知的工作，充满了不确定性。创新是研究工作的灵魂，学者们期盼着新事物、新现象与新规律的出现。许多基础研究工作，尤其是基础数学的研究，学科内部提出的问题是其发展的重要源泉，学者的兴趣、思维与研究起着关键的作用。这些常常是难以预先想到与作出规划的。一些出乎预料的东西，更能引起人们的关注与重视，以后可能形成重要的理论成果，甚至找到重大的应用背景。中国科学院在基础研究方面是有优秀传统的，我们要在瞄准国际学术前沿与针对国家战略需求的前提下，大力加强基础研究，引领我国的科学技术发展，培养高层次的专门人才。

要做好研究工作，产生优秀的研究成果，就要有出色的科研人才，尤其是年轻的优秀人才。如果青年学者打下了较全面与扎实的基础，长期致力于一些重要课题的研究，就有可能取得突出的成果。现在研究条件、学术交流等与过去相比有很大改善，但是在社会的大环境里存在过分追求短期效果与物质享受的倾向，比较浮躁，对青年人才的成长不利。对广大青年学者与研究生，我们要倡导树立献身科学与为国争光的远大理想；对自己的专业以及所研究的领域与课题要形成浓烈的兴趣；对研究工作中遇到的困难与挫折，要有百折不挠、决不回头的气概；要下长期的苦功，不断分析、思考与推导、归纳，坚持不懈地进行研究，最终做出具有特色的创新成果。

改革开放 30 多年来，我国经济持续高速发展，经济总量已位列世界第二。这既为我国科技发展奠定了牢固的基础，又对科技发展提出了多方面的要求。60年来，中国科学院为我国的科技事业、为经济发展与国家安全作出了重大贡献。现在，任务更加艰巨了，但我国必将较快地在科技上达到世界先进水平，成为国际上的经济强国，中国科学院将在此进程中发挥重大与先锋的作用。

我所经历的中国数学会二三事[*]

杨乐

今天，非常高兴有机会在山东大学的威海校区跟大家见面。我想大家对于中国科学院数学研究所会有一种特别亲切的感觉，这是因为在中科院数学所，从华罗庚先生到陈景润院士、王元院士，都是数论方面造诣很深的数学家，而山东大学的老校长潘承洞院士也是数论方面非常杰出的专家，他们之间有密切的学术交流与联系。大家可能都知道，1982年中科院数学所的陈景润教授、王元教授和山东大学的潘承洞教授，共同获得了国家自然科学一等奖，这个奖项是表彰他们在哥德巴赫猜想研究方面的杰出贡献。

虽然现在潘校长已经不在了，但是山东大学的数论依然是强

---

[*] 2005年7月25日，以"数学发展的机遇和挑战"为主题的中国数学会70周年年会在山东大学威海分校召开，历时5天（7月25日至29日），丘成桐等众多国内外著名数学家400余人参与盛会。本文系作者7月26日在该年会上的讲话，根据录音整理，并由作者修改审定，以"改革开放以来的中国数学会"为标题发表在《中国数学会通讯》2006年第3期上。编者略有修改，并重制标题。

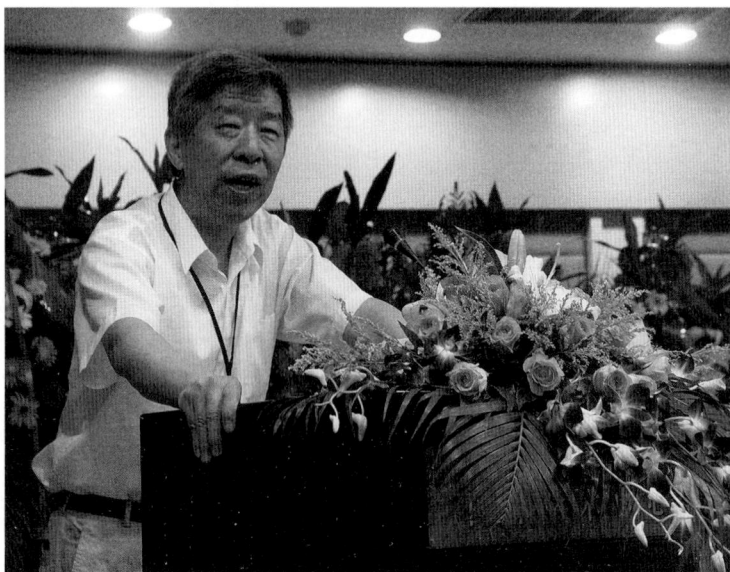

杨乐在中国数学会 70 周年年会上致辞

项。中科院数学所和山东大学在历史上存在很多的联系，有着频繁的学术交流，我到山东大学来就不由得想起过去跟潘校长之间的很多交往。现在看到像展校长、刘院长他们年轻的一代已经作出了很好的成绩，我感到非常欣慰。今天在座的同学们更是后备的新生力量，相信你们会继续在数论以及其他相关学科方面，发扬山东大学的光荣传统，做出理论上或是应用上颇具特色的成就。

我们这次到威海来，是参加中国数学会70周年年会的盛典。感谢山东大学作为东道主，招待海内外的数学家一起在威海共同庆祝这个盛大的节日。

中国数学会是1935年7月25日成立的。当时有33位代表，所代表的会员数目那时候没有一个准确的概念，大致是100多位到200多位，中国数学会成立的会议是在上海交通大学的图书馆里举行的。1935年7月25日是中国数学会诞生的日子，我们这次会议在威海开幕也是在7月25日，整整70个年头过去了。

本次年会邀请我作一个公众演讲。因为我在中国数学会工作了较长时间，参与了许多活动，所以有几方面的工作可以给大家讲一讲。

有一项重要的工作是中国数学会的改革。早在20年前，中国数学会就着手考虑改革问题，例如打破任职的终身制，发挥中青年学者在学会里的作用等。1986年，我以学会秘书长的身份提出了一个方案，其中包括理事长只能担任一届，副理事长与理事只能连任一届，新任理事的年龄不得超过60岁等建议，方案得到大多数人的赞成并被写入了会章。从 1987 年换届至今，大家一直都遵守着会章，因而中国数学会的领导与理事均由中青年学者担任。

记得当时有一些著名的老数学家参加讨论这项改革的会议，有的老数学家有疑虑，说："你们现在说得好，我们按照这个规定退下去了，过几年等到再换届时你们可能又会改回来，可以不受 60 岁的限制继续连任。"这个意见到现在我仍记忆犹新，但 20 年已经过去了，并没有人违反这个规定，可见中国数学会的这项改革是经得起时间考验的。同时，这项改革也是走在前面的。从那时起，领导老化与终身制的问题在中国数学会都已经解决了。

另一个重大的事情是中国数学会加入国际数学联盟。改革开放以后，中国数学会于 1978 年重新恢复了活动。随着国际学术交流的逐步开展，中国数学会加入国际数学联盟的问题就凸显出来。解决这个问题经过了较长的时间，经历了许多波折。

70 年代末期，有些外国学者和我们提起此问题时，我国有关方面的立场是台湾必须退出国际数学联盟。80 年代初，我国这方面的政策有了一定程度的灵活性，然而与国际数学联盟领导的态度还有很大距离。例如，我国要求国际数学联盟发表声明说只有一个中国，即中华人民共和国，台湾是中国的一个省，是中国不可分割的一部分；而国际数学联盟则说它不介入政治。中国要求国际数学联盟将章程中涉及"国家"的字样删去；而国际数学联盟认为章程中提到的"国家"并无政治含义，且多达 20 余处，难以删除。最后虽然大家都同意以一个统一的中国加入联盟，然而在称谓上出现了很大麻烦，我们当然不能同意对方用所谓"中华民国数学会"的称谓，而用"台湾数学会"也不合适，会有"一中一台"之嫌。

我现在来谈谈在整个谈判过程中我个人的一些经历。我曾与当时国际数学联盟主要负责人，如秘书长利翁斯[1]（J. L. Lions）通信讨论，协调看法。1982年8月王寿仁教授与我应邀赴华沙，作为观察员列席国际数学联盟成员国代表会议，与卡尔森[2]（L. Carleson，时任国际数学联盟主席）、莱赫托[3]（O. Lehto，时为新当选的国际数学联盟秘书长）以及其他各方商讨。1983年春天，当我应邀在瑞典皇家科学院米塔格－列夫勒研究所访问时，又多

1　利翁斯（Jacques-Louis Lions，1928—2001），法国数学家。曾任法国科学院院长，法国气象科学委员会主席，国际数学联盟秘书长、主席等。
　　研究领域包括线性和非线性偏微分方程、函数空间的插值、分布式系统的控制、气候学模型分析、偏微分方程的数值分析等。建立了当代法国应用数学学派。他是中国科学院外籍院士，对中国科学技术事业的发展和加强中法科技合作作出了突出贡献。

2　卡尔森（Lennart Carleson，1928—　），瑞典数学家，当代分析大师。1965年证明了Lusin猜想成立，解决了困扰傅里叶分析领域多年的基础问题。攻克日冕问题得到的卡尔森测度，成为傅里叶分析和复分析的基本工具。1992年因"在傅里叶分析、复分析、拟共形映射及动力系统理论方面的基础性贡献"而获得沃尔夫奖，2006年因"在调和分析和光滑动力系统方面深刻和重大的贡献"而获得阿贝尔奖。1978—1982年任国际数学联盟主席期间，极力促成中国数学会取得代表权。积极建立表彰年轻理论计算科学家的奈望林纳奖。出版科普著作《我们时代的数学》。

3　莱赫托（Olli Erkki Lehto，1925—2020），芬兰数学家，主要研究几何函数论。曾任赫尔辛基大学校长（1983—1993）、国际数学联盟秘书长（1983—1990）。师从罗尔夫·奈望林纳，于1949年获得赫尔辛基大学博士学位。著有《数学无国界：国际数学联盟的历史》等。

次与卡尔森以及到访的莫泽[1]（J. Moser，时为联盟新任主席）进行讨论。同时，我又应莱赫托的邀请赴赫尔辛基访问，与他交换看法。经过各方努力，问题终于得到了较好的解决。1986 年 7 月 31 日至 8 月 1 日在美国加州奥克兰举行的成员国代表会议上，中国数学会和位于中国台北的数学会作为统一的整体——中国，加入了国际数学联盟。吴文俊先生与我应邀赴会，开始时作为观察员列席会议，当中国加入的决议通过后，我们即到代表席就座。

再谈一个重大的事情，就是关于 2002 年国际数学家大会的提议与筹备。这个事情是怎么来的呢？最早是由法国数学家利翁斯提起的，他在 1980 年前后担任国际数学联盟秘书长。我们和他谈判中国加入国际数学联盟的问题，说明了我方的一些原则，其中包括国际数学联盟不支持在台湾举办国际数学会议。利翁斯随即给我回信，他表示不会发生这个情况，而且相反地，他认为 20 世纪末应该在中国大陆举行一次国际数学家大会。

我们当时认为他只是在信上顺便说说，并没有把他的话很当真，更没有考虑过是否要实现。1993 年 4 月，我在香港作学术访问，那时我正担任中国数学会理事长。4 月 29 日，丘成桐教授给我打电话，同时还委托当时在香港工作的郑绍远教授给我打电话。丘成桐教授提出为了推动和促进中国数学的发展，是否中国要举办一次国际数学家大会，他提出希望能在 1998 年举行。接到电话

1　莫泽（Jürgen Kurt Moser，1928— ），德国数学家，曾任国际数学联盟主席。因在哈密顿力学稳定性方面的基础工作和在非线性偏微分方程方面的重要贡献，荣获 1995 年度沃尔夫数学奖。

以后，我感到这是一件很重大的事情。第二天，我把丘教授的建议发了一个传真给中国数学会副理事长和秘书长。因为我隶属中国科学院，所以同时我也给当时的周光召院长发了一份传真。

1993年5月初，陈省身先生和南开数学所邀请丘成桐教授到南开数学所访问。访问期间，他们安排江泽民主席接见陈省身先生和丘成桐教授。在接见的过程中，丘教授又把这个建议提出来了，而陈先生也是赞成和支持的。后来陈先生说："我赞成和支持在中国举行国际数学家大会。不过我已经这么大年纪了，我大概看不到2002年举办国际数学家大会了。"

1993年，我国在国际中学数学奥林匹克竞赛中获胜。像每年一样，参赛队员和物理、化学等奥林匹克竞赛中获胜的中国代表队一起，由国家领导人出面接见以资鼓励。7月27日，在人民大会堂举行了欢迎会，李岚清副总理参加了此次会议，会议是由叶叔华院士主持的，她邀请我在会上讲话。我一方面向奥林匹克竞赛获胜的中国代表队表示祝贺，另一方面也提到了丘成桐教授的建议。李岚清副总理对此事非常重视，他本想找时间当面听取汇报，由于时间安排很紧，所以没能如愿。两个多月后，他要我起草一份报告，于是我就以中国数学会理事长的名义撰写了报告，直接呈送给了李岚清副总理，他很快对此事做了非常肯定的批示。

申办国际数学家大会，经费是一个主要问题。按照国际数学联盟的规定，如果想申办国际数学家大会，需要筹集150万美元的经费，其中50万美元可以通过注册费的收入获得，也就是说东道国要准备100万美元。我把此规定向李岚清副总理作了汇报，他批示对中国数学的成绩给予肯定与鼓励，同时他认为这个经费并不算多，应当予以支持。他还将此事呈报给当时的总理和另外两位副总理，他们也都对李岚清副总理的批示表示同意。他们的批件及时送到了中国科学院。这就是说从 1993 年起，国家就坚定地支持我们申办国际数学家大会了。

1994 年在瑞士苏黎世举行国际数学家大会。按惯例，会前先在苏黎世附近的小城 Luzern 举行国际数学联盟各国代表的会议。我当时作为中国数学会的代表发言，明确提出中国数学会愿意申办国际数学家大会，并对在北京举行国际数学家大会的一些有利条件作了介绍。比如说，当时很引人关注的是住宿费的问题，尤其对第三世界国家的学者来说，住宿费是一笔很大的开支。如果在北京举行，我们有不同档次且较舒适的宾馆，比如一天 20 美元的房间可以住两个人。当然，我还列举了在北京举行会议的一些其他有利条件：国内数学有了较好发展，出国深造的学者有良好表现，北京的文化底蕴以及历史古迹，等等。我发言后的当天，日本数学会的一名代表 M. Morimoto 教授走到我面前，跟我握手并表示祝贺，他说："你们已经申办成功了。"我当时有点茫然，不明白他的意思，后来他又修正了他的话，他说："你们的申办成功了一半。"他解释道，你的讲话十分成功，打动了各国的代表，尤其是第三世界国家的代表。例如住宿费的问题很吸引人，因为第三世界国家代表的经费相当有限，他们当然希望能够节省开支，这中间包括东南亚地区的很多国家。

后来，中国数学会又努力做了大量工作，1998 年柏林国际数学家大会之前，在德国德累斯顿举行的各国代表会议上，中国数学会以压倒多数的优势，获得了 2002 年国际数学家大会的承办权。在柏林国际数学家大会将要结束的时候，当时中国数学会的几位领导商量说，中国申办成功了，我们应该对国际数学联盟有点表示，请他们吃顿饭。预定 8 月 26 日晚餐，中国方面有五位学者参加，邀请了国际数学联盟两位同仁，一位是当时的主席 D. Mumford[1]，另一位是当时的秘书长 J. Palis[2]，他后来担任了国际数学联盟下一届的主席。

到了 8 月 24 日前后，获悉中国驻德国使馆（位于波恩）的科技参赞要专程到柏林来看望我们，并定于 26 日晚请大家吃饭，这个时间恰好与我们请国际数学联盟的人员吃饭的时间冲突。后来没有其他时间可供选择，就只好吃两顿晚饭。26 日晚上七点先和科技参赞吃饭，九点和 Mumford 与 Palis 再吃一顿晚饭。在晚饭

1　芒福德（David Bryant Mumford, 1937— ），美国几何数学家，哈佛大学教授。曾获菲尔兹奖（1974）、麦克阿瑟奖（1987）、沃尔夫奖（2008）。在参模理论方面，创造性地应用不变式理论研究参模的整体结构，得到许多新结果，由此产生了一门新学科——几何不变式论。在模式理论和计算机视觉研究方面亦做出许多原创性贡献。2023 年 7 月，在北京举办的首届国际基础科学大会上，丘成桐教授向他颁发首届数学领域基础科学终身成就奖，表彰他在基础科学领域发挥根本性推动作用、做出杰出贡献且具有独创精神，在过去 30 年甚至更长时间内深刻地影响了学科发展。

2　雅各布·帕里斯（Jacob Palis, 1940— ），巴西数学家，中国科学院外籍院士、巴西科学院院士、美国科学院院士、北京大学名誉教授。曾任巴西科学院院长（2007—2016）、国际数学联盟主席（1999—2002）、发展中国家科学院院长（2007—2012）。长期致力动力系统研究，证明了低维类梯度（或者 Morse-Smale）动力系统是稳定的，即其轨道结构在小扰动演变下保持不变。他提出稳定叶片的概念，其部分地由包含临界点或者高指标孤立周期运动的子叶片所聚合。

时，Palis 谈的正式问题有两个，并用很慢的语速重复了两遍。他说，中国申办 2002 国际数学家大会成功以后，第一，2002 年中国作为东道国自己可以决定 1 个 1 小时演讲和 4 个 45 分钟演讲；第二，2002 年国际数学家大会的程序委员会里，中国作为东道国可以推举两名委员。鉴于丘成桐教授的学术地位，从对国际数学联盟和中国数学会都有利的角度，丘教授应该成为程序委员会的一个委员。当然程序委员会主席应该由跟东道国没有多少关系的学者担任，所以丘教授不能作为程序委员的主席。你们中国数学会如果愿意提名丘教授，可以从你们那边提出来，如果你们觉得有更合适的人选，那也可以由国际数学联盟这边来提名。

2002 年国际数学家大会取得了成功。首先是由于国家的大力支持。科技部、财政部、中国科学院、教育部、全国科协、国家自然科学基金委总共支持了一千余万元人民币，实际上比国际数学联盟要求的额度还多得多。江泽民主席等国家领导人出席大会开幕式，是会议在学术界和社会上产生重大影响的另一个重要原因。事前外交部和中国科协曾提出，请江主席出席开幕式有没有国际先例？他们很重视这件事情。在会议上我提出，虽然先例可能是没有的，但是这正好表明中国给予科技最大的重视，在全世界面前显示了中国领导人关注科技的发展，应该是件好事情。同时，这也是对国际上高水准的学者到中国来进行学术交流的一个隆重的欢迎。最后，江泽民主席、李岚清副总理都出席了开幕式，更好地促进了 2002 年国际数学家大会的成功。

但是在成功的背后，我觉得数学界的同志们还是要有一个清醒的认识，并不是说我们现在的水平已经到了国际最前沿了，应该说我们距离这个要求还有相当的差距。2002年国际数学家大会的成功召开，很大程度上是依靠国家在经济上给予了很大的支持，国家主席等领导人出席了开幕式等，我们不应过多地对外宣传说这次我们有多少人被邀请演讲等。前面我已说过，我们是东道国，其中有几位演讲人可以由我们自己决定。在程序委员会考虑演讲人时，因为这个会要在北京举行，他们也要适当地多考虑一点中国人和华裔学者。当时有一些新闻媒体报道说，这次会上我们有多少位学者被邀请作演讲，我们中国的数学水平已经相当不错了。在数学界的会议上我就说过，我自己觉得这种说法不太好，如果到2006年国际数学家大会时，中国人没有几个被邀请到会议上作邀请报告，那将如何解释呢？我们的讲话应经得起时间的考验。

我们提升研究水平，培养优秀青年人才，需要有一个长期的过程。现在科研条件很好，我们对青年人寄予了厚望。过去华老就说过，数学是中国人擅长的学科。我觉得在相同的条件下，我们跟外国人竞争，我们绝不会输给他们。但是，一方面我们要努力，另一方面还要假以时日。国外的现代数学发展是从牛顿开始，到现在有300多年的历史了，而中国差不多只有80年历史，而且中间有效的时间更要少得多。我们能用很短的时间达到现在的水平，应该说成绩是很大的。但是我们也还要冷静地看到我们的差距，同时也希望年轻人注重创新，切实努力，超越前人。另外，我们也不要机械地用一个指标来作量化考察。在国际数学家大会上作1小时演讲很不容易，作45分钟演讲也很不错，但这不是一个绝对的指标。比如说山东大学潘承洞教授的数论水平是很不错的，他完全可以作 45 分钟的邀请报告，但他的研究高峰时期是在 60 年代初，那时中国跟西方几乎完全没有联系，他也就没有这样的机会了。

我今天作的不是一个学术报告，而是对往事的一些回忆。在函数论方面，有一个相当著名的 Bieberbach 猜想[1]，1984 年被 Louis de Branges 彻底解决了，这是一个非常重大的事情。1985 年在美国举行庆祝大会，L. Ahlfors 作演讲，题目是《数学的过去、现在和未来》。Ahlfors 是数学界的大师，他是 1936 年第一次颁发菲尔兹奖时的两位得主之一，后来他还获得了沃尔夫奖。虽然他的标题用的是"数学的过去、现在和未来"，但他的绝大部分内容都是讲数学的过去和现在，因为这是已经发生的事情，关于未来只是寥寥数语，他自己也是这么说，因为谁也很难预计未来的发展。

这次庆祝中国数学会成立 70 周年的主题是"中国数学的机遇与挑战"，这个题目很好。现在不但中国的数学，而且科学技术以及经济和整个社会都面临着机遇和挑战。但是，如果我们要谈数学今后具体的发展，现在还比较难说。因此，我们要回顾以前

1　比伯巴赫猜想（Bieberbach Conjecture），是德国数学家比伯巴赫（Ludwig Bieberbach，1886—1982）1916 年提出的著名数学难题，猜测 S 类中函数的幂级数展开式系数满足，且仅对于克贝函数及其旋转等号成立。1984 年，美国数学家布朗吉斯（L. de Branges）证明了比伯巴赫猜想。他实际上证明了更强的米林猜想，由米林猜想可以推出罗伯森猜想，而罗伯森猜想蕴含比伯巴赫猜想。比伯巴赫猜想曾是复变函数论中单叶函数研究的一个中心问题。

发生过的事情，及时地总结经验教训，以便在未来的发展中做出正确的抉择。改革开放以来，我们数学界就一直面临着机遇和挑战，我们始终把握住重要的一条，就是使得优秀的青年人能够很好地成长起来，让他们尽快进入科学的前沿。

我今天讲了数学界过去二三十年的一些事情，也许有的青年人还不太了解。希望通过这次演讲，使你们能够了解过去老一辈数学家在刚改革开放时，怎样经过不懈的努力，使得整个中国数学有一个比较好的发展。将来的发展主要靠青年人来努力，我希望在座的同学们以潘承洞校长为榜样，以展校长、刘院长在科研上的成绩作为范例，通过自己不懈努力，打好基础，树立远大理想，今后在中国数学的发展中作出贡献。谢谢大家！

我与《中国科学》*

杨乐

一个故事

记者：您还记得最早在《中国科学》发表文章是什么时候吗？当时的背景是怎样的？

杨乐：是1964年。1962年至1966年，我在中科院数学所读研究生，其间发表了5篇文章，4篇都发表在《中国科学》，还有1篇在《数学学报》。

在那个时候，我们完成了一项工作，要送到研究所里面，由组织决定你的工作是否发表和投稿到哪里。我的导师是熊庆来先生，他出生于1893年，资格非常老，学术水平和学术地位也非常

---

* 本文系作者在2020年《中国科学》《科学通报》两刊创刊70周年时，接受《科学通报》记者赵维杰、杨志华采访的内容，发表在《科学通报》2020年第11期上，原文标题《杨乐先生与〈中国科学〉的1964—2020：一个故事，一段工作，一点期望》，编入本书时，编者略有修改。作者念研究生时，就在《中国科学》上发表论文。1984年，作者先后担任两刊编委、副主编以及《中国科学·数学》主编，直至2012年卸任。作者为这两份期刊国际化发展，作出了突出贡献。

高，可以说是我国数学学科的奠基人之一。所以当时所里很重视熊先生的意见，熊先生认为我的工作不错，需要发表外文文章，推到国际上去，于是所里就将我的文章投到《中国科学》的外文版，用法语发表。之所以用法语，是因为熊先生曾经在法国学习工作了很多年，他先后三次去法国，总共有十五六年的时间，对法语非常熟悉，所以也指导我用法语写文章。

记者：当时的《中国科学》外文版可以用多种语言发表文章？

杨乐：对，当时是英、俄、德、法 4 种文字都可以。《中国科学》是 1950 年创刊的，创刊时只有中文版。出于对外学术交流的考虑，1952 年改用外文出版。在当时的时代背景之下，选用了英、俄、德、法这 4 种文字。除去政治上的考虑，也是因为当时有很多研究者在欧洲留学过，德语、法语对于一部分人来说更加方便。所以当时的《中国科学》外文版里面有各个学科的文章，也有 4 种不同的文字。

记者：您在《中国科学》发表过很多文章，其中有哪几篇是您认为比较重要的？

杨乐：有不少文章都非常不错。我和张广厚在 20 世纪 60 年代发表的文章，直到 90 年代末期还有人引用，可以说是非常不错的文章。在所有文章中，我认为最好的，应该是 1975 和 1976 年的两篇关于亚纯函数的文章。我想我可以讲讲这里面的故事。

我和张广厚在 1964 年秋天开始做一项工作，1965 年初投稿，

1965 年 9 月在《中国科学》发表。在数学领域，这个审稿速度可以说是相当快了。后来，我们在 1966 年 4 月又发表了一篇文章。在这之后，从 1966 年的下半年开始，由于时代的原因，《中国科学》停刊了，我们也不能再进行研究工作。直到 1971 年底，所里的工作才逐渐恢复。那时候，我和张广厚去图书馆，发现在 1969 年时，一个美国的青年学者在 Acta Mathematica 上的一篇文章，引用了我们在 60 年代发表的两篇论文，并称我们的工作第一次解决了 Walter Hayman 在 1964 年提出的问题。但是，我们根本不知道 Walter Hayman 提出的是什么问题。

Walter Hayman 是英国皇家学会的会员，也是我们这个领域的权威。1964 年 9 月，他在伦敦主持了一个复分析的会议。在会上他作了一个口头报告，结合自己的工作，他提出了一些这个领域中需要解决的问题。1967 年，他的这份报告被整理成了一本小册子发表出来。但是 1971 年，我们在国内根本找不到这本小册子，也就没办法知道他提出的问题到底是什么。

直到 1974 年，我太太的一位堂叔回中国，他是一位物理学家。我偶然跟他提起了这件事，请他帮我看看能不能找到 Walter Hayman 这本书。他回到美国之后，帮我到书店去问，但是书店里找不到。后来他在大学的图书馆里找到了，复印了一份寄给我。我收到这本书是在 1975 年的秋天，距离 1965 年我们发表文章已经过去了整整 10 年，我们才知道这篇文章解决的是一个什么问题。

《中国科学》在 1973 年复刊。我们于 1973、1975、1976 年分别在《中国科学》上继续发表了相关领域的文章。

1974 年，有另一位英国皇家学会的会员 Cyril Offord 作为英中了解协会的主席来中国访问。他是我们这个领域的数学家，而且看过我们 1973 年的文章，所以中国方面问他希望访问哪些人的时候，他就提出访问我和张广厚。我们和他见面，向他介绍了一些我们还没发表的工作，他很认真地记录下来。回到英国之后，他在伦敦 Walter Hayman 领导的复分析讨论班上，详细介绍了我们的工作，促成了 Walter Hayman 和我的通信联系。

1977 年，Walter Hayman 自己也来中国，我们做了很多交流，包括 1975、1976 年已经发表的文章，也包括还没有发表的一些内容。他回国之后，还给 *Math Review* 这个期刊的主编写了一封长信，说《中国科学》里面有一些关于函数论的很好的文章，*Math Review* 作为一个专门总结和评论数学领域进展的期刊，为什么在 1966 年以后就没有引用和评论过《中国科学》的文章呢？当然，这个责任不在 *Math Review*，是我们自己在 1966 年停刊了，复刊以后对方没有及时知道。

在 Walter Hayman 的介绍下，我和张广厚于 1978 年春天到瑞士参加了一次国际函数论的会议。那次会议的规模很大，参会的有复分析领域的权威 Rolf Nevanlinna，有 Walter Hayman，还有菲尔兹奖得主 Lars Ahlfors、Enrico Bombieri 等。我们在会上作了演讲，这些人都很赞赏我们的工作。

1979 年，我们又受邀到美国去访问了一个学年，其中 1980 年春天在普渡大学。有两位普渡大学的年轻学者 David Drasin 和 Allen Weitsman 申请到经费，举办了一次规模相当大的会议，我也在会上作了演讲。当时 David Drasin 是主持，我还记得他还给《中国科学》做了个"广告"，告诉大家《中国科学》上有不少关于函数论的很好的文章，而且和很多国外期刊相比，《中国科学》的定价非常合理，所以推荐大家都能去看。

记者：您和张广厚的这一系列工作，确实水平不错。

杨乐：我想是的，这些工作在国际上的评价也很高。苏联的《数学百科全书》中引用了我们的很多篇文章。苏联人常常不喜欢引用外国人的名字，比如著名的柯西－黎曼方程，他们叫作达朗贝尔－欧拉方程，要用苏联人或者曾经在苏联工作过的人的名字。所以在这本百科全书中，他们引用了我们这么多篇文章，可以说是很不容易的。另外，在 Springer 出版的数学教科书中，也引用了我们的很多文章。这些文章中有不少都是发表在《中国科学》上的。实际上我的许多工作，尤其是早期的工作，都是在《中国科学》发表的。

（杨乐先生向记者展示苏联的数学百科全书，及其中对杨先生文章的引用）

一段工作

记者：和其他学科相比，数学的期刊有哪些独特的评价标准？

杨乐：自然科学最好的期刊当然是 *Nature* 和 *Science*，但是数学和 *Nature*、*Science* 几乎没什么关系。数学有它自己的标准，也有自己很好的期刊。我们常说数学领域有四大期刊，首先是最老牌的、瑞典出版的 *Acta Mathematica*，此外还有 *Annals of Mathematics*、*Inventiones Mathematicae* 和 *Journal of the American Mathematical Society*。

在创刊的时候，《中国科学》的定位是非常高的，是代表中国最高学术水平，并与国外交流的。就数学领域来说，当时国内期刊中最好的就是《中国科学》，其次是《数学学报》，此外还有一些大学的学报。国内工作做得很好的一些人，比如王元、陈景润、潘承洞、陆启铿等人的很多重要工作，都是在《中国科学》上发表的，水平不逊色于四大期刊中的文章。

记者：您从 1984 年开始连续担任《中国科学》的编委、副主编和《中国科学·数学》的主编，到 2012 年卸任，有将近 30 年的时间。

杨乐：对，开始的时候，还是在《中国科学》和《科学通报》的联合编委会里面任职，后来又做《中国科学》数学辑的执行主编和主编。

在做主编期间，我想我做的最大的努力，是希望扩大这本期刊的国际影响力，这也是符合改革开放总思路的。当时，约请了丘成桐、萧荫堂这两位在国际上影响相当大的华人数学家来做我们的编委。在审稿时，也希望在两位审稿人中有一位国内该领域的专家，也有一位国外这个领域中水平相当高的学者。如果国内国外两个审稿人都通过，我们就可以对这篇文章的质量放心一些。也就是说，希望编委、审稿人、作者、读者，都能够更加国际化。

记者：您的这些工作非常有成效。直到现在，在《中国科学》系列英文期刊中，数学辑的国际论文比都是相当高的。甚至在《中国科学·数学》中文版中，也有将近20%的文章来自海外华人的投稿。

杨乐：现在，我们中国的经济条件比之前好得多。我们过去请外国专家来，没有报告费，甚至路费都不付给人家。现在，我们有经费来支付他们的国际旅费，报告费也按照国际标准来支付，对他们的全程招待也很周到。所以，我希望再请他们来的时候，可以不只是请他们作几场报告、和年轻人进行几次交流，也应该和他们约稿，请他们留几篇好的文章在我们的期刊上。现在中国的国际地位大大提高，中国的期刊水平也有所提高，我们应该有信心去争取国外优秀作者的稿件。

在约稿的过程中，我们的编辑应该多一些锲而不舍的精神。Springer过去有一个数学编辑，叫Heinze，他每次来中国，都会提早和我联系，希望能来和我聊一聊。他这种精神是值得我们的编辑学习的。

当然也不只是编辑，担任编委的科学家更加重要，如果他们能够出面约稿，效果会更好。

记者：除了国外作者，我们也要加强对国内作者的吸引。您有什么好的建议？

杨乐：我觉得由科学院、教育部或者基金委支持的各种重大计划，都应该要求有一部分文章发表在国内的期刊上，和现在院士增选的规则类似。这些工作都是由国家出经费支持的，没有理由把这些好的成果都拿到国外去发表。

记者：您认为这几十年中，《中国科学》期刊发生了哪些变化？

杨乐：数学领域本身拓宽了很多，所以《中国科学》作者和读者的面也拓宽了很多，这是过去不能比的。我前面提到，在《中国科学》刚创立的时候，我们的水平很不错，但是撰稿的其实总是大家很熟知的那一些人。现在我们的队伍已经非常壮大了。国内的数学研究者，50岁以上水平高一点的，我还能认识，但是有很多优秀的年轻人，我已经不熟悉了。对于数学这个学科来讲，年轻人是非常关键的。他们往往创新性强，而且精力充沛，有可能做出好的工作。

一点期望

记者：在数学领域中，您认为哪些研究方向是还需要重点加强的？

杨乐：总体来讲，数学与其他学科的融合越来越紧密，这类研究也越来越重要。我希望看到在中国国家进步和发展的过程中，数学能够发挥更大的作用。这就需要做应用数学、计算数学的学者不要只专注于发论文、出研究成果，也要关注实际问题，将数学和其他科技更好地融合，用数学思维和方法来解决实际问题。

记者：您对《中国科学·数学》有哪些期望？

杨乐：《中国科学·数学》一定会更好的。要达到数学领域"四大期刊"那样的水平，我认为也不是没有可能。等到10年、20年之后，我希望《中国科学·数学》能够成为一个可以和四大期刊相提并论的期刊。或者说，人们提起数学领域的期刊，除了四大期刊，还能首先想到《中国科学·数学》。

记者：您之前曾经说，希望《中国科学·数学》能用不太长的时间，首先发展到美国数学会、伦敦数学会期刊的水平。我想现在这个目标已经基本达到了，我们的学术质量和国际影响力都已经和这些期刊基本相当。我们接下来一定会继续提升文章质量，也努力提高国际影响力，希望能早日达到新的目标。

附：杨乐先生在《中国科学》上发表的重要文章

[1] Yang Lo. Sur les valeurs quasi-exceptionelles des fonctions holomorphes. *Scientia Sinica*, 1964, 13: 879-885.

[2] Yang Lo, Chang Kuan-heo. Recherches sur la normalité des famillers de fonctions analytiques α des valeurs multiples, I. Un noveau critère et quelques applications. *Scientia Sinica*, 1965, 14: 1258-1271.

[3] Yang Lo, Shiao Shiou-zhi. Sur les points de Borel des fonctions méromorphes et de leur derives. *Scientia Sinica*, 1965, 14: 1556-1573.

[4] Yang Lo, Chang Kuan-heo. Recherches sur la normalité des famillers de fonctions analytiques α des valeurs multiples, II. Généralisations. *Scientia Sinica*, 1966, 15: 433-453.

[5] Yang Lo, Chang Kuan-heo. Sur la distribution des directions de Borel des fonctions méromorphes. *Scientia Sinica*, 1973, 16: 465-482.

[6] Yang Lo, Chang Kuan-heo. Recherches sur le nombre des valeurs déficientes et le nombre des directions de Borel des fonctions méromorphes. *Scientia Sinica*, 1975, 18: 21-37.

[7] Yang Lo, Chang Kuan-heo. Sur la construction des fonctions méromorphes ayant des directions singuliéres données. *Scientia Sinica*, 1976, 19: 445-459.

科学研究和学术道德[*]

杨乐

在座的同学进入了系统学习的最后一个阶段，也可以说是最重要的一个阶段——博士研究生的阶段。通过这一阶段的学习，尤其是学做研究工作、撰写博士论文，同学们的学习成果可以与几年后工作岗位中的探索、研究、开发、创新工作很好地衔接，并为之做好准备。

治学与为人是统一的。我们要有远大的志向，要通过我们青年一代的努力，使得我国科学有重大成就，技术有重要创新，使得我国经济与各项事业进一步腾飞，国家发展，人民幸福，社会进步。我们要有做大学问的雄心壮志、做好学问的豪气，这样才能排除研究工作中的种种曲折与困难，长期坚持下去。

这里，我和同学们谈谈对科学研究工作和学术道德的一些认

---

* 本文系作者 2014 年 9 月 23 日在中国科学院数学与系统科学研究院博士后联谊会上的演讲内容，题目是《科学研究和学术道德》，原载《数学与生活》（丘成桐、刘克峰、杨乐、季理真主编，高等教育出版社，2015，第 6—12 页）。收入本书时，编者略有修改，重制文中小标题。

识与体会，供同学们参考。

博士生阶段是培育人才的关键阶段

20 世纪以来，信息、工程、能源、环境、大气、航天、海洋、经济、金融、管理、物流的各个方面都在迅猛发展，每个专业都有丰富的积累、广泛的内容、众多的分支与崭新的发展。同学们虽然有普通教育的基础，有大学本科的学习经历和硕士生阶段的教育，但还难以掌握本专业最高水平的知识和最新进展，难以成为本专业的领军人才，难以在理论上有重大发现，或者难以运用专业知识解决国民经济和国家安全中的重大问题。

在发达国家，博士生阶段是培养人才的有效途径之一。这些国家的大学教授，以及各个集团、公司的高级管理人才，一般都具有博士学位，因为这些岗位需要具有广博的知识、具有很高的解决问题的能力与素质，需要具有高水平的人才。

一个人在博士生阶段的努力程度、成绩的好坏、博士论文水平的高低，常常会影响他以后工作中专业水平的高低。博士生阶段是培育人才的征途上一个至关重要的阶段，甚至可以说是一个决定性的阶段。

改革开放以来，我国培养人才的工作已经取得了很大成绩。每年有数以万计的博士生走上工作岗位，很好地推进了国家经济和其他各项工作的巨大发展，载人航天工程、大型快速计算机的研制，就是这方面的典范。

然而，我们还必须看到不足的方面。大家知道，菲尔兹奖是国际上数学领域最重要的奖项，有数学上的诺贝尔奖之称。最近两届菲尔兹奖，发展中国家如越南、巴西和伊朗的学者均已获得——尽管这些得奖者一般都曾在欧美获得进一步培养和发展，然而中国大陆至今却仍与此奖无缘。再过两周，我们将迎来新中国成立65周年的光辉节日，但令我们科技界蒙羞的是，作为世界人口第一大国，历经65年的时间，仍然没有一位立足于本土的学者，在自然科学领域摘取国际上最受人瞩目的诺贝尔奖。

我国已经改革开放35年，经济上取得了举世瞩目的成就。这些年来，人们越来越认识到在改革开放之初，依靠劳动力密集、人工成本低下、对环境造成一定程度污染的经济发展模式，必须转换成在科技现代化基础上的知识经济和智慧经济。经济上与国防安全上的改革和转变，关键在于科技与人才。这是我们未来二三十年内的主要任务，在座的诸位将是这一光荣任务的主要承担者，是骨干与领军人物。

对一个国家如此，对一个企业与团体也是如此。

科学与技术各个方面的迅猛发展，使得众多的大型企业、集团公司，要将大量的资源、力量投入新型产品的探索、研究、开发、创新的工作中，使得商品性能更好、更完善，更新换代更快，更具竞争力。要做好这些工作，关键是要拥有一批基础扎实、对该领域熟悉、具有研究能力与创新精神的人才。博士生阶段就是由学习向研究与创新过渡的阶段，博士生们将逐步学会从事探索、研究、发明、创新的工作。在博士生阶段，我们不仅要在专业上注重研究与创新，而且要在思想品德与学风方面严格要求自己。你们几年后就要走上工作岗位，成为各条战线的主力军，并逐步成为骨干与领军人物。你们的价值观、品德的高低、对是非的判断，是认真、严谨地努力工作，还是投机取巧、不负责任，将关系到整个社会的价值观念与走向，关系到全民的道德水平与信念，关系到国家发展、社会进步与人类文明。在博士生阶段，我们在为人与治学两方面，都要有严格要求，都要取得优秀的成绩。

扎扎实实的努力总会有所收获

关于科学研究工作，有些同学可能会想，我认真阅读文献，努力思考和钻研所选择的论文课题，会不会最后一无所获，不能完成一篇合格的博士论文？

对于研究，很多同学感到比较迷茫。同学们对学习功课心中有底，因为大家从小学、中学到大学，一路过来学了许许多多的课程，大大小小的各类考试也经历了很多，所以比较有底，并不胆怯。可是说起做研究，要创新，要做出前人没有发现的重要成果，发现新现象、新规律，要为自己的专业领域增添新的知识，大家却有些手足无措，因为对研究还比较陌生。大多数同学只是在硕士生阶段，在导师的指导下接触过一些——很多是老师让做什么就做什么，老师让怎么做就怎么做。博士生阶段是我们学习的最后一个阶段，走上工作岗位后，要独自承担研究与创新工作。因此，我们不仅要做出一篇优秀的博士论文，而且还要学会如何做研究工作，从选题、阅读文献、刻苦攻关、扩大成果，到撰写论文的各个环节，都要认真学习、掌握。

做研究工作，确实不能心存侥幸，以为可以不花费很多力气就能获得新的成果，这可以说是痴心妄想。试想，如果这一成果如此轻而易举即可获得，那么它就不会留在那里等待我们，从事这个领域研究的其他学者，早就将它收入囊中了。根据我从事一辈子科研工作的经验，以及我对许多学生、学者的观察，只要他们在从事的专业领域里做了扎扎实实的努力，总是会有所收获的，总有一天可以做出优秀的研究工作，写出高质量的论文。

以国际上通行的一篇博士论文为例，它常常包含两个部分。其中一部分是对所选的研究课题的总结，即在认真阅读了该课题以及其领域里的许多文献后，经过思考、消化、分析、归纳，用自己的语言做了很好的总结。这是同学们可以做得到的，因为它和同学们学习课程的模式比较接近。

如果我们在两三年时间里，每天都面对着一个课题，阅读了有关文献，掌握了问题实质，学习了其他学者的方法，认真进行了思考，动手做了大量推导和演算，必然会对这个课题的一些方面或者某些点有深入的体会。起初也许仅仅是一些心得，但是我们不放过这些苗头，继续深入研究，使它逐步扩大，更加有条理，在此基础上的内容就成为创新的部分，也就是发现的新成果。因此，我可以断言，只要同学们认真努力，就一定可以做一篇合格的博士论文。如果同学们的努力能再进一步，就一定可以做一篇优秀的博士论文。

立志做大学问和好学问

我希望广大同学有远大志向，力争做在本学科有影响的好学问，做经得起时间检验的学问，青史留名，不要仅仅满足于毕业和取得博士学位。

上世纪八九十年代，许多大学的研究还没有形成风气，于是有些大学和学者提出博士生毕业要发表两篇或三篇论文，并且要求其中有一篇是SCI论文，这在当时对一些学校有些积极意义，起了一点作用，从而在国内得到普遍推行。然而，这不是衡量博士生水平高低的好办法。科研工作的灵魂在于其质量，而非数量。所谓SCI期刊上的论文，无非说明该论文发表的期刊有较多文章在近两年中有较多的应用。然而在不同的专业里，或在同一专业的不同领域里，研究热点是否集中、是否追求时髦与时效，其实和学者的习惯有很大关系，因此影响因子和SCI并不是很可靠的衡量标准，可靠的是同行学者实实在在的评价。

这种衡量标准不仅带来重量轻质的不良倾向，而且往往让同学们钟情于小题目。因为它们不需要多少准备，比较容易着手，难度不大，较易做出成果，这样，就可以在毕业前顺利发表，从而拿到学位。但是这样做缺乏远大的目标，同学们对所从事的研究方向缺少全面的了解，难以达到很高的水平。

我们的目标是做在学科发展中起重大作用的大学问、好学问，这不会轻易成功。正是要做这种学问，遇到的困难、挫折最多，这就更需要创新，对我们是很好的锻炼。我们要百折不挠，屡败屡战，长期坚持，最终会获得成果。

为了做大学问，我们要尽可能地掌握本领域里的已有文献，掌握本领域解决和处理问题的主要思想、方法和技巧。以往的关键文献和重大进展要精读，深入领会其精神实质，较次要的文献则可以浏览。我们还必须掌握近几年内这个研究方向的最新文献。

我们倡导做大学问，但是要抓紧一切可以动手练习的机会。只有勤于动手，才能使基础更加扎实，才能增强使自己的一些想法得以实现的本领。有时，一个练习初看觉得并不难，但是做了几步，发现里面隐含了一些困难，并不是原来想的那样，要下相当的功夫才能将其完成。这样多练习，一方面已是研究工作的一部分，另一方面也可以锻炼自己的能力。

创新思想，不断探索，扩大战果

面对要研讨的问题，我们要认真地分析与归纳：其关键在何处？要克服的难点是什么？以往处理此类问题的重要文献，取得了哪些进展？其原始思想与精神实质是什么、要如何实现？对这些问题，我们要反复思考、揣摩、分析、钻研，把那些不易理解、感到突兀的东西都研究透了。然后，我们从根本出发点与原始思想上考虑问题，有所创新。这样就从根本上革新了研究思路，也会带来很不一样的后果。

国内现在有不少研究，对以往的重要工作只有表面的了解，并没有很好地掌握其精神实质，完全在别人的框架与结构中，只是对某些地方计算得更精细些，对某些情况考察得更广泛些。总之，完全是在别人的架构里，在别人的思路上，做些枝节上的推广和改进。这种工作并不是真正意义上的科研，不是创新，而是临摹，是描红。

当我们经过一阶段的刻苦攻关，取得了一些不错的成果时，我们不要心满意足，以为大功告成。对这些不错的成果，我们要认真分析、钻研：它的实质是什么？说明什么问题？可能有什么应用？其最简单的模型是什么？对获得此成果的方法，我们也要认真分析：哪些是现成的？哪些是经过我们处理的？为什么可以解决问题？是否还可以用来解决其他问题？我们对获得的成果与方法，要反复思考，不断揣摩，从不同的角度与出发点加以钻研，有时会有新的发现。我称它为扩大战果，这里举一个例子加以说明。

20世纪70年代初，我与张广厚认真阅读了当时国际上的重要论文，认真钻研，刻苦攻关，克服了许多困难，将以往法国值分布论的权威学者 G. Valiron 与英国剑桥大学学者 Cartwright 分别建立的一个定理的适用范围扩大了许多。这是一个很好的结果，我们发表了一篇优秀的论文。如果这时我们结束该课题的研究，是比较自然的，不过就十分可惜了。

事实上，我们当时继续进行探索、钻研，将我们克服了许多困难建立起来的一套方法反复予以分析、揣摩，从不同的角度予以思考，终于发现我们的方法可以导出一个结果，在值分布论的两个大领域——模分布论和辐角分布论——中的两个最基本的概念——亏值与波莱尔方向——间建立了简单与紧密的联系。以往，亏值和波莱尔方向分别有大量的研究，论文数以百计，但是人们并不了解它们之间的联系，所以这项成果是重大创新，使得国际上的同行学者感到震惊。

前一篇论文很有价值，它使得一个著名定理的适用范围扩大了很多，而且证明较为困难，然而成果不够突出，因为规律与结论是已有的，我们只是扩展了适用范围，可以说其创新是不够的。后一篇论文获得了大家意想不到的结果，即使同行的专家学者也为之耳目一新，然而其主要困难在前一篇论文中已予克服。这个例子充分说明了不断钻研、反复思考的重要性。

培育优良学风

改革开放以来，我国经济持续高速发展，国力大大增强，人民生活水平显著提高，取得的成就举世瞩目。国家对科研、教育等事业的投入开始大幅增加，促进了这些事业的发展与繁荣。然而经济体制的迅速改变使社会上产生了急功近利、过分追求物质享受的倾向与浮躁情绪。一切向钱看的观念对人们的思想产生了一定的侵蚀，以往被人们认为十分纯洁的学术界与科研工作也受到影响。

中国科学技术协会科技工作者道德与权益委员会曾经做过分析，列出学术不端行为的七种主要表现形式：抄袭剽窃他人成果；伪造篡改实验数据；随意侵占他人科研成果；重复发表论文；学术论文质量降低和育人不负责任；学术评审和项目申报中突出个人利益；过分追求名利，助长浮躁之风。

大学生与研究生在大学或研究机构里学习，在社会上生活，周围环境不断对他们产生影响，一些问题在部分同学身上也有表现。考试作弊的现象时有所闻，作弊手段形形色色；论文抄袭也不罕见。被举报揭发后，大家并无奇耻大辱、义愤填膺之感，反而感到稀松平常、司空见惯。相关部门也常常未认真追究，严肃处理，有时还大事化小，淡化处理，这样就会使青年学子认识不到这些问题的严重与危害，缺乏是非观念，很难树立与培育优良学风。

对同学们的几点希望

长期的奋斗与努力，需要坚强的动力。现在许多同学受社会环境的影响，缺乏广阔的视野，学习常常是为了将来能有一份好的工作。所谓好工作只是报酬高，待遇好，生活舒适，工作不要太艰辛而已。也许有的同学说，我的志向比这要高，获得博士学位以后，我还要努力，要成为教授，要获得国家级的奖励，等等。其实，科学研究的目的，在于探索大自然的真与美，掌握自然规律，在于推动社会的进步与发展，造福人类，我们负有这方面的责任。我们要有远大的理想，有雄心壮志，经过长期努力，使自己成为道德高尚、学识渊博、创造力强的高水平的人才或专家，使自己的研究、发明达到该领域的国际前沿甚至领先于国际水平，在学术上有所贡献或享有盛誉；或者运用自己的知识与本领，解决我国国民经济与国家安全上的重要问题，为国家与人民作贡献。

在科研工作中，我们要有对专业的浓厚兴趣，要有好奇心，这样才会不断地进行思考钻研，提出各种各样的问题并试图找出解答，才有可能形成一些想法，并找出实现的途径。有些同学认为兴趣是先天的，是与生俱来的，其实不然。兴趣是可以培养的，从无到有，从淡到浓，关键在于多接触它，多下功夫。逐渐地，你就对它比较了解和熟悉，能轻松自如地掌握它，就逐渐有了心得体会，这样，兴趣就会产生并逐渐增强。

要做出有意义的研究工作和有价值的成果，必定会遇到许多困难、挫折与障碍，否则这样的工作早由前人完成。现在的同学大多是独生子女，物质条件比较好，从小在家里有点娇生惯养，缺少吃苦耐劳、克服困难的锻炼。在科研工作中要努力克服遇到的各种各样的困难，要有毅力，重要成果常常是坚持到最后才能获得的。

成才是长期的过程，从大学本科、硕士、博士到工作七八年，成为专业领域的高水平人才，需要十七八年时间。同学们应该认真做好博士论文的每一环节，包括选题、研读文献、刻苦攻关、扩大战果、撰写论文，也需要在博士阶段一直十分努力。只有不断地勤奋耕耘，才能有很好的收获。

同学们还应该向老一辈科学家学习。老一辈科学家勤奋读书，刻苦攻关，严谨治学，是我们学习的楷模。社会上都认为华罗庚是天才，初中毕业就取得了巨大成就。其实，他的名言是：聪明在于勤奋，天才在于积累。他利用做清华职员的机会刻苦攻读，起早贪黑，别人花一个钟头做的事情，他花两个钟头做，其刻苦为钱伟长等人所惊叹，因此，他逐渐达到较高水平。当有机会到剑桥大学两年，他不重形式和虚名，利用剑桥极佳的学术环境，踏踏实实地从事研究工作，取得了一系列丰硕的成果。这样，他成长为一位有突出贡献的大数学家。

20世纪50年代我们上大学时，虽然大家很看重考试成绩，而且那时有些课程一二百人参加考试，老教授发完试卷就离开了教室，将近三个小时处于无人监考的状态，然而无人作弊。大学六年，我从未听说过有人作弊。大家平时学习很努力，阅览室安静，条件较好，每天早晨饭厅刚开门，买上简单的早餐边吃边走，到阅览室才能找到一个空位。星期天也不例外。许多同学每月靠十几元的助学金生活，包括吃饭、零用，每月还节省下来一二元，两三个月后将结余的钱到书店买点参考书籍。大学六年中，许多同学从未到附近的餐馆用餐，过着清苦的生活，而学习上却十分认真与努力。

与20世纪50年代相比，现在已经发生了巨大的变化。那时新中国刚成立不久，而现在改革开放已经30多年，我国已经成为世界上第二大经济体，在国际上有举足轻重的地位。然而，我们也要看到许多不足之处，我们的人均产值还很低，科技水平不够先进，高端人才还比较缺乏。在座的同学要看到国家的需要，事业的要求，要感受到自己的责任。我衷心祝愿各位不断努力，成为各方面的高水平的专家、人才，为学术、为祖国、为人类做出宝贵的贡献！

早期研究生涯的一点体会[*]

杨乐

在这篇短文里，我简要地谈谈早期从事研究工作的一点体会。

少年时代立志献身数学

我的童年与少年时代是在家乡江苏南通度过的。

1950 年，当我从通师一附小学毕业时，还是一个稚气十足的孩子，未满 11 周岁。虽然在小学里成绩尚可，然而对报考当地最好的中学——江苏省南通中学，我却没有把握，因为它的录取率常常只在十分之一左右。

我有幸考上了该校，在那里完成了中学六年的学业。从初二开始，有了代数课，一些英文字母构成了代数式，还可以进行运算；算术中一些复杂的四则应用题，可以设未知数，列出方程，求出解答，整个过程变得简单而规范。这引起了我浓厚的兴趣。

---

[*] 本文原载《数学与人文第 16 辑：数学与生活》，高等教育出版社，2015，第 1—5 页。编者略有修改。

类似的情况也出现在平面几何课上，几何图形的出现、逻辑严谨的推理和论证，使我感到非常新鲜。我上课十分专心，当堂便能很好地掌握所学内容，课后就有许多时间阅读一些参考书，做较多的习题，提高了水平，加深了兴趣。在初三时，我作为一个13岁的少年，便立志要终身从事数学研究工作。

1956年，我开始在北京大学数学专业学习。在六年的学习阶段，有时比较正常，造诣很深的教授和我们一起讨论所遇到的数学概念和定理，同学们争先恐后地到环境良好、学习气氛浓郁的阅览室觅得一空座位自习。但是，政治运动频繁，"运动"一来，读书似乎变得非法了，我常常将笔记本夹在衣服内，悄悄地找一间无人的小教室去用功。1960年下半年，我们到湖北蒲圻的陆水工地，边劳动边联系实际做研究。当时国家已明显进入"困难时期"，基层工地条件更为艰苦，同学们分别挤住在当地工人极其简陋的工棚里。劳动十分繁重，物质条件极其恶劣。劳动之余，我在寒冷工棚昏暗的灯光下，曾认真地研读数学经典著作。

1962年，我由北京大学毕业后，进入中国科学院数学研究所，成为熊庆来先生的研究生。熊庆来先生是我国近代数学研究与高等数学教育的开拓者与先驱者之一，他曾三次赴法国学习与从事研究工作达16年，在函数值分布论方面研究成果卓著。从1926年至1937年，他担任清华大学数学系主任，与杨武之、孙光远等教授一起使该系青年人才辈出，学术研究蔚然成风。例如，华罗庚、陈省身、许宝禄、林家翘、徐贤修、庄圻泰等均出自该系，那一时期，他们都受到熊先生等的教诲与影响。

熊先生担任我的导师时，已年逾古稀，半身不遂，然而他仍经常与我谈话。虽然许多谈话内容只是一些闲聊、典故，却使我从学术思想上受到熏陶，并从中探索合适的研究方向。正如熊先生自己所说："我年事已高，虽不能给你们具体帮助，但老马识途。"

从经典论著中汲取营养

熊先生当时让我们在讨论班里报告奈望林纳（R. Nevanlinna）的著作《毕卡－波莱尔定理与亚纯函数理论》以及乔治·瓦利隆（G. Valiron）的著作《亚纯函数波莱尔方向》。R. Nevanlinna 是现代函数值分布理论的奠基人，他的著作篇幅虽然很少，却是紧扣值分布论的主线——两个基本定理进行论证。对它的深入研读，使我们较快地掌握了模分布理论的精粹，迅速接近了研究工作的前沿。G.Valiron 是对值分布理论有杰出贡献的学者，尤其是他证明了亚纯函数波莱尔方向的存在性，当时掀起了辐角分布研究的热潮。他的著作研读起来极其困难，因为书中的定理几乎都没有证明，必须查阅有关的论文。其中他自己的一些论文，论证也十分精练，省略了大量推导，研读时需作许多补充说明。

对这两本书的深入研读以及对值分布领域一批最杰出的学者

如 L. Ahlfors、E. Borel[1]、H. Cartan、G. Julia[2]、H. Milloux、P. Montel[3]、R. Nevanlinna、G. Valiron 的重要论文的钻研，为我以后的研究工作打下了良好的基础。这方面有一个突出的例子——辐角分布论是一个非常深刻且困难的领域，我们当时为了弄懂它并领会其实质，曾下了一番苦功夫。改革开放后，我与北美、西欧许多国家好几十位著名函数论专家不断交往，发现除去 D. Drasin 与 A. Weitsman 两人，其他专家对辐角分布论并没有多少了解。即使是 Drasin 与 Weitsman 也没有能像我们那样在这方面下过苦功。后来，听到陈省身与丘成桐教授常常说起要从一些经典著作与文献中汲取思想和营养，我感到很有道理。

掌握当前国际上的进展与动态

研究生期间，我在《中国科学》上发表了 4 篇论文。当时，国内学术界与国际上几乎没有任何交流。例如 1964 年下半年英国

---

1 波莱尔（Félix-Édouard-Justin-Émile Borel，1871—1956），法国数学家，创建了第一个有效的点集测量理论，是首位定义战略博弈的数学家。他和法国数学家勒内－路易·贝尔、亨利·勒贝格一起成为现代实变量函数理论奠基人。

2 加斯顿·朱莉娅（Gaston Maurice Julia，1893—1978），法国数学家，现代动力系统的先驱之一，Julia 集的发明者。

3 蒙泰尔（Paul Antoine Montel，1876—1975），法国数学家，主要贡献在解析函数论和拓扑学领域。在解析函数论中，引进了"正规函数族"的概念，给出了解析函数族是正规族的条件的"蒙泰尔定理"。在线性拓扑空间中，他建立了"蒙特尔空间"，简称"M 空间"。主要著作有《正规解析函数族及其应用》和《单叶和多叶函数》。

皇家学会会员 W. K. Hayman 在伦敦举行的一次国际会议上，提出函数论的一些值得研究和未解决的问题时，我和张广厚已正在从事这方面的研究并解决了一个问题。但我们并不知道 Hayman 提出了这个研究问题，Hayman 也是在我们的论文发表后才得知我们的结果。又如，D. Drasin 说他 1969 年发表在国际顶尖数学期刊 *Acta Math.* 上的长篇论文，其思想与内容基本上没有超出我和张广厚 1965 年在《中国科学》上的论文。

1966 年，正当我们将进行毕业论文答辩时，十年浩劫开始了，进一步从事研究工作的计划推迟了五六年。1971 年底以后，即使恢复了研究室的建制，然而"四人帮"的疯狂破坏与干扰，极"左"思潮的泛滥，政治运动的压力，使得研究人员几乎无法开展工作。当时，我们对此情况有所认识，全力以赴地投身于研究工作。然而在与研究完全隔绝了六年以后，困难确实极大。从 20 世纪 60 年代以来，函数值分布论又有了很大发展，要想做出优秀成果，首先必须掌握当前的进展与动态。为此，我们钻研了 60 年代至 70 年代初国际上杰出学者在这方面的论文。如 A. Baernstein、I. N. Baker、J. Clunie、D. Drasin、A. Edrei、W. H. J. Fuchs、A. A. Goldberg、W. K. Hayman、A. Weitsman 等的研究工作。

当时，张广厚视网膜有严重问题，不宜多看书，由我报告论文，听众仅张广厚一人。我们偶尔与北大的函数论同行进行交流。一次我作报告时，听众也只有庄圻泰与陈怀惠两人。后来，在所谓"反击右倾翻案风"时，这些学术讨论与活动被认为是走资本主义道路，颠倒黑白，上纲上线，承受了很大的压力。

当时国际上专家们在值分布论方面的研究成果，与以往的经典论著有了很大的不同。他们围绕着亏值与亏量关系作了十分深入的探讨，获得了许多新颖与有趣的结果。方法与技巧也更加高超了，引进了拟共形映射、逼近论、调和测度的估计等新内容。为了熟悉与掌握这些成果和方法，我们也下了一番功夫。

刻苦攻关，不断进取

在值分布论方面，熟悉了经典的论著，又掌握了当前的进展与动态，这就为从事研究工作做好了准备。我们认为函数辐角分布论刻画了函数更为深入的性质，且难度很大，国际上新成果甚少，是十分值得研究的课题。开始时，我们看到整函数的波莱尔方向的分布必须遵循一定的规律，那么亚纯函数的情形如何呢？经过一番细致的研究，凭借我们对波莱尔方向的深入理解，克服了一些困难，发现了不仅是整函数，而且范围大得多的函数类——具有一个亏值的亚纯函数，其波莱尔方向的分布也符合这个规律。

我们的这项研究工作是辐角分布论的一个优秀成果，似乎在这个课题上已难以继续前进，工作可以告一段落。在那一段时期里，我和张广厚又反复钻研、揣摩，终于发现了在亚纯函数的亏值与波莱尔方向之间存在的深刻关联。亏值是模分布论的基本概念，围绕着亏值与亏量关系，有着大量研究工作。波莱尔方向是辐角分布论的主要概念。过去这两个概念是各自研究领域的中心，它们之间似乎没有任何联系。而且一个是刻划函数在大范围的性质，另一个则是描述函数在局部的动态，存在根本的差异。我们的工作指出有穷正级亚纯函数，其亏值总数不超过其波莱尔方向总数。于是，在这两个中心概念间建立了一个紧密的联系。这项研究工作体现了我们研究的特色，也获得了国际上同行专家的高度评价。

在这项颇具特色的研究工作完成后，我们又进一步考虑如果亚纯函数没有亏值，它们的波莱尔方向的分布如何？经过反复研究，我们证明了在复平面上任意给定一些从原点出发的射线，只要它是非空和"闭"的，则一定可构造出一个亚纯函数，它以且仅以这些射线为其波莱尔方向。这就是说如果将函数类扩大到全体亚纯函数，则其波莱尔方向的分布便完全是任意的。

我们的研究在取得上述第一项成果后似乎已告一段落。如果没有继续钻研，深入研究，则不能获得后两项更具特色的成果。这些成果与我们其他的研究工作，长期以来获得了国际同行的高度评价。从 70 年代中期美国纯粹与应用数学家访华团以书籍与论文公开发表的报告中提出的"first-rate"（第一流）、"outstanding"（杰出的）、"important contributions"（重要贡献）、"both new and deep"（既新颖又深刻）等，到 20 多年后在百科全书、专著、论文中的评价与引用"important modern contribution"（重要的现代贡献），"Chinese school"（中国学派），"thorough study"（深入研究），"discovered an interesting relation"（发现一个有趣的关系）等，都充分证明了我们的研究工作的价值。

1978 年 4 月，我与张广厚应邀赴瑞士苏黎世参加一个国际分析会议，并顺访英国。据说这是 1966 年"文革"以后中国学者首次以个人身份出访。在会议上，我们与 R. Nevanlinna、L. Ahlfors、W. K. Hayman、E. Bombieri、F. W. Gehring、O. Lehto、G. Frank、A. Pfluger 等许多学者交流。他们对我们的学术报告抱以浓厚的兴趣，并给予了高度评价。1979—1980 学年，我与张广厚应邀赴美访问，Drasin 与 Weitsman 特地为我们的访问举办了一个大型国际函数论会议，100 余位来自北美、西欧等国的学者与会。这些都是对我们当时刻苦攻关、不断进取的一种肯定与鼓励。

1980 年华罗庚（左二）在江苏推广优选法、统筹法期间到连云港码头调研

数学的应用与中学数学教育[*]

杨乐

我在中国科学院工作，对中学的数学教育情况并不熟悉，对存在的问题了解得很少，因此我说的可能会有不切实际的地方，或者有错误的地方。我只是提出一些看法，作为一家之言，供大家参考。我今天要讲的是两部分，第一部分主要是数学的应用，第二部分侧重于中学数学教育。

一、数学的应用

（一）什么是数学

什么是数学？长期以来，我们都是用恩格斯的"数学是研究数量关系和空间形式的一门科学"来概括的。如果只用一句话来概括，是可以引用恩格斯这句话。不过，我们现在理解的数量

---

* 本文根据作者 2009 年 11 月 9 日在人民教育出版社高中数学教材试验工作研讨会上的讲话录音整理成稿，以《谈谈数学的应用与中学数学教育》为题刊在《课程教材教法》2010 年 3 月第 30 卷第 3 期，收入本书时编者略有修改。

关系中的数量，就不仅是平时接触到的数（自然数、整数、分数等），还可以是向量、矩阵、函数或者算子，等等。而空间形式，也不单是平常我们看得到的点、线、面、体。涉及空间形式，现代数学中有个非常重要的概念——流形。

几千年前，古代的人们就已经对数量关系和空间形式有所认识。比如，古埃及的金字塔就是古代人们在数学的认识和应用方面一个非常典型且突出的例子。

（二）数学在其他学科中的作用

长期以来，数学的发展，一方面是对数学自身的规律进行研究，另一方面是与其他学科的需要紧密结合在一起的。从历史上来看，对数学的应用比较多的，过去主要是物理学、力学和天文学。20世纪以来，尤其是最近几十年的发展，使得数学在各门学科，在高新技术，在经济、金融、管理等各个方面都取得了越来越多的应用。比如，在计算机和信息科学里，数学应该是最主要的工具。再比如，在能源科学、环境科学、工程科学、生命科学等领域中，数学的应用也越来越深入。而且对于一门学科的研究，常常是用到的数学工具越深入，得到的成果就越好。

例如生命科学，在20世纪50年代的时候，北京大学的生物系要念六年。但六年中，只有一个学期有数学课，而且课时很少，也就是说当时生物学的研究不太需要高深的数学知识。但是到了70年代，情况就不一样了。中国在十年浩劫以后，开始恢复研究工作，几乎每个专业首先要做的就是调研，看看十年来国际上有哪些新的进展，先进的国家在这方面做了哪些工作。那时，中国科学院的一些生物学家就谈到，他们去看生物学各分支学科进展的时候，发现他们那个领域的论文，有 1/3 左右看不懂了。这些都是中国当时水平很高的生物学家，他们看不懂，不是说他们生物学的水平跟不上人家，而是在这 1/3 左右的论文中，用了对他们来说比较高深的数学工具和知识。这是可以理解的，因为每项研究工作都要涉及数量关系，而数量关系的精确化一定要用到数学工具。

另外，一些过去被认为跟实际应用没有多少关系的数学知识，比如说数论和拓扑学的有关内容，现在都得到了非常好的应用，而且这些应用往往都与高新技术有关。

（三）数学在国民经济重大问题中的应用

下面用一个例子来说明数学在国民经济重大问题中的应用，这是我们中国科学院数学与系统科学研究院（下文简称研究院）的几个学者做的一个课题。中国是世界上人口最多的国家，如何保证粮食的及时供应是一个非常重要的问题。如果某一年，由于各种原因，我们的粮食总产量比较低，不能完全满足需要，那么就要进口粮食。一方面，当中国这样一个大国粮食歉收时，国际市场的粮价就会大幅飙升。另一方面，如果从国外进口粮食，调拨的工作量又非常大。所以，如果等到夏收与秋收都完成，从村、乡、县、省，再到中央来汇总粮食产量的话，我们的工作就会比较被动。因此，从 20 世纪 70 年代末，也就是改革开放之初，国务院就提出，有没有可能对粮食总产量进行预报？从那时开始，一些单位就在做这个相当重要的课题。不过，30 多年来的数据表明，我们研究院的有关小组是做得最好的。所谓好，第一是准确，第二是提前。我们研究院的小组做的预报，30 年的平均误差约为 2%。国际上做这方面研究的，比较好的预报误差在 5% 左右。事实上，粮食预报并不容易，因为它依赖于天气的预报。而只预报两三天的天气是比较准确的，但是要预报几个月以后的天气，难度就很大。我们研究院小组做关于夏收和秋收的总产量的预报，在 4 月底到 5 月初就出来了，差不多提前了半年的时间。为什么能做到既比较准确，又提前量比较大呢？就是因为他们用了运筹学等数学知识和方法。

（四）数学在国家安全重大问题中的应用

数学在国家安全重大问题中的应用，我也举一个例子。导弹是非常有威力的武器，为了对付这种很厉害的武器，就需要有反导弹的防御系统，制造防御系统在军事上是一个非常重要的任务。在敌方的导弹（称为目标导弹）发射出来以后，依靠非常先进的雷达系统，短时间内就可以测定出目标导弹是从什么地方发射的，距离是多少，发射的初速度怎么样，发射的角度是多少。根据这些数据，即目标导弹发射的地点、速度和方位角，我们要马上计算出目标导弹的弹道曲线。确定目标导弹的导弹曲线之后，为了摧毁它，我们要想办法发射一颗导弹（称为拦截导弹），使拦截导弹和目标导弹在高空相遇并发生爆炸，这样就起到拦截目标导弹的作用。知道目标导弹的弹道曲线之后，我们要确定拦截导弹的弹道曲线，使得它们能在空中相遇。但是怎样才能使得拦截效果最好呢？答案就是让两颗导弹的弹道曲线相切。这个有关拦截导弹和目标导弹的问题，实际上是个数学问题。其中除了涉及计算数学、概率论和控制论，基础数学的知识在里头也可以发挥重要的作用。

（五）数学在人才培养中的作用

不仅数学家需要比较好的数学基础，大部分科系的学生，要想真正成为一个高水准的人才，成为能创新的人才，具备扎实的数学根底也是非常重要的。比如，数学学得比较好，几何直观和空间想象的能力就比较强，就有比较严谨的逻辑推理能力与比较好的分析问题和解决问题的能力，当然，更不用说比较强的证明和计算能力。而所有这些都是创新必不可少的素质。

中国科学院其他学部和中国工程院的很多院士都跟我谈起过，说他们在中学和大学阶段，都曾经对数学很有兴趣，在数学上下过功夫；有的还曾想学数学，但是由于各种原因，后来学了其他的专业。不过，他们觉得以前的那段经历，在他们以后的专业学习和研究中发挥了很大的作用，他们后来能在专业方面有所建树，跟早期在数学上下的功夫有很大的关系。

（六）计算机能代替数学吗

社会上有些人，或者有一些学生可能会问，现在我们不是有计算机吗？有了计算机还要数学工具干什么？当然，现在计算机的威力很大，在现代社会中发挥了非常大的作用。但计算机能够代替数学吗？计算机只能进行数值计算，所以如果想用计算机来解决实际问题，首先就得用数学工具建立起关于实际问题的数学模型。有了数学模型以后，要进行数值计算，就要选择计算方法。有了好的计算方法，还要看收敛速度和误差估计。而所有这些都离不开数学。所以虽然计算机的威力很大，但并不能说明数学的地位就被削弱了，更不能说计算机可以代替数学，反而意味着计算机的使用更加需要数学的帮助，数学可以使其发挥更大的作用。

这一部分主要说了数学在各门学科、高新技术、经济、金融、管理，以及在国民经济和国家安全等重大问题中的应用。同时也说了，数学更主要的作用应该是培养人才。

二、中学数学教育

（一）中学数学的地位

数学是中学里的一门主科，每个学期都有，而且课时很多。中学数学课的目的是很好地培养学生的思维能力、推理能力、空间想象能力、分析问题和解决问题的能力、创新能力，等等，提高他们的素质。数学和语文是中学里最主要的两门课，但数学课对学生的学习影响可能更大。对大多数学生而言，语文比较好接受一些，而数学就不太一样。可能有些学生对数学很有兴趣，可是也有相当多的学生对数学有点犯怵，觉得数学比较抽象、比较枯燥，学起来比较困难。

数学是学习其他课程的重要基础。中学里，除数学以外，可能有些学生也感到物理比较难学。其实物理课的内容主要是两部分。一部分是说明一些自然现象或者是叙述性的部分，这一部分比较好接受。另一部分是用数学工具来推导一些物理的关系和规律，这一部分，包括做需要使用数学工具的物理题，学生往往感到比较困难。所以如果数学学得比较好，一般说来，学物理就相对轻松。因为难的部分，实际上就是用数学知识和工具来推导的那部分。化学课里，学生感到比较困难的，往往是根据化学反应方程式来做一些计算。所以如果数学基础比较好，这一部分也应该不成问题。因此，中学的数学课应该说是学习其他课程的重要基础，其中包括语文课。比如写议论文，如果思维比较清楚，逻辑推理能力比较强，也就是说数学比较好的话，那写出来的作文层次就会比较清楚，说理会比较透彻。

学好中学数学也是为进一步的学习和工作做好准备。现在相当多的中学毕业生都可以升入大学继续学习。前面已经说过，现在数学在各门科学，在高新技术和经济、金融、管理等领域，都发挥了重要的作用，所以如果中学数学学得好，就为大学的数学学习做了比较好的准备，以后学专业课相对也就轻松一些。

（二）中学数学教育现状

那么现在中学数学教育的现状怎样呢？下面谈一谈我听说的几种现象。

第一种是教学和复习比例失调。拿高中来说，因为高考是一个重要的关口，是一个指挥棒，所以虽然高中是三年，但在很多中学中，高中的课程在两年内就要讲完，最后一年完全用来复习。

听说现在这是一个比较普遍的现象。据说还有做得比这更过分的，课程在一年半就讲完了，剩下一年半的时间都用来复习做题，完全为高考做准备。应该说这是不正常的，本来要学三年的课程，怎么能只用一年半或两年就学完呢？

第二种是平面几何的缺失，这可能主要是初中阶段的问题。但是这一条比较重要，所以还是想在这里讲一下。有的人主张把平面几何去掉，可能是认为平面几何太古老、太陈腐。现在中学平面几何的体系，并没有超出当年欧几里得的《几何原本》。而《几何原本》是希腊时代，也就是两千三四百年前的东西，确实比较古老。同时可能有人觉得平面几何没什么用，毕竟在我们的生产和生活中，没有什么问题是要证明两个三角形全等的。平面几何的缺失，后面还会专门论述。

第三种是片面追求应用与现代化。这里的"片面"，指的是不恰当地追求应用和现代化。有些人认为，我们编新的教材，应该更多地显示数学的作用，展示数学的应用，把更现代的东西教给学生。这个等一下再说。

还有一种就是奥数屡禁不止，这个问题最后再谈。

（三）中学数学的现代化

不仅是现在，就是过去，我想也并没有人反对数学教育要尽量教一些比较新的成果。但是具体到内容，我们就要看可能性怎么样，是不是可操作。首先要特别提出来的是，数学是一门循序渐进的科学。在中学阶段里，跟数学很接近的学科——物理，初中就可以讲原子结构等20世纪才有的内容。但是，对于数学来说，可能就没有办法跟中学生从认真学习而不是从科普的角度来讲20世纪发展的内容。刚才提到过要学平面几何这些两千三四百年前的东西，为什么呢？因为数学是一个循序渐进的科学，不学前面的东西，就没有办法学后面的和现代新发展的内容。

其次是数学教育的目的，首要的应该是提高素质、水平和能力，而不在于能把具体内容直接用到某一方面。应用意识当然也是要培养的，但是提高学生的素质、水平和能力，应该比其他的更重要。

另外，在编写中学教材时，我认为完整的体系应重于具体的应用。现在有些从事教育工作的同志希望把现代的东西写到教材里，把他们认为有用的东西也写进去，这样就可能完全打乱原来的体系。比如说，他们可能会把数理统计或者运筹学中一些中学生可以接受的内容编到教材中去。当然，这样尝试是可以的。但是这样编出来的教材，往往不能形成很好的、完整的体系。对中学生来讲，从提高他们的素质、水平和能力的角度来说，比起教他们一些个别的、有些应用的知识，给他们一个完整的体系更重要一些。

（四）平面几何的缺失

平面几何里的推理是非常严谨的，几何图形能培养学生的直观想象能力，证明定理的内容能培养他们分析问题的能力。其中分析问题能力的培养，是中学里其他课程做不到的。平面几何的内容对培养学生严谨推理的能力、直观想象的能力、分析问题的能力有不可取代的作用。数学课中的其他内容，比如代数、三角，不能完全代替平面几何来培养学生的这些能力。欧几里得几何可以说是人类文明的一个里程碑。要培养学生的能力，在没有找到可以替代的内容和课程之前，我认为不能大幅地削减平面几何的内容。当然掌握适当的度的删减是可以考虑的，因为包括平面几何在内的每一个内容，从奥林匹克竞赛的角度来看，总是可以找到很多偏题、怪题，这些对培养学生的能力是没有多少作用的。现在有的学校、有的教材把平面几何去掉以后，培养出来的学生不知道什么是严谨的推理，也不知道什么是证明，你要让他证明一个题目，他实际上并不了解是什么意思，这样是不行的。

（五）微积分的教学

有些人或许会问，按照这样的说法，我们是不是一切都保持原封不动，就拿过去的那些内容来教就行了呢？这当然不是，我们应当积极地做一些教改试点的工作。

如果让中学数学往现代化靠一些，而教师和学生都具备条件的话，我觉得中学里可以教一点微积分。因为高等数学中，最基础、最重要的内容就是微积分，而不是那些实用的东西。当然，中学微积分的教学不能做大学数学那样的要求。大学数学系的微积分是建立在很严格的基础上的，它涉及实数完备性、极限的严格描述、函数连续性等一整套理论。要把这些东西完全教给中学生是不现实的，即使学生的基础很好、教师教得很好也不行。所以这里说的微积分，是以前称为初等微积分的内容。主要目的就是引进微积分这个工具，让学生会计算一些函数的导数和积分，会微积分知识的一些应用。

（六）对中学生的期望

下面谈一谈对当代中学生的期望。

十五六岁的高中生，世界观和人生观逐步形成，对社会的认识也慢慢地深入了。改革开放三十多年来，我们的经济有了很大的发展，成绩很伟大。但是另外一方面，现在社会观念上过分地物质化，过分地追求实际利益，对青少年的教育也有影响。作为刚开始形成世界观和人生观的中学生，应该有更多理想，不能把金钱和物质作为衡量一切的标准。所以对中学生，尤其是高中生，首先要教育他们要有远大的理想，要有抱负，要有雄心壮志。以后的中国，再依靠低工资与劳动密集型产业去跟人家竞争，肯定是不行的。我们要更多地依靠先进的科技，依靠高水平、高层次的人才。而这个靠什么？那就要靠现在年轻人的成长。所以年轻人应该看到祖国的这种需要，要有志向，而且要为实现理想规划好自己今后要走的路。

第二是要使得学生对科学有强烈的、浓厚的兴趣。一个人要想在某一方面有所成就，首先要有强烈的兴趣。这不仅是针对数学，对计算机、物理、化学等学科也一样。当然有些学生可能会说，兴趣是天生的，我们本来就觉得数学比较枯燥，比较困难，不可能有什么兴趣。其实兴趣是可以培养的，培养的方法就是引导他们多接触，多下功夫。应该说中学的课程，不管是数学课也好，其他课也好，教的内容并不多。一个小时也就教两三页，内容很少。所以如果让他们课后再去多接触，多下功夫，他们就会学得比较轻松，而且会觉得这个东西也不难，这样兴趣也就会慢慢地产生了。

第三就是要有执着的精神和坚定的毅力。现在很多学生都是独生子女，家里的物质条件都不错，吃不了苦。那么，是否能不吃苦，也不克服困难，最后成为高层次的人才呢？不可能，天下没有这个道理！所以从中学开始，就要教育他们，要有吃苦耐劳的精神，遇到困难要有坚定的意志，要有百折不挠的气概。

第四是要教育学生长期勤奋努力，当然这是最基本的。有了很好的理想，对专业很有兴趣，也有了坚定的毅力，但如果没有长期的勤奋努力，是不可能成为高层次人才的。这是因为现在每一个专业都有几十年甚至上百年的积累，内容非常丰富。如果不把前人积累的这些重要的思想、方法和工具掌握好，就不可能超出前人，不可能在前人的基础上有所创新和提高。比如数学中的勒贝格[1]积分，现在当然不是什么前沿的内容，是大学三年级左右实变函数论里最基本的知识。但是一百年前，在法国青年数学家勒贝格刚提出这种积分的时候，可就是最前沿的学问了。也就是说，一百年前，如果要从事数学研究的话，需要积累的知识比较少，因为只要学到现在大学三年级左右的内容，就已经到前沿了。

---

1 亨利·勒贝格（Henri Léon Lebesgue，1875—1941），法国著名数学家，巴黎大学教授，巴黎科学院院士。他对数学的主要贡献属于积分论领域，是实变函数理论的中心课题。他创建的勒贝格积分理论是现代数学中的新概念，可以将积分运算扩展到任何测度空间中。他还在集合与函数的构造、变分学、曲面面积以及维数理论等方向作出了重要结果。

但现在就不一样了。现在就是大学本科学得很好，成绩很突出，一般也还不能在某一个领域接近前沿，所以还得读硕士研究生、博士研究生。不仅如此，拿到博士学位成为一个可以独立工作的学者以后，真正要做出一些好的成果来，可能还需要好几年的时间。所以说需要人们十多年、二十多年这么长期勤奋地努力下去。

（七）对中学数学教学的建议

前面四点可能有点抽象，太原则性了一点。具体到中学数学教学，我觉得我们应该做到以下三点：一是少而精，二是让学生多动脑、多动手，三是要培养学生的自学精神。

首先，应该坚持少而精的原则。我看到有一些省的数学高考试卷，题量很大，还用了一些奥数的题目，有些内容并不属于基本要求。我们的教育，尤其像中学这个阶段，还是应该面向最广大的学生，要让绝大多数的人经过努力都可以学好。坚持少而精的原则可能会让有些家长和教师担心：成绩好的学生怎么办？教的内容那么少，成绩好的不就耽误了吗？其实成绩好的学生，到了高中阶段，如果他对某一方面真有兴趣的话，自己就会去找书看，找题目做。比起教师在课堂上多教他一些，自学的效果可能会更好。所以不需要担心少而精的原则会耽误那些优秀的学生，并不存在这样的问题。

其次，让学生多动脑、多动手非常重要。从数学的特点来讲，我们的教学中还得启发学生多动手和多动脑。让学生多动手现在往往可能都做得到，只要布置很多题就可以了。其实题目的布置也应该用心设计：首先应该让学生做最基本的题，在这个基础上，再做一些带有思考性的题，也就是说不是拿到手立刻就可以做出来的，而是需要经过一定思考才能完成的题。偏题和怪题，学生会做并不一定说明问题，而且也并不是今后进一步学习和工作必需的，所以我觉得应该尽量不要出那种题。多动脑往往容易被忽略，因为中学数学内容中概念性的、理论性的东西少。正因为如此，教师教、学生学可能都没有注意要多动脑。其实学生们要是为了在今后进一步的学习中成为一个高层次的人才，概念性的、理论性的知识还是非常重要的。中学阶段这方面内容比较少，但是一定要让学生把这些东西搞清楚。包括做题，不要盲目地做题，而是要引导学生做题时多动脑筋、多分析，这样就能做到举一反三。

最后，要努力培养学生的自学精神。因为学生最终是要离开学校的，高中生的学习应该有自觉性。学生如果有多余的时间和精力的话，应该知道怎么去安排。学生对自己的学习计划，在什么方面需要努力，应该自己有所考虑，而不是所有事情都由教师给他安排好。包括在做题的时候，学生往往一遇到不明白的地方就问教师，这个习惯并不好。学习当然应该多问问题，可是在问之前最好是自己思考过，看看使这个题做不出来的难点到底在什么地方，自己会做到什么程度。经过一定的思考，也许自己就能将问题解决，这当然是最好的。就算解决不了，思考之后知道了问题的难点，在这个基础上再向别人请教，收获也会更大一些。

（八）中学数学教师的进修

前面说的主要涉及学生，关于中学数学教师的进修，我也想提一点看法。现在很多师范院校都设立了数学教育的硕士和博士学位，但我们数学界的看法是，现在搞教育的同志有时候过多地强调了教学法，而对数学内容本身的关注稍显不够。现在有些教育行政部门和有关的教学指导中心往往是从教学法的角度来考虑问题，说我们要教得好，要注意学生的心理，教学应该怎么组织才会效果显著，等等。这些考虑不是完全没有道理的，也有它的意义。但是数学界的同志一般都认为，要把数学课教好，首先还是取决于教师的数学水平。比如培养一个数学教育的硕士或者博士，如果大部分课程都是教育学和心理学，这样并不是很妥当。因为这些课程学得多也并不见得帮助就大，关键还在教师的数学水平。培养一个高水平的中学教师或培养一个数学教育的硕士、博士，数学内容应该起根本的作用。如果要帮助年轻的、经验不多的教师提高水平的话，我觉得还是应该让他们对数学知识的了解更加深入一些，数学的修养和水平更高一些。实际上这不仅是我个人的看法，也是整个数学界的看法。

（九）奥林匹克数学竞赛

我国的奥林匹克数学竞赛其实从 1956 年就有了，但以前不是像现在这样搞的。那时候参加奥数竞赛的学生定位在高中，主要是高三的学生，而且并不是高三的全体学生，只是对数学很有兴趣的那一部分。另外，当时这个竞赛是自发的，不跟升学挂钩，也不会为学校争取到更多的推荐生。但是现在不一样了，现在有大规模的突击训练和培训，尤其是在派代表队参加国际比赛之前，要经过所谓"冬令营"来从全国选拔一批学生，在差不多一个学期的时间里，基本上不让他们上其他课，只是集中向他们灌输一些奥数题的解题技巧。而且，现在的奥林匹克数学竞赛，高中生要参加，初中生要参加，小学生也要参加。几乎全体学生，除去极少数以外，大家平时都要去上奥林匹克数学班、奥林匹克数学学校。大量的这些班和学校只是给学生灌输一些难题、怪题或者偏题的解题技巧。这个事情还跟经济利益挂钩，而且据说成了一个相当大的产业。这当然是不健康的，或者说是不正常的。

实际上，偏题、怪题是做不完的。即使只在平面几何里，也能找出可以消耗一个人很多年甚至一辈子工夫的题。其他的版块，比如代数、三角、立体几何、解析几何等，也都一样。即使会做这种题，甚至能编出各种新的偏题、怪题，对现在数学的发展也起不了什么作用，也不能给其他学科或者高新技术提供一些新的数学理论和方法。同样，用这个办法去训练中学生，不能对他以后成为一个优秀的人才提供多大的帮助。大多数学生，本来就只要能达到规定的中学数学课程要求，如果要他们去搞奥数的话，肯定只会增加他们的负担。就算是对那些成绩好的学生，如果用突击的方式，整天教解题技巧，而不涉及一些启发性的内容，使他们真正有所提高的话，他们的兴趣也会慢慢地丧失，这并不是件好事情。

美国的西屋奖（现在叫"英特尔奖"）是美国高中学业竞赛中最受关注的一项奖励，不仅有数学的奖项，其他科目的也有。通常，一个学校的几个学生组成一个小组就可以参赛。小组成员一般都有共同的兴趣，他们会利用课余的时间，常常包括一个暑假在内，在教师的指导下选定一个课题，共同去看一些文献资料。然后在这个课题方面努力地加以攻关，最后将做的工作写成一个报告或者一篇文章。这跟做研究工作是基本相同的。经过这样一个过程，就可以初步培养这些学生做研究的能力，培养他们的创新精神。所以西屋奖的效果比较好，有些学生通过参与这个竞赛，开始懂得什么是研究工作，慢慢地也许就能确定自己要学的专业。国际著名数学家、菲尔兹奖获得者丘成桐教授仿照"西屋奖"的形式，于 2008 年设立了"丘成桐中学数学奖"[1]。这个竞赛已经得到了全国很多地方的响应，开展得也比较顺利。不过这个竞赛有一定的难度，主要是大部分中学教师和学生还不太清楚这种竞赛是怎么进行的，可以研究什么问题，该怎样写文章和报告。但是去年获奖的那些作品，应该说还是不错的。我们期待这个奖项

---

1 即丘成桐中学科学奖（S.-T. Yau High School Science Award），2008 年由著名数学家丘成桐先生发起创立的中学生科学创新类奖项，由清华大学主办，清华大学丘成桐数学科学中心承办。该竞赛面向全球中学生，涵盖数学、物理、化学、生物、计算机、经济金融建模六大基础学科，倡导创新思维和团队合作，舍弃试卷和标准答案，让学生以提交研究报告的形式参与竞赛，旨在推进中学科学发展，激发和提升中学生对科学研究的兴趣和创新能力，发掘和培养有潜力的科学人才。16 年来，累计超 2000 余所学校、1.2 万多支队伍参赛，覆盖国内 30 个省、自治区、直辖市和北美、新加坡等多个海外地区，共 460 多个学生团队、850 多人受到奖励。450 多位来自全球的科学家担任评委或顾问，超过 1/2 的获奖中学生经推荐，分别进入清华、北大、哈佛、麻省理工、耶鲁和普林斯顿等中外知名大学就读。
该竞赛针对数学、物理、化学、生物、计算机、经济金融建模方向均设置金奖 1 个、银奖 1 个、铜奖 3 个、优胜奖 5 个，另设置跨学科奖项科学金奖 1 个。
2008 年丘成桐中学数学奖设立，2013 年丘成桐中学物理奖启动，2016 年丘成桐生物奖、化学奖启动，并设立跨学科奖项科学金奖，2017 年丘成桐计算机奖启动，2018 年丘成桐经济金融建模奖设立。

能更好地发挥作用。

我今天一方面宏观地讲了讲数学的应用，数学的作用越来越大，而且今后这个趋势还会继续下去。这就意味着数学会继续成为中学的一门主科和大学大部分科系的一门重要课程。另一方面说了说我关于中学数学教育的一些看法。中学阶段是非常关键的阶段，差不多所有的年轻人都要经历，都要在这个阶段得到教育和培养。而数学又是一门主科，如何把中学数学课搞得更好，使得学生在能力和素质上得到更好的提高，为我们国家培养更多的高层次人才，大家身上的担子很重。当然我的意见可能很不成熟，只是供大家在以后的教学工作中做一个参考。

我与母校南通中学[*]

杨乐

忆母校——暨纪念徐质夫老师

尚未进入老年境界，值得回忆的事情已经多起来。几周以前，一些纪念会议与采访，让我仿佛回到 20 年前全国科学大会前后，拨乱反正，迎来了科学的春天的时候。近几天，北京大学数学科学学院举办以"迎百年校庆，展数学风采"为主题的文化节，邀我作首场报告。面对数学学院朝气勃的同学们，不禁使我回想起 20 世纪 50 年代后半期至 60 年代初在北大校园内 6 年的学习与生活。而江苏省南通中学汪校长与我联系，提到一批校友将于今年 4 月 25 日举行活动纪念徐质夫老师逝世 30 周年，则将我的回忆推向了更早的年份。由于早已安排好外出参加国际学术活动的日

* 作者与母校南通中学往来密切，情深义重，令人感佩。《忆母校——暨纪念徐质夫老师》（刊在《南通中学校报》2010 年 11 月 20 日第 108 期）和《我的青少年时代》（刊在《中国青年科技》1996 年第 5 期）均为作者回忆母校的文章，编者将二者合而为一，内容略有修改。编者撰写附文《杨乐与南通中学》，部分史料由南通中学孙晨老师提供。编者重制文章标题。

2009 年杨乐（左）参加南通中学百年校庆

程，我无法出席 4 月 25 日的纪念会议，只能抽出一点时间，撰写这篇短文，对母校作点滴回忆，作为对质夫老师的纪念。

我从 1950 年进入江苏省南通中学，到 1956 年结束学业，在那里度过了整整 6 年。1950 年夏天，我还不到 11 周岁，虽然整个小学的学习是在通师一附这样优秀的小学完成的，并且在校成绩尚好，然而少不更事，混混沌沌。江苏省南通中学则是当地名声显赫的省立中学，从一千几百名考生中只录取两百名新生。我报考通中，只是姑且一搏，并没有对考取抱多大希望。结果侥幸录取，亲朋好友均啧啧称羡，通中在人们心目中的地位深深地刻在我幼小的心灵上。

当时通中的图书设施、校舍楼宇应属良好之列，然而并不算突出。最具特色的是素质优秀、勤奋好学的同学与水平甚高、经验丰富且恪尽职守的老师。

通中的同学是从数量众多的考生中，经过严格的入学考试选择出来的，考生不仅来自南通城区与郊区，许多还是来自周围各县甚至其他地方的优秀学生。我初中和高中时的同班同学，可以说全都十分刻苦勤奋。大家珍惜宝贵的时光，争分夺秒地学习，成绩普遍很好。有的同学还在某些学科上有特长，经常阅读课外书籍，进一步拓宽了知识领域。通中的同学在待人接物与生活上均很纯朴、诚实，有优良的校风。

在通中的 6 年里，许多老师曾经为我们讲课，辛勤地培育与教导我们。从初中时的李焕镜、王乃成、陆明章、陈知津、沈文达、乔锦章、徐念祖、汪韵南、张名瑗、周奉先、邬鹤年、龙亚仁、慎闻达、黄松、秦秀文、江宏毅、张子通、夏锦之、吕慧君、王光廷等老师，到高中阶段的陆颂石、徐质夫、顾昌祖、许亦陶、顾而乙、张慎余、冯德吾、颜若愚、丁良林、龚达天、季修甫、李明哲、陆克明、程宗德、生仲逊、徐仰齐、管业森、黄宗耀、李效成、徐友道等老师，他们讲课时各自的神态、语气，音容笑貌，虽历经四十余年仍清晰地留在我的记忆里。

我上初中时，即已听说过陆颂石老师与徐质夫老师。当时，陆老师已有五十五六岁，在通中执教三十余载，桃李满天下，在南通享有盛誉是很自然的。然而徐质夫老师只是30岁左右，来通中似乎不久，就在这所历史悠久、良师众多的学校里声誉鹊起，诚属不易。

高中二三年级时，我才有幸聆听徐老师的课程。质夫老师当时三十多岁，现在大概还要算作青年教师，然而在当时，尤其是对于我这样十五六岁的学生来说，他已算是中年。徐先生身材中等而偏瘦削，举止沉稳，讲课时声音洪亮。在中学数学课程里，大部分内容都是具体的演算、解题，涉及理论性的材料很少。然而质夫老师的要求很高，在讲课中曾增加了诸如实数的完备性等内容，这并非升学考试所需，而教学的难度很大，徐先生讲起来却十分认真。他力图通过这些内容的教学，来提高同学的理性认识与素质，用心良苦。

按照质夫老师的学识水平与认真负责的精神，当可胜任师范学院与工程大学诸如解析几何、微积分等课程的讲授。然而他并未谋求大学里的讲席，却十分安心地在通中任教，而且尽心尽力，年复一年。我当年的同学们现在遍布全国各地，在祖国各条战线上起着骨干与带头作用。我们最初的根基是在通中打下的。徐质夫先生与一大批老师用辛勤的劳动培育我们，用汗水浇灌我们，使我们逐步成长起来。几十年来，我们为祖国、为人民做了一点事，取得了一点成绩，追根溯源，徐质夫先生等老师功不可没。

40多年来，江苏省南通中学历经沧桑，徐质夫老师竟然不得善终，其他老师大多也先后作古。我们纪念徐质夫老师，就希望通中发扬50年代初期优良的校风，涌现出更多的像徐先生那样杰出的老师，为祖国培育大量的优秀人才。让我们用更辉煌的成绩来告慰徐先生的在天之灵。

我的青少年时代

我的青少年时代是在家乡江苏南通度过的。我上学算是比较早的，1950年我不足11岁就考入南通中学。南通中学是"省中"，相当于现在的省一级重点中学。南通中学不仅在南通很有名气，在江苏省也是数得着的名校，师资力量很雄厚，老师教学的水平也很高。我记得初中一年级时，虽然我学习成绩还不错，然而年龄比较小，没有什么明确的学习目的，处在一种懵里懵懂的状态，对自己也没有什么要求，更谈不上有学习的自觉性。我对数学的兴趣也很一般，因为当时初一的数学课主要是复习小学学的算术，没有激发我对数学的兴趣。人家说从小学升到中学是一个飞跃，我觉得初一只是从小学到中学的一个过渡。

到了初中二年级情况就变了，我仿佛一下子长大了许多，也懂事了，比较关心国家的一些大事。对我来说，初二是个转折点，从年龄上虽只长了一岁，但是就觉得自己大了。1951 年，新中国刚成立两周年，经济恢复很快，整个社会处于百废俱兴、蒸蒸日上的时期，各条战线都急需大批人才。50 年代初提出的口号是"知识就是力量"，整个社会大环境非常好，很有利于人材的培养。学校里学习气氛十分浓厚。老师们兢兢业业地教书，学生们认认真真地学习，普遍都有一种强烈的求知欲。引起我对学习数学的兴趣的是初二开始增加了新的内容：代数、平面几何，这些新课对我很有吸引力。上课时我听讲很认真，全神贯注，课外作业也不多，由于听讲认真，做作业非常顺利，老师留的作业，我利用课间休息时间就做完了。

这样，我就有了大量的课余时间，我的学习自觉性也提高了，就自己主动去找书看、找课外习题来演算。我上初中时，我大哥已经高中毕业了，他比我大 8 岁，大哥在上中学时曾买了很多课外参考书，代数、几何、三角，每一类都有好几种。于是我就用课余时间去一本一本地做这些习题，越做兴趣就越浓，越做越熟练，可以说达到一种如醉如痴的程度。干什么都是这样，只要一有了兴趣，拦都拦不住。兴趣这东西是培养出来的，如果你学得比较轻松，不感到有什么负担和压力，才会产生兴趣；如果课内课外的负担很重，压得你抬不起头、喘不过气，学习变成了一种很重的精神负担，哪还谈得到兴趣呢？

当时我用的这些参考书大都是解放前出版的，旧体系的数学中有很多定理都是用外国人名来命名的。如根与系数的关系被称作"韦达定理"，平面几何中的勾股定理被称作"毕达哥拉斯定理"，其他如西摩松线、密国尔点、笛卡尔坐标等。那时，我一边做题一边想，为什么我们中国人就不能发明定理呢？难道只有外国人才有聪明的脑瓜吗？我一定要好好学习数学，将来做个数学家，为我们中国人争口气。从那时开始，我就为自己定下了目标。

50年代初，正值祖国开始大规模经济建设的时候，那时的青年学生都想做工程师。当时电机、机械、制造、动力等专业是热门，数学不算是热门，研究数学的人也比较少。我从初二开始迷上了数学之后，到初三时，学习的目的性和自觉性就更强了。在不到两年的时间里，我就选择了数学作为自己的奋斗方向。当时的青年在选择志愿时并不考虑今后会给个人带来什么好处，那时青年学生没有什么功利思想，很单纯，认准了一个目标就努力为之奋斗。

南通中学有一位很有名气的数学老师，叫陆颂石，教书有30多年了，他教过的学生很多，南通人都很敬重他。实际上，他是当地的社会名流了。他年龄刚刚50多岁，长得却跟很老的人一样。陆老师在南通教育界是个权威。我上高二时，陆老师开始教我们数学。陆老师每次接个新班先要进行几次摸底测验，每次摸底测验的题都很难。那时我们这个班的学习成绩是相当不错的，但摸底测验大部分都不及格，我拿到题一看，每道题都不觉得"陌生"，拿到卷子就刷刷刷地做起来，别人还在冥思苦想时，我已经做完交卷了。三次考试我都得了 100 分，而且每次只用 20 分钟就交卷了，陆老师很赏识我。

之所以我能这样快地做出这些题，主要还是得益于平时的大量训练。这些数学题都是参考书上的，中学生一般都能接受，比课上讲的内容难度要稍高一些，但都没超出中学的范围，中学生可以接受和掌握。我觉得中学阶段的数学关于理论的东西不多，主要是靠做题来提高思维与运算能力。我从初二开始就做这些题，一直到高中毕业，五年中至少做了一万道题，当然也不免有重复的，或者没像老师讲的那样"举一反三"。但大量地做题，使我在中学阶段打下了良好的基础。我在中学学习时，不好高骛远，而是大量地去做题，实践证明这样做是对的。

在中学学习时，我对所有的正课都是一样，课上认真听讲，课外大量的时间由自己支配。我上中学时不偏科，不仅数、理、化、生学得不错，语文、英语成绩都比较好。中学阶段主要是打基础的阶段，只有基础打好了，才能有条件去攀登科学的高峰。我觉得现代科技发达的情况下，天赋、素质上的差别已经不是主要的了。因为现代知识内容已大大丰富，你要登上现代科技的峰巅，就必须先掌握已有的成就，就要学习这一学科领域中已有的研究成果，就要阅读掌握大量的东西。现在跟古代或者一二百年前情况都大不相同，那时天赋可以起较大作用。比如说，现在大学二、三年级学的东西，在 19 世纪则是最尖端的科学。那时候不需要太多的积累，现在就不同了。要成为一个高水平的学者，就必须有学术思想，而不能局限于某一领域。这就要求有全面的培养，例如，在中学阶段就要打好各方面的基础。如果我们的研究生、博士生在读硕士、博士时，还要花半年时间进行英语的强化训练，那么就会占据许多宝贵的时间。如果一个博士生还缺乏必要的文化素养，对起码的历史、地理知识还不甚了了，那就很难说他是一个真正的学者，他也很难在其专业领域形成重要的学术思想。因此，中学阶段的基础就必须坚实。

知识的学习要循序渐进，不可能一下子登上高楼。以数学而论，必须先学算术再学代数，有了代数、平面几何、三角的基础再去学微积分。中学生一定要先打好语文、数学、物理、化学、生物和历史、地理的基础。一个优秀的中学生，往往不仅数学优秀，语文、英语都不错。将来要写论文，语言表达不行、写不通句子怎么行呢？我的课余时间除了做题外，也爱看文艺作品，当然大部分时间是看数学方面的书。

我希望青少年们首先要树立远大的理想，要有抱负。没有理想，没有奋斗目标，就像一个没有航向的船，永远也不会成功地驶向彼岸。第二，希望青年们不要急功近利，好高骛远。要扎扎实实地学习基础知识，不要偏科。第三，要认真听讲，上课认真听讲了，课下就不必花太多的力气去复习。最后，要有毅力，遇到困难就回头就什么也做不成，要有勇气去克服困难。科学是需要老实人去做的，任何投机取巧都是干不得的。

母校全体老师、同学：

欣逢母校X十周年校庆，谨向全校老师、同学致以热烈的祝贺。

南通中学有优良的传统，长期以来为祖国培养了很多人才，作出了很大贡献。

预祝母校的老师、同学在实现四化的新长征中取得更大成就。

杨乐
三月十日

1979年3月，杨乐为母校70周年校庆写的贺信

附：杨乐与南通中学[*]

1950—1956 年，杨乐就读于南通中学，受到许多老师的辛勤教导与培育。其中陆颂石、徐质夫、顾昌祖、冯德吾、颜若愚等一批数学老师的教诲，给他留下了终身难忘的印象。高三时，学校开展向科学进军的活动，杨乐是南通中学刻苦勤学的标兵，班级黑板报表扬杨乐，共青团南通市委在团员活动大会上表扬杨乐，这些更加激发了杨乐在学习上刻苦钻研与努力拼搏的精神。

1979 年 3 月 10 日，杨乐为母校 70 周年校庆写贺信。

1980 年杨乐当选为中国科学院学部委员（院士）。1981 年 4 月 6 日，南通中学向中国科学院转发了给杨乐的贺信。

1980 年 11 月，杨乐回母校与师生畅谈美国教育的特点，以及希望母校学生要有理想、要打好基础、掌握科学的学习方法、注意培养创造性、要全面发展。

1986 年，南通中学新建办公楼请杨乐题写楼名。10 月 12 日，杨乐回信并附题字。

1988 年 6 月，杨乐为母校 80 周年校庆题词"尊师重教"。

1999 年，杨乐回母校参加建校 90 周年庆典。

2006 年 4 月 10 日，杨乐探望母校。南通中学缪建新校长介绍了南通中学的发展情况和学校未来规划。当杨乐院士听到近几年德育工作所取得的喜人成绩时，高度称赞母校切实加强青少年学生德育工作的做法，他说："做人然后治学。"欣然为母校师生题词："一定要在数学书上出现中国人的定理。"

2006 年 4 月 11 日，杨乐和 100 多位 1956 届校友回到母校参加联谊会，共叙当年同窗情谊。

2006 年 4 月 11 日，南通中学高二优秀学生代表郭嘉俊、王庆、金

---

* 附文系编者根据资料整理而成。

鑫参加在南通市科技馆召开的"杨乐院士与南通市数学界人士见面会"。

2009 年 5 月 2 日，杨乐回母校参加百年校庆盛典。

2010 年 3 月 29 日，南通中学校长姚天勇向全校师生推荐杨乐《谈谈数学的应用与中学数学教育》（《课程教材教法》杂志 2010 年第 3 期）。姚校长认为：文中阐述的思想和方法不仅对数学学科，而且对各科教学，以至对青少年人格的全面发展都具有战略性的教育意义，值得师生细阅深思。

2014 年 7 月 28 日，杨乐在《光明日报》上以南通中学校训为题发表文章《以诚恒立身》，饱含深情地说："诚者，诚信；恒者，有恒心。60 余年过去，母校所赋予的'诚恒'之道，我虽已别离一甲子仍不敢忘怀。"

2015 年 3 月 11 日，杨乐回到母校为师生作专题报告《数学·应用·创新》，阐述数学是什么，介绍数学在其他学科、国民经济重大问题、国家安全重大问题等方面的应用，以及对人才培养的作用，从建立新理论、解决著名难题、化腐朽为新奇三个方面，阐释了数学的重要贡献，并结合自身的求学及研究经历，为母校学子学好数学提出了具体建议。杨乐寄语母校学子树立远大的理想，培养浓厚的学习兴趣，恪守执着追求的信念，通过自身长期的努力，实现人品和学问的同步卓越，为国家的崛起和强大而奋发努力。其间欣闻母校积极响应国家"教育援藏"的号召，全面贯彻党和国家民族团结、进步教育的方针政策，招收西藏生，他特意在讲座结束后与西藏学子交谈，并题写赠言："努力学习，将自己培养成建设新西藏的专家。"

2023 年 10 月 22 日杨乐病逝。次日上午，南通中学在周一升旗时举行了默哀仪式缅怀杰出校友。杨乐曾说："要为国认真读书，要有家国情怀，要有远大理想，要有自己的兴趣和追求，要有克服困难的精神，要有坚韧不拔的毅力。"南通中学学子表示："以杨乐院士为榜样，学习他的数学探究精神和爱国情怀。用进取之心，以爱国之魂，燃青春之志，铸青春之华章！"

后 记[*]

杨乐

    黄且圆于 1996 年体检时，发现了肾癌，及时地在北京医院做了手术。王建业主任医师的手术十分高明，一直到 2009 年的十多年间，没有发现异常情况。这以后虽然有些问题，但且圆是追求理想与完美的人，不大愿意与其他人谈起她的病情与痛苦，凭着坚强的毅力，配合医生与疾病作斗争。

    2012 年 3 月，且圆终因癌症不治，与世长辞。最后两周，她的病情急剧恶化，没有留下遗言。她和我都是唯物主义者，完全不注重身后之事。

    我们的亲友，且圆昔日的同学与同事，在获知且圆去世的消息后，都感到十分震惊。其中，不少人在几个月前还曾和她见面、谈话，感到她并无异常，精神尚好，十分乐观。且圆辞世时，两个孩子杨炎和杨冰都在北京，我和她们都陷于极度的悲痛之中，

---

[*] 在《大学者》首版书稿编辑完毕后，作者于 2012 年 9 月特撰此文，缅怀夫人，感念友人。作者曾多次跟编者谈起，《大学者》如果再版，他还会再写文章。

并没有注意及时将此消息通知亲朋好友和有关的熟人。然而仅仅两三天时间，这个消息便已传遍海内外，亲朋好友与许多数学家打来电话，发来电邮、传真，表示慰问。著名数学家、菲尔兹奖与沃尔夫奖获得者丘成桐教授发来他撰写的悼词：

天锡丽则	世代书香	父乃名世	垂范上庠
清泉在山	隋珠幽光	凤昔结褵	琴瑟在御
相夫持家	厚抚二女	内和外睦	亲朋称誉
方期共永	遽赴泉下	一朝远诀	众皆不舍
昊天含愁	泪如铅泻	呜呼哀哉	魂归来兮
人非金石	寿乃有期	吾友节哀	珍摄克悲

2012 年 3 月 16 日，且圆的告别仪式在八宝山公墓的竹厅举行。丘成桐院士以及数学、力学、信息科学方面的十几位院士，中科院数学院和软件所、北京工业大学的许多同事，国内数学界的同仁，都纷纷前来送别。我们的亲属，且圆在大学、中学时代的许多同学、好友，她和我以往的一些学生，也来给且圆送行。

吊唁的学者与亲友，许多已是耄耋之年，然而见了且圆遗容，十分悲痛，涕泪交流。她的中学同学王秉礼写下了诗句：

悼念同窗

黄泉路上坎坷多，且慢匆匆过阴河。

圆梦人间亲情热，安稳升居天堂客。

息事宁心繁杂事，仙途无限必成果。

境界阴阳虽相隔，好人总让思念多。

周国谨女士从事科普电影编导已卓有成效，她近年十分关注且圆父亲的业绩，时而看望且圆母亲。得知且圆病逝的噩耗后，她也写下诗句：

悼念黄且圆

黄花香蕊三月初，且与春风翩跹舞。

圆润温和芬芳语，安随慈父驾西鹤。

友叙旧话音容在，人祷挚情佳偶属。

感应数学研软件，念怀家典虔心谱。

在告别仪式上，北工大的一些老师与同学特地写下：

一个正直的人，一个纯粹的人，一个追求真理而童心的人。

他们对且圆有着深切的了解，这是且圆的真实写照。

且圆逝世后，亲朋好友们从祖国的四面八方，东起江浙、西至云贵，发来唁电表示慰问。她的大学同窗钱定平教授在《文汇报》上发表了长篇纪念文章《怀且圆》，追忆大学时代轶事，给予且圆高度赞誉。许多旅美学者从美国发来唁电，对失去且圆这样一位好友感到痛心，并表示诚挚的敬意和沉痛的哀悼。

所有这些，都使我十分感动。当时，我方寸已乱，情绪激荡，未能表达对众多亲朋好友的答谢之情。谨在此，补上我与两位女儿杨炎和杨冰最衷心的感谢和最诚挚的敬意。

正如我在前言中已经指出的，新世纪以来，且圆十分认真地撰写了一组关于中国科学家的文章，并有结集出版的心愿。现在文集即将出版，这是且圆奉献给科技与教育界，尤其是广大青年学者与同学的珍贵礼品，也是对她最好的纪念。

这里，我要感谢丘成桐与王元两位院士，且圆刻画的七位大师中，他们两位仍精神健旺，继续对数学发展作出贡献。他们当年配合且圆的访谈，使她能撰写内容丰富、观点鲜明的文章，受到广泛的欢迎。且圆辞世，成桐发来感情深厚的悼词，经王元妙笔书写，连同王元的序言，置于卷首，为文集增色。

我也十分怀念陈省身和彭桓武两位先生。他们早在20世纪四五十年代就在数学与理论物理领域作出了重要贡献，并且培养了一批出色的青年人才，然而他们都十分随和，平易近人，对且圆的访谈非常支持并给予鼓励，对且圆撰写的文稿认真地予以审读与赞扬。应该说，且圆对这两位大师的刻画，得到了他们本人的认同，并引为知音。

孟昭英院士不仅是一位物理学与电子学大师，而且对英语的发音、用词、造句、作文，甚至英美的习俗、交往、礼节、典故，都有认真的思考与深入的了解，且圆的《随孟伯伯学英语》，生动地描述了当时的一些情况。

胡先骕先生逝世于 20 世纪 60 年代，是且圆刻画的大师中唯一一位她没有能直接接触的人物。于是，且圆花费了加倍的时间去熟悉胡先生的生平、论著、事迹、史料，更多地采访了胡先生的亲属、朋友与学生，终于能将胡先生的形象与坎坷经历很好地呈现在我们面前。

张映碧女士力促我将且圆这一组文章结集出版，并花费许多时间与精力做了编校工作。没有她的敦促与帮助，这本文集是难以面世的。

这里，我衷心地感谢科学出版社，他们能够摒弃社会上特别是商场上利字当头的做法，从国家的长远利益出发，从青年学子的成长与发展考虑，决定出版且圆的这本文集。

在此衷心感谢中国科学院理论物理所和牟克雄先生，南开大学陈省身数学所和李红琴女士，北京大学数学学院胡德琨先生与庐山植物园胡宗刚先生，清华大学图书馆桂立新先生，中国科学院数学所李小凝先生与铁广强先生，以及且圆的诸弟妹在出版且圆这本文集的过程里所给予的热情与慷慨的帮助。

2012 年 9 月

编后记：与杨乐先生聊《大学者》

钟秀斌

　　三年前的今天，早秋雨后微凉，我应约去中国科学院数学与系统科学研究院 830 办公室，看望杨乐先生。当时 82 岁的杨先生，身材魁梧，红光满面，精神矍铄。他在办公室等我，为我沏好了一杯热茶。我认识杨先生多年，每次或在办公室或在他家里见面，情景大多如此。那一次我们畅聊了两个来小时，其中有个重要的议题，就是商议重版杨先生夫人黄且圆教授的遗著《大学者》。

　　《大学者》是黄教授在退休后花了十几年时间写成的，字数不多，仅十多万字。她研究七位大科学家（植物学家胡先骕，电子学家孟昭英，数学家陈省身、丘成桐、王元，物理学家彭桓武，水利学家黄万里）的生平逸事，对当时健在的陈省身、彭桓武、丘成桐、王元等先生，进行过深入的访谈。黄教授是著名民主人士、教育家黄炎培的长孙女，她的父亲、清华水利系教授黄万里和清华电子系教授孟昭英是邻居，后者曾教过作者英文。黄教授以平和深刻、感情丰沛的笔触，写出七篇展示大科学家人文精神的传记，旨在提醒科技工作者要重视文史哲方面的修养，因为这些修养对他们成为大师及其在专业领域作出贡献时，体现出"无用之用"的价值，回答了成就大师的时代命题。这些文章发表后，广受读者好评。承蒙黄教授和杨先生的信任，我策划编辑这些文章而成《大学者》一书。颇经一番周折后，该书于2013年3月终在科学出版社出版。令人痛惜的是，黄教授在2012年3月不幸因病离世，这部大作竟成了她留给后人的遗著。

这本书首印量不大，没多久即售罄。许多读者希望再读此书，即便十多年后的今天仍有读者在寻找。在资源丰富、效益颇好的出版大社看来，《大学者》属于小众图书，加印有约束条件，因此迟迟未能开印。等出版合同期满后，我联系其他有意向的出版社，杨先生爽快地将出版事宜授权给我，表示要为再版《大学者》写文章。

一谈到爱妻的遗著，杨先生的话匣子打开了。他深情满怀地回忆：

"黄且圆采访了几位学者，累积材料和构思，我知道她是下了功夫的。一方面她过去对这方面的工作感兴趣，文学功底比较好，另一方面她受过很严谨的数学科学训练。她写陈省身先生的文章，陈先生看了好几遍。他的秘书和身边较亲近的人都说，国内外有很多人写陈先生，但黄且圆写的这一篇，陈先生印象最深，很满意。他逝世前的2003年，还特地约了黄且圆去天津南开的陈家做客再聊。由此可见，陈先生对这篇文章是非常认可和欣赏的。

她写的其他几位科学家也比较成功。彭桓武先生是中国理论物理界的权威。有一次，中国科学院理论物理研究所党委书记跟我说，在庆祝理论物理所成立 40 周年所庆时，他们特地把黄且圆写的这篇文章作为重要的纪念文献，收录在所庆的文集里。"

的确，黄教授写的文章不像记者的采访稿，她自己是一位造诣颇深的数学家，因此对大科学家的理解比一般人有更多更深的共情。她严谨地收集资料，耐心地研究资料，每每会有独到心得。作为编辑，我对此深有体会。杨先生觉得，"她特别注意选什么样的人物来写。比如说，她选择了陈省身、彭桓武、丘成桐、胡先骕等，收集他们的资料，仔细研读，反复分析揣摩。其中健在的学者，她就认真去访问。她下了一番大功夫，把资料跟她采访到的内容很好地融合在一起，经过多番思考，才下笔写文章。现在像她这样下大功夫写文章的人不会很多，所以我赞成再版这本书，年轻人读后会有所受益"。

杨先生担心现在年轻人受手机信息的影响太大。他多次跟我聊起，每上电梯，如有年轻人同乘，他们常常在低头看手机信息。手机上的信息鱼龙混杂，参差不齐，年轻人大多都缺少分辨能力。现在互联网平台开放，人人都方便发表意见。海量信息如果不经专业编辑加工，难免良莠不齐。自然界的噪声比悦耳的音乐多，这本是常态。真正动听的音乐，是经过训练的专业人士创作出来的。只有读书多且有相当高造诣的人，才能分辨出信息的好坏。对于大部分人，尤其是青少年来说，他们并不知道信息来源的真假。甚至有少数内容发布者存心不善，滥发信息博眼球、引流量，说白了就是骗钱，必然会让人上当受骗。

杨先生认为，应该引导大家有机会多读好书。《大学者》如果有机会再版，而且发行量大一点，是好事。如果社会都去过多地关注演艺明星，青少年的注意力都被吸引到娱乐八卦上，这是不好的现象。

之后，我就着手《大学者》的再版事宜。正当有些眉目时，去年10月杨先生却遽归道山，一代学问精深、成就卓著的大学者，一位谦逊和蔼、语重心长的长者，绝然而逝，令人悲恸不已。与杨先生知交近半个世纪的挚友丘成桐先生，以诗、联、赋、文诸文体，连续写出六篇（首、副）作品[1]，痛悼他心目中"国士无双"的老友，两位大数学家纯洁高尚的情谊，温暖着世道人心。

余生也晚，未能更早识得杨先生伉俪。与杨先生近距离交往在2010年，但我受杨先生的深刻影响，却始于遥远的"科学的春天"——1978年。他和华罗庚、陈景润等人是我少年时代的偶像，他们无畏艰难、刻苦钻研、勇攀数学高峰的精神，激励着我从峰峦叠嶂的赣东北小山村，翻过一重重大山，趟过一条条溪水，一步步走向更大的世界。

现在我要用我的方式做点事，来致敬我心中的英雄。杨先生在世时，我和他探讨过出版文集嘉惠读者之事，他欣然同意。因杨先生的文章从未被整理过，星散各处，且发表年月跨度大，要汇集一起有一定的难度，因此我边收集边编辑。杨先生离世后，推进这项工作更显迫切。经过慎重考虑，我决定将已整理出来的、与

---

1 详见微信公众号"数理人文"2023年10月23日—11月5日刊发的内容。

《大学者》主旨契合的部分文章，合在一起，出版《大学者（增订版）》，借此纪念我所敬爱的科学家夫妇。其中蕴含三层意义。一是致敬两位先贤伉俪经风历雨半世纪鹣鲽情深的感情，他们的坚贞爱情、学问精神和士人品格已然融为一体，行为世范，值得铭传恒远。二是他们追随大师，站在大师的肩膀上，秉承先贤的风骨，成长为大学者，赓续文脉，为后人树立了榜样。三是在"弯道超车"与"卡脖子"并行不悖的时代，这本书中以追求真理为人生使命、以奋斗奉献为事业阶梯的大科学家群体精神，为读者展现了新时代一种可能性的前景，亮起了驱散时代迷雾的灯光。

经过大半年的努力，编完 30 余万字的《大学者（增订版）》，完成一桩心事，长舒一口气，可心里久久难以平静下来。见文如见人，杨黄先贤伉俪谦卑而悲悯的情怀，通过那些有温度的鲜活文字徐徐展开，仿佛二老又在和我面对面娓娓谈心。能够采撷这些"真金美玉"奉献给读者，我深感荣幸。

在首版《大学者》的基础上，《大学者（增订版）》增加了熊庆来（中国数学科学重要奠基人）、华罗庚、钟家庆（数学家）三位大数学家的动人故事。这十位大科学家的日常生活与我们普通人差别不大，但他们的学术追求和人生道路却别有洞天。他们既有中华民族的传统美德，又有现代文明的深厚涵养。有的人平静顺遂、一帆风顺，有的人跌宕起伏、饱经坎坷；有的人得到主流社会的高度褒奖，有的人受到时代不公正的待遇，甚至极度的打压。他们的人生经历和际遇各不相同，但他们研究学问、追求真理、为国为民的精神则是高度一致的。无论在什么样的环境下，他们不改初心，几十年如一日坚持不懈地探索真理，捍卫真理，在各自的学科领域中作出杰出的贡献，为祖国发展和人类进步书写了华美的篇章。

十位大科学家中，除了胡先骕先生外，作者夫妇与其余九位皆颇有渊源，有的是学业导师，有的是长期同事，有的是大学同学，有的是一生挚友，有的是高德芳邻，而黄万里先生则是黄且圆教授的父亲。作者娓娓道来，生动地展现了一个个大科学家鲜为人知的学术心路和人生历程，一个个崇高的心灵唤醒和温暖着你我，世事纷扰的复杂世界因此明亮起来。

与首版相比，增订版篇幅大为增加。其中，杨先生撰写了关于熊庆来、华罗庚、钟家庆、丘成桐的五篇文章。另有八篇，如《改革开放前夕和初期我国对外数学交流琐忆》《我与中国科学院的不解之缘》《我所经历的中国数学会二三事》《我与〈中国科学〉》《科学研究和学术道德》《早期研究生涯的一点体会》《数学的应用与中学数学教育》《我与母校南通中学》，看似与本书人物传记体例不同，实质是一致的。杨先生本是闻名世界的大数学家，也是中国数学界的杰出领袖，这八篇文章反映他的一些经历和做学问的态度，不正是一个大学者的自述吗？因此，编者将它们荟萃在《大学者（增订版）》中，有助于读者了解中国当代数学的发展历程，可以多维度更深刻地理解大学者。为了便于读者阅读，编者增加了文章中所涉及学者或相关事件的注释。因编者水平和资料有限，少数学者未能给出注释，祈望读者海涵。

You raise me up so I can stand on mountains,

（你鼓舞了我，所以我能站上群峰之巅；）

You raise me up to walk on stormy seas,

（你鼓舞了我，所以我能穿越狂风暴雨的大洋；）

I am strong when I am on your shoulders,

（靠在你坚实的肩膀上，我变得坚韧强大；）

You raise me up to more than I can be.

（你鼓舞了我，令我超越自我。）

这是爱尔兰音乐作词人布兰登·格雷罕姆（Brendan Graham）那首脍炙人口的著名歌曲 *You Raise Me Up* 里的一段。2022 年 5 月 19 日，在新竹清华大学举办的纪念梅贻琦校长逝世 60 周年的隆重仪典上，当看到四位清华学子活力四溢、高昂深情地演唱这首歌，致敬伟大的梅校长时，我感动莫名，久久难以释怀。人生一些巧合，似乎在冥冥之中早有定数。在写这篇编后记时，我的脑海里再次回荡起这首温情有力的歌曲的旋律。我和杨先生、黄教授难得的往来经历，一幕幕清晰地呈现出来。

15 年前，我想出版黄万里先生的文集，经清华大学水利系杨美卿教授引荐，有幸认识已退休的黄且圆教授。黄教授是数理逻辑学者，曾任中国数学会数理逻辑专业委员会主任，对中国数理逻辑的发展作出诸多贡献。在收集黄万里先生资料的过程中，我得到了她的鼎力支持和无私帮助。虽然黄先生文集最终未能出版，但在编辑这部文集的过程中，我有缘经常请教黄教授，聆听她讲述其父故事，这样，我和黄教授也就熟悉起来。

2011 年 8 月 20 日，清华大学举办黄万里先生百年诞辰纪念座谈会，时任清华大学校长顾秉林院士、水利系师生、黄先生家属及生前友好等百余人与会，缅怀黄万里先生治学严谨、追求真理、执着探索、心怀苍生的科学精神和高尚人格，我应黄教授之邀参加。她以长女身份代表家属发言（发言稿《回忆父亲黄万里》见本书下篇），平静地讲述黄先生的日常故事，情真意切，大家遗韵，山高水长，闻者无不动容。

我印象深刻的，不仅是黄先生在反对修建三门峡大坝时，表现出"虽千万人吾往矣"的学识和勇气，更有抗战时黄先生作为水利学家负责修建的涪江航道工程之一的高家桥（当地人称为"万里桥"），历经地震天灾和战火人祸，岿然屹立没有倒塌，至今 80 多年仍在惠泽百姓，成为三台古堰永和堰的标志性工程之一。联想到如今一些耗资巨大的豆腐渣工程，怎能不令人怀念老先生？黄先生一生服膺真理、不阿权势的士人风骨，令后人敬仰，他无愧当代知识分子的楷模。

我认识黄教授时，她已罹疾多年，身体瘦弱，精神尚好，虽偶现倦容，但她一直没有告诉我。直到她去世后，我才从杨先生那里得知她十多年前得了癌症，那些年她一直坚强地与可恶的顽症作斗争。黄教授出身世家，涵养深厚，平和客气，与人为善。当时他们住在中关村小区一套 20 世纪 80 年代的旧房子里。我记得只有一次黄教授跟我讲述她父亲的遭遇时，情绪稍有激动，在旁的杨先生赶忙把话题引开，帮她平复心情。黄先生文集未能出版，我颇感抱歉，她不仅未有怪罪，反而安慰我说没事。

2011年秋，她将所写的七位大科学家的传记给我。我读过后大为感佩，在黄教授平实、精准、深情的笔下，每位学者的精彩人生画卷徐徐展开。胡先骕人文主义的坚定信念，孟昭英不卑不亢挺过厄运的尊贵形象，陈省身"最有意思是做数学，做数学最有意思"的学术感悟，黄万里"临危献璞平生志"[1]的无私无畏，彭桓武热爱科学和矢志奉献的家国情怀，王元追求数学与美学的奇妙旨趣，丘成桐求真致美的人文修养和做大学问的万古心胸，跃然纸上。

在我的印象中，黄教授这一代科学家（出生于20世纪30—40年代）大多成长于红旗下的新中国时期，"又红又专"的专业化教育，使他们只争朝夕、"多快好省"地成才。他们"大干快上"，能够写出不错的学术论文，但已经很少有精力甚至有能力再写科普文章。

黄教授像其父亲万里先生一样，"非关傲世玩才智，总是挈情忧国泪"[2]，在生命的最后一程，勠力破解钱学森著名的人才之问[3]。她将20世纪30年代前后培养的学者与1952年大学院系调整

---

1 本句出自黄万里教授1969年在清华大学劳动期间所作《国子监教授拥彗吟》长诗。详见本书《黄万里：江河无情人有情》一文。
2 亦出自黄万里教授《国子监教授拥彗吟》长诗。
3 2005年7月29日，病榻中的"两弹一星"功勋科学家钱学森，对前来探望的温家宝说："现在中国没有完全发展起来，一个重要原因是没有一所大学能够按照培养科学技术发明创造人才的模式去办学，没有自己独特的创新的东西，老是'冒'不出杰出人才。这是很大的问题。"四年后，这段交心之谈因钱学森逝世再度引起社会高度关注，多名学者共同向全国教育界发表公开信，引申钱学森提出的"为什么我们的学校总是培养不出杰出人才"。此后被概括为"钱学森之问"而广为传播。

以后培养的人才进行比照，发现我国理工科人才的培养模式深受50年代苏联的影响，专注于理工科的专业教育，忽视人文社科的理念熏陶。这样的人才，专业基础或许扎实，在专业领域或有不俗表现，但因文史哲涵养不足，缺乏人文宏观思维，难以形成系统的学术思想，也难建立独特的、创新的理论体系，因此，很难成为真正的大学者。

能够面对纯粹洁净的灵魂，和这些超然物我、醉心学问的大科学家谈谈心，品赏思想的盛宴，这是编者和读者所期待的。我决定出版黄教授的文集，辑成《大学者》一书。2012年3月，她最终被病魔抢走了生命。处理完夫人后事后，"五内俱焚"的杨先生鼎力支持我的编辑工作，他觉得这是纪念爱妻的重要方式。他写了长长的前言和后记，深切缅怀黄教授，真情充盈字里行间；帮我约请王元院士的序言；还为每篇文章准备好多张有图注的珍贵图片。在我们的共同努力下，《大学者》终于在黄教授周年忌日前出版发行。黄教授身后以《大学者》继续鼓舞着后世学问人心。

此后，我和杨先生就有了更多的接触。我虽是数坛外行，但杨老从来都是谦和待我，不厌其烦地为我答疑解惑传道，十几年来，每次拜访杨老都令我如沐春风，受益匪浅。自从有微信后，我们也常在微信里交流，他关注我发表的文章和朋友圈的信息。他知道我研究梅贻琦校长，有时会将看到的关于梅校长的文章转发给我参考。

杨先生读过黄延复先生和我合著的《一个时代的斯文：清华校长梅贻琦》。他对现代"三不朽"人物梅校长颇为欣赏，认为梅校长为知识分子树立了一个很好的榜样，可惜现在像他这样的人太少了。他说，我们也派出很多留学生，有的在专业上造诣不错，但在为人处世方面，缺乏当年老辈学者的修养；像梅校长这样有君子修为的人，主动积极为国家作贡献的人并不算多。因此，现在弘扬梅校长的精神，很有现实的意义。

众所周知，杨先生是继大数学家华罗庚、吴文俊之后的中国数学界领袖，曾任中国数学会理事长，中国科学院数学与系统科学研究院首任院长，对中国数学科学的发展作出了卓越贡献。20世纪70年代后期，拨乱反正，迎来科学的春天，因研究哥德巴赫猜想而家喻户晓的数学家陈景润成为科学明星，杨先生和张广厚先生因在函数值分布领域做出世界级成果，备受国人尊仰，其事迹被广为传颂，他们成为当时国人心中的科学英雄，也是一代人的集体偶像。1980年，年仅40岁的杨先生当选为中国科学院学部委员（院士），是当时最年轻的学部委员。我那时还是小学生，已从报纸里了解到杨先生的事迹，数学自然成为我当时最感兴趣的学科，我憧憬着有朝一日能像杨先生那样，在数学上大有作为。长大之后，我知道自己不是学数学的料才放弃这一理想，但对数学家的热爱却从未降温。因为机缘巧合，我有幸能够走近一些大数学家，近距离向他们学习治学与为人之道，让我收获良多，内心颇感满足。

杨先生性格内敛低调谦冲，待人温和宽厚，从未因为我是数学外行而疏远我。恰恰相反，他对我每求必应。在奥数培训如火如荼的时期，我为孩子们是否都应跟风学习感到困惑，就去杨先生那里请教。他极为耐心地跟我说，很多年前他就对国内蔚然成风的全民奥数培训提出警告，奥数专注于初等数学或者较偏的"炫技"式的解题技巧，与揭示自然奥秘、探求真理的数学研究，有本质上的不同。我把他告诉我的这些话，以他的名义发表在《中国教育报》上，以影响更多人。

七年前，我曾替一位爱好数学的孩子询问国内有哪些不错的数学夏令营活动，杨先生在电话里不厌其烦地向我介绍了清华、北大和中科院暑期的相关活动，前后讲了将近一小时。

六年前，我带两位刚上北大的数学尖子生到杨先生办公室。杨先生用了一个多小时，和蔼地给他们讲解怎样在大学学好数学，将数十年学术追求和心得体会娓娓道来，讲完后还亲切地和他们合影。如今其中一位已在北大攻读数学博士学位了。当得知杨先生去世噩耗时，这位学子跟我说他感到很震惊，数年前拜访杨乐院士的场景还历历在目："没想到数学大师如此的谦和与慈祥，时至今日我还受益匪浅。遗憾此后一直未有机会向杨先生表达感激，只能将这种感激默默留在心中，留待做出一番成绩后再做报答。"

新冠疫情三年，我和杨先生见面的机会不多，但微信交流不少。最近的一次面访，就是本文开头的那次，我们还谈到生命和健康。我说从前人生七十古来稀，现在年届耄耋寻常事。杨先生说自己没有什么特别锻炼，只是散散步；衰老可以慢一点，而真正走时要快一点。看透生命本质的智者之言，给我的印象特别深刻。

我每次带着问题来，杨先生都会给我满意的答案。这样美好而永恒的时光，杨先生也给了其他热爱他的人很多很多。如今，杨老驾鹤西去，世有疑难堪谁问？他燃烧自己而发出的光和热，必然永远照亮和温暖我们。

杨先生热爱数学，追求真理，正直谦卑，嘉勉后学，爱人如己，他的高风亮节，将鼓舞着在迷世中前行的人们。正如歌所咏志：

You raise me up so I can stand on mountains，

You raise me up to walk on stormy seas，

I am strong when I am on your shoulders，

You raise me up to more than I can be.

大时代的脚步越来越快，有时快得让人无所适从，没有时间和空间去安抚灵心，生活因此越来越粗糙。不过，即便如此，人生之中仍有一些美好，值得好好地欣赏和感恩。

《大学者》从首版至增订版经历了十多个春夏秋冬。作为编者，我首先衷心感谢杨先生、黄教授的双胞胎女儿杨炎、杨冰老师！她们低调谦和，涵养优雅，颇得父母懿范。首版时，杨炎老师曾指出书中的一些问题，给出很好的修改意见。本次增订再版时，她们忍着痛失慈父的悲伤，讲述她们父母的故事，使我能够更深入地理解他们，更坚定地再版这本书。她们帮我查找杨先生的遗稿，校对一篇篇书稿，提供一张张珍贵的老照片；帮我联系和引荐序作者席南华、张平、田野、乔建永等诸位师长，让我有机会请他们为本书作序；帮我联系杨先生的同事兼好友李文林先生、《父亲熊庆来》的作者之一熊秉衡先生、杨先生中学母校南通中学的孙晨老师和钟家庆先生夫人吴美娟教授及其弟钟家煌教授，承他们热情相助，我能够及时补充珍贵图片，核对和确认书稿中的相关内容。

我想在中学母校江西省玉山一中图书馆筹建一个杨乐院士夫妇的图书专柜，以激励学子们像杨先生夫妇那样追求真理，热爱科学，努力求学，报效祖国。她们帮我精挑细选出适合中学生阅读的 100 多本书籍，遍及文学、历史、哲学、艺术、科学等诸类经典名著，甚至连她们在中小学时父母给买的外国文学名著，也都慷慨地送给我的母校。多数图书经数十年岁月的沉浸已显陈旧，但杨先生一家的阅读面如此之广，却如无言身教，令我更为深刻地体悟到这本书的主题——真正的大学者不仅有博大精深的学术修养和卓有建树的理论创新，更有悲悯苍生的人文修养和献身真理的人格精神。正如大数学家丘成桐先生所说，做大学问需要丰沛的感情，而培养丰沛的感情，需要文史哲修养。经典名著这些人类文化的瑰宝，不仅大学者需要，每个热爱生活、热爱生命的人都需要。

正是炎、冰二位老师的信任和慷慨，让我坚定信心，排除众难，心无旁骛地编辑《大学者》书稿。

其次，我要特别感谢丘成桐、席南华、张平、田野、乔建永等诸位先生！他们在百忙中拨冗为本书撰序，讲述他们眼中朴实谦逊、和蔼可敬的杨先生，感念杨先生数学兴国、家国天下的高风亮节，细节生动，感情真纯，令人感怀不已，既为本书增色，也对读者理解本书的价值和意义大有裨益。除丘先生外，其他四位都是杨先生的同事或学生，受其影响颇多，如今他们早已接过杨先生的学术旗帜，使其高高飘扬在各自领域上。丘先生和杨先生是一生挚友，两人心意相通，志趣一致，情深义重。对于杨先生离世，丘先生痛感"余有人琴之恸，而国有折柱之伤"。编者邀请他为本书撰序和题写书名，他欣然应允，问清截稿日期后，在非常繁忙的 5 月奋笔疾书，深怀老友，厚谊似海，义薄云天，令人感佩。正如他在序言所说，"杨乐和我是相知四十五年的老友，心意相通，砥砺扶持，携手共进，很多事情不是三言两语可尽的。以上约略说来，但望读者能一窥亡友的风骨，余愿足矣"。丘先生回忆道："即使受人非议，他也不在乎，不愿意做任何回应。私下他都是跟我说别人的好，从不抱怨别人，连诉苦都没有。所以我很佩服他、尊敬他，杨乐学问好，人品也是一流的。他是彬彬君子、忠厚长者。"二位先生高山流水般的友谊，既是中外数学史上的一段佳话，更为中国数学科学事业的进步谱写了动人的乐章。

再次，我要深深感谢本书首版编辑、科学出版社周辉学弟和增订版编辑、九州出版社周春博士！他们也像书中的大科学家一样，没有被时代风气所裹挟，坚持编辑初心，点石成金，为真理发声，致力为读者奉献珍贵的精神营养，彰显出新时代出版人的可贵追求。这也正是本书所要传递给读者的价值之一。倘若没有他们慧眼识珠的编辑品味，没有他们特立独行的立世风骨，没有他们超凡脱俗的自由精神，《大学者》不可能在两大出版社如云佳作中脱颖而出，高品、优质、自信地走进读者的书房。当然，我也感谢科学出版社、九州出版社的卓识远见，既考量经济效益，更关注社会效益，展现出版社传播先进思想和文化的历史自觉和使命担当！

最后，我要感谢我的家人！如果没有她们的宽容、理解和支持，我就不可能无怨无悔、不计成本地去采撷先贤留下的精神美玉，奉献给读者诸君。

2024 年 9 月 15 日于北京月涵斋

图书在版编目（CIP）数据

大学者 / 黄且圆，杨乐著. -- 增订版. -- 北京：
九州出版社，2024. 10. -- ISBN 978-7-5225-3411-4

Ⅰ．K826.1

中国国家版本馆CIP数据核字第20247H37B8号

大学者（增订版）

作　　者	黄且圆　杨乐　著
责任编辑	周　春
出版发行	九州出版社
地　　址	北京市西城区阜外大街甲35号（100037）
发行电话	（010）68992190/3/5/6
网　　址	www.jiuzhoupress.com
印　　刷	鑫艺佳利（天津）印刷有限公司
开　　本	880毫米×1230毫米　32开
印　　张	17.75
字　　数	350千字
版　　次	2024年10月第1版
印　　次	2024年12月第1次印刷
书　　号	ISBN 978-7-5225-3411-4
定　　价	128.00元